HERDER JAHRBUCH
HERDER YEARBOOK

XIV / 2018

HERDER JAHRBUCH
HERDER YEARBOOK

XIV / 2018

Herausgegeben von • Edited by
Rainer Godel & Johannes Schmidt

SYNCHRON
Wissenschaftsverlag der Autoren
Synchron Publishers
Heidelberg 2018

Bibliografische Information der Deutschen Nationalbibliothek
Die Deutsche Nationalbibliothek verzeichnet diese Publikation in der Deutschen Nationalbibliografie; detaillierte bibliografische Daten sind im Internet über <http://dnb.dnb.de> abrufbar.

Synchron Publishers GmbH, Heidelberg
www.synchron-publishers.com

Umschlaggestaltung: Rafael Pokorski, Wuppertal
Satz: Thomas Auer, Innsbruck
Druck und Weiterverarbeitung: Strauss GmbH, Mörlenbach
Printed in Germany
ISBN 978-3-939381-99-0

Inhalt

Siglenverzeichnis

SWS *Herders Sämmtliche Werke.* Hrsg. v. Bernhard Suphan. 33 Bde. Berlin: Weidmannsche Buchhandlung, 1877–1913.

FHA *Johann Gottfried Herder. Werke in zehn Bänden.* Hrsg. v. Günter Arnold u. a. Frankfurt a. M.: Deutscher Klassiker Verlag, 1985–2000.

HWP *Johann Gottfried Herder. Werke.* Hrsg. v. Wolfgang Proß. München: Hanser, 1984–2002.

DA *Johann Gottfried Herder: Briefe. Gesamtausgabe 1763–1803.* Hrsg. v. Goethe- und Schiller-Archiv, bearb. v. Wilhelm Dobbek u. Günter Arnold. 18 Bde. Weimar: Hermann Böhlaus Nachf., 1977–2016.

Rainer Godel (Halle / S.) und Johannes Schmidt (Clemson)

Vorwort

Das diesjährige *Herder Yearbook / Herder Jahrbuch* sieht sich vor die traurige Pflicht gestellt, mit dem Nachruf auf zwei der bedeutendsten Herder-Forscher der Gegenwart zu beginnen. Günter Arnold verstarb am 3. November 2017, Karl R. Menges knapp zwei Monate später, am 10. Januar 2018. Den großen Editor Günter Arnold, einen der besten Herder-Kenner überhaupt, würdigt Claudia Taszus in ihrem Nachruf; Karl Menges', ihres bedeutenden Vorgängers im Amt des Herausgebers des *Herder Jahrbuchs*, gedenken die beiden Herausgeber Rainer Godel und Johannes Schmidt gemeinsam mit John H. Zammito. Wir sind zuversichtlich, dass wir mit der Weiterentwicklung des *Herder Yearbook*, die sich nicht zuletzt in diesem vorliegenden Band spiegelt, den Weg gehen, zu dem uns Karl Menges vielfach ermutigt hat. Das *Herder Jahrbuch* ist – nicht zuletzt dank Karls Wirken – zu einem Forum für ambitionierte, neue Forschung geworden, das auch Nachwuchswissenschaftlerinnen und -wissenschaftlern die Gelegenheit bietet, ihre aktuellen Resultate vorzustellen und zu diskutieren.

Diese Entwicklung spiegelt auch der aktuelle Jahrgang. Erstmals wurden die Artikel des Jahrbuchs mittels eines standardisierten Verfahrens begutachtet. Es kann damit als ein Journal mit »double-blind peer review« im Sinne der anglo-amerikanischen Geisteswissenschaften gelten und wird dementsprechend nun in dem Modern Language Association Directory of Periodicals geführt. Wir bestehen auf zwei positive Gutachten, um einen Artikel in das Jahrbuch aufnehmen zu können. Die Gutachterinnen und Gutachter sind die letztlich entscheidende Instanz für eine Aufnahme eines Artikels oder dessen Ablehnung, wobei selbstverständlich die Autorinnen und Autoren die Letztverantwortung für den Inhalt behalten. Wir danken allen Gutachterinnen und Gutachtern dieses Jahrgangs für ihre gründlichen, ausbalancierten, kenntnisreichen und konstruktiven Stellungnahmen, die dazu geführt haben, dass wir den Band in der nun vorliegenden Form haben erstellen können. Der Prozess bleibt vollständig anonym, d. h. weder kennen die Gutachter die Namen der Autorinnen und Autoren noch umgekehrt. Dies führt dazu, dass Artikel unabhängig von Renommee und Ansehen des Autors oder der Autorin begutachtet werden und letztlich nur die Qualität der aktuellen Forschung eine Rolle spielt. Ob es dennoch oder gerade deswegen gelungen ist, in diesem Jahrbuch eine bisher unerreichte Zahl von Artikeln aufzunehmen, sei dem geneigten Leser und der geneigten Leserin anheimgestellt.

Acht Artikel und drei Editionen beziehungsweise editorische Kommentare wurden letztlich positiv begutachtet und konnten, teilweise nach Abschluss von durch die Gutachter empfohlenen Überarbeitungen, in das Jahrbuch aufgenommen werden. Hinzu kommen – wie seit einigen Jahren regelmäßig – die aus der Internationalen Bibliographie der deutschen Klassik extrahierte Herder-Bibliographie, auch diesmal wieder um japanische Titel ergänzt – sowie zwei ausgewählte Rezensionen von Neuerscheinungen der letzten Jahre aus dem Bereich der Herder-Forschung.

Auch der diesjährige Band des *Herder Jahrbuchs* bietet wieder einen Überblick über aktuelle Trends und Tendenzen der Forschung zu Johann Gottfried Herder, Interpretationen von Werk und Kontext, Einzelstudien zu übergreifenden Fragen, Arbeiten zu seinem Wirken und Nachwirken. Das *Herder Yearbook* ist bewusst als internationale, mehrsprachige Publikation konzipiert, und es wird diese Ausrichtung auch beibehalten. Die Herausgeber sind der festen Überzeugung, dass jede und jeder in der jeweiligen Muttersprache über ein breiteres und letztlich präziseres Spektrum an Ausdrucksformen verfügt und dass es demnach dem Jahrbuch einer internationalen Gesellschaft nicht nur gut ansteht, die wichtigsten Sprachen der Dixhuitièmistik gleichermaßen zu unterstützen, sondern dass dies auch die Qualität der Beiträge steigert. Tendenzen in der Wissenschaftslandschaft, ein oft defizitäres Englisch zur *lingua franca* zu erklären, setzen wir bewusst den Internationalismus der Forschung zum 18. Jahrhundert entgegen. In diesem Punkt wenigstens, so denken wir, hat Herder Recht, wenn er in der *Sprachursprungsschrift* festhält:

> Der Mensch beweiset Reflexion, wenn die Kraft seiner Seele so frei würket, daß sie in dem ganzen Ozean von Empfindungen, der sie durch alle Sinnen durchrauschet, Eine Welle, wenn ich so sagen darf, absondern, sie anhalten, die Aufmerksamkeit auf sie richten, und sich bewußt sein kann, daß sie aufmerke. Er beweiset Reflexion, wenn er aus dem ganzen schwebenden Traum der Bilder, die seine Sinne vorbeistreichen, sich in ein Moment des Wachens sammlen, auf Einem Bilde freiwillig verweilen, es in helle ruhigere Obacht nehmen und sich Merkmale absondern kann, daß dies der Gegenstand und kein andrer sei. (FHA 1, 722)

Solcherart Reflexivität soll im *Herder Yearbook* möglich sein. Um diese Internationalität zukünftig noch deutlicher auszuweisen (und auch, um dieses Journal dem internationalen Standard anzupassen), werden alle Artikel nun durch kurze Abstracts / Zusammenfassungen eingeleitet, die – jeweils in einer anderen Sprache – ein knappes Resumee der Argumentation bieten.

Das diesjährige *Herder Jahrbuch* wird eingeleitet durch einen der letzten Artikel Günter Arnolds, der uns wenige Monate vor seinem Tod erreichte. Der Artikel stellt eine ausgearbeitete, zunächst ad hoc entstandene Interpretation von Herders Wunsch vor, mit Moses, Homer und Platon zu sprechen. Arnold nutzt – wie es immer für seine Arbeiten charakteristisch war – ein breites Spektrum religions- und philosophiegeschichtlicher Kontexte von der Antike über die frühchristliche Apologetik bis in die Aufklärung. Arnold sucht zu zeigen, wie Herders historisierende Sicht die organische Entwicklung des Christentums selbst aus heidnischen Wurzeln heraus zu erläutern imstande ist.

In der *Philosophieschrift* [»Wie die Philosophie zum Besten des Volks allgemeiner und nützlicher werden kann«] sei schon 1765 Herders ästhetisches Bildungsprojekt enthalten, so argumentiert Kaspar Renner (Potsdam) in seiner textorientierten Studie, die auf Arnolds Artikel folgt. Auch werde in dieser Frühschrift die politische Dimension des Herderschen Denken angedeutet. Weiterhin zeigt Renner anhand von Herders Literaturkritik, Ästhetik und Poetik, wie sich in den Jahren bis zur Abreise aus Riga die »Kopernikanische« Wende zum Menschen als Ausgangs- und Fluchtpunkt jeder Erkenntnis entfaltet. Diese thematische Entwicklung Herders wird erst im Blick auf benachbarte Texte (beispielsweise das Volksliederprojekt oder das *Oden-Fragment*) deutlich sichtbar, und so eröffnet diese Neulektüre einen neuen Einblick in Herders Philosophieprogramm.

Der anschließende Beitrag von Niels Wildschut (Wien) bietet eine profunde Interpretation des Motivs des »Proteus« in Herders Werken. In seinen frühen Arbeiten setzt Herder regelmäßig die Proteusfigur ein – ein homerischer Seegott, der die doppelte Fähigkeit besaß, die Zukunft zu prophezeien und sich Verfolgern durch Verwandlung zu entziehen. Die Figur des Wandelbaren scheint auch bei Herder zunächst in eine skeptische oder auch relativistische Richtung zu weisen (und wurde in Interpretationen von Herders Frühwerk oft so gedeutet). Eine textnahe Lektüre der Herderschen Verwendung der Figur und eine Analyse seiner Anknüpfungen an die Rezeptionsgeschichte des Proteus-Mythos ergeben aber, so Wildschut, ein anderes Bild. Vertreten wird die These, dass Herder gerade mit dieser Figur auf die Einheit in der Vielfalt verweise.

Von der These ausgehend, die bisherige Forschung habe der »Form der ›Humanitätsbriefe‹« – mithin ihrer »vielstimmigen Perspektivierung« der Querelle des Anciens et des Modernes – bislang zu wenig Beachtung geschenkt, widmet sich Julius Thelen (Freiburg) in seiner Studie dem komplexen Verwirrspiel, das Herders fiktive Herausgeber und Briefadressaten im Umgang mit »deskriptive[n] und normative[n]« ästhetischen »Kategorien« respektive mit deren ›moderner‹ Infragestellung treiben. Es wird dabei gezeigt, dass aufgrund des dialogischen Verfahrens keiner der angegebenen Briefautoren der 7. und 8. Sammlung der Humanitätsbriefe mit Herder selbst zu identifizieren ist.

Linda Dietrick (Winnipeg) gelingt es in ihrem Beitrag, einige der traditionsreichsten Urteile über Herders Patriarchalismus nachhaltig zu erschüttern. Gerade weil Herder die Menschen und jede Form der menschlichen Kreativität als eingebettet in und untrennbar von den Kräften der Natur sieht, stehe er auch der künstlerischen Produktion von Frauen viel offener gegenüber als Zeitgenossen wie etwa Kant und Schiller. Herders Empfehlungen außereuropäischer Traditionen werden bei Karoline von Günderrode, Charlotte von Stein und Sophie von La Roche aufgenommen und angewandt; auch Autorinnen wie Sophie Mereau und Bettine von Arnim fühlen sich durch Herder angesprochen und bestätigt. So ergibt sich ein Bild besonders des späteren Herder als Mentor, der unterstützend und ermutigend auf die literarische Aktivität von Frauen wirkte.

Christoph Bultmann (Erfurt) erschließt im Anschluss das durchaus komplexe Verhältnis des lutherischen Theologen Johann Gottfried Herder zu Martin Luther. Während Herder die lutherische Tradition in vielerlei Hinsicht zutreffender- wie unzutreffenderweise aufgreift, distanziert er sich auch von der vermeinten Orthodoxie, wenn er sich über die leere Künstlichkeit der doktrinären Terminologie beschwert. Bultmann verortet Herders sich verändernde Positionen zu Luther und zu dessen Lehre vor dem Hintergrund der Debatten der Aufklärung um die »natürliche Religion«. Bultmann schließt mit der aus dem Vergleich von Herder und Luther gewonnenen These, dass sich die Anerkennung der Pluralität von Religionen bei Herder und Luther elementar unterscheide. Bultmanns Artikel liest sich mithin als Beitrag sowohl zur Rezeptionsgeschichte Luthers im 18. Jahrhundert als auch zur Religionsgeschichte Herders und seines Umfelds.

Sandra Kluwe (Heidelberg) bietet einen metapherntheoretischen Ansatz zum Konzept und zur Wirksamkeit der »Machtwörter« bei Breitinger, Lessing und Herder. Sie sucht zu zeigen, wie das poetisch-rhetorische »Machtwort« letztlich zu einem Medium der Aufklärung wird, indem es an die rhetorischen Konzeptualisierungen von claritas, perspicuitas und enárgeia angelehnt wird. Das »Machtwort«-Konzept sei gebunden an eine Ästhetik der Wirkung, die der Gottschedschen Ästhetikkonzeption widerspreche, der Machtwörter in einem solchen, affektiv wirksamen Sinne ablehne. Breitinger, Lessing und Herder seien, so Kluwe, drei Vertreter einer in der Tendenz ähnlichen Aufwertung sprachlicher Wirksamkeit im Zusammenhang von Sturm und Drang und Spätaufklärung.

Laura Follesas (Jena) ertragreicher Beitrag zur Herder-Rezeption in Italien referiert zunächst einen Überblick über die Wirkung Herders in Italien bis in die 1970er Jahre, um dann die Übersetzungen, Anthologien und Studien zu Herder der letzten vier Jahrzehnte genauer vorzustellen. Dabei stellt sie fest, dass Herder nun nicht mehr als ›Anreger‹, sondern »auch als unabdingbares Moment der Entstehung des neuen biologischen Denkens« (Stefano Poggi) verstanden wurde. Es gelingt ihr, Charakteristika und Spezifika von Herders Rezeption in Italien bis in die Gegenwart aufzuzeigen.

Diesen Artikeln folgen drei Quelleneditionen beziehungsweise Kommentare zu Quelleneditionen. Ein Text Herders selbst – *Ein Skaldengesang* – steht im Zentrum des Beitrags von Catherine Girardin (Paris und Frankfurt a. M.). Sie reflektiert Herders Behandlung des Nordens als literarischen Topos. Die Autorin analysiert Manuskripte des von Herder vermutlich zwischen 1765 und 1766 entworfenen Schauspiels. Untersucht wird die Genese des Stücks, indem sie mögliche historische und literarische Inspirationsquellen Herders erforscht. Wie auch im nachfolgenden Beitrag ist der Abdruck der Transkription miteingeschlossen.

Arne Klawitter (Tokio) zeigt, dass die Rezeption von Herders *Plastik* nicht erst, wie von der Forschung bisher angenommen, primär in der zweiten Hälfte des 20. Jahrhunderts einsetzte. Der Verfasser weist nach, dass Herders Aufsatz bereits in der Lemgoer *Auserlesenen Bibliothek der neuesten deutschen Litteratur* und in den *Gothaischen gelehrten Zeitungen* von Zeitgenossen besprochen wird. Der eindrücklichen Analyse Klawitters folgt der Abdruck der vom deutschen ›Materialisten‹ Michael Hißmann stammenden Rezension aus der *Auserlesenen Bibliothek.*

Die Sektion beschließen einige Ergänzungen Günter Arnolds zu Kommentaren seiner Briefedition und zum von ihm herausgegebenen Band 10 (*Adrastea*) der Frankfurter Herder-Ausgabe.

Auch in diesem Jahr schließen wir in das *Herder Yearbook* eine umfassende Herder-Bibliographie in Hinblick auf Primär- und Sekundärliteratur ein. Ergänzt wird sie, wie bereits in den letzten Jahren, retrospektiv durch japanische Beiträge zur Herder-Forschung.

Den Abschluss des Bandes bilden auch in diesem Jahr Besprechungen ausgewählter neuerer Titel zur Herder-Forschung. Hierbei besteht kein Anspruch auf Vollständigkeit, sie kann auch nicht angestrebt werden.

Die Herausgeber sind zuversichtlich, mit dem diesjährigen *Herder Jahrbuch / Herder Yearbook* einen in sich geschlossenen, instruktiven Band vorgelegt zu haben, der vielfältige methodische Zugriffe verbindet und mithin gleichsam ein Abbild aktueller Entwicklungen in der Herder-Forschung darstellt.

Claudia Taszus (Jena)

In memoriam Günter Arnold
(22. September 1943 – 3. November 2017)

Günter Arnold, geboren am 22. September 1943 im sächsischen Bischofswerda, über vier Jahrzehnte lang Editionsphilologe im Goethe- und Schiller-Archiv Weimar und Träger der Herder-Medaille der Internationalen Herder-Gesellschaft, erlag am 3. November 2017 in Weimar seinem langen schweren Leiden. Nur kurze Zeit vorher hatte er, dessen andauerndes, aufopferungsvolles Engagement dem Leben und Schaffen Johann Gottfried Herders galt, sein imposantes Hauptwerk abschließen können: die in 18 Bänden von 1977 bis 2016 erschienene historisch-kritische Gesamtausgabe der Briefe des großen universalen Denkers, Theologen und Aufklärers.

Es sollte sich als entschiedener Glücksfall für die Forschung erweisen, dass Arnold, der sich aufgrund seiner künstlerischen Ambitionen auch eine berufliche Laufbahn als Maler und Zeichner hatte vorstellen können, den Grundsätzen der DDR-Planwirtschaft entsprechend im Sommer 1967 quasi von Leipzig aus nach Weimar abgeordnet worden war. Der junge Absolvent, der an der Karl-Marx-Universität von 1963 an Germanistik, Russistik und Nordistik studiert hatte, wurde als Assistent im ältesten deutschen Literaturarchiv zunächst Mitarbeiter an der Regestausgabe der an Goethe gerichteten Briefe (Bde. 1–3). Nach dem Tod des seinerzeit schon hochbetagten Herder-Forschers Wilhelm Dobbek im März 1971 bestimmte der langjährige Direktor Karl-Heinz Hahn den damals erst Siebenundzwanzigjährigen als dessen Nachfolger und übertrug ihm damit die Verantwortung für ein wissenschaftliches Monumentalunternehmen, das schließlich das philologische Meisterstück Günter Arnolds werden sollte, die Gesamtausgabe der Briefe von Johann Gottfried Herder (und dessen Frau Caroline). Es ist dies nicht der Ort, die verwickelte wie schicksalhafte Geschichte dieser Briefedition und ihrer Kommentierung in detaillierter Weise zu rekapitulieren. Mit ihrer Problematik hat sich Arnold über den gesamten Zeitraum der Edition und noch darüber hinaus vielfach auseinandergesetzt und versucht, sie der wissenschaftlichen und interessierten breiteren Öffentlichkeit in Vorträgen und Abhandlungen zu vermitteln (u. a. Arnold 1991; 1993a-b; 2005; 2009; 2012).

Nur so viel sei dazu gesagt, dass die wissenschaftliche Bearbeitung und Herausgabe des Herderschen Gesamtbriefwechsels als eines der zentralen Quellenkomplexe für die Kultur-, Literatur- und Wissenschaftsgeschichte des 18. und beginnenden 19. Jahrhunderts bereits in den 1870er Jahren von der Forschung für notwendig erachtet und in Angriff genommen worden war. Programmatisch bereits von Bernhard Suphan als Ergänzung der Werkausgabe angekündigt (Suphan 1879, 85), aus Zeitmangel aber nicht realisiert, setzte der 1919 von der sieben Jahre zuvor initiierten Herder-Stiftung beauftragte Hans Schauer, seit 1938 vom Leiter der Landesbibliothek Weimar Hermann Blumenthal unterstützt, das Projekt fort. Die auf fünf Bände veranschlagte Edition sollte jedoch, entgegen der ursprünglich von Suphan konzipierten Korrespondenzausgabe, aufgrund der kriegsbedingten Zeitläufte die Gegenbriefe nun nicht mehr im Wortlaut aufnehmen, sondern nur deren wesentliche Inhalte in den Anmerkungen mit verzeichnen und durch ein Gesamtregister den Zugang zu den neu zu erschließenden Quellen erleichtern. Auch von dieser Edition erschien kein einziger Band, da Schauer zum Wehrdienst einberufen wurde und Blumenthal bereits 1941 verstarb. Nach dem Zweiten Weltkrieg, Ende der 1950er Jahre, setzte der aus Herders Geburtsstadt Mohrungen stammende Oberstudiendirektor Wilhelm Dobbek die Vorbereitung der Edition fort, wobei er sich auf Schauers Nachlass stützte. Im Gegensatz zu seinem Vorgänger kannte Dobbek die Originale der ehemals im Berliner Herder-Nachlass verwahrten Briefe an Herder von über 370 Korrespondenten nicht, welche den mit Abstand größten Fundort an Gegenbriefen ausmachen und bis Anfang der 1980er Jahre als Kriegsverlust galten. Zugänglich waren ihm nur die zahlreichen von Schauer angefertigten Regesten, was auch ein Grund dafür gewesen sein mag, dass Dobbek an der Schauerschen Konzeption des Verzichts auf den Abdruck der Briefe an Herder festhielt. Bei seinem Tod hinterließ er ein mit knappen Nachweisen und Anmerkungen versehenes Typoskript von ca. 1.800 Briefen, was in etwa zwei Drittel des Gesamtumfangs der von Herder überlieferten Briefe entspricht. Auf diesen Vorarbeiten Dobbeks fußend, führte Arnold schließlich von 1971 an die konzeptionell auf die Briefe Herders beschränkte editio princeps in beträchtlich erweiterter Form fort und brachte die historisch-kritische Gesamtausgabe 2016 zum Abschluss. Temporär wurden ihm Mitarbeiter zur Seite gestellt, so Reiner Schlichting für redaktionelle Arbeiten, Günther Effler zur Stellenverzeichnung, Claudia Taszus zur Erarbeitung des mythologischen und geographischen Registers sowie zur technischen Umsetzung von Band 10 vom Karteikartentext zum ersten digitalen Band der Gesamtausgabe. Von 1977 bis 1988 erschienen neun Textbände, wobei der letzte Band ein Nachtragsband ist, in dem die ca. 400 Briefe versammelt sind, die als verschollen gegolten hatten und die zuvor nur anhand unvollständiger Drucke veröffentlicht werden konnten. Anfang der 1990er Jahre, als nicht sicher war, ob die Briefausgabe mit der Herausgabe aufwendiger Kommentare weitergeführt werden könne, und um die neun Textbände endlich für wissenschaftliche Zwecke effektiv benutzbar zu machen, wurde mit Band 10 der Registerband erarbeitet. Der 1996 abgeschlossene textbezogene Thesaurus mit multiplen Registern (Personen, Werke, Periodika, mythologische, geographische und biblische Namen) erschließt die Briefe Herders in ihrem historischen Kontext. Ihm folgten bis 2012 sechs Kommentarbände, ein dazugehöriger Registerband 17 mit ca. 80 neu aufgefundenen Briefen Caroline Herders aus dem Familiennachlass Schleiermacher (Hessisches Staatsarchiv Darmstadt) und mit Band 18 ein abschließendes, die gesamte Ausgabe umfassendes Sach- und Namenregister.

Die Edition umfasst insgesamt ca. 3.000 Briefe an 350 Adressaten aus der Zeit von 1763 bis 1803. Davon stammen ca. 2.400 von Herder, ca. 600 von seiner Frau Caroline, die nicht nur zahlreiche Briefe im Auftrag Herders verfertigte, sondern in späteren Jahren seine Briefe auch zunehmend eigenständig substituiert hat, wodurch deren Aufnahme notwendig geworden war. Angesichts des Umstandes, dass eine Ausgabe der Briefe an Herder – trotz der wiederaufgefundenen Berliner Autographen-Sammlung und damit des Großteils der ungedruckten Gegenbriefe – aufgrund der Zurückhaltung der herausgebenden Institution und der Verlage Mitte der 1990er Jahre in absehbarer Zukunft nicht möglich sein würde, versuchte Arnold, in Anlehnung an Schauer, die nachgewiesenen An-Briefe im Kommentar zu berücksichtigen. Ihre genaue Kenntnis war für die Datierung der vielen undatierten Briefe Herders und für die Arbeiten am kommentierenden Register ohnehin unabdingbar. Im kritischen Apparat zu den Textbänden befinden sich Nachweise der jeweiligen Bezugs- und Antwortbriefe mit Datum, Druck oder Standort der Handschrift, desgleichen im Text erwähnte Briefe anderer Korrespondenten. Band 9 enthält zudem eine Rubrik »Nachträge, Ergänzungen und Berichtigungen« (DA 9, 797–830) zu nicht in den Textbänden genannten Briefen an Herder. Außerdem integrierte Arnold – im Bewusstsein dessen, dass die Kenntnis der Briefe an Herder wesentlichste Prämisse für das genaue Verständnis der Briefe Herders sind –, wichtige Stellen der An-Briefe als Zitat oder in Regestform in den Erläuterungen der Kommentarbände, um deren Fehlen zumindest partiell zu kompensieren.

Im Juni 1983, als er schon mitten in den Arbeiten zu Band 8 der Herder-Briefausgabe steckte, schloss Günter Arnold die Promotion zum Dr. phil. an der Sektion Germanistik und Literaturwissenschaft der Universität Leipzig bei Claus Träger ab. Das Thema seiner mehrere vorangegangene Forschungsarbeiten bündelnden Dissertation lautete »Beiträge zur Geschichtsphilosophie J. G. Herders im Zeitalter der Französischen Revolution«, ihre wichtigsten Kapitel wurden im Jahrbuch der Weimarer Klassikerstätten gedruckt (Arnold 1981; 1984). 1988 wurde er Mitglied der Kommission Text der Arbeitsgemeinschaft philosophischer Editionen und im Januar 2002 erfolgte seine Zuwahl als Korrespondierendes Mitglied der Philologisch-Historischen Klasse der Akademie der Wissenschaften zu Göttingen.

Der Internationalen Herder-Gesellschaft war Günter Arnold in vielfältiger Weise verbunden, sowohl als Vortragender und als belebender und streitbarer Diskutant auf zahlreichen ihrer Tagungen und nicht zuletzt als regelmäßiger profunder Beiträger des *Herder Jahrbuchs*, wie auch dieser Band einen seiner letzten Arbeiten und einige wenige Nachträge zu den Briefen und zum *Adrastea*-Band in der Frankfurter Ausgabe abdruckt. 2008 wurde ihm in Ansehung seiner grundlegenden editorischen und philologischen Leistungen auf der Konferenz »Herder und seine Wirkung« in Jena die Herder-Medaille der Internationalen Herder-Gesellschaft verliehen.

Arnold war ebenso ein engagierter Vermittler Herders, wovon seine unermüdliche Vortragstätigkeit wie auch die im Laufe seines Lebens schriftlich und mündlich geduldig und kompetent beantworteten unzähligen Anfragen zählen. Er hat nicht nur Kolleginnen und Kollegen, in- und ausländischen Herder-Forschern – unter ihnen Freunden wie den Luxemburger Königsberg-Spezialisten Joseph Kohnen oder den amerikanischen Wieland-Forscher Thomas C. Starnes – großzügig und in uneigennütziger Art und Weise zugearbeitet, sondern auch und vor allem junge Wissenschaftler, Doktoranden und Stipendiaten aus den verschiedensten Ländern gern und hilfreich unterstützt. Die meisten dankten es ihm mit anerkennenswerten Arbeiten innerhalb der Herder-Forschung und im Umfeld derselben. Ich selbst hatte die große Freude, ihn als fachlichen Betreuer meiner Diplomarbeit über Herders *Humanitätsbriefe* gewonnen zu haben und an seiner Seite den enzyklopädischen Registerband zur Gesamtausgabe der Briefe von Herder erarbeiten und umsetzen zu dürfen. Diese äußerst intensiven und spannenden vier Arbeitsjahre, die unsere fast 30jährige Freundschaft begründeten, zähle ich in vielerlei Hinsicht zu den lehrreichsten meines Lebens.

Anlässlich des 65. Geburtstages von Günter Arnold erschien 2008 eine Festschrift, die 16 in- und ausländische Beiträge von renommierten Herder-Spezialisten, aber auch von Wissenschaftlerinnen und Wissenschaftlern der jüngeren Generation vereint (Taszus 2008). Ganz im Arnoldschen Sinne materialreich und quellengesättigt, richten sie thematisch den Fokus auf das Handwerk des Editors und Historikers und sind damit ein beredtes Zeugnis der hohen Anerkennung der legendären Forscherpersönlichkeit, dessen in der Kindheit zugezogene schwere Behinderung für ihn zwar immer eine erhebliche Einschränkung der Lebensqualität bedeutete, aber die Leistungskraft und die Kontinuität seiner Arbeit nie beeinträchtigt hat.

Neben der Gesamtausgabe der Briefe von Herder, die Günter Arnold in eindrucksvoller Gelehrsamkeit und mit souveräner editorischer Sachkenntnis herausgegeben und in extenso kommentarisch erschlossen hat, ist zweifelsohne die seinerzeit von Regine Otto »geerbte« Auswahledition von Herders Abschiedswerk, der Zeitschrift *Adrastea* (vgl. FHA 10), ein weiteres Meisterstück der tiefe Kenntnisse der gesamten europäischen Aufklärung voraussetzenden Kommentierung. Dass sich Arnolds Kompetenzen vor allem über editionsphilologische Probleme bei germanistischen und philosophischen Texten, Handschriften besonders des 18. Jahrhunderts, Briefeditionen und das gedruckte Œuvre sowie den handschriftlichen Nachlass Herders erstrecken, vermitteln auch seine in der zwischenzeitlich aktualisierten Bibliographie verzeichneten über 70 Abhandlungen und kleineren Quelleneditionen (vgl. auch Taszus 2008), darunter zahlreiche ungedruckte Briefe an Herder aus der bis Anfang der 1980er Jahre verschollen geglaubten, in der Jagiellonenbibliothek Kraków verwahrten ehemaligen Autographensammlung der Staatsbibliothek zu Berlin (Arnold 1987; 1988; 1990) und mehr oder weniger zufällig entdeckte Exzerpte aus dem Herderschen Nachlass (vgl. u. a. Arnold 1996; 1998a; 2000; 2003; 2004a; 2008; 2010b).

Verdient gemacht hat sich Günter Arnold auch besonders um die baltische Herder-Forschung sowie die russische Herder- und Goethe-Forschung, für letztere vor allem als Übersetzer verschiedener Schriften, darunter Arsenij V. Gulygas *Johann Gottfried Herder. Eine Einführung in seine Philosophie* (Leipzig 1978).

Seinen geschätzten wissenschaftlichen Vorbildern, Mitstreitern und Freunden zollte Arnold Respekt, indem er sich an deren Festschriften beteiligte, wovon die Beiträge für beispielsweise Martin Bollacher, Ulrich Joost, Joseph Kohnen, Albert Meier, Günter Mühlpfordt, Rudolf Smend, Winfried Woesler und Hans Zeller (Arnold 1991; 1998b; 2000; 2004b; 2006; 2007a-b; 2008a-b; 2016) zeugen. In Form von Aufsätzen würdigte er u. a. Karl-Heinz Hahn und Bernhard Suphan (Arnold 2001; 2010a), widmete Claus Träger und Wolfgang Proß Abhandlungen (Arnold 1998a; 2005) und verfasste den Nachruf auf seine Weimarer Kollegin Regine Otto (Arnold 2010c).

Rastlos hat Günter Arnold noch bis kurz vor seinem viel zu frühen Tod an der komplizierten Transkription der in Schaffhausen verwahrten Herderschen Urschrift der *Aeltesten Urkunde des Menschengeschlechts* gearbeitet, ihre kommentierte Herausgabe war einer seiner langgehegten Wünsche, den er sich leider nicht mehr erfüllen konnte (Arnold 1989). Beispiellos war Arnolds Vertrautheit mit dem Gesamtwerk Herders, seiner Korrespondenz, seinem handschriftlichen Nachlass und der Geschichte des 18. Jahrhunderts überhaupt, exemplarisch die ihm eigene Einfühlung in den Text und in die literarischen, kultur- und wissenschaftsgeschichtlichen Zusammenhänge. Wir verlieren an ihm einen Nestor der Herderphilologie und -forschung, für dessen respektgebietende bleibende Leistungen historisch-philologischer Kommentierungskunst und Forschung im Dienste der Aufklärung noch viele Generationen dankbar sein werden.

Literatur

Arnold, Günter: Die Widerspiegelung der Französischen Revolution in Herders Korrespondenz, in: *Impulse. Aufsätze, Quellen Berichte zur deutschen Klassik und Romantik.* Hrsg. im Auftrag der Nationalen Forschungs- und Gedenkstätten der klassischen deutschen Literatur in Weimar v. Walter Dietze, Peter Goldammer. Folge 3. Berlin, Weimar: Aufbau, 1981: 41–89.

Arnold, Günter: Geschichte und Geschichtsphilosophie in Herders Zeitschrift »Adrastea«, in: *Impulse. Aufsätze, Quellen Berichte zur deutschen Klassik und Romantik.* Hrsg. im Auftrag der Nationalen Forschungs- und Gedenkstätten der klassischen deutschen Literatur in Weimar v. Walter Dietze, Peter Goldammer. Folge 7. Berlin, Weimar: Aufbau, 1984: 413–458.

Arnold, Günter: Briefe literarhistorischen Inhalts aus Herders Nachlaß. Teil 1, in: *Impulse. Aufsätze, Quellen, Berichte zur deutschen Klassik und Romantik.* Folge 10. Hrsg. im Auftrag der Nationalen Forschungs- und Gedenkstätten der klassischen deutschen Literatur in Weimar v. Walter Dietze, Werner Schubert. Berlin, Weimar: Aufbau, 1987: 274–323.

Arnold, Günter: Briefe literarhistorischen Inhalts aus Herders Nachlaß. Teil 2, in: *Impulse. Aufsätze, Quellen, Berichte zur deutschen Klassik und Romantik.* Folge 11. Hrsg. im Auftrag der Nationalen Forschungs- und Gedenkstätten der klassischen deutschen Literatur in Weimar v. Werner Schubert, Reiner Schlichting. Berlin, Weimar: Aufbau, 1988: 255–313.

Arnold, Günter: Das Schaffhauser Urmanuskript der »Aeltesten Urkunde des Menschengeschlechts« und sein Verhältnis zur Druckfassung, in: Brigitte Poschmann (Hg.): *Bückeburger Gespräche über Johann Gottfried Herder 1988. Älteste Urkunde des Menschengeschlechts.* Rinteln: Bösendahl, 1989: 50–63.

Arnold, Günter: Ungedruckte Briefe aus Herders Nachlaß, in: *Impulse. Aufsätze, Quellen, Berichte zur deutschen Klassik und Romantik.* Folge 13. Hrsg. im Auftrag der Nationalen Forschungs- und Gedenkstätten der klassischen deutschen Literatur in Weimar v. Werner Schubert, Reiner Schlichting. Berlin, Weimar: Aufbau, 1990: 264–318.

Arnold, Günter: Ideale und reale Bedingungen für Editionen und die geplante Fortführung der Herder- Briefausgabe, in: Gunter Martens, Winfried Woesler (Hg.): *Edition als Wissenschaft. Festschrift für Hans Zeller.* Tübingen: Niemeyer, 1991: 53–61.

Arnold, Günter: Die Herder-Briefausgabe und das Problem der Gegenbriefe, in: Lothar Bluhm, Andreas Meier (Hg.): *Der Brief in Klassik und Romantik. Aktuelle Probleme der Briefedition.* Würzburg: Königshausen & Neumann, 1993: 57–64 [1993a].

Arnold, Günter: Vom heuristischen Wert eines kommentierenden Registers, in: Gunter Martens (Hg.): *Kommentierungsverfahren und Kommentarformen. Hamburger Kolloquium der Arbeitsgemeinschaft für germanistische Edition 4.-7. März 1992. Autor- und problembezogene Referate.* Tübingen: Niemeyer, 1993: 237–241 [1993b].

Arnold, Günter: Herders Nachdichtung »Aufschriften auf den Königsgräbern bei Persepolis«, in: Jochen Golz (Hg.): *Das Goethe- und Schiller-Archiv. 1896–1996. Beiträge aus dem ältesten deutschen Literaturarchiv.* Weimar, Köln, Wien: Böhlau, 1996: 281–291.

Arnold, Günter: »Gesang an den Cyrus«. Herders erste Veröffentlichung, in: Joseph Kohnen (Hg.): *Königsberg-Studien. Beiträge zu einem besonderen Kapitel der deutschen Geistesgeschichte des 18. und angehenden 19. Jahrhunderts.* Frankfurt a. M. u. a.: Lang, 1998: 155–162 [1998a].

Arnold, Günter: Katharinas II. Große Kommission und Instruktion in der Sicht Herders, in: Erich Donnert (Hg.): *Europa in der Frühen Neuzeit. Festschrift für Günter Mühlpfordt.* Bd. 3: *Aufbruch zur Moderne.* Weimar, Köln, Wien: Böhlaub, 1998: 145–158 [1998b].

Arnold, Günter: Die Menschlichkeit der Götter Homers. Herder-Nachlaß XII 28, kommentierte Erstveröffentlichung, in: Christan Kluwe, Jost Schneider (Hg.): *Humanität in einer pluralistischen Welt? Themengeschichtliche und formanalytische Studien zur deutschsprachigen Literatur. Festschrift für Martin Bollacher.* Würzburg: Königshausen & Neumann, 2000: 29–44.

Arnold, Günter: Karl-Heinz Hahn (1921–1990): Archivar im Staatsarchiv Weimar 1952–1954 und im Goethe-Schiller-Archiv Weimar 1954–1958, Direktor des Goethe-Schiller-Archivs 1958–1986, in: *Lebensbilder Thüringer Archivare*, hrsg. v. Vorstand des Thüringer Archivarverbandes. Rudolstadt: Hain, 2001: 96–103.

Arnold, Günter: Zur Leibniz-Rezeption Herders. Das biographische Exzerpt HN XXVIII, 17, 1–7r, in: *Nachrichten der Akademie der Wissenschaften zu Göttingen: 1; Philologisch-Historische Klasse*; Jg. 2003, Nr. 5. Göttingen: Vandenhoeck & Ruprecht, 2003: 312–345.

Arnold, Günter (zusammen mit Gundula Ehrhardt): Handschriftliches zu Herders Burke-Rezeption: die Exzerpte XXVI, 5, 86 und XXVIII, 2, 71r, in: *Herder Jahrbuch / Herder Yearbook* 7 (2004): 123–135 [2004a].

Arnold, Günter: Herders Nachruf auf Klopstock, in: Bodo Plachta (Hg.): *Literatur als Erinnerung. Winfried Woesler zum 65. Geburtstag.* Tübingen: Niemeyer, 2004: 133–140 [2004b].

Arnold, Günter: Herder-Editionen, in: Rüdiger Nutt-Kofoth, Bodo Plachta (Hg.): *Editionen zu deutschsprachigen Autoren als Spiegel der Editionsgeschichte.* Tübingen: Niemeyer, 2005 (Bausteine zur Geschichte der Edition; 2): 163–198.

Arnold, Günter: Verborgene Einflüsse Lavaters und Hamanns in Herders »Ideen zur Philosophie der Geschichte der Menschheit«, in: Susanne Craemer u. a. (Hg.): *Europäische Begegnungen. Beiträge zur Literaturwissenschaft, Sprache und Philosophie. Festschrift für Joseph Kohnen.* Luxembourg: Saint Paul, 2006: 559–567.

Arnold, Günter: Der Entwurf »Homer und Ossian«, Herder-Nachlaß XXVIII, 15, 22^{v}-23^{v}, in: Tengiz Iremadze u. a. (Hg.): *Philosophy – Theology – Culture. Problems and Perspectives. Jubilee volume dedicated to the 75th anniversary of Guram Tevzadze.* Tbilisi: Nekeri u. a., 2007: 186–214 [2007a].

Arnold, Günter: »Die wunderbare Ineinanderwirkung der Begebenheiten«. Gemeinsamkeiten Herders und Forsters, in: Roland Opitz, Klaus Petzold (Hg.): *Geschichtlichkeit – Aufklärung – Revolution. Literatur im Gang der Zeiten. Zum 80. Geburtstag von Claus Träger (1927–2005).* Leipzig: Rosa-Luxemburg-Stiftung Sachsen, 2007: 79–88 [2007b].

Arnold, Günter: »… sehr brav durchdacht und gewaltig geschrieben« – Herders Gutachten zur Verbesserung des Konviktoriums in Jena, in: *»Ältestes bewahrt in Treue, freundlich aufgefasstes Neue«. Festschrift für Volker Wahl zum 65. Geburtstag*, hrsg. im Auftrag des Thüringer Archivarverbandes v. Katrin Bege u. a. Rudolstadt: Thüringer Archivarverband, 2008: 291–318 [2008a].

Arnold, Günter: Spinoza von den Propheten. Edition des Exzerpts Herder-Nachlaß XXVIII, 11, 23^{r-v}, 25^{r}-28^{v}, in: Martin Keßler, Martin Wallraff (Hg.): *Studien zur Geschichte der Wissenschaften in Basel, N. F. 5: Biblische Theologie und historisches Denken. Wissenschaftsgeschichtliche Studien aus Anlass der 50. Wiederkehr der Basler Promotion von Rudolf Smend.* Basel: Schwabe, 2008: 136–170 [2008b].

Arnold, Günter: Philologische Textkritik als Technik geistiger Überlieferung bei Johann Gottfried Herder, in: Ulrich Müller u. a. (Hg.): *Was ist Textkritik? Zur Geschichte und Relevanz eines Zentralbegriffs der Editionswissenschaft.* Tübingen: Niemeyer, 2009: 87–102.

Arnold, Günter: Bernhard Suphan: Pflichterfüllung als Lebensmaxime, in: Hellmut Th. Seemann, Thorsten Valk (Hg.): *Das Zeitalter der Enkel: Kulturpolitik und Klassikrezeption unter Carl Alexander*. Göttingen: Wallstein, 2010: 165–181 [2010a].

Arnold, Günter: Mnemosyne (Herder-Nachlaß XXVI 6,121ʳ-124ʳ) – der Entwurf für Herders Horen- Aufsatz »Homer, ein Günstling der Zeit«, in: Simone de Angelis, Florian Gelzer, Lucas Marco Gisi (Hg.): *›Natur‹, Naturrecht und Geschichte. Aspekte eines fundamentalen Begründungsdiskurses der Neuzeit (1600–1900)*. Heidelberg: Winter, 2010: 433–463 [2010b].

Arnold, Günter: In memoriam Regine Otto, in: *Herder Jahrbuch / Herder Yearbook* 10 (2010): 9–10 [2010c].

Arnold, Günter: Die Herder-Briefausgabe, in: *Weimar-Jena, die große Stadt: das kulturhistorische Archiv* 5 (2012): 315–321.

Arnold, Günter: [o. T., Beitrag zur Festschrift für Ulrich Joost zum 65. Geburtstag], in: Diane Coleman Brandt, Ulrike Leuschner, Thedel v. Wallmoden (Hg.): *Lichtenberg lesen! Inspirationen und Interpretationen*. Göttingen: Wallstein, 2016: 11–12.

Gulyga, Arsenij Vladimirovic: *Johann Gottfried Herder. Eine Einführung in seine Philosophie*. Übers. v. Günter Arnold. Leipzig: Reclam, 1978.

Suphan, Bernhard: Goethe und Herder von 1789–1795, in: *Preußische Jahrbücher* 43 (1879): 85–183.

Taszus, Claudia: Verzeichnis der Schriften von Günter Arnold, in: Claudia Taszus (Hg.): *Vernunft – Freiheit – Humanität. Über Johann Gottfried Herder und einige seiner Zeitgenossen. Festgabe für Günter Arnold zum 65. Geburtstag*. Eutin: Lumpeter & Lasel, 2008: 521–530.

Rainer Godel (Halle / S.) und Johannes Schmidt (Clemson)
unter Mitwirkung von John H. Zammito (Houston)

In memoriam Karl Richard Menges
(7. Januar 1941 – 10. Januar 2018)

In der Reihe der Begründer der modernen Herder-Forschung ist und bleibt Karl Richard Menges eine unersetzbare Persönlichkeit – nicht nur aufgrund seiner wissenschaftlichen Arbeit, sondern auch wegen seiner aktiven Mitgliedschaft in der Internationalen Herder-Gesellschaft und seiner langjährigen erfolgreichen Herausgebertätigkeit. Das *Herder Jahrbuch / Herder Yearbook* prägte er als gründlicher Herausgeber von neun Ausgaben, die viele innovative Wege öffneten.

Karl Menges studierte zunächst an den Universitäten Heidelberg und Hamburg, um 1970 an der Universität Tübingen zu promovieren. Nach kurzen Aufenthalten an der Idaho State University (Pocatell) und der University of California (Irvine) begann er 1971 seine Lehrtätigkeit an der University of California (Davis), die er bis 2003 seine Heimatinstitution nannte. Dort wurde er von Fakultätsangehörigen, Studentinnen und Studenten gleichermaßen sehr geschätzt, besonders seinen Graduate Students fühlte er sich verbunden. Er selbst war Student während einer Zeit, in der politisches und soziales Engagement blühte. So führte er seine eigenen Erfahrungen während der Studentenbewegung der 1960er Jahre mit den Folgen der Vietnam-Proteste und der Bürgerrechtsbewegung zusammen. Seine Kollegin Gail Finney berichtet, dass er diese politische Energie immer beibehielt. Zusätzlich war erkenntlich, welche Leidenschaft Karl für die Lehre aufbrachte. So bestätigen verschiedene Studenten an der UC Davis, wie »fesselnd«, humorvoll und faktenreich er lehrte.

Schon bald nach Aufnahme seiner Tätigkeit an der UC Davis nahm Karl eine Vorreiterrolle in der Herder-Forschung ein. Seine Zusammenarbeit mit Ernest Menze am Übersetzungsband *Johann Gottfried Herder: Selected Early Works, 1764–1767* (1992) öffnete dem angloamerikanischem Lesepublikum eine fruchtbare Quelle von Herder-Texten, die entscheidend werden sollte, um für den deutschen Denker in Nordamerika neues Forschungsinteresse zu wecken.

Doch auch auf die deutsche Herder Forschung wirkte Karl Menges, namentlich durch Gastprofessuren an der Universität Göttingen und der Universität Düsseldorf (eine dritte absolvierte er an der University of Stirling in Schottland) sowie durch weitere zahlreiche deutsche Veröffentlichungen. Dass Karl Menges während seiner gesamten Forschungs- und Lehrtätigkeit immer sowohl die angloamerikanische als auch die europäische Wissenschaft im Blick behielt, zeugt von seiner Weitsichtigkeit und Internationalität. Entsprechend breitgefächert war auch sein interdisziplinäres Interesse. So ist es nicht verwunderlich, dass Karl Menges auch nach seiner Emeritierung das Interesse an Herder und verwandten Forschungsfragen nicht verlor. Noch bei der Erstellung des *Herder Jahrbuchs* XIII (2016) stand er als Beirat den Herausgebern mit klugem Rat und ausgewogenem Urteil zur Seite.

Karl Menges war die Kraft innerhalb der Herder-Gesellschaft und Forschung, die die interdisziplinäre Wissenschaft immer wieder zum Ausloten neuer Tätigkeitsfelder ermutigte. Auch persönlich vermissen wir diesen produktiven Kollegen, klugen Wissenschaftler und warmherzigen Freund sehr.

Nach seiner Dissertation in Tübingen zu Hermann Broch (Menges 1970) – die österreichische Moderne gehörte lange noch zu den Forschungs- und Interessengebieten von Karl Menges – näherte er sich Herder gleichsam über Goethe an. In einem ersten Aufsatz zum späten 18. und frühen 19. Jahrhundert (Menges 1972) untersuchte er das Verhältnis Goethes zum poetologischen Programm der Frühromantik, hier schon mit einem profunden Blick auf die Untrennbarkeit der ästhetischen Theorie und Praxis von anderen relevanten Kontexten. »Goethes Kunsttheorie ist angemessen nur diskutierbar im Rahmen seiner Naturauffassung« (Menges 1972, 130), heißt es schon hier, und dies zeigt gleichsam in nuce, wie Karl Menges sich und seinen Leserinnen und Lesern Literatur und Philosophie zu erschließen suchte: Es ging ihm nie um die Isolierung ästhetischer Befunde, sondern um die Einbettung der Texte in die historischen und historiographischen, poetologischen, philosophischen, politischen und (natur-)wissenschaftlichen Kontexte; stets waren seine Arbeiten geprägt vom Bestreben nach eben jener weiteren Perspektive, die philologischen Detailstudien nicht ihre Berechtigung nimmt (im Gegenteil: Menges' Arbeiten sind oft ein Vorbild philologischer Genauigkeit und Präzision), die aber die Textimmanenz weit übersteigt.

In Würdigungen sollte man sich davor hüten, nachträglich der Wahl von Forschungsschwerpunkten eine Rationalität oder gar Zwangsläufigkeit zu unterstellen. Umgekehrt scheint es plausibel: dass Karl Menges Johann Gottfried Herder begegnete, bot ihm Anlass und Gelegenheit, seinen bereits erprobten textkritisch kontextualisierenden Ansatz auf einen Autor anzuwenden, der seit den frühen 1980er Jahren im Zentrum neuer Forschungsbestrebungen dies- und jenseits des Atlantiks stand.[1] Karl Menges war mithin aufgrund seines akademischen Werdeganges geradezu prädestiniert, eine wichtige Rolle in der Aufarbeitung Herders für den nordamerikanischen wie den europäischen (und auch für den ostasiatischen) Wissenschaftsdiskurs zu spielen. Von diesem Aufbruchsimpuls geprägt sind auch die ersten Sätze der Einleitung, die Ernest Menze und Karl Menges in ihrer bahnbrechenden Übersetzung von Herders frühen Schriften formulieren:

> Even though responsible Herder scholars have always acknowledged his fundamentally cosmopolitan convictions, the prevailing picture of Herder is still shaped by a one-sided emphasis upon his views regarding nations and people. In Germany as well as in the rest of the world, Herder is still largely denied the recognition merited by his ground-breaking efforts toward a synthesis of the concepts of humanity and nationality, of the universal and the particular. (Menze, Menges 1992, 1)

Dass diese Diagnose heute nicht mehr zutrifft, ist nicht zuletzt das Verdienst von Karl Menges. Insbesondere ist es seinem beständigen Bestreben zu verdanken, aufklärerisches Licht in das vermeintliche »Dunkel« von Herders Sprache zu bringen (vgl. auch hierzu ebd., 4–5) und Herders Denken in den relevanten Kontexten zu erschließen. Auch hier

1 Vgl. initiatorisch bereits Koepke, Knoll 1982, retrospektiv Fink 2012 und zuletzt Greif, Heinz, Clairmont 2016, v. a. 9–11.

wird deutlich, dass die Intention Menges' weit über die sachliche philologische Arbeit hinausgeht: Menges (und Menze) arbeiten klar heraus, dass der Antrieb hinter Herders Wirken und Streiten in dem liegt, was sie seine »humane philosophy« nennen (ebd., 4), sein grundlegendes Verständnis von Humanität als Wirkkraft und Grundbedingung menschlichen Miteinanders.

2010 sollten Menges und Menze, gemeinsam mit John Zammito, eine ebenso eindrückliche wie heute noch lesenswerte Bilanz der Herder-Forschung des letzten Vierteljahrhunderts ziehen (Zammito, Menges, Menze 2010), die mit dem ebenso lakonischen wie zutreffenden Satz beginnt: »A veritable tidal shift in Herder scholarship has taken place over the last quarter century [...]« (ebd., 661). Mit meisterlicher Präzision beschreiben die drei Autoren die Entwicklung der Herder-Forschung seit Mitte der 1980er Jahre, und doch reicht ihre Analyse weit über einen Forschungsbericht hinaus. Sie zeigen auf, wie es durch die Intensivierung und textgebundene Präzisierung der Herder-Forschung gelingen konnte, ein neues Verständnis der Epoche der Aufklärung zu entwickeln, auf der Basis zahlreicher Forschungen, die Herders Rolle als Initiator vielfältiger Wissensentwicklungen präzise skizzierten. Eine Schlüsselrolle nimmt dabei der anthropologische Diskurs ein, mittels dessen Analyse die alte These vom Gegenaufklärer Herder ebenso revidiert zu werden verdiente wie allzu einseitige Gleichsetzungen von Kantianismus und Aufklärung. Herders spezifische Hermeneutik und sein Verständnis von Geschichte als unhintergehbare Emulation der Vergangenheit (vgl. ebd., 776) können gleichfalls als zentrale Errungenschaften der Herder-Forschung gelten, die – so wird in allen Arbeiten Menges' deutlich – weit über personengebundene oder gar panegyrische Ansätze hinausweisen. Zu diesem Bemühen um Differenzierung und um intellektuellen Gewinn trug Menges entscheidend bei.

Einen Schwerpunkt von Karl Menges' Forschungen bildete dabei Herders Positionierung im Feld der Philosophie. Bereits früh setzte er sich, in einem der ersten Tagungsbände einer internationalen Konferenz zu Herder, mit Herders Theorie des Subjekts auseinander, dabei auch von seinem breiten Wissen über die philosophischen Zusammenhänge der Subjekt- und Sprachtheorie des frühen 20. Jahrhunderts profitierend, mit denen Menges sich als junger Forscher auseinandergesetzt hatte (Menges 1990a). Ins Zentrum philosophischer wie auch anthropologischer Debatten führen Menges' wegbereitende Studien zur Theorie des Vorurteils im 18. Jahrhundert (vgl. Menges 1991; 1992; 1993). Menges gelang es dabei, im Verbund mit anderen präzise analysierenden Arbeiten von Sauder (1983), Beetz (1983) und Delon (1995), die allzu simple Rede von der Vorurteilskritik als Charakteristikum der Aufklärung zu differenzieren. Vielmehr zeigt er auf, dass die Figur der Rehabilitation des Vorurteils als eine Denkfigur für das Verständnis der Prozessualität Herderschen Denkens wesentlich wurde. Menges führt aus, dass Herder aus der vorurteilskritischen Tradition ausschere, weil er den sinnstabilisierenden Effekt von Vorurteilen sehe (vgl. Menges 1993, 108–109). Herder plädiere für ein hermeneutisches Verständnis der fremden Muster und ihrer spezifischen Dispositionen, in denen sich die je spezifische menschliche Individualität spiegele, die nicht ohne weiteres aktualisierbar sei (vgl. ebd., 109). Indem Menges Herder in den Diskussionszusammenhang auch eines Georg Friedrich Meier, Thomas Abbt und selbstverständlich Johann Georg Hamann einordnet, gelingt es ihm, die spezifische Verbindung von Hermeneutik und aufklärerischer Erkenntniskritik bei

Herder herauszuarbeiten. Auch hier wieder bricht Menges verkrustete Forschungsdichotomien auf: »Es ist deutlich«, so heißt es schon 1991 konkret mit Bezug auf Thomas Abbt in einem verdichteten, aber bahnbrechenden Artikel zum VIII. Internationalen Germanisten-Kongress in Tokyo, »daß die Rehabilitierung der Vorurteile hier nicht einem gegenaufklärerischen Irrationalismus verpflichtet ist, sondern der Einsicht in die grundsätzliche Befangenheit der aufgeklärten Vorurteilskritik selbst« (Menges 1991, 167). Hier zeichnet sich ein erkenntnis*praktisches* Problem ab, das mit den Mitteln rationalistischer Kritik alleine nicht auflösbar ist, und dessen weitere Forschung eminent prägende Perspektivierung Karl Menges bereits in wenigen, klaren Artikeln anlegte.

Wesentlichen Differenzierungsgewinn erzielte Menges auch in der mit dem Vorurteilsdiskurs als sozialpraktische Ebene verbundene Frage von Diskriminierung und Antisemitismus. Er plädiert nachdrücklich dafür, die Frage nach einem möglichen Antisemitismus Herders nicht mit »wiederholten Collagen scheinbar negativer Äußerungen« (Menges 1996b, 396) zu beantworten, sondern durch die philologische Analyse des »emanzipationsgeschichtlichen Kontext[s] der Argumentation« (ebd.). Hierbei vertritt er die These, dass Herders Verständnis des Judentums mit der »exemplarischen Thematisierung einer nationalen Eigentümlichkeit« (ebd., 406) verbunden sei. Das Judentum werde so zum Paradigma der Differenz (ebd.).

Kluge und weiterführende Arbeiten zu Herders Philosophie, insbesondere zur Sprachtheorie (Menges 1990b; 1994; 1995, v. a. auch 1998), zur Ästhetik (1988a; 1988b), zur Historiographie (2000) und schließlich ein brillant verdichteter Artikel im *Herder Companion* zu »National Literature, Popular Literature, and World Literature« bei Herder (2009) runden das Gesamt von Menges' Publikationen zu Johann Gottfried Herder ab.

Karl Menges hat keine große Herder-Monographie geschrieben. Das kann und mag man bedauern. Aber die Klugheit, Intensität und Vielfalt seiner Aufsätze und Editionen macht diese Leerstelle vergessen.

Karl Menges' Bedeutung für die Herder-Forschung und insgesamt für ein neues Verständnis des Zeitalters der Aufklärung bliebe unvollständig dargestellt, würdigte man nicht mit großer Dankbarkeit sein langjähriges Wirken für die International Herder Society, als Mitglied des Vorstands, als kluger Ratgeber in vielen schwierigen Entscheidungen sowie nicht zuletzt als langjähriger Herausgeber des *Herder Yearbook*, das er gleichsam als einer der drei Gründungsherausgeber zusammen mit Wulf Koepke und Wilfried Malsch 1992 aus der Taufe hob. Nach fast einem Jahrzehnt wechselnder Herausgeberkonstellationen übernahm Karl Menges dann ab 2000, gemeinsam mit Regine Otto und Wulf Koepke, die Edition des Jahrbuchs. Das wissenschaftliche Selbstverständnis Menges' wurde in der letzten Dekade mehr und mehr zur Leitlinie des Jahrbuchs: Es bot (und bietet) keine dogmatische Lehrmeinung zu einem lange Zeit Vergessenen, sondern es offeriert allen Leserinnen und Lesern ein offenes Forum der Auseinandersetzung über Herder, mit Herder und vor allem mit seinen Zeitgenossen und Kontexten, aber auch seiner Rezeption und Wirkung. Weit davon entfernt, eine Zeitschrift mit dem ausschließlichen Ziel der Rehabilitierung Herders zu sein, hat Karl Menges entscheidend dazu beigetragen, den Blick zu öffnen für ein breites Spektrum von Themen, interdisziplinären und methodisch sehr unterschiedlichen Zugängen.

Die beiden aktuellen Herausgeber des Herder Jahrbuchs, Rainer Godel und Johannes Schmidt, hatten das große Privileg, noch gemeinsam mit Menges einige Bände des Herder Jahrbuchs zu verantworten (ab 2012 beziehungsweise 2014).

Durch seine Herausgebertätigkeit und die zahlreichen Rezensionen konnte Karl Menges die Qualität der Herder-Forschung sichern und Standards setzen, die weiter gültig bleiben werden. Als Wissenschaftler war er auch Wegbereiter und Anreger ganz im Sinne Herders. Wegbereitend war die Übersetzung von Herder frühen Schriften, von der schon die Rede war. Dem Übersetzungsband *Selected Early Works* sollten in kurzer Folge weitere Übersetzungen folgen.

Für die Übersetzung der *Selected Early Works* waren Michael Palma und Ernest Menze zuständig, während Karl Menges mit letzterem für die Herausgabe und Edition des Bandes zuständig war. Seine Handschrift ist aber im ganzen Band kenntlich, von der Einleitung über die Auswahl der Texte – keine einfache Aufgabe bei einem so mächtigen und gewichtigen Werk wie dem Herders – und der Einheitlichkeit der übersetzten Texte. Betonen sollte man, dass diese Übersetzung noch vor dem zweiten Band der Frankfurter Herder Ausgabe (1993) erschien, ein Beleg dafür, dass die Herder-Forschung in den USA, nicht zuletzt dank Karl Menges, bei der Aufbereitung von Herders Werk den deutschen Kollegen in nichts nachstand. Es zeigt wieder die Weitsicht der Herausgeber, auch bei einer englischen Übersetzung auf den Rat und das Wissen der Kollegen weltweit nicht zu verzichten. So liest sich die Danksagung wie ein »Who is who« der internationalen Herder-Forschung der 1990er Jahre.

Diesem Band ist viel zu verdanken: Die Übersetzung öffnete maßgeblich der anglo-amerikanischen Forschung einen Zugang zu Herder. Nachweislich ist das Interesse an Herder in die 1990er Jahren deutlich gestiegen, und vor allem, und das ist im Zusammenhang mit Übersetzungen wichtig hervorzuheben, fanden außerhalb der amerikanischen Germanistik und Geschichtswissenschaft weitere Disziplinen Interesse an Herder. So verlässt sich, um nur ein Beispiel zu erwähnen, Vicki Spencer in ihrer Studie *Herder's Political Thought: A Study of Language, Culture, and Community* (2012) unter anderem auf den Übersetzungsband.

Versammelt in diesem Band sind Herders Fragment *Von der Ode* (1765), *Von der Veränderung des Geschmacks* (1766) und neben einigen anderen kürzeren Texten vor allem die gesamte erste Sammlung der Fragmente *Über die neuere deutsche Literatur* sowie Auszüge aus der zweiten und dritten Sammlung (1766–1768). Als eine der ersten modernen Herder-Übersetzungen war die sorgfältige Auswahl so entscheidend, sind in ihnen doch alle Felder von Herders Denken, wenn auch oft nur in Ansätzen und fragmentarisch, enthalten und eröffnen so einen zentralen Zugang zu Herders Denken und seiner philosophischen Grundlage. Hugh Barr Nisbet nennt die Übersetzung »bold« und »a success« (Nisbet 1997, 504), während Robert Norton die Übersetzung als »exciting but demanding« (Norton 1995, 896) bezeichnet, Richard Critchfield erklärt die Herausgeberschaft »skillfull« und die Einleitung »excellent« (Critchfield 1992, 93), und Hugh West betont mit Blick auf die Herder eigentümliche Sprache und seinen Stil, dass die Übersetzung »thoroughly responsible« (West 1992, 464) sei.

Karl Menges trug durch seine eigenen Analysen und Interpretationen von Herders Werk grundlegend und immer gewinnbringend zur Forschung bei. Seine Gedanken und Lesarten sind dabei oft weiterführender Natur, wie auch dieses und vorhergehende Jahrbücher belegen. Allein drei der Beiträger zu diesem hier vorliegenden Band stützen sich auf von Menges vorgelegte Forschungsergebnisse. Dass es sich bei den Beiträgen, die Karl Menges zitieren, nicht nur um Herder-Forschung im engeren Sinne handelt, ist oben schon angedeutet worden. Die Felder, in die hinein Karl Menges' Arbeiten oft subtil wirkten, sind zu weit, um sie einzeln aufzuzählen.

Es ist dabei auffällig, dass Menges andere nicht nur an die Hand nimmt und behutsam durch sein vorgelegtes Argument leitet, sondern auch griffige Formeln bereitstellt, die über seine eigenen Studien hinaus zu neuen Forschungsfragen animieren. Dabei schöpft er auch aus dem reichen Vorrat, den Herder bereitstellte. So machte er 1994 auf eine wunderbare Formulierung Herders aufmerksam, als er im Titel seines Beitrags zu Martin Bollachers Sammelband *Johann Gottfried Herder. Geschichte und Kultur* den wunderbaren Satz aus den *Fragmenten über die neuere deutsche Literatur* zitiert: »daß *der Gedanke am Ausdruck klebe*« (FHA 1, 394; vgl. Menges 1994). Oder sein vielzitierter Artikel »›Sinn‹ and ›Besonnenheit‹: The Meaning of ›Meaning‹ in Herder« (Menges 1998), der beispielsweise Sonia Sikka bei der Formulierung ihrer These zu Herders »Relativism«[2] und bei der Gegenüberstellung von Kant und Herder zur Seite stand. In einem Aufsatz von 2007 schreibt sie:

> [...] whereas Kant's rejection of metaphysics is directed only at the possibility of gaining knowledge of things beyond the perceptible world, Herder also rules out the possibility of achieving a position from which one could speak, as Kant does, of the universal structure of our experience and its objects. (Sikka 2007, 32)

Hier verweist sie nur in der Anmerkung auf Menges, doch dann zitiert sie zu »*Herder's Realism*« direkt: »[...] Menges notes that, for Herder, if there is any given *a priori*, it is, in his view, not consciousness but being which appears – since the *Versuch über das Sein* (1764) – as the mantle into which we are literally ›wrapped‹« (ebd., 44).

Abschießend sei zu erwähnen, dass die Arbeiten von Karl Menges nicht nur im deutsch-und englischsprachigen Forschungsraum rezeptiert werden, sondern auch in Italien, Frankreich und Japan.

Karl Richard Menges fungierte für viele, auch und gerade für jüngere Herder-Forscherinnen und Forscher als Mentor, von dem wir viel gelernt haben – fachlich wie menschlich. Sein kluges Urteil, sein Blick für die Entwicklung und Weiterentwicklung der Herder-Forschung und nicht zuletzt seine freundliche Zugewandtheit werden uns fehlen.

2 Dem Artikel von 2007 sollte dann 2013 *Herder on Humanity and Cultural Difference. Enlightened Relativism* folgen, wo Sikka dann auch Menges 1998 und 1996a zitiert (Sikka 2013, 206, 245).

Literatur

Beetz, Manfred: Transparent gemachte Vorurteile. Zur Analyse der *praejudicia auctoritatis et praecipitantiae* in der Frühaufklärung, in: *Rhetorik* 3 (1983): 7–33.

Critchfield, Richard [Rezension]: Johann Gottfried Herder: *Selected Early Works, 1764–1767* by Ernest A. Menze, Karl Menges, Michael Palma, Johann Gottfried Herder, in: *South Central Review* 9,4 (Winter 1992): 93–94.

Delon, Michel: Réhabilitation des préjugés et crise des Lumières, in: *Revue germanique internationale* 3 (1995): 143–156.

Fink, Karl J.: A Pre-History of the International Herder Society, in: *Herder Jahrbuch / Herder Yearbook* 11 (2012): 19–25.

Greif, Stefan, Marion Heinz, Heinrich Clairmont: Vorwort, in: Greif, Heinz, Clairmont (Hg.): *Herder Handbuch*. Paderborn: Fink, 2016, 9–12.

Koepke, Wulf, Samson B. Knoll (Hg.): *Johann Gottfried Herder. Innovator Through the Ages.* Bonn: Bouvier, 1982.

Menges, Karl R.: ›daß der Gedanke am Ausdruck klebe‹. Vom Sprechen und Schreiben bei Herder, in: Martin Bollacher (Hg.): *Johann Gottfried Herder: Geschichte und Kultur.* Würzburg: Königshausen & Neumann, 1994: 153–166.

Menges, Karl R.: ›Seyn und Daseyn, Sein und Zeit.‹ Zu Herders Theorie des Subjekts, in: Kurt Mueller-Vollmer (Hg.): *Herder Today. Contributions from the International Herder Conference* (Nov 5–8, 1987, Stanford California). Berlin, New York: de Gruyter, 1990: 138–157 [=1990a].

Menges, Karl R.: ›Sinn‹ und ›Besonnenheit‹: The Meaning of ›Meaning‹ in Herder, in: *Herder Yearbook / Herder Jahrbuch* 4 (1998): 157–175.

Menges, Karl R.: Erkenntnis und Sprache. Herder und die Krise der Philosophie im späten 18. Jahrhundert, in: Wulf Koepke (Hg.): *Johann Gottfried Herder. Language, History, and the Enlightenment.* Camden House: Columbia, 1990: 47–70 [=1990b].

Menges, Karl R.: Herder and the ›Querelle des Anciens et des Modernes‹, in: Richard Critchfield, Wulf Koepke (Hg.): *Eighteenth-Century German Authors and their Aesthetic Theories: Literature and the other Arts.* Columbia: Camden House, 1988: 147–183 [=1988a].

Menges, Karl R.: Herder und die ›Querelle des Anciens et des Modernes‹. Eine wirkungsgeschichtliche Replik, in: *Kontroversen, alte und neue. Akten des VII. Internationalen Germanisten-Kongresses Göttingen 1985.* Bd. 8. Hg. v. Walter Haug, Wilfried Barner. Tübingen: Niemeyer, 1988: 154–160 [=1988b].

Menges, Karl R.: Herders ›Bekehrung der Juden‹. Ein Beitrag zur Geschichte der Emanzipation, in: Regine Otto (Hg.): *Nationen und Kulturen. Zum 250. Geburtstag Johann Gottfried Herders.* Würzburg: Königshausen & Neumann, 1996: 459–470 [=1996a].

Menges, Karl R.: Identity as Difference: Herder's ›Great Topic‹ and the Philosophers of Paris, in: *Monatshefte* 87,1 (1995): 6–18.

Menges, Karl R.: Integration oder Assimilation: Herders Äußerungen über die Juden im Kontext der klassischen Emanzipationsdebatte, in: *Euphorion* 90,4 (1996): 394–415 [=1996b].

Menges, Karl R.: *Kritische Studien zur Wertphilosophie Hermann Brochs.* Tübingen: Niemeyer, 1970.

Menges, Karl R.: Particular Universals: Herder on National Literature, Popular Literature, and World Literature, in: Hans Adler, Wulf Koepke (Hg.): *A Companion to the Works of Johann Gottfried Herder.* Rochester: Boydell & Brewer, 2009: 189–213.

Menges, Karl R.: Prejudices and their Rehabilitation in Eighteenth-Century Germany, in: *Studies on Voltaire* 303 (1992): 496–499.

Menges, Karl R.: Totalität und Geschichte. Über das Verhältnis Goethes zum poetologischen Programm der Frühromantik, in: Wilm Pelters, Paul Schimmelpfennig (Hg.), Karl Menges (Mitw.): *Wahrheit und Sprache. Festschrift für Bert Nagel zum 65. Geburtstag.* Göppingen: Kümmerle, 1972: 129–142.

Menges, Karl R.: Vom Nationalgeist und seinen ›Keimen‹. Zur Vorurteils-Apologetik bei Herder, Hamann und anderen ›Patrioten‹, in: Helmut Scheuer (Hg.): *Dichter und ihre Nation.* Frankfurt a. M.: Suhrkamp, 1993: 103–120.

Menges, Karl R.: Vom Vorteil des Vorurteils. Zur Rehabilitierung eines kritischen Aufklärungsbegriffs, in: *Begegnungen mit dem »Fremden«: Grenzen, Traditionen, Vergleiche. Akten des VIII. Internationalen Germanisten-Kongresses, Tokyo.* Bd. 10. Hg. v. Eijiro Iwasaki. München: iudicium, 1991: 161–170.

Menges, Karl R.: Was leistet pragmatische Geschichtsschreibung? Zur Aktualisierung der Historiographie bei Abbt und Herder, in: Christian Kluwe, Jost Schneider (Hg.): *Humanität in einer pluralistischen Welt? Themengeschichtliche und formanalytische Studien zur deutschsprachigen Literatur. Festschrift für Martin Bollacher.* Würzburg: Königshausen & Neumann, 2000: 185–201.

Menze, Ernest A., Karl Menges: Introduction, in: *Johann Gottfried Herder: Selected Early Works 1764–1767. Addresses, Essays, and Drafts*; ›*Fragments on Recent German Literature*‹. Hrsg. v. Ernest A. Menze, Karl Menges, Übers. v. Ernest A. Menze mit Michael Palma. University Park, PA: Pennsylvania State University Press, 1992: 1–25.

Nisbet, H. B. [Rezension]: *Herder-Bibliographie 1977–1992* by Doris Kuhles; Johann GottfriedHerder: *Selected Early Works 1764–1767* v. Ernest A. Menze, Karl Menges, Michael Palma, in: *The Modern Language Review* 92,2 (Apr. 1997): 503–504.

Norton, Robert [Rezension]: Johann Gottfried Herder: *Selected Early Works, 1764–1767: Addresses, Essays, and Drafts; Fragments on Recent German Literature* v. Ernest A. Menze, Karl Menges, Michael Palma, in: *The Review of Metaphysics* 48,4 (Jun. 1995): 895–897.

Sauder, Gerhard: Aufklärung des Vorurteils – Vorurteile der Aufklärung, in: *Deutsche Vierteljahrsschrift für Literaturwissenschaft und Geistesgeschichte* 57,2 (1983): 259–277.

Sikka, Sonia: Herder's Critique of Pure Reason, in: *The Review of Metaphysics* 61,1 (Sep. 2007): 31–50.

Sikka, Sonia: *Herder on Humanity and Cultural Difference. Enlightened Relativism.* Cambridge: Cambridge Univ. Press, 2013.

West, Hugh [Rezension]: *Selected Early Works, 1764–67* v. Johann Gottfried Herder, Ernest A. Menze, Karl Menges, Michael Palma, in: *Central European History* 25,4 (1992): 462–464.

Zammito, John H., Karl Menges, Ernest A. Menze: Johann Gottfried Herder Revisited: The Revolution in Scholarship in the Last Quarter Century, in: *Journal of the History of Ideas* 71,4 (2010): 661–684.

Günter Arnold † (Weimar)

Moses, Homer, Platon und die Seligkeit der Heiden[1]

Vorbemerkung der Herausgeber: Wenige Wochen vor seinem für uns alle bestürzenden Tod (vgl. hierzu den Nachruf von Claudia Taszus in diesem Jahrbuch) erreichte die Herausgeber des *Herder Jahrbuchs* ein Manuskript Günter Arnolds, womöglich das letzte oder eines der letzten, an denen er gearbeitet hat. Es blieb leider keine Zeit mehr, das Manuskript in den Review-Prozess zu geben und eventuell noch gemeinsam mit Günter Arnold den Beitrag zu überarbeiten. Angesichts seines Todes haben die Herausgeber entschieden, ausnahmsweise auf das Begutachtungsverfahren zu verzichten. Das Manuskript wird hier – nur mit einigen wenigen kleineren sprachlichen und organisatorischen Korrekturen, sowie um fehlende Literaturangaben ergänzt – unverändert wiedergegeben.

This article presents an interpretation of Herder's imaginary desire to speak with "Moses, Homer, Plato". The problem of the three names, that is the relations between them, shall be explained in the following context of the history of religion and philosophy in antiquity, especially in the tradition of early Christian apologetic theology, and in the enlightenment of the eighteenth century. According to Herder's philosophy of history, God acts through great thinkers like Mose, Plato, and Homer. Herder's historical view emphasizes the organic development of Christianity from national (pagan) religions. The article concludes with a comment on Goethe and Schiller's ridicule of Friedrich Leopold Graf zu Stolberg-Stolberg.

1 Anlässlich der Jahrestagung des Zentrums für Klassikforschung am 28. März 2014 in Weimar veranlasste mich der Vortrag von Roderich Barth (Gießen) über »Herders Projekt einer *Geschichte des menschlichen Verstandes* – Profil und Entstehungszusammenhang«, in der Diskussion auf das übergreifende Gesamtprojekt einer »Universalgeschichte der Menschheit« unter dem Aspekt einer theologisch wie naturalistisch fundierten Anthropologie hinzuweisen (vgl. neuerdings Barth 2018). Dieses Projekt bilde den Rahmen für Herders Lebenswerk; die »Geschichte des menschlichen Verstandes« (vgl. »Nachwort«, HWP 2, 1175–1204, bes. 1183–1185) gehöre dazu als ein Baustein. Als Substrat für diese Hypothese verwendete ich Herders Brief vom April 1768 an Johann Georg Hamann, die Keimzelle der *Aeltesten Urkunde des Menschengeschlechts* nach dem 3. Kapitel des ersten Buches Mose (Genesis) (DA 9, 64–69). Im Anschluss an Rousseaus zweite Preisschrift *Discours sur l'origine et les fondements de l'inégalité parmi les hommes* (1755) fragt Herder in diesem Brief: »[...] wie wurden wir aus einem Geschöpf Gottes, das, was wir jetzt sind, ein Geschöpf der Menschen? [...] wie ward das Uebel der Welt?« Es ging um die Deutung des Sündenfalls. Herder wagt eine aufklärerisch-emanzipatorische (häretische) Umwertung: Vom verbotenen Baum der Erkenntnis zu essen »ist das Risquo, das der Mensch auf sich nahm, außer seinen Schranken, sich zu erweitern, Erkenntnisse zu sammlen, fremde Früchte zu genießen, andern Geschöpfen nachzuahmen, die Vernunft zu erhöhen, um selbst ein Sammelplatz aller Instinkte, aller Fähigkeiten, aller Genußarten seyn zu wollen, zu seyn wie Gott (nicht mehr ein Thier) u. zu wißen« (DA 9, 64–66). Der Sündenfall ist im Schöpfungsplan vorgesehen, dem Menschen ist die Freiheit der Entscheidung gegeben. In der frei improvisierten Erläuterung war ich bis zu der Vision Herders gelangt: »Wenn ich aus dem Alterthum drei Menschen sprechen sollte: so ist der Schluß gefaßt: *Moses: Homer: Plato:*« (ebd., 67), was ich als Andeutung einer »Phänomenologie des Geistes« interpretierte, dergestalt, dass die Trias des urgeschichtlich-schamanenhaften Volksführers, des Nationaldichters und des Dichter-Philosophen – nach ältester Auffassung sind alle drei Dichter und Philosophen, da ursprünglich »Poesie und Philosophie ein und dasselbe« (Fontenelle 1989, 146) waren – drei typologisch personifizierte Entwicklungsstufen des Geistes im göttlichen Heilsplan abbilde. Den Faden nehme ich hier wieder auf.

In der Vorbemerkung zu Band XVIII der Herder-Briefausgabe (DA 18, VIII) habe ich in Bezug auf die Kommentierung von Allusionen geschrieben: »Das Erkennen und Verstehen indirekter Erwähnungen und entferntester metaphorischer Anspielungen setzt die genaue Kenntnis des Gesamtwerkes Herders und nicht selten sogar die Rekonstruktion seiner Lektüre und Gedanken voraus«.[2] Das genus proximum der drei Namen Moses, Homer, Platon ist das Prophetische. Jeweils zwischen zwei der im Abstand von 500 bis 600 Jahren aufeinanderfolgenden Persönlichkeiten (nach Goguet 1760; hier nach HWP 3/2, 626–628) zeigen sich Ähnlichkeiten und Unterschiede (differentiae specificae). Moses und Homer sind beide göttlich inspirierte Dichter und Sammler älterer Sagen ihres Volkes. Homer ist aber kein Zauberer, Wundertäter und Gesetzgeber; seine Gesänge beeinflussen Dichterschulen und werden patriotische Lehrstücke der griechischen Nationalerziehung und unerschöpflicher Stoff der bildenden Künste. Platon ist mehr Philosoph als Dichter und bedient sich, als »Biene über Homers Blumen« und »sein Schüler« (»Über den Einfluß der schönen in die höhern Wissenschaften«, SWS 9, 299, bzw. 298), in reichem Maße der Gleichnisse und Metaphorik Homers für seine subtile, ins Mystische reichende tiefsinnige Ideenlehre. Diesen drei Gestalten des Geistes ist bleibende, überzeitliche Wirkung gemeinsam, wenn auch mit unterschiedlichen Mitteln: im ersten Fall durch archaische religiöse Zeremonialgesetze in gebotener starrer Unveränderlichkeit, exklusiv für das hebräische Volk, die beiden Griechen aber durch weltweit entwicklungsfähige, unendlich fruchtbare Kunstbilder und weise Gedanken, die mit ihrem wahrhaft unvergänglichen Zauber bis in die Gegenwart produktiv wirken.

Aus einem Brief Herders und Hamanns Antwort[3] ist der aktuelle religionsgeschichtliche Hintergrund der traditionsbildenden Reihung Moses – Homer – Platon nicht ersichtlich. 1766 wurde von der theologischen Fakultät der Sorbonne der philosophische Roman *Bélisaire* von Jean François Marmontel, einem Mitarbeiter der *Encyclopédie*, verdammt, weil er im 15. Kapitel die Hoffnung geäußert hatte, tugendhaften Heiden wie Sokrates dereinst im christlichen Himmel zu begegnen.[4] Die heftigen Kontroversen über diese Ketzerei zwischen intoleranten und progressiven Theologen in Frankreich

2 Letzterer Fall, die Rekonstruktion von nicht explizit ausgeführten Gedanken, ist der Gegenstand und Anlass des folgenden Supplements zum Kommentar des Briefes DA 1, Nr. 43, S. 100, Z. 141 ff. bzw. DA 9, Nr. 43, S. 67–68, Z. 145 ff. in DA 11, 64. Eine große Edition ist gewissermaßen als ein Organismus zu betrachten, der weiterlebt, nachdem der Abschlussband erschienen ist. Das Wagnis einer Rekonstruktion der Geisteswelt eines großen Denkers lässt sich nur als Kontinuum einander ergänzender und korrigierender Erkenntnisse rechtfertigen.

3 Herders Brief von April 1768 an Johann Georg Hamann, DA 9, 64–66. Der mit den biblischen »origines« innig vertraute Hamann verhielt sich schon in seinem Antwortbrief an Herder dezidiert abweisend (vgl. Graubner 1989, bes. 120–121).

4 Die Tugend der Heiden hatten vorher gegen den von christlichen Zeloten erhobenen Vorwurf der Sittenlosigkeit unter anderen verteidigt Clemens Alexandrinus (*Protrepticus*, *Stromata*, um 200 n. Chr.); François de La Mothe Le Vayer (*La vertu des paiens*, 1641); Pierre Bayle 1975, 370–371; und Leibniz (cf. *Essais de Théodicée sur la bonté de dieu, la liberté de l'homme et l'origine du mal. Troisième partie. Die Theodizee von der Güte Gottes, der Freiheits des Menschen und dem Ursprung des Übels.* Dritter Teil, § 259, in: Leibniz 2013, 2/2, 27–280; *Nouveaux Essais sur l'entendement humain. Livre III–IV. Neue Abhandlungen über den menschlichen Verstand. Buch III–IV*, in: Leibniz 2013, 3/2, hier Buch IV, Kapitel 18, insbes. 608–615).

und den Nachbarländern steigerten den Absatz des Buches. Von ihnen angeregt, veröffentlichte der Berliner rationalistische Prediger und spätere Hallenser Philosophieprofessor Johann August Eberhard, ein Freund Nicolais und Moses Mendelssohns, 1772 eine Abhandlung *Neue Apologie des Sokrates oder Untersuchung der Lehre von der Seligkeit der Heiden*, in der er den griechischen Philosophen verteidigte und die kirchlichen Dogmen von der Erbsünde, der Rechtfertigungs- und Gnadenlehre und von den ewigen Höllenstrafen als vernunftwidrig ablehnte (vgl. Hettner 1961, 509–510; Beutel 2009, 260). Der Altlutheraner Hamann wandte sich 1773 anonym in Anspielung auf seine *Sokratischen Denkwürdigkeiten* (1759) mit einer *Beylage zun Denkwürdigkeiten des seligen Sokrates* (Hamann 1951, 111–121) gegen den Freidenker Lessing im ersten Beitrag *Zur Geschichte und Litteratur* mit dem Aufsatz »Leibniz von den ewigen Strafen«, in dem er Leibniz' unveröffentlichte negative Vorrede zu einer Schrift des Sozinianers Ernst Soner (1572–1612) über die Endlichkeit der Höllenstrafen mit dem Leibnizschen Fazit kommentierte, die Ewigkeit der göttlichen Strafen gründe sich nach der Kette der Kausalität auf die Ewigkeit der Sünden (Lessing 1968, bes. 460–464). Herder nannte Eberhard in einer satirischen Aufzählung deutscher Neuerscheinungen des Jahres 1773 in den *Königsbergschen Gelehrten und Politischen Zeitungen* von 1774 ironisch den »großen Heidenseligmacher« (SWS 5, 268). Dessen ungeachtet galt Sokrates als Vorbild für die Popularphilosophie, ja als Symbolfigur für die Aufklärung überhaupt. Moses Mendelssohn wurde nach seinem philosophischen Hauptwerk *Phaedon oder Ueber die Unsterblichkeit der Seele* (1767) als der Sokrates des 18. Jahrhunderts bezeichnet.

Hamann war noch mit einem weiteren Fall von religiöser Indifferenz konfrontiert, als der Königsberger lutherische Oberprediger Johann August Starck, den er nicht zu Unrecht als Kryptokatholiken verdächtigte, 1774 mit einem Disputationsvortrag *De tralatitiis ex gentilismo in religionem christianam* promoviert wurde. Auf dieses Ärgernis antwortete Hamann mit *Hierophantischen Briefen* (1775), in denen er »das Christentum [...] voll heidnischer Gräuel und Misbräuche« (Hamann 1951, 137) auffasst, Starcks Unwissenheit vom Urchristentum und seine Verachtung Luthers bloßstellt und wie Conyers Middleton (*Letter from Rome*, 1729) auf die Konformität zwischen Papsttum und Heidentum hinweist (vgl. auch ebd., 138, 147, 157). Bereits 1686 zeigte Bernard Le Bovier de Fontenelle zum Ärger der Jesuiten von Paris in seiner *Histoire des oracles*, wie der von den frühen Christen wertgeschätzte Platonismus die problemlose Übernahme der heidnischen Orakel und Dämonen in den kirchlichen Wunderglauben ermöglicht hat: Die Macht der Gewohnheit machte den Heiden den Übergang ins Christentum leicht (Fontenelle 1989, 132–133, 155).[5]

Zwei Jahre vor Herders Tod, nach der Rückkehr aus Stachesried in der bayrischen Oberpfalz, im Dezember 1801, fragt Karoline Herder rhetorisch in einem Brief an das befreundete Diplomatenehepaar von Diede, auf die Reichstagsverhandlungen in Regensburg anspielend: »Welcher Reichsversammlung wirds aufbehalten seyn, dereinst die Christlich-menschliche Religion von dem Heidenthum zu säubern u. dem getrennten Deutschland Eine Religion, Ein Herz u. Einen Geist zu geben!« (DA 9, 656). Im vierten Teil der *Ideen zur Philosophie der Geschichte der Menschheit* (1791), besonders in den

5 Pierre Bayle schreibt in den *Gedanken über den Kometen*, dass die heidnischen Philosophen Polytheisten, Monotheisten oder Atheisten waren (vgl. Bayle 1975, 370).

älteren Niederschriften, kritisierte Herder die Übernahme polytheistischer Kultformen (Heiligenverehrung) und paganer Bräuche in den Zeremonien der römisch-katholischen Kirche (DA 15, 327). Nach eigenem betroffenen Blick auf das damals äußerst rückständige Bayern und auf die Hindernisse, die der bayrische Klerus den Reformbestrebungen des aufgeklärten Kurfürsten Maximilian Joseph entgegensetzte, gebrauchten beide Herders die historischen Geburtsfehler der Alten Kirche mit zur Charakterisierung ihres Negativbildes in der Gegenwart; denn das Wesen einer Sache ist nach Herder in ihrem Ursprung und ihrer Genese zu sehen.[6] Die normalerweise von Herder postulierte objektive Betrachtung der komplizierten religionsgeschichtlichen Zusammenhänge war hier einer aktuellen polemischen Sicht im Sinne des ›Propheten‹ Hamann gewichen.

Warum wollte Herder gern mit Moses, Homer und Platon über seine Genesis-Interpretation sprechen? Das Urteil der Propheten wäre ihm wie die Meinung Hamanns ein wichtiges Zeugnis dafür gewesen, ob er den uralten Text der Genesis richtig verstanden hätte oder nicht. Moses wäre, wenn nicht als Autor, so doch als Sammler des Urtextes und als Bote Gottes an sein Volk diesbezüglich die entscheidende Autorität, zumal die christliche Religion aus der jüdischen hervorgegangen ist. Wie aber stehen Homer und Platon dazu? Anscheinend deutet Herder mit der Namenfolge eine Lehrsukzession an, die in frühchristlicher Zeit aufgekommen ist und sich in die Philosophiegeschichte eingeschrieben hat.[7]

Bereits der Neupythagoreer Numenios von Apameia (in Syrien) im 2. Jahrhundert hatte gewisse Übereinstimmungen zwischen griechischer Philosophie und der religiösen Überlieferung alter asiatischer Völker festgestellt und Platon einen »attisch redenden Moses« (Dihle 1989, 292) genannt. Etwa gleichzeitig mit diesem heidnischen Philosophen wirkte der christliche Apologet Flavius Justinus (Justinus der Märtyrer), der die Theorie vom *logos spermatikos* begründete, wonach durch Gottes Offenbarung die göttliche Vernunft allen Menschen eingepflanzt, aber stufenweise zugemessen worden sei. Die vollentwickelte Wahrheit sei im menschgewordenen Logos, Jesus Christus; Heiden, die nach dem allverbreiteten Logos gelebt haben, wie Heraklit, Sokrates oder Abraham und Elias, seien als Christen zu betrachten. Justinus »nimmt eine Bekanntschaft griechischer Philosophen mit der Mosaischen Lehre an«. Platon habe »das ganze *Alte Testament* gekannt, aber vielfach mißverstanden« (Ueberweg 1873, 37). Auf Reisen haben Orpheus, Homer, Solon, Pythagoras und andere Griechen in Ägypten den Mosaismus kennengelernt, wie in einer Justinus zugeschriebenen *Cohortatio ad Graecos* verlautet (ebd., 37–39). Ein jüdischer Peripatetiker, Aristobulos in Alexandria (um 180 v. Chr.), angeblich einer der legendären siebzig Übersetzer der *Septuaginta*, hatte in einem *Pentateuch*-Kommentar Lehren griechischer Philosophen gebraucht und behauptet, die Griechen hätten sie von Moses entlehnt. Fragmente davon sind in der

6 Vgl. »Über die neuere Deutsche Litteratur. Fragmente. Erste Sammlung. Zweite völlig umgearbeitete Ausgabe« (SWS 2, 62–64); »Vom Geist der Ebräischen Philosophie. Eine Anleitung für die Liebhaber derselben, und der ältesten Geschichte des menschlichen Geistes« (SWS 12, 6).

7 Vergleiche und der Synkretismus in frühgeschichtlichen Religionen führten in der Frühen Neuzeit zur Hypothese einer gemeinsamen Urreligion bzw. Uroffenbarung, die »prisca theologia«, z. T. auch »prisca sapientia« genannt wurde. Eine grundlegende Bearbeitung dieses religions- und philosophiegeschichtlichen Problems erfolgte durch Walker 1972. Danach erschienen Abhandlungen von Nisbet 1989; Häfner 1994; Bultmann 1999, 165–169; Bultmann 2012, 146–147, 154.

Praeparatio evangelica des Eusebios von Caesarea und in den *Stromata* des Clemens von Alexandria enthalten (Ueberweg 1876, 264–265, 268), die Herder spätestens im Herbst 1770 in der Universitätsbibliothek Straßburg zusammen mit den Werken des jüdischen Alexandriners Philon (ebd., 270–274; Simon/Simon 1984, 26–35; Leisegang 1955, 42–50) und des berühmten Bibelexegeten und Textkritikers Origenes (Ueberweg 1873, 61–65; Lies 1992) studierte, als er Quellen für die Schöpfungshieroglyphe der *Aeltesten Urkunde* suchte (DA 1, 261; DA 11, 162).

Allen genannten Autoren ist ein religionsgeschichtlicher hellenistischer Synkretismus gemeinsam, die Vermischung jüdischer religiöser Vorstellungen mit griechischer Philosophie bei den Juden und dieser beiden mit der christlichen Lehre bei den Christen. Juden wie Christen haben von den Griechen die allegorische Methode der Mythenerklärung übernommen und gelten selbst als jüdische bzw. christliche Platoniker (vgl. Pohlenz 1959, 368–369). Die christliche Apologetik und Patristik »trat das Erbe des hellenisierten Judentums an« (Curtius 1993, 217). Fontenelle erläutert in der *Histoire des oracles* die translatio religionum mit der Übereinstimmung der Lehrmeinung der Christen mit Platons Philosophie. Dessen »unglaubliche Wertschätzung« gründete sich darauf, dass man ihn »gewissermaßen als einen Propheten an[sah], der mehrere Hauptpunkte des Christentums vorausgeahnt hatte, vor allem die Heilige Dreieinigkeit, die unleugbar und recht eindeutig in seinen Schriften enthalten ist« (Fontenelle 1989, 131–132).

Hier sei eine kurze Anmerkung zur Trinitätslehre bei Platon (erste Ursache, Vernunft oder Logos, Seele oder Geist des Universums) geboten. Gibbon schreibt: »[...] die drei archaischen oder ursprünglichen Prinzipien wurden im Platonischen System als drei Götter vorgestellt, [...] wobei man den Logos speziell unter dem leichter faßlichen Charakter des Sohnes eines Ewigen Vaters, des Weltenschöpfers und -lenkers betrachtete« (Gibbon 2003, 3, 121). Platon selbst habe von den Priestern Ägyptens gelernt; die verschlossene jüdische Überlieferung sei den Griechen erst über hundert Jahre nach seinem Tod zugänglich geworden (ebd., 120 Anm. 11), also unter Ptolemäus Philadelphus. Alexandrinische Juden studierten Platons Philosophie und gaben deren Weisheit »dreist als heiliges Erbe ihrer Vorfahren aus« (ebd., 122). Der Philosophiehistoriker Eduard Zeller wies Aristobulos Fälschungen nach, die »weder Clemens noch Euseb[ios] als unterschoben erkannt haben« (Zeller 1905, 285). Wahrscheinlicher ist wohl: Die hochgebildeten christlichen Apologeten haben die Fälschungen nicht als solche entlarvt, weil sie ihrem missionarischen Zweck dienten (vgl. Eusebius 1997, 288, 354; Simon / Simon 1984, 25–26). Den italienischen Humanisten Leonardo Bruni (15. Jahrhundert) beeindruckte die Übereinstimmung der Unsterblichkeitslehre Platons mit dem Christentum, obwohl er aus chronologischen Gründen nicht für möglich hielt, dass Platon aus der alttestamentlichen Offenbarung geschöpft habe (vgl. Flasch 2000, 582). Noch zweieinhalb Jahrhunderte später war der französische Mathematiker und Religionsphilosoph Blaise Pascal überzeugt, »daß die ältesten griechischen und römischen Gesetzgeber, da sie eine gewisse Kenntnis davon [vom göttlichen jüdischen Gesetz] hatten, ihre wichtigsten Gesetze von jenem entlehnt haben« (Pascal 1987, 193). Der berühmte Hamburger Gräzist Johann Albert Fabricius hatte dagegen einen »jüdischen Ursprung der platonischen Philosophie niemals ernsthaft in Betracht gezogen« (Häfner 2003, 330). Auch im neunten Satz von Kants *Idee zu einer allgemeinen Geschichte in weltbürgerlicher Absicht* (1784) galten die »isolirten Nachrichten« des jüdischen Volkes vor der griechischen Bibelübersetzung zur Zeit der Ptolemäer als nicht nachweisbar (Kant 1923, 29).

Auf die vorhergehende Diskussion zurückkommend, bemerke ich, dass einige Apologeten, wie Justinus, und die Hauptvertreter des alexandrinischen Platonismus und der christlichen Gnosis, Clemens und Origenes, Bewunderer der Philosophie Platons waren und diese mit der christlichen Lehre verbanden, weil das Christentum die höchste Weisheit verkörpern soll (vgl. Ueberweg 1873, 59–65; Völker 1952). Indem sie die griechischen Mythen wie die Mosaische Religion als göttliche Vorbereitung zum Christentum interpretieren, versuchen sie den Widerstand der gebildeten Heiden gegen die christliche Missionierung zu überwinden, die ja aus ihrer eigenen Tradition resultiere.

Die translatio religionum vollzieht sich im retro- wie prospektiven Austausch als Assimilationsprozess. Darüber schreibt Herder im vierten Teil der *Ideen zur Philosophie der Geschichte der Menschheit*:

> Schon in den Schriften Johannes und Paulus werden platonische Ideen dem Christenthum assimiliret; die ältesten Kirchenväter, wenn sie sich auf Philosophie einließen, konnten der allgemein-angenommenen Vorstellungsarten nicht entbehren, und einige derselben finden z. B. ihren Logos längst vor dem Christenthum in allen Seelen der Weisen. Vielleicht wäre es kein Unglück gewesen, wenn das System des Christenthums geblieben wäre, was es nach den Vorstellungen eines Justinus, Clemens von Alexandrien und andrer seyn sollte, eine freie Philosophie, die Tugend und Wahrheitliebe zu keiner Zeit, unter keinem Volk verdammte, und von den einengenden Wortformeln, die späterhin als Gesetze galten, noch gar nichts wußte. (SWS 14, 320, vgl. die Anmerkungen in HWP 3/2, 818–820)

Herders geschichtliche Hauptquelle für den Ursprung des Christentums und seine frühe Entwicklung in orientalischen, griechischen und lateinischen Ländern war Edward Gibbons universalhistorische *History of the Decline and Fall of the Roman Empire* (1776–1788), die er »mit theilnehmender Freude« als ein »wirklich philosophisches Werk«, ein »Meisterwerk«, empfahl. Er lobte Gibbons »sehr mildes« Urteil über das Christentum (SWS 14, 330), obwohl der englische Geschichtsschreiber diesem Schuld am Verfall des Römischen Reiches gab. Zum Thema der ewigen Strafen äußerte er sich wie Herder undogmatisch und tolerant, musste sich aber dennoch im Januar 1779 wegen seiner unparteilichen, oft ironischen Darstellung des Christentums in den Kapiteln XV und XVI gegen Kritiker in England rechtfertigen. Der Vatikan setzte das Buch 1783 auf den *Index librorum prohibitorum* (vgl. Gibbon 2003, 6, 61 Anm. 246).

Aus Kapitel XV:

> Daß die weisesten und tugendhaftesten unter den Heiden verdammt sein sollten, weil ihnen die göttliche Wahrheit entweder unbekannt war oder sie nicht daran glaubten, scheint die Vernunft und Menschlichkeit der heutigen Zeit zu beleidigen. Doch die Urkirche, die sich im Glauben sehr viel robuster zeigte, überantwortete bedenkenlos den weitaus größeren Teil der Menschheit der ewigen Pein. Sokrates und einige andere Weise des Altertums, die sich am Licht der Vernunft ausgerichtet hatten, bevor jenes des Evangeliums aufgeschienen war, durften vielleicht auf nachsichtige Barmherzigkeit hoffen. (Gibbon 2003, 2, 153–154)

Ein Unterschied in der Tendenz der Aussage und in der Diktion lässt sich im Vergleich zu dem vorausgehenden Zitat aus den *Ideen* kaum feststellen, und ein ähnlicher Befund würde sich bei vielen Seiten der beiden berühmten Geschichtswerke der Aufklärung ergeben, obwohl Gibbon zu einer freigeistig-atheistischen Einstellung neigte, Herder aber ein religiös motivierter Autor war, der in kirchenleitender Funktion wirkte. Herder unterscheidet aber zwischen Religion als individuellem Glauben und der Institution Kirche mit ihren starren Dogmen, die er in aufklärerischer Gesinnung in Lessings Geist kritisiert und zu humanisieren sucht. In den *Ideen* wie in Gibbons Werk wird die Geschichte des Christentums nach einer kurzen Phase der Urgemeinde zu einer Geschichte von Missbräuchen und Verderben (byzantinische und römische Staatskirche).

Die kirchenkritische Tendenz des vierten Teils der *Ideen* sprach sich in Weimar schon im Manuskriptzustand herum. Herder gab das Manuskript Goethe zu lesen, und dieser las das 17. Buch über die Entstehung des Christentums Herzog Karl August von Sachsen-Weimar und Prinz August von Sachsen-Gotha vor, denen es gefiel (vgl. Herder 1859, 28–29, 73). Als das Buch 1791 gedruckt erschien, schrieb der kluge, fortschrittlich denkende Prinz an Herder einen Brief voll höchster Anerkennung: Nach Voltaire habe niemand gewagt, so frei über das Christentum zu schreiben, und Herder habe mehr getan als der französische Geschichtsschreiber, weil der unaufhaltsame Fortschritt der Zeit es möglich gemacht habe (vgl. DA 13, 284).

Nach Herders Humanitätsreligion handelt Gott in der Geschichte durch große und gute Menschen (vgl. DA 14, 499; SWS 30, 340) über Konfessions- und Nationsgrenzen hinweg. Die drei göttlich inspirierten Dichter-Propheten Moses, Homer und Platon, der Jude und die Heiden, standen für Herder unanfechtbar und verehrungswürdig auf einer nicht wieder zu erreichenden Höhe. Nach seinem Amtsgewissen und seiner humanistischen Verpflichtung war Herder, der den Anspruch aller Völker und Individuen auf gleiche Rechte und auf ihre eigene, freie Entwicklung und Bildung anerkannte, Apologet eines Humanitätschristentums, das sich die heidnischen Nationalreligionen behutsam assimiliert, d. h., nationale Ausprägungen der allgemeinen reinen Menschheitslehre fördert, wozu nur das Christentum in der Lage sei. Eine solche Läuterung und Humanisierung der Nationalreligionen wird 1803 im siebenten Stück der Zeitschrift *Adrastea* vorgetragen (SWS 24, 38–59). Es ist die Vision eines religiösen Synkretismus, ähnlich wie am Beginn des Christentums, das aus der spätjüdischen und anderen hellenistischen Religionen entstanden ist.

Einige Jahre vorher hatte das Thema »Seligkeit der Heiden« auch Zündstoff zum Literaturskandal des *Xenien*-Streits (1796 / 1797) beigetragen. Friedrich Leopold Graf zu Stolberg-Stolberg war seit einem eineinhalbjährigen Urlaub in Italien 1791 / 1792 für den Katholizismus begeistert und konvertierte im Juni 1800. In seiner 1794 erschienenen Reisebeschreibung *Reise in Deutschland, der Schweiz, Italien und Sicilien 1791 und 1792* dichtete er antiken Statuen den Ausdruck von Melancholie und Trauer an, weil heidnische Götter und Menschen nicht auf Unsterblichkeit hoffen dürften. »Zeus und sein ganzes Geschlecht grämt sich und fürchtet den Tod« (GW 5 / 1, 207, Nr. 16), spottete Goethe in einem Xenion. In christlich-apologetischer Gesinnung hatte Stolberg die *Auserlesene Gespräche des Platon* (1796 / 1797) übersetzt. Darüber empört, schrieb der dem geoffenbarten Christentum abholde Goethe an Schiller: »Haben Sie schon die abscheuliche Vorrede Stolbergs zu seinen platonischen Gesprächen gelesen? Die Blößen, die er darinne giebt sind so abgeschmackt und unleidlich, daß ich große Lust habe drein zu fahren und ihn zu züchtigen« (GW 10, 334). Schiller antwortete: »Die Stolbergische Vorrede ist wieder etwas horribles. So eine vornehme Seichtigkeit, eine anmaßungsvolle

Impotenz, und die gesuchte offenbar nur gesuchte Frömmeley – auch in einer Vorrede zum Plato Jesum Christum zu loben« (Schiller 1969, 114). Die monierte Stelle lautet so: »Sokrates ein Phantast? Ich rede mit Christen! Was gehen mich die draußen an? Uns Christen bürgt seiner Lehren Übereinstimmung mit großen Lehren unsrer Religion für die Gültigkeit jener« (Stolberg 1796, 11). Dazu hatte Goethe noch angemerkt: »Wie unwissend überhaupt diese Menschen sind ist unglaublich, denn wem ist unbekannt? daß die Christen von je her alles was vernünftig und gut war sich dadurch zueigneten, daß sie es dem λογος zuschrieben« (GW 10, 337–338). Er verfasste darauf das Xenion: »Zur Erbauung andächtiger Seelen hat F *** S ***, Graf und Poet und Christ, diese Gespräche verdeutscht« (GW 5 / 1, 221, Nr. 116).

Außerdem entstand damals als Teil einer beabsichtigten Rezension der Übersetzung eine Betrachtung über Platons Dialog *Ion*, den Stolberg als »ein canonisches Buch«, Goethe aber als »eine Persiflage« verstand (GW 41 / 2, 170–171). Da die Xenien in Schillers *Musen-Almanach für das Jahr 1797* Stolberg schon genug Ärgernisse boten, veröffentlicht Goethe den Aufsatz erst lange nach dem Tod des Jugendfreundes in seiner Zeitschrift *Ueber Kunst und Alterthum* 1826 mit der ironischen Überschrift »Plato als Mitgenosse einer christlichen Offenbarung« und fordert »bei einem solchen Schriftsteller« eine kritische Darstellung und Belehrung statt schwärmerischer Erbauung. Es gehe darum, »einen vortrefflichen Mann in seiner Individualität kennen zu lernen; denn nicht der Schein desjenigen was andere sein konnten, sondern die Erkenntniß dessen was sie waren und sind, bildet uns« (ebd.).

Die Unverwechselbarkeit und Unvergleichbarkeit jedes Individuums in seiner historischen und lokalen Bedingtheit gehörte zu den grundlegenden Erkenntnissen, die Herder als Leibnizianer dem jungen Goethe in Straßburg vermittelte hatte; es wurde auch eine der Grundpositionen des Sturm und Drang. Was die Frage nach dem jenseitigen Los verehrungswürdiger historischer Persönlichkeiten aus vorchristlicher Zeit betrifft, so ist zu vermuten, dass sowohl Herder als auch Goethe sich der Meinung Ciceros angeschlossen hätten, der in den *Tusculanae disputationes* behauptet, »daß der Tod nicht ein Untergang sei, der alles aufhebe und zerstöre, sondern gleichsam eine Wanderung und eine Änderung der Lebensform, welche die berühmten Männer und Frauen in den Himmel zu führen pflege, während die übrigen in der Erde blieben und doch fortdauerten« (Cicero 1997, 61, 493).

Literatur

Barth, Roderich: Das Genealogieverständnis in Herders ›Geschichte des menschlichen Verstandes‹, in: Franziska Bomski, Jürgen Stolzenberg (Hg.): *Genealogien der Natur und des Geistes. Diskurse, Kontexte und Transformationen um 1800.* Göttingen: Wallstein 2018 [im Erscheinen].

Bayle, Pierre: *Verschiedene einem Doktor der Sorbonne mitgeteilte Gedanken über den Kometen, der im Monat Dezember 1680 erschienen ist.* [Originalausgabe 1682, Übers. 1741]. Leipzig: Reclam, 1975.

Beutel, Albrecht: *Kirchengeschichte im Zeitalter der Aufklärung. Ein Kompendium.* Göttingen: Vandenhoeck & Ruprecht, 2009.

Bultmann, Christoph: *Bibelrezeption in der Aufklärung.* Tübingen: Mohr Siebeck, 2012.

Bultmann, Christoph: *Die biblische Urgeschichte in der Aufklärung. Johann Gottfried Herders Interpretation der Genesis als Antwort auf die Religionskritik David Humes.* Tübingen: Mohr Siebeck, 1999.

Cicero, Marcus Tullius: *Tusculanae disputationes. Gespräche in Tusculum. Lateinisch / deutsch.* Übers., hrsg. v. Alfred Kirfel. Stuttgart: Reclam, 1997.

Curtius, Ernst Robert: *Europäische Literatur und lateinisches Mittelalter.* 11. Aufl. Tübingen, Basel: Francke, 1993.

Dihle, Albrecht: *Die griechische und lateinische Literatur der Kaiserzeit. Von Augustus bis Justinian.* München: Beck, 1989.

Eusebius von Caesarea: *Kirchengeschichte.* Hrsg. v. Heinrich Kraft. Darmstadt: Wissenschaftliche Buchgesellschaft, 1997.

Flasch, Kurt. *Das philosophische Denken im Mittelalter. Von Augustin zu Machiavelli.* 2. Aufl. Stuttgart: Reclam, 2000.

Fontenelle, Bernard Le Bovier de: Geschichte der Orakel, in: Bernard Le Bovier de Fontenelle: *Philosophische Neuigkeiten für Leute von Welt und für Gelehrte. Ausgewählte Schriften.* Hrsg. v. Helga Bergmann, übers. v. Ulrich Kunzmann. Leipzig: Reclam, 1989, 120–227.

Gibbon, Edward: *Verfall und Untergang des römischen Imperiums. Bis zum Ende des Reiches im Westen.* 6 Bde. Hrsg., übers. v. Walter Kumpmann. München: Deutscher Taschenbuch Verlag, 2003.

Goethe, Johann Wolfgang: *Goethes Werke.* 133 Bde. in 143. Hrsg. im Auftrage der Großherzogin Sophie von Sachsen. Weimar: Böhlau, 1887–1991 [=GW].

Goguet, Antoine Yves: *Untersuchungen von dem Ursprunge der Gesetze, Künste und Wissenschaften, wie auch ihrem Wachsthum bei den alten Völkern.* Übers. v. Georg Christoph Hamberger. Lemgo: Meyersche Schriften, 1760.

Graubner, Hans: »Origines«. Zur Deutung des Sündenfalls in Hamanns Kritik an Herder, in: Brigitte Poschmann (Hg.): *Bückeburger Gespräche über Johann Gottfried Herder 1988. Älteste Urkunde des Menschengeschlechts.* Rinteln: Bösendahl, 1989: 108–132.

Häfner, Ralph: Die Weisheit des Ursprungs. Zur Überlieferung des Wissens in Herders Geschichtsphilosophie, in: *Herder Jahrbuch / Herder Yearbook* 2 (1994): 81–86.

Häfner, Ralph: *Götter im Exil. Frühneuzeitliches Dichtungsverständnis im Spannungsfeld christlicher Apologetik und philologischer Kritik, ca. 1590–1736.* Tübingen: Niemeyer, 2003.

Hamann, Johann Georg: *Sämtliche Werke. Historisch-kritische Ausgabe.* Bd. 3: *Schriften über Sprache, Mysterien, Vernunft 1772–1788.* Hrsg. v. Joseph Nadler. Wien: Herder, 1951.

Herder, Johann Gottfried: *Herders Reise nach Italien. Herders Briefwechsel mit seiner Gattin, von August 1788 bis Juli 1789.* Hrsg. v. Heinrich Düntzer, Ferdinand Gottfried von Herder. Gießen: Ricker, 1859.

Hettner, Hermann: *Geschichte der deutschen Literatur im achtzehnten Jahrhundert.* Bd. 1. Berlin: Aufbau, 1961.

Kant, Immanuel: Idee zu einer allgemeinen Geschichte in weltbürgerlicher Absicht, in: *Kant's gesammelte Schriften.* Hrsg. v. der Königlich Preußischen Akademie der Wissenschaften. Bd. 8. Berlin, Leipzig: de Gruyter, 1923: 15–31.

Leibniz, Gottfried Wilhelm: *Philosophische Schriften.* 5 Bde. in 7. Hrsg. v. Hans Heinz Holz, Herbert Herring, Werner Wiater. Darmstadt: Wissenschaftliche Buchgesellschaft, 2013.

Leisegang, Hans: *Die Gnosis.* 4. Aufl. Stuttgart: Kröner, 1955.

Lessing, Gotthold Ephraim: Leibniz von den ewigen Strafen, in: Gotthold Ephraim Lessing: *Gesammelte Werke in zehn Bänden.* Hrsg. v. Paul Rilla. Bd. 7. Berlin, Weimar: Aufbau, 1968: 454–488.

Lies, Lothar: *Origines' »Peri Archon«. Eine undogmatische Dogmatik.* Darmstadt: Wissenschaftliche Buchgesellschaft, 1992.

Nisbet, Hugh Barr: Die naturphilosophische Bedeutung von Herders *Aeltester Urkunde des Menschengeschlechts,* in: Brigitte Poschmann (Hg.): *Bückeburger Gespräche über Johann Gottfried Herder Bückeburger Gespräche über Johann Gottfried Herder 1988. Älteste Urkunde des Menschengeschlechts.* Rinteln: Bösendahl, 1989: 214–217.

Pascal, Blaise: *Gedanken.* Hrsg. v. Jean-Robert Armogathe, übers. v. Ulrich Kunzmann. Leipzig: Reclam, 1987.

Pohlenz, Max: *Die Stoa. Geschichte einer geistigen Bewegung.* 2. Aufl. Göttingen: Vandenhoeck & Ruprecht, 1959.

Schiller, Friedrich: *Schillers Werke. Nationalausgabe.* Bd. 28. Hrsg. v. Norbert Oellers. Weimar: Böhlau, 1969.

Simon, Heinrich, Marie Simon: *Geschichte der jüdischen Philosophie.* Berlin: Union, 1984.

Stolberg[-Stolberg], Friedrich Leopold Graf zu: *Auserlesene Gespräche des Platon übersetzt von Friedrich Leopold Graf zu Stolberg.* Bd. 1. Königsberg: Nicolovius, 1796.

Ueberweg, Friedrich: *Grundriss der Geschichte der Philosophie der patristischen und scholastischen Zeit.* 4. Aufl. Hrsg. v. Rudolf Reicke. Berlin: Mittler, 1873.

Ueberweg, Friedrich: *Grundriss der Geschichte der Philosophie des Alterthums.* 5. Aufl. Hrsg. v. Max Heinze. Berlin: Mittler, 1876.

Völker, Walther: *Der wahre Gnostiker nach Clemens Alexandrinus.* Berlin: Akademie u. a., 1952.

Walker, Daniel Pickering: *The Ancient Theology. Studies in Christian Platonism from the 15th to the 18th century.* London: Duckworth, 1972.

Zeller, Eduard: *Grundriß der Geschichte der griechischen Philosophie.* 7. Aufl. Leipzig: Reisland, 1905.

Kaspar Renner (Potsdam)

Eine »Kopernikanische« Wende? Zur Bedeutung der *Philosophieschrift* für Herders ästhetische Bildungstheorie und -praxis der Rigaer Jahre[1]

This contribution reconstructs the origins of Herder's aesthetic theory and practices of education (Bildung) as they are sketched in the Philosophy Essay *of 1765. In this early text, Herder proclaims a "Copernican" turn toward the human being as beginning and end point of all knowledge. In his anthropological approach, Herder argues that sense perception plays a crucial role for the development of the human body and soul. Herder's practical educational endeavors in Riga are based on this assumption: as a preacher and teacher, he attempts to speak to all of the audience's senses in order to activate processes of self-education. Herder's program of aesthetic education, as outlined in the* Philosophy Essay, *unfolds in his homiletic reflections—*Der Redner Gottes *(1765)—and pedagogical considerations—*Von der Gratie *(1765). Furthermore, Herder develops during his Riga years new techniques to educate the audience not only through oration but also by means of reading. In his* Fragments on Recent German Literature (1766), *Herder seeks to establish literary criticism as a central medium of the education of the people (Volk) alongside rhetorics. The search for original forms of language and poetry capable of affecting all human senses leads from the* Dithyrambische Rhapsodie *(1765) and the* Fragments of a Treatise on the Ode *(1765/1766) to the* Old Folk Songs *(after 1772). As the contribution argues, the* Folk Song *project can be read as an ideal synthesis—in terms of aesthetics, anthropology, and poetry—of Herder's Riga-based project of the education of the people (Volksbildung).*

Einleitung

Im folgenden wird eine Relektüre von Herders Beitrag zur Frage entwickelt, »wie die Philosophie zum Besten des Volks allgemeiner und nützlicher werden kann« (FHA 1, 101, 969, im Folgenden als *Philosophieschrift* zitiert). Wie zu zeigen sein wird, ist in dieser Schrift von 1765 *in nuce* bereits ein Modell der ästhetischen Bildung angelegt (vgl. FHA 1, 972), das Herder während seiner Rigaer Jahre bis 1769 auf verschiedenen Praxisfeldern entfaltet: Zunächst auf den rhetorischen Feldern der Pädagogik und der Homiletik, die Herder als Lehrer an der Rigaer Domschule und zunächst als Candidat, dann als Pastor Adjunctus an den vorstädtischen Kirchen von Riga betritt (vgl. Hambsch 2007, 35). Die Schul- und die Gemeindepraxis werden ihm zu den privilegierten Beobachtungs- und Experimentierfelder für eine neue Form des glei-

1 Für den produktiven Austausch und viele Anregungen zum Beitrag danke ich den Teilnehmerinnen und Teilnehmern des gemeinsam mit Ulrike Wagner und Tanvi Solanki veranstalteten Workshops »Herders Medienphilologie«, der am 23. Juni 2017 an der Humboldt-Universität zu Berlin stattfand, insbesondere Björn Hambsch und Clémence-Couturier-Heinrich. Ein erweitertes Lektüreprotokoll zum Workshop findet sich online unter: <https://www.uni-potsdam.de/fileadmin01/projects/mda/Dateien/Herders_Medienphilologie_3.0.pdf>.

chermaßen empirisch wie praktisch fundierten Wissens, die den Menschen gerade als sinnliches Wesen in ihren Mittelpunkt rückt (vgl. Zammito 2002, 176–177; Vivian 2013, 95; Renner 2015, 210). Die Konzentration der Philosophie »auf Anthropologie«, welche die *Philosophieschrift* proklamiert (FHA 1, 103, 990–991), lässt sich, so die blickleitende These des Aufsatzes, also zunächst auf diesen Diskursfeldern beobachten. Die ästhetische, alle Sinne des Publikums aktivierende Dimension dieses Bildungsprojekt wird besonders am Beispiel der Homiletik deutlich, wie sie der *Redner Gottes* von 1765 skizziert: Denn hier soll die Begründung längerfristig wirksamer moralischer Dispositionen, welche die *Philosophieschrift* als Grundproblem der Volksbildung diskutiert, dezidiert durch ästhetische Erfahrungen des Gemeindepublikums erfolgen, also taktile, visuelle und akustische Eindrücke gleichsam synästhetisch zur Einheit führen (vgl. Zippert 1994, 107–109; Buntfuß 2004, 71–75). In Schule und Gemeinde, so die These, ereignet sich idealtypisch also jener Sturz des Philosophen aus der »intellektualische[n] Welt der Himmel« auf »die Republik des Volks Erde«, den Herder selbst bereits als »Kopernikanische« Wende apostrophiert hat (FHA 1, 134, 994): Der Philosoph verwandelt sich in den Lehrer und Prediger, steigt in die Praxis hinab, um diese ihrerseits theoretisch zu reflektieren (vgl. Haym 1877, 94–95; Suphan 1875, 68–70).

Neben die rhetorischen Wirkungsfelder der Schule und der Gemeinde, deren politische Bildungsfunktion Herder in seiner Abhandlung *Haben wir noch jetzt das Publikum und Vaterland der Alten?* von 1765 diskutiert (vgl. Arnold 1997, 28–29; Piirimäe 2015, 656–660), treten Literatur und Literaturkritik als privilegierte Medien der Volksbildung. Der auf Einheit in der Mannigfaltigkeit abstellenden Werkästhetik der *Fragmente Über die neuere deutsche Literatur* korrespondiert dabei die wirkungspolitische Absicht, den in verschiedene Provinzen verstreuten Autoren und Lesern zu einer nationalen Identität zu verhelfen – das Projekt der patriotischen Gemeinschaftsbildung, von dem noch die *Publikumsabhandlung* ausgeht (vgl. ebd., 656–660), hat sich hier bereits in eine Agenda der nationalen Geschmackserziehung transformiert. Die sprachgeschichtliche Perspektive, welche die *Literaturfragmente* in der Metapher der Lebensalter entfalten, ist für Herders ästhetisches Bildungsprojekt dabei insofern ein wichtiger Beitrag, als es die Aktivierung der Sinne als poeto-philologischen Rückgang auf frühere Sprach- und Poesieformen denkbar macht. Davon ausgehend führt eine Linie von Herders *Fragmenten einer Abhandlung über die Ode* von 1765 bis zu den *Alten Volksliedern*, die neben dem nationalen Bildungsaspekt zugleich auch die ästhetische, anthropologische, politische und ethnographische Bedeutungsdimension des Volksbegriffs entfalten (vgl. Renner, Wagner 2016, 15–21), die in der *Philosophieschrift* bereits anklingt. Auch Herders Ästhetik der Rigaer Jahre, insbesondere das *Vierte Kritische Wäldchen* entwickelt schon die Tendenz, den Geschmack und die von Herder neu begründete Trias aus Gefühl, Gehör und Gesicht nicht als Kategorien ›a priori‹ zu behandeln, sondern vielmehr historisch und kulturell zu differenzieren. Schon im ästhetischen Diskurs selbst lässt sich also eine Entwicklung beobachten, die der poeto-philologische Diskurs der Volkslieder fortsetzt, indem er das ›eine‹ Volk als Subjekt der Bildung in eine Vielzahl von Völkern pluralisiert. Zugleich weist insbesondere das *Vierte Kritische Wäldchen* Rückbezüge zur pädagogischen und zur homiletischen Praxis auf, was am Beispiel des akustischen Phänomens der Sympathie belegt wird (vgl. Couturier-Heinrich i. E.).

Herder schreibt in einem Brief an Hamann, dass er »eine Menge« seiner »Lieblingsideen unter das Thema« gebracht habe, »wie die Philosophie zum besten des Volks allgemeiner und nützlicher werden kann« (FHA 1, 969). Dieser Selbstaussage gemäß wird die *Philosophieschrift* im folgenden als Keimzelle gelesen, in der viele andere Texte der Rigaer Jahre bereits vorgebildet sind (vgl. Bollacher 1997, 85–93): So führt die Schulrede *Von der Gratie* etwa Überlegungen aus, die Herder in der Disposition seiner Preisschrift der »[logische[n] Bildung]« zuordnet (FHA 1, 126–127), die predigtbezogene Abhandlung *Der Redner Gottes* widmet sich dem Problem der »[moralische[n] Bildung]« (FHA 1, 127–129) und die *Publikumsabhandlung* diskutiert die »[politische Bildung]« (FHA 1, 130). Jedes der sechs folgenden Unterkapitel des Aufsatzes – Pädagogik, Homiletik, Politik, Literaturkritik, Ästhetik und Poetik – ist keimhaft, so die These, bereits in der *Philosophieschrift* vorgebildet (vgl. Arnold 1988, 25; Vivian 2013, 94). Diese engen intertextuellen und zugleich interdiskursiven Verflechtungen, die sich auch anhand des Studienbuchs beobachten lassen, in das Herder verschiedene Dispositionen für seine Beantwortung der Preisschrift notiert (vgl. Herder Nachlass XXVIII 2, 73^{v}, 74^{r}), resultieren aus dem besonderen Denk- und Schreibverfahren der Rigaer Jahre: Herder arbeitet stets auf mehreren Feldern und an vielen Texten gleichzeitig, Preisfragen wie diejenige der Berner *Patriotischen Gesellschaft*, von der die *Philosophieschrift* ihren Ausgang nimmt, bieten den Anlass für eine vorläufige Bestandsaufnahme und Bündelung dieser gleichzeitig entstehenden Skizzen und Entwürfe. Die *Philosophieschrift* wird im folgenden also weniger als in sich geschlossener philosophischer Diskurs rekonstruiert, auch wenn dies gerade mit Blick auf die Abschnitte zur Metaphysik und Logik überaus fruchtbar ist (vgl. Heinz 2016, 58–65, vgl. Heinz 2017, 30–51), sondern es wird in sechs *Close-Readings* nachgezeichnet, wie in der *Philosophieschrift* angelegte Problemkerne in benachbarte Text- und Diskursfeldern transferiert und dort weiter bearbeitet werden.

I Pädagogik

An einer frühen Disposition zur *Philosophieschrift* lässt sich diese Verknüpfung verschiedener Diskursfelder wie im Brennglas beobachten (vgl. FHA 1, 971). Während sich der erste Teil dieser Disposition schwerpunktmäßig der epistemologischen Begründung philosophischer Wissensansprüche widmet, lenkt der zweite Abschnitt das Augenmerk auf die Frage der medienpädagogischen Vermittlung. Dieser, von der Forschung bisher eher wenig berücksichtigte Gliederungsabschnitt ist »*Technische[r] Teil*« (FHA 1, 103) überschrieben. Wie Herder in der ausgeführten Preisschrift expliziert, zielt eine als »technische Wissenschaft« verstandene Philosophie, die im Gegensatz zur Philosophie als »Kunst« profiliert wird (FHA 1, 125), dabei gerade auf ein Modell der nicht-trivialen Vermittlung, das den Rezipienten als eigenständigen Wissensproduzenten explizit mit einbezieht. Der »Weltweise« soll seine Bildungssubjekte – sofern sie die geeigneten kognitiven Voraussetzungen mitbringen – nicht »bloß zu handelnden Maschinen bilden«, sondern ihnen »selbst einen Ton zum Denken angeben, ohne sie doch in seine Zunft aufzunehmen« (FHA 1, 125). Bildung wird hier dezidiert als Anregung zur Selbst-Bildung (außerhalb der Akademie) konzeptualisiert. Vor diesem Hintergrund wird verständlich, weshalb Herder die schon in der Disposition angedeutete Formel, dass »die Philosophie den Menschen zu ihrem Mittelpunkt« machen müsse, um »den Menschen nützlich« zu werden (FHA 1, 125), genau an dieser Stelle ausführt: Der Mensch unterscheidet sich von der (trivialen) Maschine gerade durch seine Fähigkeit zur Selbstbildung (vgl. Wisbert 2016, 609–611; vgl. FHA 9/2, 845–847).

Den grundsätzlichen, gerade im zeitgenössischen Diskurs der Zivilisationskritik virulenten Vorbehalt, dass das abstrakte philosophische Denken dem Handeln in konkreten lebensweltlichen Bezügen fremd oder sogar entgegengesetzt sei – zugespitzt in der Formel: »[gelehrtes Denken] frißt das Leben« (FHA 1, 101) –, artikuliert Herder am deutlichsten mit Blick auf die Logik, wie sie im Kontext der Schulphilosophie gelehrt wird (vgl. Heinz 2016, 63–64): Diese sei, heißt es in der prägnanten, durchaus polemischen Kürze der Disposition, nicht nur »nicht für das Volk«, sondern auch »nicht für den Gelehrten« geeignet; sie lehre »nicht denken«, sondern verderbe das Denken im Gegenteil und sei konsequenterweise »*abzuschaffen* aus Schulen« und grundlegend »zu ändern auf Akademien« (FHA 1, 101). Im ausgeführten Text der Preisschrift wird beides expliziert, die grundlegende Kritik an der Logik der zeitgenössischen Schulphilosophie, die originelle Denkleistungen eher verhindere als ermögliche, ebenso wie die Reformperspektive für Schule und Hochschule. In der entsprechenden Passage spekuliert Herder darüber, dass das deutsche Volk möglicherweise deshalb »so wenig eigne Denker« hervorgebracht habe, »weil sie schon in der Schule mit Logik eingezäunt werden«, und wendet sich im gleichen Atemzug polemisch gegen die »maschinenartige[]« Lehrerschaft, die jedes Genie verkümmern lasse, anstatt es zu fördern (FHA 1, 111). Diese Kritik an einer Pädagogik, die allein auf Gedächtnis und Reproduktion setzt und demgegenüber produktive, gerade für eine ganzheitliche Bildung der Jugend relevante Vermögen wie die Einbildungskraft vernachlässigt, wird Herder in seiner Schulrede *Von der Gratie* weiterentwickeln (vgl. Bollacher 1997, 87–99); deutlich werden hier bereits erste Verbindungslinien des philosophischen mit dem pädagogischen Diskurs. Für eine Neubegründung der Schulpädagogik, die eine proportionale Entfaltung aller menschlichen Kräfte zum Ziel hat, legt die *Philosophieschrift* insofern bereits die Grundlage, als sie fordert, dass die Logik im Verbund mit der Psychologie betrieben, »mit dem Mark der Seelenlehre verbunden werden« müsse, »wenn sie nützlich sein soll« (FHA 1, 111–112).

Dabei gibt die *Philosophieschrift* schon erste Anregungen, wie eine psychologisch fundierte Pädagogik ausgestaltet werden könne. Entscheidend ist dabei die Aufwertung sinnlicher Formen der Erkenntnis. So notiert Herder im technischen Teil der Disposition zur Logik: »man lehre sie denken: nicht *Regeln*; nicht zuerst: sondern empfinden; vorher: Sinne brauchen, endlich überall den philosophischen Geist bewahren« (FHA 1, 103). Als Korrektiv zum abstrakten, allein durch die Vernunft begründeten Regelwissen wird hier also bereits eine durch sinnliche Wahrnehmung verbürgte Form der Erkenntnis in Stellung gebracht. Demgemäß wird Herders Pädagogik der Rigaer Jahre bei den sinnlichen Formen der Erkenntnis ansetzen (vgl. Wisbert 1987, 446–448); Herder entwickelt in Riga eine Bildungstheorie und -praxis, die Tast-, Gehör- und Sehsinn gleichermaßen aktivieren soll. Vollends ausformuliert wird dieser Grundsatz im *Reisejournal*, er deutet sich jedoch schon in den frühen Reformskizzen der Rigaer Jahre an: »Realien, Kenntnisse, so viel möglich reelle, sinnliche« notiert Herder etwa in seinem frühen Entwurf *Über das Interesse einer wohleingerichteten Schule* (FHA 9/2, 191). Die *Philosophieschrift* liefert dabei schon ansatzweise die entwicklungspsychologische Begründung für die pädagogische Aufwertung der Sinne: »Ist der *Embryon* ausgebildet«, heißt es hier mit Blick auf die Anfänge des (philosophischen) Erkennens, »so gibt die Philosophie durch tausend Erfahrungen den zweiten großen Rat: Laß ihn das Mark der Philosophie schmecken, ohne daß er es je erkennet, und laß ihn bloß dasselbe zum Nahrungssafte verdauen« (FHA 1, 126). Was Herder hier andeutet, indem er die Metapher des Geschmacks buchstäblich auslegt, wird im folgenden präzisiert: »Lege ihm statt Worte eine Menge Handlungen vor, statt zu lesen, laß ihn sehen«. Indem das Bildungssubjekt auf seine eigenen Sinne vertraut, hier den Gesichtssinn, soll es zu sich selbst finden. Herders Konzept der Selbstbildung präsentiert sich in der *Philosophieschrift* mithin als logische Entsprechung zur Aufwertung der sinnlichen Wahrnehmung: »anstatt, daß du seinen Kopf bilden wolltest«, wird hier postuliert, »so laß ihn sich selbst bilden, und bewahre ihn nur, daß er sich nicht mißbilde« (FHA 1, 126).

Dabei wird deutlich, dass Herder sein philosophisches Bildungsprogramm in ein übergreifendes Projekt der Menschenbildung einbettet, der Maxime folgend: »Bilde nicht eher den Weltweisen, bis du den Menschen gebildet hast« (FHA 1, 126). Der ›ganze Mensch‹ ist mithin der Fluchtpunkt von Herders Bildungsprogramm, durchaus in polemischer Abgrenzung vom philosophischen Fachgelehrten, der sich nur einseitig *aus*bilden, aber nicht ganzheitlich bilden könne. Das ideale Bildungssubjekt, das Herder in der *Philosophieschrift* entwirft, kann demgemäß kein Fachphilosoph sein (vgl. FHA 1, 126). In Königsberg hat Herder die Zwänge des akademischen Betriebs kennengelernt (vgl. Haym 1877, 66–67; Hambsch 2007, 33–34; Vivian 2013, 90). Das Bildungssubjekt, das die *Philosophieschrift* präsentiert, soll sich jenseits dieser disziplinären Ordnungen frei entfalten können: »Dein Hauptgesetz sei Freiheit und Abhängigkeit von sich, zwanglose Bemerkung sein selbst, und Unabhängigkeit von dem Urteil anderer« (FHA 1, 126).

Das Gegenbild zum akademischen Betrieb, das die *Philosophieschrift* entwirft, muss jedoch utopisch bleiben: Herder entwickelt eine romantische, von Rousseau inspirierte Phantasie vom einfachen Landleben (vgl. FHA 1, 127, 986; Heinz 2016, 69). Das Landvolk erscheint in der *Philosophieschrift* als ideale Verkörperung von Herders philosophischen und politischen Grundsätzen: »Diese sind die größten Beobachter der Natur«, heißt es mit Blick auf die Landbewohner, »in ihrer Knechtschaft die freiesten Leute, die den Tyrannen der Ehre verachten.« Daraus folgt der Appell an die philosophische Zunft, sich besser auf dem Land als auf der Akademie fortzubilden: »kurz o Philosoph, gehe auf das Land, und lerne die Weise der Ackerleute« (FHA 1, 127). In Riga wird Herder einen Realitätsschock erleben. Noch das *Reisejournal* entwickelt die Vision eines *homme philosophe*, der »ohne Bücher und Instrumente aus der Natur« philosophieren könne (FHA 9/2, 16). Das *Journal* dokumentiert aber auch, dass im Land um Riga, Livland, keineswegs die »Freiheit« herrschte, sondern »Sklaverei« (FHA 9/2, 28): Hier lebten Bauern ohne Eigentum, Recht und Bildung – die verkörperte Antithese zu Herders Volksbildungsprojekt (vgl. Taterka 2012, 328–330).

Das Bildungsprogramm, das Herder im Anschluss an die *Philosophieschrift* in Riga entwickelt, ist dezidiert für die Stadt bestimmt, nicht für das Land (vgl. FHA 9/2, 1015–1017). Hier lebten vor allem deutsche Bürger und Gelehrte (vgl. Haym 1877,

73–74). Sie sind die Adressaten von Herders Antrittsrede an der Rigaer Domschule von 1765 (vgl. Renner 2016a, 119). Schon die Ausgangsfrage der Rede verweist direkt auf das Problem der *Philosophieschrift* zurück: »wiefern muß«, fragt Herder, in der Pädagogik »das Schöne mit dem Nützlichen verbunden werden« (FHA 9 / 2, 159). Dass die Schulbildung nützlich sei, erwarteten vor allem die Bürger, die ihre Kinder auf die Domschule schickten: Sie sollten auf einen bürgerlichen Beruf, etwa als Kaufleute, vorbereitet werden (vgl. Vivian 2013, 95–96). Dieser Erwartung begegnet der neu berufene Collaborator Herder, indem er die Bedeutung der sogenannten Realia betont, also von Fächern wie Naturgeschichte, während innerhalb der Humaniora die modernen Fremdsprachen aufgewertet werden, so vor allem das Französische (vgl. FHA 9 / 2, 158–159). Wenn er gleichzeitig die Relevanz der sogenannten »schönen« Wissenschaften betont (vgl. FHA 9 / 2, 156), also insbesondere des Poetik-, Rhetorik- und Stilunterrichts, dann entspricht dies zunächst den Erwartungen einer zweiten wichtigen Trägerschicht der Domschule, der Gelehrten – beide Rektoren der Domschule, unter denen Herder unterrichtete, hatten einschlägig zu dieser Frage publiziert (vgl. Hambsch 2007, 35–37).

Das Konzept des Schönen, das Herder in seiner Rigaer Schulrede entwickelt, geht über diesen Diskussionsstand jedoch deutlich hinaus; er argumentiert, dass die »schönen Wissenschaften« nicht auf einen bestimmten Fächerkanon beschränkt seien, wie es der zeitgenössische Sprachgebrauch nahelegt, sondern vertritt die These, dass prinzipiell *jede* Wissenschaft »schön werden« könne, auch die »Historie« oder »Geographie« (FHA 9 / 2, 166). Entscheidend sei also weniger der Lehrgegenstand als vielmehr die Unterrichtsmethode, weniger der Stoff als vielmehr die Form der Darstellung. Damit rückt zugleich die Person des Lehrers in den Fokus, als ideale Verkörperung der Synthese »*des Schönen* und *Weltmäßigen*« (FHA 9 / 2, 159). Dessen Vortragsweise sei deshalb »schön«, weil sie alle Sinne des Publikums aktivieren, in besonderer Weise Gefühl, Gesicht und Gehör der Schüler ansprechen und somit Prozesse der Selbstbildung in Gang setzen könne. Herders Schulrede entfaltet dabei Metaphern, die schon in der *Philosophieschrift* angedeutet waren: »suche deine Wissenschaften schmackhaft und reizend zu machen«, adressiert Herder den idealen Lehrer, »die Jugend wird sie mit ganzer Seele eintrinken: gib ihnen jenen Reiz der Bezauberung, daß sie das Gemüt der Jugend einnehmen und sich gleichsam in die feinsten Fugen ihrer Seele von selbst einschmeichle[n]« (FHA 9 / 2, 163).

Das Bildungsmodell, das Herders Rigaer Schulrede entwickelt, ist also ästhetisch im Wortsinn: Es stellt darauf ab, alle Sinne des Publikums zu aktivieren (»aisthesis« als sinnliche Wahrnehmung) und gibt bereits erste Hinweise, durch welche Techniken dies gelingen kann, etwa durch den Lehrvortrag oder -materialien (»téchne« als Verfahrens- und Vermittlungstechnik). Um dieses Modell zu illustrieren, führt Herder eine Allegorie ein, wenn er fragt, »*wie fern auch in der Schule die Gratie herrschen müsse*« (FHA 9 / 2, 159; vgl. FHA 9 / 2, 1018–1021). Während Herder in seiner gelehrten Abhandlung zu diesem Thema daran arbeitet, eine Faszinationsgeschichte der drei Gratien von der Antike bis zur zeitgenössischen Ästhetik zu entwickeln und einige Gesichtspunkte skizziert, um den »großen Sprung, von den *Schönen Künsten* und *Wissenschaften* [...] auf die *Erziehung der Jugend*« zu motivieren (FHA 9 / 2, 154), wird das Konzept der Gratie – und das korrespondierende deutsche Begriffsfeld Reiz / Anreiz / Reizendes – in der Schulrede in vierfacher Hinsicht formalisiert: Erstens rhetorisch, indem die Fähigkeit des Schulredners beschrieben wird, jeden beliebigen Gegenstand als so reizvoll und faszinierend erscheinen zu lassen, dass die Schüler ihm regelrecht an den Lippen »hangen« (vgl. FHA 9 / 2, 164). Zweitens pädagogisch insofern, als dadurch Neugierde geweckt, Aufmerksamkeit gebündelt und ein Prozess der gemeinschaftlichen Wissensproduktion angeregt werden soll, bei dem idealiter »eine glühende Kohle die andre mit fortgehender Hitze anfeuert« (FHA 9 / 2, 164). Drittens anthropologisch oder entwicklungspsychologisch, indem die Jugend als »Alter der zärtesten Bildung, der weichesten Stelle, der blühendsten Fähigkeiten« konzeptualisiert wird, das für positive Anreize besonders empfänglich sei (FHA 9 / 2, 161). Viertens politisch insofern, als der Lehrer nicht wie ein Schul-»Tyrann[]« herrschen (FHA 9 / 2, 160), sondern vielmehr ein Forschungsgespräch unter Freien und Gleichen moderieren soll: Die Schule erscheint dabei als Idealrepräsentation der Stadtrepublik Riga, die »mit Freiheit Gehorsam mit Rechtgläubigkeit das Denken, mit den Tugenden die Gracie verbindet« (FHA 9 / 2, 170; vgl. FHA 9 / 2, 1021).

Die Schulreformpläne, die Herder in Riga entwickelt, entfalten vor allem den anthropologischen Gesichtspunkt dieses Bildungskonzepts weiter, um daraus weitreichende pädagogische und politische Konsequenzen zu ziehen; besonders deutlich wird dies in der Skizze *Über das Interesse einer wohleingerichteten Schule für Menschlichkeit und Staat*, die zwischen 1767 und 1769 entsteht (vgl. FHA 9 / 2, 1053–1054). Hier wird ein erster Versuch unternommen, ein Curriculum dezidiert nach den Kräften der »Menschliche[n] Seele« zu gliedern, mit besonderer Rücksicht auf die »Fähigkeiten der Jugend«, die eine zur Selbstbildung anregende Ausbalancierung von »*Gedächtnis*«, »*Einbildungskraft*« und »*Empfindung*« erfordern (FHA 9 / 2, 191). Pädagogisch wird dies vor allem mit Blick auf die Realia konkretisiert, die auf eine alle Vermögen aktivierende Weise unterrichtet werden sollen: »Fähigkeiten der Jugend sind zu beschäftigen«, vermerkt Herder dazu etwas kryptisch, »Triebfedern spannen: – Magnete p ziehen – – dadurch üben, munter, alles« (FHA 9 / 2, 192). An die Überlegungen der *Philosophieschrift* zur politischen Bildung anknüpfend wird dabei deutlich, dass diese allseitige, dezidiert nicht-gelehrte Bildung nicht nur der Menschheit insgesamt, sondern dem (russischen) Staat insbesondere zugute kommen soll (vgl. FHA 9 / 2, 193–194): »Wie viel Auszeichnendes eine liefländische Vaterlandsschule haben könnte, was man auswärtig nicht hat«, spekuliert Herder noch im *Reisejournal*, nachdem ihm das Rektorat des Lyzeums in Aussicht gestellt wurde, und imaginiert sich als großen Schulreformer, der »den Menschenwilden Emil des Roußeau zum Nationalkinde Lieflands« machen werde (FHA 9 / 2, 36–37).

II Homiletik

Mit Blick auf die Pädagogik lässt sich also eine Entwicklungslinie rekonstruieren, die von der *Philosophieschrift* über die Schulrede *Von der Gratie* und weiterführende Reformskizzen der Rigaer Jahre bis zu den Visionen des *Reisejournals* führt. Eine ähnliche Dynamik zeigt sich auf dem Feld der Homiletik. Das Predigtamt bildet einen zentralen Ansatzpunkt für die weitgespannten Reformpläne, die das *Reisejournal* skizziert: »Dazu sei mein geistliches Amt«, heißt es dort mit Blick auf Livland, »die Kolonie einer verbesserten Evangelischen Religion zu machen; nicht schriftlich, nicht durch Federkriege, sondern lebendig, durch Bildung« (FHA 9 / 2, 29). Sehr deutlich wird das Predigtamt hier als privilegiertes Beobachtungs- und Experimentierfeld einer neu zu begründenden Erfahrungsseelenkunde konturiert (vgl. Renner 2015, 214–215): »Lasset uns also anfangen, den Menschen und Menschliche Tugend recht kennen und predigen zu lernen«, proklamiert Herder, »ehe man sich in tiefere Sachen mischet« (FHA 9 / 2, 30). In der Gemeindepraxis sollen empirische Daten bzw. »Materialien« für Herders übergreifendes Forschungsprojekt zur Funktionsweise der menschlichen Seele gewonnen werden (FHA 9 / 2, 30). Auch hier wird ein besonderer Fokus auf die Sinnlichkeit gelegt: »Die Menschliche Seele, an sich und in ihrer Erscheinung auf dieser Erde, ihre *sinnlichen* Werkzeuge [...] und alles, was Menschen hier glücklich machen kann, sei meine erste Aussicht« (FHA 9 / 2, 30; Hervorhebung K.R.). Im Folgenden wird gezeigt, dass dieser erfahrungsseelenkundlich fundierte Diskurs der Predigttheorie und -praxis *in nuce* bereits in den Reflexionen der *Philosophieschrift* angelegt ist und in den Predigten der Rigaer Jahre entfaltet wird, bevor das *Reisejournal* dann ein vorläufiges Resümee zieht.

In der Disposition der *Philosophieschrift* heißt es kurz und bündig, dass die gegenwärtige Moralphilosophie »nicht für das Volk zu verstehen« und »für den Gelehrten schlecht«, also grundlegend zu reformieren und »mehr emporzubringen« sei »auf Akademien« (FHA 1, 102). Im ausgeführten Text der *Philosophieschrift* wird dieser Punkt entfaltet und differenziert. Wie die Logik müsse auch die Moralphilosophie auf neue empirisch-psychologische Grundlagen gestellt werden: »die Moral, um Philosophie zu bleiben, muß nichts mehr als eine Metaphysik des Willens bleiben – die meine Empfindungen, meine Stärke, moralischen Gefühle, und Grundtriebe aufspähet – das Tier – der Geist – große Tiefen der Gottheit, und unendliche Aufschlüsse etc.« (FHA 1, 117). Gerade um ihren Anspruch auf allgemeine Geltung innerhalb der Ordnung des philosophischen Wissens behaupten zu können, müsse die Moralphilosophie an konkreten Beobachtungen über die menschliche Seele ansetzen, aus denen dann erst induktiv abstrakte Normen und Gesetzmäßigkeiten zu gewinnen seien (vgl. FHA 1, 117–118). Das Projekt einer »ExperimentalSeelenlehre«, wie es das *Reisejournal* skizziert (FHA 9 / 2, 49), klingt hier bereits an. Schon die *Philosophieschrift* lässt erkennen, dass Herder anthropologisch relevante »Data« (vgl. FHA 9 / 2, 107) insbesondere auf dem Feld seiner Rigaer Gemeindepraxis sammeln will.

Neben der epistemologischen Begründung rückt dabei insbesondere die medienpädagogische Frage in den Blick, wie das Volk moralisch gebildet werden kann. So notiert Herder in der Disposition zur *Philosophieschrift*, dass die öffentliche Moral »nicht durch Spekulation, sondern das Gefühl des Edlen« zu befördern sei (FHA 1, 103). In der ausformulierten Preisschrift wird zunächst dieser Gegensatz von abstraktem Regel- und habitualisiertem Gefühlswissen auf dem Feld der Moral expliziert (vgl. Heinz 2016, 63–66). Herder argumentiert, dass ein reflektiertes Projekt der Volksbildung sich nicht auf die Einschärfung moralischer Prinzipien beschränken könne, da sich menschliches Handeln durch deren Erkenntnis allein nicht programmieren lasse: »*Wornach*« handelt der Mensch, fragt Herder: »der Zaum, der ihn leitet – Dank der Natur! die uns schuf – sind nicht Kenntnisse, sondern Empfindungen«, lautet die durchaus revolutionäre, von der *moral sense*-Philosophie angelsächsischer Prägung beeinflusste Antwort (FHA 1, 115; vgl. Heinz 2016, 65). Davon ausgehend entwickelt Herder ein komplexeres Modell moralischer Erkenntnis- und Urteilsprozesse, das die Bedeutung intuitiven, durch Gefühle begründeten Wissens herausstellt. Der philosophische Reflexion wird dabei die Funktion zugeschrieben, nicht-propositionales Wissen von der Moral klar und deutlich auf den Begriff zu bringen; privilegierte Instanz der moralischen Urteilsbildung bleibt jedoch das moralische Gefühl, das der philosophische Diskurs kaum ansprechen oder nachhaltig beeinflussen könne (vgl. FHA 1, 115–116). Indem Herder das Gefühl als Appellationsinstanz der Moral aufwertet, rücken auch andere Akteure, Medien und Institutionen der moralischen Bildung in den Blick: Offenkundig ist, dass die »öfftl. Hörplätze«, auf die in der Disposition verwiesen wird (FHA 1, 103), nicht den Katheder als Ort des philosophischen Lehrvortrags bezeichnen. Vielmehr wendet sich Herder schon in der *Philosophieschrift* der Kanzel als privilegierter Stätte der moralischen Volksbildung zu (vgl. FHA 1, 116).

Besonders deutlich wird diese Tendenz in dem Abschnitt der *Philosophieschrift*, den Gaier mit der Überschrift »Moralische Bildung« versehen hat. Schon im ersten Absatz zeigt sich, dass Herder nicht nur die zeitgenössische Moralpädagogik, sondern im gleichen Atemzug auch die religiöse Bildungsarbeit der Kirche kritisiert: »Allein gehet alle Reihen des Volks durch«, fordert Herder einen unparteiischen Beobachter auf, »in keiner Sache finden sich so viel unverstandne Namen, als hier: O und unsre heilige Religion selbst wird im Munde des Volks eine Sammlung barbarischer Wörter, die sie nicht verstehen (Worte die nach Orient gehören)« (FHA 1, 127). Die Übersetzung des biblischen Worts in die Lebenswelt des einfachen Volks könne nur durch konsequente »Akkomodation« gelingen (FHA 1, 127). Diesen Grundgedanken, den schon die *Philosophieschrift* formuliert, wird Herder in seinen homiletischen Reflexionen der Rigaer Jahre entfalten. Wie in den pädagogischen Überlegungen in der Schulrede *Von der Gratie* geht Herder von der entwicklungspsychologischen Annahme aus, dass die Jugend besonders empfänglich für die moralische Bildung sei: »Es gibt wirklich ein Alter ohne Moralite; und in dieses Tugend einpflanzen zu wollen, ist eine Lage dem Gemüt eindrücken, die auf immer ihre Falten hält« (FHA 1, 128).

Im weiteren Verlauf des Textes wird klar, dass diese intuitiv-vorbewusste Prägung im Kindes- und Jugendalter, die Herder hier wie in späteren Predigten der Rigaer Jahre als Einpflanzung der Tugend metaphorisiert (vgl. etwa FHA 9 / 1, 48, 49), nicht zuletzt als Akt der ästhetischen Erfahrung gedacht wird. So greift Herder die oben angeführte Trope des Eindrückens auf, um sie als Bild(ungs)-Akt zu explizieren, durch den Gefühls- und Gesichtssinn gleichermaßen affiziert werden: »ich drücke ihm ein Bild ein, das sich nie verlöscht« (FHA 1, 128). Genau von dieser Metapher ausgehend, die in der *Philosophieschrift* das erste Mal prominent verwendet wird, beschreibt die homiletische Phantasie des *Redner Gottes* die Predigt als ästhetische Erfahrung (vgl. Renner 2016c, 14–15). Der Prediger »schreibt keine Worte« auf die Seele des Zuhörers, sondern »gräbt in sie ein Bild: ein Gemälde mit allen seinen Zügen, das nie völlig verlöschen kann« (FHA 9 / 1, 13). Auch hier wird also betont, dass nur die Aisthesis als sinnliche Wahrnehmung, die hier in Analogie zur Malerei vorgestellt wird, dauerhaft moralische Dispositionen begründen könne: »wenigstens bleiben Spuren auf dem Grunde, und einzelne Striche bringen uns das Ganze wieder vor« (FHA 9 / 1, 13). Die Predigt, die diese Wirkung erziele, wird dabei als Gemälde beschrieben, mithin als Werkganzes, das die Einheit von ästhetischer Erfahrung, anthropologischem Anspruch und ethischer Handlung gewährleisten soll: »Die Idee *des Bildes* ist Moral; die Zusammensetzung eine Situation der *Menschheit* und des *Lebens*: die *Farbe* des Bildes ist Religion: so ist also seine Predigt ein vollständiges Ganzes« (FHA 9 / 1, 13; vgl. Renner 2016c, 14).

An Herders Ausführungen zur moralischen Bildung in der *Philosophieschrift* lässt sich also gleichsam mikrophilologisch beobachten, wie der philosophische Diskurs sich auf ein Praxisfeld hin öffnet, eben die praktische Bildungsarbeit des Predigers. Dessen Sprache unterzieht schon die *Philosophieschrift* einer grundlegenden Kritik. »O Lehrer der Religion!«, werden den zeitgenössischen Predigern die Leviten gelesen, »wie viele junge Seelen habt ihr verwüstet, durch Worte, die sie nicht verstanden, und die sich bei ihnen zu Vorurteilen, die nie auszuwurzeln sind, bildeten!« (FHA 1, 128). Herder appelliert an die Predigerzunft, auf gelehrte Dispute, Fremdwörter und weitschweifige Fachdiskurse zu verzichten und sich stattdessen auf die Sprach- und Lebenswelt der Gemeinde einzulassen. Diese Linie der Sprachkritik wird Herder vor allem im *Redner Gottes* und in seinem Fragment zur *ganz andren Beredsamkeit* fortführen (vgl. Hambsch 2007, 101–105), um in Abgrenzung davon die Perspektive auf eine spezifisch deutsche neue Predigtsprache zu eröffnen: Ein Prediger neuen Stils sollte demgemäß »nicht über Worte« sprechen, »sondern auch über Vorfälle, über Zustände des Privatlebens, in denen sich jeder erkennet« (SWS 2, 235). Als Vorbild dieses Sprachstils erscheint in der Rigaer Konstellation immer wieder Thomas Abbt, von dem es wie vom idealen Redner Gottes heißt, dass er »Känntniß des Herzens in seinen verschiednen Lagen, Falten und Situationen« habe (SWS 2, 235). Wie mit Blick auf die Schulberedsamkeit soll eine grundlegende Reform der geistlichen Beredsamkeit mithin Ethos, Pathos und Logos des Redners gleichermaßen umfassen.

Dass Herder sich schon in der *Philosophieschrift* intensiv mit predigtbezogenen Fragen beschäftigt, erklärt sich aus der besonderen, stände- und geschlechterübergreifenden Wirksamkeit der Predigt als Volksbildungsmedium (vgl. Hambsch 2007, 79–82; Hambsch 2014, 37–38). Eine grundlegende Reflexion erscheint daher als besonders dringlich: »Wer mein Lehrer der Tugend wird, ist mein Philosoph etc.«, beginnt Herder in der skizzierten Ausführung eine ganze Reihe von staccatohaft aufeinander folgenden und abbrechenden Sätzen: »wo gibt's Versammlungen des Volks, für die Tugend, als Prediger etc. diesen Philosophen kann man nicht entwischen etc.« Und gerade deshalb sei »von ihnen der meiste Nutzen etc.« zu erwarten. Diesen Aspekt präzisiert Herder: »Sie predigen für *Männer* und *Weiber* etc.« Als besondere Autoritäten, »mit dem Ansehen Gottes gerüstet«, könnten die Prediger besonders effektiv volkspädagogisch wirksam werden: »Das ist das *Beste* des Volks«, schließt der Abschnitt zur moralischen Bildung: »nützlich auf immer« (FHA 1, 129). Die Prediger werden also in der *Philosophieschrift* als wichtigste Agenten der Volksaufklärung ausgezeichnet, da sie von der Kanzel aus ein stände-, bildungs- und geschlechterübergreifendes Publikum erreichen könnten – dieser gesellschaftlichen Funktion gemäß müssten sich jedoch Habitus und Predigtmethode ändern; eine Abkehr von gleichsam ›mönchischen‹ Praktiken der Gelehrsamkeit wird für Lehrer, Prediger und Philosophen gleichermaßen eingefordert.

In seiner Abschiedspredigt von Riga aus dem Jahr 1769 wird Herder sein im Ausgang der *Philosophieschrift* entwickeltes Konzept der Volksbildung im Medium der Predigt in vierfacher Hinsicht spezifizieren (vgl. Renner 2016b, 29–37): Erstens anthropologisch insofern, als es das »große Studium eines Predigers« sein müsse, menschliche Seelen

»von ihren Schlupfwinkeln und offnen Seiten aus zu kennen«, um effektiv auf diese einwirken zu können (FHA 9 / 1, 50). Zweitens soziologisch insofern, als es Herder selbst gelungen sei, mit seinen Rigaer Predigten »eine große gute Anzahl von Personen beiderlei Geschlechts, Standes und Alters« zu erreichen, wobei wiederum das »Alter der Jugend« besonders ausgezeichnet wird (FHA 9 / 1, 61; vgl. Renner 2015, 214). Drittens wirkungsästhetisch insofern, als eine neue, auf Einfühlung in die Gemeinde, Anregung zur Selbstbildung und Verlebendigung der biblischen Sprache setzende Predigtweise skizziert wird, »die nach den Lehren der Schrift in unsrer Sprache des Lebens so deutlich, so nachdrücklich für uns als der Vortrag der Bibel zu den Zeiten war, in welchen sie geschrieben worden« (FHA 9 / 1, 55). Schließlich medienphilologisch insofern, als Herder sich dagegen wendet, seine Predigten »im Druck zu liefern«, da diese ihr besonderes Wirkungspotenzial nur im mündlichen Vortrag entfalten könnten: »sie müssen im Herzen und nicht auf dem Papier bleiben, sie müssen ewigen Eindruck nachlassen« (FHA 9 / 1, 62).

Zu berücksichtigen ist jedoch die apologetische Tendenz dieser Abschiedspredigt. Herder setzt sich gegen Kritiker aus der orthodox-lutherischen Geistlichkeit Rigas zur Wehr (vgl. Haym 1877, 93); dies klingt an, wenn Herder darauf hindeutet, »daß manche die Güte gehabt« hätten, ihn »für einen Weltweisen in schwarzen Kleidern zu halten, der wohl nicht als Theolog predige, sondern dessen Lehren ganz in ein ander Feld«, nämlich »auf das Katheder, oder in das Kabinett gelehrter Leute, nicht aber auf Vorstadt-Kanzeln gehörten« (FHA 9 / 1, 52). Die Idealsynthese des Philosophen mit dem Prediger, wie sie die *Philosophieschrift* entwirft, ließ sich in Riga keineswegs konfliktfrei realisieren, wie es insbesondere die Auseinandersetzung mit Herders Vorgesetztem an der Jesuskirche, George Bärnhoff, dokumentiert (vgl. Haym 1877, 93; vgl. Renner 2016a, 122). Und auch der ständeübergreifende, das gesamte Volk erfassende Wirkungsanspruch von Herders Rigaer Predigten erweist sich vor dem Hintergrund als fragwürdig, dass Herder schon zu Antritt seiner Adjunctur an der Jesuskirche »von der Amtsverwaltung in lettischer Sprache dispensiert wurde.« Faktisch predigte Herder also für das gleiche Publikum, zu dem er als Lehrer sprach, nämlich das gebildete deutsche Stadtbürgertum, das regelmäßig zu seinen Predigten in die vorstädtischen Gemeinden von Riga kam.

Auch wenn Herder mit den Predigten, die er in den Jahren 1767 bis 1769 als Pastor Adjunctus an den vorstädtischen Gemeinden von Riga hielt, also nur einen kleinen Teil des Volks erreichte, der sowohl soziologisch (gebildet), als auch national (deutsch) und territorial (Stadt) klar umgrenzt war, entwickeln diese frühen Predigten doch ein allgemeineres, zeitliche, räumliche und kulturelle Grenzen überschreitendes Programm der religiösen Volksbildung, das sich bis heute aktualisieren lässt. Auch hier erweist sich das Konzept der Selbstbildung als blickleitend. So geht es Herder etwa nicht nur darum, dass das Publikum die Bibelexegese nachvollziehen kann, die in der Predigt entwickelt wird, vielmehr soll es zur eigenständigen Bibellektüre angeregt werden (vgl. Renner 2016b, 20–21). In der Predigt *Über die Göttlichkeit und den Gebrauch der Bibel* von 1768 spricht Herder seine Zuhörer daher zugleich als potenzielle Leser an, um ihnen einige Regeln der angemessenen Bibellektüre zu vermitteln. Dabei geht es Herder erstens um die Frage, *was* zu lesen sei (vgl. FHA 9 / 1, 39). Zweitens und vor allem diskutiert Herder jedoch, *wie* zu lesen sei: Dabei wird eine besondere Form der ungeteilten »Aufmerksamkeit« beschrieben, die zur Bibellektüre erforderlich sei, »um, abgezogen von allen Geschäften der Welt, gesammlet von allen Zerstreuungen, ein Tempel Gottes und heiliger Wahrheit sein [zu] können« (FHA 9 / 1, 41–42). In der Bibellektüre soll also eine rezeptive Haltung eingeübt werden, die auch für das »Predigthören[]« produktiv gemacht werden soll (FHA 9 / 1, 42): In beiden Konstellationen sei eine gesteigerte Eigenaktivität des Publikums die Voraussetzung dafür, dass sich religiöse Bildung als Selbstbildung verwirklichen kann (vgl. SWS 31, 42–43).

III Politik

Welche politische Konsequenzen aus Herders Volksbildungsprojekt folgen, wird vor allem in der Abhandlung *Haben wir noch jetzt ein Publikum und Vaterland der Alten?* von 1765 deutlich, der ersten Rigaer Schrift, die Herder unter eigenem Namen publiziert (vgl. Haym 1877, 109–113; Irmscher 2009, 43–44; FHA 1, 918–919). Diese Abhandlung setzt bei einer Diagnose an, die ganz am Ende der *Philosophieschrift* bereits angedeutet wird: Dort heißt es, dass wir »schon seit undenklicher Zeit das Publikum verloren« hätten, dass dieses in seinem Allgemeinheitsanspruch insbesondere für den Philosophen, der nurmehr den engen Kreis seiner Fachkollegen erreichen könne, regelrecht »ausgestorben« sei (FHA 1, 134). Dies ist die Ausgangsthese auch der *Publikumsabhandlung*, die diesen Befund zunächst mit Blick auf spezifische Felder der Rhetorik ausdifferenziert: Weder die juridische Beredsamkeit, von der in der Antike noch »Leben und Tod« abhingen, noch die politische Rhetorik, die einmal über »Krieg und Frieden« entschied, könnten gegenwärtig noch Öffentlichkeit in einem emphatischen Sinne herstellen: Weder seien (auf deutschem Boden) geeignete Redner in Sicht, noch ein Publikum (FHA 1, 46). Als besonders vielversprechender Kandidat, der die antike Rhetorik beerben könnten, erscheint an dieser Stelle bereits die geistliche Beredsamkeit – hier sind im Ansatz einige Argumente erkennbar, die im *Redner Gottes* und im Fragment *zur ganz andren Beredsamkeit* entfaltet werden (FHA 1, 46; vgl. Hambsch 2007, 92, 101). Viel skeptischer bewertet Herder andere zeitgenössische Formen und Medien der Öffentlichkeitsbildung, Katheder und Theater werden nur *en canaille* traktiert, und die gelehrte Publizistik erscheint als völlig ungeeignet, um das Projekt der *Philosophieschrift* zu realisieren, ein »*Feineres Volk aus Büchern*« zu bilden (FHA 1, 130). Zu rigide seien hier die ständisch und bildungsmäßig codierten Restriktionen, gelehrte Autoren schrieben letztlich nur für sich selbst: »Wer ist euer Publikum?«, fragt Herders Alter Ego, das seinen Blick über eine Reihe »arme weise Folianten« schweifen lässt: »Die stillen, gelehrigen, kunstrichterischen Motten!« (FHA 1, 47; vgl. Irmscher 2009, 57).

Während der erste Teil der Abhandlung wenig später in einem hamannisierenden Duktus abbricht, setzt der zweite Abschnitt mit einer Reformulierung der Frage an: Die entscheidende Referenzgröße ist hier nicht das »Publikum«, sondern das »Vaterland« (vgl. FHA 1, 48). Dabei geht es Herder insbesondere um die Frage, wie eine Beziehung der Loyalität gegenüber Staat und Gemeinwesen nicht nur vernunft-, sondern zugleich auch gefühlsmäßig begründet werden kann und ob eine solche affektive Bindung nicht nur in Republiken antiker Prägung, sondern auch in aufgeklärten Monarchien modernen Typs möglich ist. Beide Unterfragen verweisen wiederum auf Thomas Abbt als Stichwortgeber (vgl. Piirimäe 2015, 656–658), dessen Schrift *Vom Tode fürs Vaterland* im

Haupttext zitiert wird (FHA 1, 50). Schon die *Philosophieschrift* hatte die Frage aufgeworfen, durch welche Bildungsmedien eine patriotische Gemeinschaft formiert werden könne, wie sie Abbt vorschwebt. In der Disposition notiert Herder, dass das Volk sowohl durch gesellschaftlichen »Umgang«, als auch durch »Schriften« zum »Patriotismus« und »zum philosophischen Geist in Handlungen« zu bilden sei (FHA 1, 103). Wenn Herder den Patriotismus als ›heißes‹ Medium der Vergemeinschaftung beschreibt, das die Affekte der Bürger auf besondere Weise mobilisiere (vgl. Piirimäe 2015, 659), dann mag damit indirekt auf die im *Torso* beschriebene Eigenschaft der Abbtschen Schriften verwiesen sein, ähnlich intensive Wirkungen zu produzieren wie die mündliche Rede – entsprechend bringt Herder den Prozess der patriotischen Gemeinschaftsbildung in der gleichen Funken-Metaphorik zum Ausdruck, mit der die Schulrede *Von der Gratie* eine das Publikum aktivierende Vortragsweise beschreibt: »Wenn man Bürger bildet, als Patriot.) – Dies Feuer geht über, pflanzt sich fort etc.«, heißt es in dem wieder fragmentarisch auslaufenden Text: »Handlungen zünden Handlungen an etc.« (FHA 1, 130).

Die Diskussion der motivationalen Grundlagen für eine affektive Bindung an Staat und Gemeinschaft, die in der *Philosophieschrift* nur angedeutet wird, ist in der *Publikumsabhandlung* weitgehend ausgearbeitet. Neben Religiosität, Vaterlandsliebe und Kriegsgeist wird dabei insbesondere das Freiheitsgefühl als mögliches Medium der patriotischen Gemeinschaftsbildung beschrieben (FHA 1, 48–50). Hier argumentiert Herder zunächst grundsätzlich, indem er der »ungezähmte[n]« Freiheit des einzelnen Bürgers in der antiken Polis, die überaus kritisch bewertet, ja als »Frechheit« charakterisiert wird, eine »feinere und mäßigere *Freiheit*« entgegensetzt, wie sie in aufgeklärten Monarchien gegeben sei (FHA 1, 50). Ganz konkret hat Herder dabei jedoch die spezifische Konstellation von Riga im Blick, einer – weitgehend deutsch geprägten – Stadtrepublik unter der Schirmherrschaft der russischen Monarchie (vgl. FHA 9 / 2, 1021). Die besondere Dialektik von Freiheit und Bindung, die sich in dieser Konstellation ergibt, beschreibt Herder in der – oben bereits angeführten – Schlusspassage der Schulrede *Von der Gratie* (FHA 9 / 2, 170). In der *Publikumsabhandlung* wird das Konzept der Freiheit dabei als dasjenige einer »Freiheit des *Gewissens*« jedes einzelnen Bürgers präzisiert, die auch der Souverän, der sie gewährleiste, zu respektieren habe (FHA 1, 50). Hinzu kommt ein weiterer Faktor der politisch-sozialen Kohäsion: Nämlich der Umstand, dass Gemeinschaftsgeist nicht zuletzt durch »*Handel*« und »*Kommerze*« gestiftet werden kann (FHA 9 / 2, 49; vgl. Vivian 2013, 97; vgl. Piirimäe 2015, 658; Renner 2016a, 119), insbesondere in der Handelsstadt Riga (vgl. FHA 1, 54): Am eindrücklichsten wird dieses Argument, das schon in der *Philosophieschrift* anklingt (FHA 1, 130) in der Schulrede *Von der Gratie* ausgestaltet: »Es blühe dies Riga«, heißt es im Schlussaufschwung der Rede, »es blüht sein Flor der Handel, es blühen seine Säulen die Väter, seine Bürger; es blühe der Thron der Kaiserin, in dessen Schatten es ruht« (FHA 9 / 2, 170).

Eine wichtige, bisher eher beiläufig kommentierte Pointe der *Publikumsabhandlung* liegt darin begründet, dass sie, genau wie die Schulrede *Von der Gratie* mit panegyrischem Herrscherlob in Gestalt einer Ode endet. Wie Gaier bemerkt, eignet Herder hier ein ursprünglich auf Friedrich II. und Berlin hin komponiertes lyrisches Stück »inhaltlich überbietend dessen Konkurrentin« Katharina II. und Riga zu (FHA 1, 918, 927). Zugleich ist der performative Gesichtspunkt zu berücksichtigen: Indem Herder seine gelehrte Abhandlung in einer Ode ausklingen lässt, weist er die lyrische Dichtkunst als Medium der patriotischen Gemeinschaftsbildung aus. Das »Vaterland« soll sich durch den »Silberton« der Lyrik konstituieren (FHA 1, 53), der ähnlich intensive, alle Sinne aktivierende Wirkungen erzielen könne, wie einst die antike Rhetorik. Geradezu programmatisch fächert die abschließende Ode daher alle wesentlichen Aspekte der politischen Bildung auf, die zuvor genannt wurden: Von der Invocatio »O Vaterland!« ausgehend setzten die ersten drei Strophen lyrisch in Szene, wie sich Bürger, Krieger und Gelehrter auf je eigene Weise in den Dienst der Nation stellen – bis hin zum Opfertod, der dramatisch geschildert wird (»und sterbend labst Du seine Ohren / schon brechend lallt der Zunge Band: / dir, die du mich geboren, / dir sterb' ich, Vaterland!«, FHA 1, 53). Die vierte Strophe retardiert, resümiert und fügt Religion, Künste und Handel als Sphären der patriotischen Gemeinschaftsbildung hinzu, die fünfte Strophe nimmt die spezifische Rigaer Konstellation in den Blick, mit einem besonderen Fokus auf Schul- und Kirchenwesen. In der sechsten Strophe werden Städte- und Herrscherlob eng miteinander verflochten, bevor die beiden abschließenden Strophen die ideale Synthese von freiem Handelsgeist und monarchischer Ordnung betonen und das Publikum dazu aufrufen, in den Hymnus auf die Gemeinschaft mit einzustimmen, um zugleich Teil dieser Gemeinschaft zu werden: »O kommt, die unsre Freude loben, und schreibt mit patriot'scher Hand / als Krone, mitten oben: *Gott* und dem *Vaterland*!« (FHA 1, 55). Im Akt des kollektiven Gottes- und Vaterlandslobs soll eine patriotische Gemeinschaft, die zunächst auf das unter russischer Schirmherrschaft stehende deutsche Stadtriga konzentriert ist, performativ hervorgebracht werden.

IV Literaturkritik

In der *Publikumsabhandlung* bewertet Herder das in der *Philosophieschrift* formulierte Programm, das Volk nicht nur auf rhetorischem, sondern zugleich auch auf literarisch-kritischem Wege bilden zu wollen – pointiert in der Zielvorstellung eines »*Feinere[n] Volks aus Büchern*« (FHA 1, 130) –, noch überaus skeptisch. Zugespitzt wird dies im oben bereits anzitierten Bibliotheksgespräch eines Gelehrten mit seinen Büchern, die zwar »alle für das Publikum geschrieben, erschwitzt, geschmieret« seien, aber doch nur einen einzigen Leser finden werden, nämlich ihren Autor selbst (FHA 1, 47; vgl. Irmscher 2009, 57). Mit den *Fragmenten Über die neuere deutsche Literatur*, deren *Erste Sammlung* 1766 erscheint, entwickelt Herder einen Neuansatz, nachdem seine Beteiligung an der lokalen Rigaer und livländischen Publizistik, insbesondere an den *Gelehrten Beyträgen* zu den *Rigischen Anzeigen*, nur wenig befriedigende Resultate gebracht hatte (vgl. Suphan 1875, 73; Haym 1877, 103–105). Auch in den *Literaturfragmenten* stellt sich im Anschluss an die *Philosophieschrift* die Frage, wie ein literaturkritisches Organ beschaffen sein müsse, das einerseits auf der Höhe des gelehrten Diskurses argumentiert, andererseits so allgemein und verständlich geschrieben ist, dass es ein größeres Publikum erreicht. Der Vorbehalt gegen die zeitgenössische Literaturkritik wird in der *Einleitung* zur *Ersten Sammlung* der *Literaturfragmente* zunächst kulturkritisch gewendet (vgl. FHA 1, 170). Mit Herders Wendung gegen eine publizistische Kultur des Sekundären, die kaum mehr »Originalwerke« hervorbringe (FHA 1, 169), ist die Kritik an einer defizitären Form der Aufmerksamkeit verbunden, die Leser wie Autoren betrifft: »beide«

gleichermaßen »fliehen aus Eckel über Arbeit oder Muße, über politische Neuigkeiten oder Schriftstellerei, in den Schoß der Kritik, um sich hier durch einen wachenden Schlummer zu zerstreuen« (FHA 1, 169). Diese medienpädagogische Invektive trifft sich mit den einschlägigen Publikumsbeschimpfungen der Rigaer Jahre, wie sie insbesondere im *Redner Gottes* entwickelt werden (FHA 9 / 1, 9).

Wie im *Redner Gottes* und in der Schulrede *Von der Gratie* entwirft Herder auch in den *Literaturfragmenten* ein ideales Selbstbild: Neben den Prediger und den Lehrer tritt der Literaturkritiker als Agent der Volksbildung (vgl. Haym 1877, 94–95). Und wie im homiletischen und pädagogischen Diskurs profiliert Herder sein eigenes »Ideal« dabei in kritischer Abgrenzung vom Bestehenden (FHA 1, 173). Dabei rückt zunächst die *Allgemeine Deutschen Bibliothek* als zeitgenössisches Modell der Literaturkritik in den Blick (vgl. FHA 1, 1022). Herders differenzierte Auseinandersetzung mit dieser von Friedrich Nicolai herausgegebenen Zeitschrift ist besonders aufschlussreich für sein Volksbildungsprojekt, da hier explizit die Frage diskutiert wird, wie gelehrter Experten- und allgemeiner Laiendiskurs angemessen vermittelt werden können. Im Fall von Nicolais Zeitschrift sei dies nicht gelungen, da sie sich, um ihren publizistischen Allgemeinheitsanspruch zu rechtfertigen, neben der Literatur auch den sogenannten höheren Wissenschaften widme, also etwa der Theologie, Jurisprudenz und Medizin, deren Gegenstände aber nur so unterkomplex behandeln könne, dass dies »dem gemeinen Leser zwar bequem«, dem Fachgelehrten jedoch »viel zu entfernt« sein müsse (FHA 1, 173). Auch die *Bibliothek der schönen Wissenschaften* kommt für Herder als Vorbild kaum infrage (FHA 1, 175). Es bleiben einzig und allein die *Briefe, die neueste Literatur betreffend*, als deren Metakritik sich die *Literaturfragmente* bekanntlich schon in der *Vorrede* zu erkennen geben (FHA 1, 163). Bemerkenswert ist dabei, dass Herder seine *Literaturfragmente*, die aus Exzerpten und »Kollektaneen[..]« zu den *Literaturbriefen* hervorgegangen sind (FHA 1, 165), durchaus emphatisch als Werkganzes konzeptualisiert: als ein »Werk, das sich den Plan vorzeichnete zu einem ganzen und vollendeten Gemälde über die Literatur«, heißt es in einer ähnlichen Analogie zur Malerei wie im *Redner Gottes*, »wo kein Zug ohne Bedeutung auf das Ganze wäre, er mag sich im Schatten verbergen, oder ans Licht hervortreten« (FHA 1, 170).

Diesem (werk)ästhetischen Ganzheitsanspruch der *Literaturfragmente* korrespondiert die (wirkungs)politische Agenda, in verschiedene Sprachprovinzen verstreute Autoren und Leser zur nationalen Einheit zu bilden: »Wir arbeiten in Deutschland wie in jener Verwirrung Babels«, klagt Herder über die gegenwärtigen Zustände, »Sekten im Geschmack, Parteien in der Dichtkunst, Schulen in der Weltweisheit streiten gegeneinander: keine Hauptstadt, und kein allgemeines Interesse: kein großer allgemeiner Beförderer und allgemeines gesetzgeberisches Genie« (FHA 1, 171). Das Konzept, das eine Einheit in der Mannigfaltigkeit herzustellen verspricht, ist die »Nation«, die Herder in den *Literaturfragmenten* zuallererst als Gesamtheit all derjenigen versteht, die in der deutschen Sprache schreiben und lesen – dieses Publikum ist, um eine Wendung der zweiten Fassung der *Publikumsabhandlung* von 1795 aufzugreifen, »ideal« in einem doppelten Sinne: Einerseits deshalb, da es als Lesepublikum abwesend ist im Gegensatz zum »realen« Hörerpublikum der Rhetorik (FHA 7, 302; vgl. Irmscher 2009, 67–69). Andererseits deshalb, weil es zu einem homogenen Schreib- und Lesegeschmack erst noch zu bilden ist (vgl. Redekop 2000, 97). Der nationale Richtungsvektor wird dann auch mit Blick auf die historische Fundierung der *Literaturfragmente* betont: Die Geschichte der Literatur von der Antike bis zu den modernen Nationalliteraturen soll dezidiert mit der Wirkungsabsicht geschrieben werden, »die Triebfeder« des deutschen »Nationalstolzes« »rege zu machen« (FHA 1, 170; vgl. FHA 1, 1025–1026). Gerade an der *Einleitung* zur *ersten Sammlung* der *Literaturfragmente* wird also deutlich, wie sich das Projekt der patriotischen Gemeinschaftsbildung, wie es die *Publikumsabhandlung* noch in Auseinandersetzung mit antiken Mustern der Rhetorik entwickelt, in eine Agenda der nationalen Geschmacksbildung transformiert, die sich im Medium der Literatur vollziehen soll.

Über den literaturkritischen Diskurs im engeren Sinne weisen die *Literaturfragmente* jedoch entschieden hinaus, indem sie auf Sprache und Sprachgeschichte als Rhetorik und Literatur verbindendes Medium abstellen und dabei zugleich einen extensiven Literaturbegriff vertreten, mit dem ein »Gebiet« abgesteckt wird, das »sich von *den ersten Buchstabierversuchen*« »bis auf die schönste Blumenlese der Dichtkunst« erstrecken soll (FHA 1, 172). Die sprachgeschichtliche Perspektive, welche die *Literaturfragmente* entwickeln, bearbeitet dabei den Prozess der historischen Ablösung einer ursprünglichen Form der Poesie durch neuere Prosa – diesen Wandlungsprozess hatte ansatzweise bereits die *Philosophieschrift* beschrieben (FHA 1, 133–134). Entscheidend ist dabei die Denkfigur der »Lebensalter einer Sprache« (FHA 1, 181), die Herder im zweiten *Fragment* entwickelt: Mit dieser Trope beschreibt Herder einen historischen Entwicklungsprozess, der von einer ursprünglichen Sprache »der Empfindungen«, die mit »Töne[n] und Geberden« unmittelbar »Auge und Ohr«, »Sinne und Leidenschaften« aktivierte (Kindheit), über eine poetische Sprache, die sich in »Gesängen« artikulierte, die noch »reich an kühnen Bildern« und deren Rhythmus »ungefesselt« war (Jugend), ins Zeitalter der Prosa geführt habe, die den unmittelbaren Affektausdruck durch »Übung und Bemerkung« gebändigt, »den poetischen Rhythmus zum Wohlklange der Prose« herabgestimmt habe (Mannesalter), und als deren letzter Ausläufer sich das »philosophische Zeitalter der Sprache« präsentiert, in dem eine abstrakt-begrifflich gewordene Sprache ihre letzten »Reize« verloren habe (hohes Alter) (FHA 1, 181–184). Das eigene Zeitalter der »schönen Prose« sieht Herder dabei, wie es das vierte *Fragment* formuliert, »in der Mitte schweben« zwischen poetischer und philosophischer Sprache: es könne entweder »von den sinnlichen Sprachen durch Übersetzungen und Nachbilden borgen« oder aber »durch Reflexionen der Weltweisheit das Geborgte haushälterisch anwenden« (FHA 1, 187).

Während sich nur die beiden darauf folgenden *Fragmente* dem zeitgenössischen Projekt der philosophischen Sprachverbesserung widmen, die im Medium der »Reflexion« an einer begrifflich-abstrakten Sprache arbeitet (vgl. FHA 1, 167, 1011), liegt der Schwerpunkt der *ersten Sammlung* auf der poetischen Option der Sprachbildung, die mithilfe von Techniken der »Übersetzung« darauf abstellt, das sinnlich-konkrete Wirkungspotenzial früherer Formen der Poesie zu aktualisieren und für die Gegenwart wiederzugewinnen (vgl. FHA 1, 167–168, 1011–1012). Die *zweite Sammlung* der *Literaturfragmente* wird diese Perspektive mit Blick auf zeitgenössische Übersetzungen aus der hebräischen und griechischen Poesie weiterentwickeln, die *dritte Sammlung* wird die lateinische Prosa und Poesie in den Blick nehmen. Der dritte Teil dieser *dritten Sammlung*, der *Von einigen Nachbildungen der Römer* handelt, ist für Herders Projekt der ästhetisch fundierten Volksbildung besonders aufschlussreich: So findet sich im Abschnitt *Von der Horazischen Ode* das Vorbild für die Ode, mit der Herder seine *Publikumsabhandlung* beschließt, nämlich Friedrich Ramlers *Ode an den Granatapfel* mit kritischen Anmerkungen (FHA 1, 459–469). Dabei ist bemerkenswert, dass Herder den »*feinen Wohlklang dieser Ode*« hervorhebt, insbesondere mit Blick auf den Strophenbau, dessen Zeilen »sich mit einer männlichen Schlußsilbe fast wie ein Pfeil« zuspitzen: »Diese Figur«, führt Herder aus, »deucht dem Auge so schön, als ein solcher Gang des Verses dem Ohre klingt« (FHA 1, 464). Die Auswahl dieser Ode wird also ästhetisch im Wortsinn legitimiert, es wird ihr alle Sinne aktivierendes Potenzial betont, das Herder in der *Publikumsabhandlung* für die patriotische Gemeinschaftsbildung fruchtbar machen will. Von weiteren formalen Beobachtungen zu dieser und anderen Oden Ramlers ausgehend, insbesondere zu Metrum und Rhythmus, und angeregt durch die *Literaturbriefe*, formuliert Herder den Wunsch, »daß endlich ein philosophischer Kopf eine vollständige *Theorie* von der Ode liefere, die unter den schon gelieferten Beiträgen zur angewandten *Aesthetik* uns noch am meisten fehlt« (FHA 1, 470). In seinen weiterführenden Reflexionen über die Ode wird Herder daran anknüpfen und zugleich die historische Perspektive weiterentwickeln (vgl. FHA 1, 471): Die Ode erweist sich dabei als Paradebeispiel, an dem sich das sprachgeschichtliche Theorem von den »Lebensaltern einer Sprache« mit Blick auf eine spezifische literarische Gattung exemplifizieren lässt. Als »erstgeborne[s] Kind der Empfindung« bezeichnet die Ode genau jenen »Ursprung der Dichtkunst« (FHA 1, 78), den es im Medium der Übersetzung für die Gegenwart zurückzugewinnen gilt.

Den Fluchtpunkt der *ersten Sammlung* der *Literaturfragmente* bildet jedoch weniger die poetische Sprache, als vielmehr die Prosasprache, die nach dem Vorbild einiger ausgewählter deutscher Autoren weiter zu bilden und zur »*schöne Prose*« zu kultivieren sei (FHA 1, 184). Das letzte *Fragment* der Sammlung ist gleichsam wie eine Säulenhalle jener neuen deutschen Prosaschriftsteller gestaltet, die Herder in den Rang klassischer Vorbilder erheben will (FHA 1, 241–250, 1012). Unter den »Bildsäulen« (vgl. FHA 1, 364), die hier angeführt werden, findet sich selbstverständlich auch Thomas Abbt, dessen Schreibweise ihn zum deutschen Klassiker, zum »Erbstück unsrer Nation« prädestiniere (FHA 1, 244). Hervorgehoben wird dabei zuallererst seine Fähigkeit, die Philosophie zum Besten des Volks allgemein, nützlich und verständlich zu machen: »die analytische Auflösung der Begriffe«, heißt es zu diesem Punkt, »ist die beste Methode deutscher Philosophie« (FHA 1, 244). Wenn zugleich der »gesunde *Menschen-* und *Bürgerverstand*« hervorgehoben wird (ebd.), den Abbt verkörpern soll, dann erscheint dieser als bestes Exempel einer gelingenden, das Volk bildenden Popularisierung.

Dass dieses Bildungsmodell wiederum ästhetisch fundiert ist, wird deutlich, wenn Herder betont, dass Abbts Schriften das Potenzial haben, wie eine mündliche Rede zu wirken, um alle Sinne des Publikums aktivieren: »Das Feuer der Phantasie, in dem der Verfasser dachte, und schrieb, aber nicht hätte lesen sollen«, beschreibt Herder diese besondere Wirkungsästhetik wiederum in der gleichen Metapher wie schon in der Schulrede *Von der Gratie*: »glüht jeden Leser an, der es versteht, ein Buch in eine Person, und tote Buchstaben in Sprache zu verwandeln; alsdenn hört man, und denkt, und fühlt mit dem Autor« (FHA 1, 244). Die Lektüre von Abbts Schriften imaginiert sich Herder offenkundig als Zurückversetzung in ein früheres Stadium der Sprachgeschichte, in dem die Sprache mit all ihren Reizen, mit »Geberden« und »Ton der Stimme« auf das Publikum wirken konnte (FHA 1, 244). Diese besondere Wirkungsästhetik, die Abbts Schriften entfalten, wird Herder in seinem *Torso von einem Denkmal* weiter entwickeln. Das zweite Stück zum zweiten Teil des *Torso*, der »Über die Prose des guten Verstandes« überschrieben ist (vgl. Haym 1877, 95–96; Redekop 2000, 192–196; vgl. Hambsch 2007, 95–101, 231–232), gestaltet das nach dem Vorbild Abbts modellierte Ideal eines Demopäden, der das Volk auf rhetorischen wie literarischem Wege gleichermaßen bilden könne, weiter aus – und skizziert schließlich das Programm einer neu zu begründenden moralischen Wochenschrift, die den in den *Literaturfragmenten* vorgetragenen Anspruch auf Allgemeinheit und Verständlichkeit für das ganze Volk endlich realisiere: Eine solche Wochenschrift müsste in einer Sprache geschrieben sein, »die weder wißenschaftlich, noch rednerisch, noch kanzelmäßig, noch tändelnd, noch grob, noch witzig, noch dichterisch – sondern für den gesunden Verstand spricht« (SWS 2, 328–329). Damit ist das Stil- und Sprachideal einer die Differenz von Gelehrten und Volk produktiv aufhebenden Wochenschrift bezeichnet, wie es ansatzweise bereits die *Philosophieschrift* skizziert hatte.

V Ästhetik

In der *Philosophieschrift* finden sich nur sehr zarte Ansätze zur Entwicklung einer Ästhetik, und dies auch scheinbar fernab der Ästhetik als philosophischer Disziplin. So notiert sich Herder in der Disposition zur *Philosophieschrift* den »Plan einer Frauenzimmer-Aesthetik«: »man lehre sie schön denken«, heißt es dazu eher kryptisch, »lehre sie das Gefühl der Schönheit«, »bilde sie für die Gesellschaft« (FHA 1, 103; vgl. Nübel 1994, 39). Hier scheint Herder zunächst nur vom zeitgenössischen Topos auszugehen, dass das schöne Geschlecht für ästhetische Bildung besonders empfänglich sei (vgl. FHA 1, 991). Im ausformulierten Text der Preisschrift denkt Herder jedoch durchaus grundsätzlicher über den Status des weiblichen Bildungssubjekts nach (vgl. Nübel 1994, 39). Was heute selbstverständlich erscheinen mag, ist es zu Herders Zeit keinesfalls: »*Frauenzimmer*: ist Volk« lautet der erste Satz des Abschnitts, welcher sich der Bildung eines »Feinere[n] Volk[s] aus Büchern« widmet (FHA 1, 130). Entsprechend begreift Herder es als oberste Philosophenpflicht, auch die Frauen zu bilden. Dabei vollzieht er eine eigentümliche Umwertung der Werte. Denn dass Frauen »keine Mittel; nicht Akademien; nicht Schulen; nicht Umgang; nicht Schriften« hätten, bewertet Herder nicht nur (sozial)kritisch als großes Manko, sondern zugleich (bildungs)revolutionär als Chance. Wo keine Bildungsinstitutionen und -medien sind, können neue geschaffen werden. »Sie können zuerst gebessert werden«, heißt es daher mit Blick auf die Frauen, »als das größte der Schulen« (FHA 1, 131). Den Bildungsreformplan, den Herder als Collaborator an der Rigaer Domschule nur bedingt verwirklichen kann, skizziert er im Hinblick auf die Frauen also in Reinform: »welche Wissenschaften ausgestrichen« lautet die erste Frage, die kurz und knapp beantwortet wird: »lerne nichts *Männliche*, Fremde: Kriege – Politik« (FHA 1, 131). Entsprechend entwickelt Herder am Beispiel der Frauen ansatzweise ein Programm der ästhetischen Bildung, das sich gerade in Abgrenzung von der gelehrten, männlichen Erziehung profiliert: »lerne schön denken«

ist der erste Bildungsauftrag, aus dem der »Plan der Frauenzimmerstudien etc. einer Aesthetik etc.« erwächst (FHA 1, 131). »[L]erne Tugend fühlen«, lautet der zweite Imperativ, »sehr leicht: – Plan zur Moral für sie« Drittens notiert Herder: »lerne *Umgang und Geschmack*«. Diesen dritten Punkt durchdenkt Herder dann schon ansatzweise mit Blick auf die speziellen Verhältnisse in Riga und Livland, wenn er als »Mittel dazu: bessere Hofmeister« notiert, »mehr Umgang zwischen beiden; man muß Frauenzimmern mehr Bücher in die Hände spielen« (FHA 1, 131). Die weibliche Bildung ist gleichsam ein *experimentum crucis* für Herders Projekt der philosophischen Volksbildung: Denn dass Frauen »gelehrt« sind, kann sich Herder zwar nicht vorstellen, aber gerade dies macht sie »dem (wahren) Philosophen am nächsten« (FHA 1, 131).

Einige Spuren dieser Reflexionen über die weibliche Bildung finden sich in Herders homiletischen Entwürfen der Rigaer Jahre. Schon in der *Philosophieschrift* selbst wird die Predigt gerade deshalb als privilegiertes Volksbildungsmedium besprochen, da sie »*Männer* und *Weiber*« gleichermaßen erreiche (FHA 1, 129). Und in seiner *Abschiedspredigt* von Riga betont Herder, dass er mit seinen Predigten »eine große gute Anzahl von Personen beiderlei Geschlechts, Standes und Alters« erreicht habe, wobei das »Alter der Jugend« hervorgehoben wird (FHA 9 / 1, 61). Konzeptuell besteht für Herder dabei eine Nähe zwischen jugendlichem und weiblichem Adressatenkreis: Beide gleichermaßen werden als besonders empfänglich für die sinnlichen, auf das Sprachalter der Jugend zurückweisenden Qualität und Potenziale des gesprochenen Wort gedacht. Jenseits dieser alters- und geschlechtsmäßigen Codierung gilt es festzuhalten, dass Herder schon mit seinen Predigten und predigtbezogenen Abhandlungen der Rigaer Jahre eine Ästhetik unterhalb der Schwelle ihrer philosophischen Formalisierung entwickelt. So steckt insbesondere im *Redner Gottes* bereits eine Werk- und Wirkungsästhetik *in nuce*: Es gilt sich zu vergegenwärtigen, dass Herder die ethische Bildung des Publikums hier explizit als ästhetische Erfahrung beschreibt. Dabei rücken schon im *Redner Gottes* genau jene Sinne und die ihnen zugeordneten Kunstgattungen in den Blick, denen sich dann auch die Ästhetik als philosophische Disziplin widmen wird: Die taktilen Eindrücke des Gefühls, die erkenntnisfähig sein sollen, und in Analogie zur Bildhauerkunst gerückt werden, das visuelle Feld von Auge, Blick und Bild, das oben bereits expliziert wurde, insbesondere mit Blick auf die Malerei, und schließlich das akustische Feld von Ohr, Ton und Stimme (FHA 9 / 1, 13–15), vor allem in Bezug auf Beredsamkeit, Dichtkunst und Musik.

Herders Ästhetik der Rigaer Jahre, wie sie insbesondere im *Vierten Kritischen Wäldchen* entwickelt wird, weist also auf eine Vorgeschichte der praktischen Bildungsarbeit eines Lehrers, Predigers und Literaturkritikers zurück (vgl. Renner 2015, 217–218). Vor diesem Hintergrund wird die Polemik verständlich, mit der sich Herder gegen den gelehrten Lehrbetrieb der Ästhetik wendet: »Du lerntest alles aus Büchern, wohl gar aus Wörterbüchern«, hebt Herder im *Vierten Kritischen Wäldchen* zu einer Suada an, die sich auch in der Schulrede *Von der Gratie* oder im *Redner Gottes* finden könnte, »schlafender Jüngling, sind die Worte, die du da liesest und Litterarisch verstehen lerntest, die lebenden Sachen, die du sehen solltest?« (FHA 2, 304). In polemischer Abgrenzung insbesondere von Friedrich Just(us) Riedels *Theorie der schönen Künste*, die als ebenso natur- wie kunstferne Kompilation gelehrten Bücherwissens zurückgewiesen wird (vgl. Adler 2016, 459–460), will Herder seine eigene ästhetische Theorie aus der Praxis entwickeln, genau der Linie der *Philosophieschrift* folgend. Die Theoriebildung ist hier aufs engste verknüpft mit einer ästhetischen Bildungspraxis, die auf die Aktivierung aller Sinne des Publikums abstellt, von taktiler, visueller und akustischer Wahrnehmung gleichermaßen, wobei innerhalb der »Sinneshierarchie« der aufklärerische Primat des Gesichtssinns durch die Aufwertung von Gefühl und Gehör wenn nicht gebrochen (Zeuch 2000, 125–133), so doch wenigstens relativiert wird. Besonders sinnfällig ist dies am Beispiel der Ästhetik des Gehörs, die Herder im *Vierten Kritischen Wäldchen* skizziert (vgl. weiterführend Solanki 2016a, 85–86; Solanki 2016b; Couturier-Heinrich 2016, 79–80): So lässt sich das dort entwickelte Modell der akustischen Sympathie (vgl. Couturier-Heinrich i. E.), das beschreibt, wie jemand, der eine Rede, ein Gedicht oder ein Lied hört, »wie eine gleichgestimmte Saite, innig erkennen, und sympathetisch wiederholen, und auf ewig in sich einbeben, ein mit jedem Moment eines Tons ein fühlbares Geschöpf werden« kann (FHA 2, 354). Genau diese Ton- und Saitenspielmetaphorik (vgl. Couturier-Heinrich 2016, 82) begegnet sowohl in der predigtbezogenen Abhandlung *Der Redner Gottes* (FHA 9 / 1, 13), als auch in der Schulrede *Von der Gratie* (FHA 9 / 2, 178), um einen Prozess der ästhetischen Bildung zu beschreiben.

VI Poetik

Die blickleitende Frage der *Publikumsabhandlung*, welche Sprache gefunden, welcher Stil entwickelt, welcher Ton getroffen werden müsse, um das Volk nicht nur begrifflich-abstrakt, sondern zugleich auch sinnlich-konkret anzusprechen und zur Gemeinschaft zu bilden, ist bereits in der *Philosophieschrift* vorgezeichnet. So widmet sich der fünfte Abschnitt der Frage, wie ein zeitgenössischer Philosoph reden und schreiben müsse, um für das Publikum verständlich zu sein und dessen »Geschmack« bilden zu können (FHA 1, 133). Der Geschmack erweist sich als zentrales Konzept, das die Funktion erfüllt, zwischen ›unteren‹ Seelenkräften (insbesondere Gefühl, Gehör und Gesicht) und ›oberen‹ Erkenntnisformen (Verstand und Vernunft) zu vermitteln. Wie die etwas später entstandene gelehrte Abhandlung *Von der Verschiedenheit des Geschmacks und der Denkart unter den Menschen* geht auch die *Philosophieschrift* von der Erkenntnis aus, dass es »keine«, etwa metaphysisch begründete »Basis des Geschmacks« gebe, sondern dass dieser sich »mit dem Klima, mit den Erdstrichen, und den Ländern« wandele, und daher nur historisch und kulturell differenzierend zu erschließen sei (FHA 1, 149). Die allgemeine und vergleichende Kulturgeschichte des Geschmacks, die Herder in seiner *Philosophieschrift* bereits ansatzweise entwickelt, ist eine Geschichte der fortschreitenden Ausdifferenzierung: Was ursprünglich eins war, sei erst im Lauf der Geschichte auseinander getreten. So argumentiert Herder, dass »in der ältesten Zeit der griechischen und römischen Republik«, »die Sprache des Schriftstellers und des gemeinen Volks einerlei« gewesen seien (FHA 1, 133). Nicht nur die philosophische Prosa sei damals dem allgemeinen Volk verständlich gewesen, sondern gerade auch die Poesie – die »Poesie ist im gemeinen Leben, älter als Prose«, deutet Herder hier die später in den *Literaturfragmenten* entfaltete Denkfigur der Lebensalter einer Sprache bereits an (FHA 1, 133). »Daher kam es auch«, beschreibt er den ursprünglichen Zustand der Einheit von poetischer und Volkssprache weiter, »daß die ersten Schriftsteller, Poeten, die ersten nómoi, Lieder, und die älteste Religionen, Mythologien sind, die alle die Sprache des sinnlichen Volks reden; eine für uns so unbegreifliche Sprache, als es unserm Auge dunkel sein würde, ihre Bilderschrift zu verstehen, oder unserm Ohr, ihre Musik zu erdulden« (FHA 1, 133).

Die Unverständlichkeit dieser ursprünglichen Form der Poesie für den modernen Leser bildet den Ausgangspunkt für Herders *Dithyrambische Rhapsodie über die Rhapsodie in kabbalistischer Prose*, seine kritische Auseinandersetzung mit Hamanns *Aesthetica in nuce* (vgl. FHA 1, 877–883; vgl. differenzierend Graubner 2016), die ebenfalls 1765 entsteht, wahrscheinlich etwas später als die *Philosophieschrift*. Wenn »die Poesie die Muttersprache« des menschlichen Geschlechts sei, so zitiert und collagiert Herder Hamann in dessen Cento-Stil, dann habe das »*bürgerliche*[] Volk [...] seine Muttersprache verlernt« (FHA 1, 31). Wie kann diese Differenz zwischen poetischer und Volkssprache aufgehoben werden? Für eine neue deutsche lyrische Dichtkunst, die sich an antiken Vorbildern orientiere, sieht Herder zu diesem frühen Zeitpunkt kaum eine Chance: »warum wollen wir poetische zerstückte Glieder zum Körper bauen«, fragt Herder rhetorisch, um demgegenüber einen alternativen, mehr Erfolg versprechenden Modus der Aneignung zu skizzieren: »lasset sie uns sammlen als Gelehrte, und als Philosophen auslegen, um eine Geschichte zu schreiben: wie aus der Poesie Prose, aus Malerei Schrift, aus Gesang Deklamation aus dem Tanz ein Schrittmaß geworden ist« (FHA 1, 33). Die Lösung, die Herder zu diesem frühen Zeitpunkt präferiert, ist also offenbar die gelehrt-philologische Beschäftigung mit den Quellen alter Poesie, die deren historischen Wandel rekonstruiert und zugleich in eine übergreifende Kulturgeschichte einbettet.

Diese Perspektive der Historisierung wird Herder in seinen *Fragmenten einer Abhandlung über die Ode* (vgl. FHA 1, 928–931), ebenfalls 1765, entfalten und dabei insbesondere das Konzept einer »Sprache des sinnlichen Volks« präzisieren, wie es schon die *Philosophieschrift* entwirft (FHA 1, 133). So liegt ein besonderes Augenmerk der *Odenfragmente* auf der Frage, wie sich das Verhältnis von sinnlicher Wahrnehmung, Affekt und Ausdruck im Lauf der Geschichte wandelt. Die Ode wird dabei, in der gleichen Metaphorik wie in der früheren *Geschmacksabhandlung*, als »Proteus unter den Nationen« beschrieben, der seine Gestalt je nach Zeit, Raum und »Klima« stets gewandelt habe (FHA 1, 79). Das historische Grundnarrativ, das Herder auch in seinen späteren poetologischen Reflexionen aufgreift und variiert, entwickelt dabei einen *tour de force* von den »hitzig«-kühnen Psalmen der Hebräer über die »rasend«-bacchischen Dithyramben der Griechen bis zur »kälter«-moderierten Odendichtung der Römer (FHA 1, 79–82). Die modernen Nationalpoesien behandelt Herder dagegen nur beiläufig (FHA 1, 82–83), um die deutsche lyrische Dichtkunst der Gegenwart als rein defizitäre Schwundstufe alles Vorherigen zu präsentieren: »Die Deutschen behaupten am wenigsten ihren Charakter«, pointiert Herder diese kritische Diagnose, »das Volk, aus dem Herkules den hyperboreischen Baum, Rom seinen spätesten Lorbeer holte: bemühte sich bald nach der Zeder Libanons, dem Weinstock Griechenlands, dem Lorbeer Roms: statt die Holzäpfel seiner heiligen Wälder zu genießen« (FHA 1, 83).

Im weiteren Umfeld von Herders Odenreflexionen der Rigaer Jahre werden jedoch schon zwei mögliche Perspektiven skizziert, wie das deutsche Volk auch auf dem Feld der Dichtkunst zu sich selbst finden könne. Die eine Fluchtlinie skizziert das etwa zeitgleich entstandene *Fragment über die Ode* (vgl. FHA 1, 966; vgl. Renner 2016d,

312–314). Hier wird die vermeintliche Schwäche der Deutschen, nämlich gleichsam ein Volk ohne Eigenschaften zu sein, zum Alleinstellungsmerkmal umgewertet, das zwar nicht für die eigenständige Praxis, wohl aber für die reflexiv-vergleichende Kritik der Dichtkunst prädestiniere: »Wer kein Poet sein kann«, bestimmt Herder hier auch seine eigene Sprecherposition, »ein männlicher Philosoph mit einer kalten Leidenschaft, ohne Vaterland, und Autorruhm, ohne System und Dichterhitze durchreise die Gegenden der Poesie, und ihre Alter« (FHA 1, 97). Seine Aufgabe als Kritiker wird wie folgt definiert: »er wäge die Dichter, doch nach ihrem Geist und nicht nach ihren Werken: er versuche einen Calcul ihrer *Genies*; wie viel sie geleistet haben, und wie viel sie andern nachließen« (FHA 1, 97). An genau diese Funktionsbestimmung des »Kunstrichters« als wägende, kritisierende und historisch-kulturell vergleichende Instanz, die auf dem literarischen Feld zwischen den Ansprüchen der »*Leser*«, der »*Schriftsteller*« und dem »Reich der Literatur überhaupt« vermitteln könne, um gerade dadurch das Publikum zu bilden, wird Herder im *Vorläufigen Discours* zur *Zweiten Sammlung* von *Literaturfragmenten* von 1767 anknüpfen (FHA 1, 265–266) – zu diesem späteren Zeitpunkt schon mit der entschiedenen Hoffnung, dass die Literaturkritik einer neu zu begründenden deutschen Dichtkunst, insbesondere der Lyrik, den Boden bereiten könne.

Der zweite Ausweg wird in der »[Disposition zu einer Geschichte des Liedes]« deutlich, die Herder ebenfalls im Umfeld der Odenreflexionen erstellt: Auch hier geht er von Hamanns Erkenntnis aus, dass die Poesie die »Muttersprache« des menschlichen Geschlechts sei (FHA 1, 61, 933; vgl. Renner 2016d, 303–304). Die konkrete Gattungsgeschichte der Ode wird in dieser Disposition jedoch noch konsequenter in eine allgemeine und vergleichende Kultur- und Mediengeschichte des Lieds eingebettet, die entlang der Achse »Gemälde der Einbildungskraft zum Singen« versus »zum Lesen« verläuft (FHA 1, 61–62). Indem Herder die Sangbarkeit zum entscheidenden Definiens der lyrischen Dichtkunst erklärt, rücken Artefakte und kulturelle Ursprünge jenseits der klassisch-antiken Odendichtung in den Blick (vgl. Krummacher 2013, 164–179), insbesondere die Lieder der nordischen Völker, etwa der »Skaldrer«, auf die bereits in der frühen »[Disposition zu einer Geschichte des Liedes]« verwiesen wird (FHA 1, 63). Damit ist bereits der Übergang zum Volksliedprojekt markiert, dessen Genese sich noch bis auf die Rigaer Jahre zurückverfolgen lässt. »*Angränzende Völker*« notiert Herder schon in seiner Disposition zum Lied: »*Russen*: *Letten*: *Liven*: *Polen*« (FHA 1, 63). Der »*Praktische[]* Teil« bricht jedoch schon vor der Ausführung ab (ebd.; vgl. Renner 2016d, 309).

An genau dieser Bruchstelle setzt das Sammlungs- und Editionsprojekt der *Alten Volkslieder* ab dem Jahr 1772 an. Wie Gaier bereits angedeutet hat (vgl. FHA 3, 865–878), entfalten diese das Bedeutungspotenzial des Volkskonzepts, das *in nuce* bereits in der *Philosophieschrift* angelegt ist, in siebenfacher Hinsicht (vgl. Renner, Wagner 2016, 15–21): Erstens national(poetisch) insofern, als es sich, wie die Vorrede zum *Ersten Buch* betont, bei den Liedern zunächst dezidiert um deutsche »*Volks-Vaterlands-Lieder für uns*« handeln soll (FHA 3, 15), welche die regionalen Differenzen insbesondere zwischen sächsischem, schwäbischem und Schweizer Sprach- und Poesiestil zwar darstellen, aber zugunsten einer einheitlichen nationalen Perspektive zurückstellen (FHA 3, 17). Die *Alten Volkslieder* sollen also zur Bildung einer deutschen Nation beitragen. Zweitens soziologisch insofern, als Herder mit den *Alten Volksliedern* auf die Aufhebung der schon in der *Philosophieschrift* kritisierten Differenz zwischen Volk und gelehrtem Stand abzielt; so sollen die gesammelten Lieder nicht etwa nur »im *Spiegel der Glossatoren, Altertumsforscher und Paraphrasten*« lesbar und verständlich sein, sondern »*für unsre Zeit*« und das ganze Volk (FHA 3, 16, vgl. 20). Drittens ästhetisch dadurch, dass alle Sinne des Volks gleichermaßen aktiviert werden sollen, Gefühl, Gesicht und Gehör: Die *Alten Volkslieder* sind dezidiert nicht für gelehrte Leser, sondern für solche Leser bestimmt, die »sinnlich exsistieren, nur *mit den Augen sehen* und *mit dem Herzen verstehen*« wollen (FHA 3, 16).

Viertens anthropologisch, da mit den Volksliedern frühere Stadien der menschlichen Entwicklungsgeschichte reaktualisiert, eine »*Seele des Volks*« angesprochen und freigelegt werden soll, die »nur siehet und hört, nicht denkt und grübelt« (FHA 3, 24). Fünftens ethisch dadurch, dass durch die besondere sinnliche Aktivierung dem Publikum zugleich auch ethische Grundsätze und Handlungsmaximen, »die *Einzige Moral*« vermittelt werden soll (FHA 3, 24). Hier knüpfen die Volkslieder an das ethisch-ästhetische Bildungsprogramm der Predigten und Schulreden an. Sechstens ethnographisch, da, wie die Vorrede zum *Vierten Buch* argumentiert, die Volkslieder gleichsam ein Archiv der »*Sprache, Sitten, Denkart*« und »*Gebräuche*« fremder Völker bilden sollen (FHA 3, 62). Siebtens politisch dadurch, dass die Lieder koloniale Denkmuster infrage stellen sollen, die allein danach fragen, wie fremde Völker »besser unterjocht, genutzt, gequält, gehandhabet und verdorben werden können« (FHA 3, 59). Kurzum: Mit den Volksliedern skizziert Herder sein wohl universellstes Volksbildungsprogramm (national, sozial, ästhetisch, anthropologisch, ethisch, ethnographisch, politisch) im Anschluss an die *Philosophieschrift*. Erst mit dem Volksliedprojekt vollendet sich seine in Riga begonnene »Kopernikanische« Wende (FHA 1, 134) zum Menschen als Ausgangs- und Fluchtpunkt jeder Erkenntnis.

Literatur

Arnold, Günter: *Johann Gottfried Herder*. Leipzig: Bibliographisches Institut, 1988.

Arnold, Günter: Riga, Livland und Rußland im Schaffen Herders, in: Claus Altmayer, Armands Gūtmanis (Hg.): *Johann Gottfried Herder und die deutschsprachige Literatur seiner Zeit in der baltischen Region*. Riga: Latvijas Akadēmiskā bibliotēka, 1997: 20–36.

Adler, Hans: *Kritische Wälder I–IV*, in: Stefan Greif, Marion Heinz, Heinrich Clairmont (Hg.): *Herder Handbuch*. Paderborn: Fink, 2016: 433–469.

Bollacher, Martin: Das Konzept einer »menschlichen Philosophie« in Herders Frühwerk, in: Altmayer, Gūtmanis 1997: 80–93.

Buntfuß, Markus: *Die Erscheinungsform des Christentums. Zur ästhetischen Neugestaltung der Religionstheologie bei Herder, Wackenroder und De Wette*. Berlin: de Gruyter, 2004.

Couturier-Heinrich, Clémence: »Der Innigste, der Tiefste der Sinne« – Das Gehör in Herders *Viertem Kritischen Wäldchen*, in: Beate Allert (Hg.): *J. G. Herder: From Cognition to Cultural Science / Von der Erkenntnis zur Kulturwissenschaft. Contributions Based on the 2014 Conference of the International Herder Society at Purdue University, West Lafayette, Indiana*. Heidelberg: Synchron, 2016: 79–94.

Couturier-Heinrich, Clémence: Mensch, Tier und Welt als »Saitenspiel«. Das akustische Phänomen der Sympathie in drei Schriften des jungen Herder [i. E.].

Graubner, Hans: Dithyrambische Rhapsodie über die Rhapsodie kabbalistischer Prose, in: Greif, Heinz, Clairmont 2016: 395–422.

Hambsch, Björn: »... *ganz andre Beredsamkeit«. Transformationen antiker und moderner Rhetorik bei Johann Gottfried Herder*. Tübingen: Niemeyer 2007.
Hambsch, Björn: Lebensweltliche Rhetorik bei Herder. Umrisse und Ansichten, in: Ralf Simon (Hg.): *Herders Rhetoriken im Kontext des 18. Jahrhunderts*. Heidelberg: Synchron, 2014: 33–48.
Haym, Rudolf: *Herder nach seinem Leben und seinen Werken dargestellt*. Bd. 1/1. Berlin: Gaertner, 1877.
Heinz, Marion: Philosophie zum Besten des Volks, in: Greif, Heinz, Clairmont 2016: 58–71.
Heinz, Marion: Anthropology and the Critique of Metaphysics in the Early Herder, in: Anik Waldow, Nigel DeSouza (Hg.): *Herder. Philosophy and Anthropology*. Oxford: Oxford Univ. Press, 2017: 30–51.
Irmscher, Hans Dietrich: Herder über das Verhältnis des Autors zum Publikum in der modernen Welt, in: Ders.: *»Weitstrahlsinniges« Denken. Studien zu Johann Gottfried Herder*. Hrsg. v. Marion Heinz, Violetta Stolz. Würzburg: Königshausen & Neumann, 2009: 43–71.
Krummacher, Hans-Henrik: *Lyra. Studien zur Theorie und Geschichte der Lyrik vom 16. bis zum 19. Jahrhundert*. Berlin: De Gruyter, 2013.
Nübel, Birgit: Krähende Hühner und gelehrte Weiber. Aspekte des Frauenbildes bei Johann Gottfried Herder, in: *Herder Jahrbuch / Herder Yearbook* (1994): 29–54.
Piirimäe, Eva: Philosophy, Sociability and Modern Patriotism: Young Herder between Rousseau and Abbt, in: *History of European Ideas* 41,5 (2015): 640–661.
Redekop, Benjamin W.: *Enlightenment and Community. Lessing, Abbt, Herder, and the Quest for a German Public*. Montreal u. a.: McGill-Queen's Univ. Press, 2000.
Renner, Kaspar: Herder und der geistliche Stand. Neue Perspektiven für die germanistische Forschung, in: *Deutsche Vierteljahrsschrift für Literaturwissenschaft und Geistesgeschichte* 89,2 (2015): 198–234.
Renner, Kaspar: Herder in Riga. 1764–1769. Quellen zur Wirkungsgeschichte, in: *Zeitschrift für Germanistik*, N. F. 26,1 (2016): 118–133 [Renner 2016a].
Renner, Kaspar: Herder als Prediger in Riga. Hauptteil: Die Rigaer Predigten (1765 bis 1769), in: Raivis Bičevskis (Hg.): *Vienotība un atšķirība: Johana Gotfrīda Herdera filozofija*, Riga: LU Filozofijas un socioloģijas institūts, 2016: 105–140; deutscher Text 10. April 2018 <https://www.uni-potsdam.de/fileadmin01/projects/kulturen-der-aufklaerung/docs/Kaspar_Renner_-_Herder_als_Prediger_in_Riga_-_Rigaer_Predigten_-_12-23-2016_.pdf> [Renner 2016b].
Renner, Kaspar: Herder als Prediger in Riga. Exkurs: Der Redner Gottes (1765), in: Raivis Bičevskis (Hg.): *Vienotība un atšķirība: Johana Gotfrīda Herdera filozofija*, Riga: LU Filozofijas un socioloģijas institūts, 2016: 141–159; deutscher Text 10. April 2018 <https://www.uni-potsdam.de/fileadmin01/projects/kulturen-der-aufklaerung/docs/Kaspar_Renner_-_Herder_als_Prediger_in_Riga_-_Der_Redner_Gottes_-_12-23-2016.pdf> [Renner 2016c].
Renner, Kaspar: »Der Zauberspiegel des Aesthetikers« – Herders Odenfragmente zwischen Kognition und Kulturwissenschaft, in: Beate Allert (Hg.): *J. G. Herder: From Cognition to Cultural Science / Von der Erkenntnis zur Kulturwissenschaft. Contributions Based on the 2014 Conference of the International Herder Society at Purdue University, West Lafayette, Indiana*. Heidelberg: Synchron, 2016: 293–315 [Renner 2016d].
Renner, Kaspar, Ulrike Wagner: Herder und die Philologie. Fünf Thesen zu einer produktiven Beziehung. Am Beispiel des Volksliedprojekts, in: *Herder Jahrbuch / Herder Yearbook* 13 (2016): 13–41.

Solanki, Tanvi: Rhythmus gegen den Fluss: Herder, die Oralität der Griechen und das »Meer der Gelehrsamkeit«, in: Thomas Bremer (Hg.): *Materialitätsdiskurse der Aufklärung*. Halle / S.: Universitätsverlag Halle-Wittenberg, 2016: 81–92 [Solanki 2016a].

Solanki, Tanvi: Abstract. Reading as Listening: The Birth of Cultural Acoustics 1764–1803. Diss. Princeton Univ. 2016 [Solanki 2016b].

Suphan, Bernhard: Die Rigischen »Gelehrten Beiträge« und Herders Anteil an denselben, in: *Zeitschrift für deutsche Philologie* 6 (1875): 45–83.

Taterka, Thomas: Das Volk und die Völker. Grundzüge deutscher Volksaufklärung unter Letten und Esten in den russischen Ostseeprovinzen Livland, Kurland und Estland (1760–1840), in: Reinhart Siegert, Peter Hoare, Peter Vodosek (Hg.): *Volksbildung durch Lesestoffe im 18. und 19. Jahrhundert: Voraussetzungen, Medien, Topographien*. Bremen: Edition lumière, 2012: 323–358.

Vivian, John: Herders »weltmännische Bildung« in Riga 1764–1769, in: *Triangulum* 19 (2013): 87–113.

Wisbert, Rainer: *Das Bildungsdenken des jungen Herder. Interpretation der Schrift »Journal meiner Reise im Jahr 1769«*. Frankfurt a. M. u. a.: Lang, 1987.

Wisbert, Rainer: Pädagogik, in: Greif, Heinz, Clairmont 2016: 595–622.

Zammito, John H.: *Kant, Herder, and the Birth of Anthropology*, Chicago, London: Univ. of Chicago Press, 2002.

Zeuch, Ulrike: *Umkehr der Sinneshierarchie. Herder und die Aufwertung des Tastsinns seit der frühen Neuzeit*. Tübingen: Niemeyer, 2000.

Zippert: Thomas: *Bildung durch Offenbarung. Das Offenbarungsverständnis des jungen Herder als Grundmotiv seines theologisch-philosophisch-literarischen Lebenswerks*. Marburg: Elwert, 1994.

Niels Wildschut (Vienna)

Proteus and the Pyrrhonists: Historical Change and Continuity in Herder's Early Philosophy of History[1]

In seinen frühen Arbeiten setzt Herder regelmäßig die Proteusfigur ein, um die geschichtlichen Verwandlungen des Menschen und der Produkte des menschlichen Geistes zu schildern. Die Figur scheint zunächst in eine skeptische oder auch relativistische Richtung zu weisen (und wurde in Interpretationen von Herders Frühwerk oft so gedeutet). Eine textnahe Lektüre der Herderschen Verwendung der Figur und eine Analyse seiner Anknüpfungen an die Rezeptionsgeschichte des Proteus-Mythos ergeben aber ein anderes Bild. Sich auf Nebenbedeutungen der Proteusfigur wie die ›Urmaterie‹ und die ›Divination‹ stützend, verweist Herder gerade mit dieser Figur auf die Einheit in der Vielheit. In dieser Arbeit werden, nach einer kurzen historischen Darstellung der verschiedenen Deutungen der Proteusfigur, drei Methoden identifiziert und analysiert, die Herder anwendet, um anhand von Proteus die Einheit in der Vielheit einsichtig zu machen. Erstens geht es um den Versuch, anhand von Analogien die Verbindung aller historischen Gestalten der Menschheit aufzudecken. Zweitens wird erklärt, wie Herder durch die genetische Erklärung der Ursachen der historischen Verwandlung von menschlichen Sprachen und Kulturformen sich ihrer gegenwärtigen Form verstehend annähert. Drittens spielt Proteus eine wichtige Rolle in Herders Verständnis der Endlichkeit und Plastizität der menschlichen Natur sowie ihrer providentiellen Bildung durch die ganze Weltgeschichte hindurch. Gemeinsam ist den drei Strategien, dass Herder stets eine doppelte Polemik, sowohl gegen den Pyrrhonismus als auch gegen den Ethnozentrismus, führt. Die Hauptthese dieser Arbeit lautet, dass Proteus für Herder eine geeignete Denkfigur darstellt, um die Fehler beider Positionen zu vermeiden. Dabei ist es wichtig festzuhalten, dass nicht nur die Einheit und die Vielheit, sondern auch die anthropologischen und theologischen Aspekte von Herders Frühwerk auf diese Weise zusammengedacht werden können.

I call upon Proteus,
key-holding master of the sea,
first-born, who showed
the beginnings of all nature,
changing matter
into a great variety of forms.
Honored by all, he is wise,
and he knows what is now,
what was before,
and what will be in the future.
He has all at his disposal,
transformed far beyond
all other immortals
who dwell on snowy Olympos
and fly through the air
and over land and sea,
for Physis was the first to place
everything in Proteus.
Orphic Hymns, 0–400 AD
(Athanassakis, Wolkow 2013, 23)

1 This work was supported by the European Research Council (Project: The Emergence of Relativism, Grant No: 339382). Many thanks to Martin Kusch, Katherina Kinzel, and Johannes Steizinger for their insightful feedback on an earlier version of this paper. For their help with language editing and formatting, I am grateful to Lieke Berkhuizen.

> The highest spiritual beings were, from the very moment of creation, or soon thereafter, fixed in the mode of being which would be theirs through measureless eternities. But upon man, at the moment of his creation, God bestowed seeds pregnant with all possibilities, the germs of every form of life. Whichever of these a man shall cultivate, the same will mature and bear fruit in him [...] Who then will not look with awe upon this our chameleon, or who, at least, will look with greater admiration on any other being? This creature, man, whom Asclepius the Athenian, by reason of this very mutability, this nature capable of transforming itself, quite rightly said was symbolized in the mysteries by the figure of Proteus.
> Pico, *Oration on the Dignity of Man* (1487) (Pico 1956, 8–9)

Proteus was a Homerian god of the sea who could prophecy about past and future to those who caught him, but who changed shape in order to escape from his pursuers. The idea of Protean shape-changing pulls strongly in two opposite directions: on the one hand, it can be used to read Johann Gottfried Herder's early texts as a prototype of post-modern analyses that "question the very category of the 'subject' as the locus of representation" due to the inescapability of change and *difference* (Leventhal 1994, 165). On the other hand, the myth of Proteus presents a god whose identity is preserved despite the constant change of shape—the identity of a god who could be forced to use his power of prophecy.

In this paper, I aim to show that Herder's repeated invocations of Proteus in his early works (1765–1774) did not merely point in the first direction, but very much relied on a web of positive connotations drawn from Proteus' illustrious nature. Undeniably, 'Protean change' fits well into the arsenal of concepts describing the ontological and/or anthropological state of Heraclitean flux, difference and historicity employed by philosophers like Foucault and Derrida. In scholarship on Johann Gottfried Herder's historical thought, his references to the mythical figure of Proteus have mainly been interpreted as referring to this, or more specifically to the advent of historicism and the announcement of the problem of relativism.[2] My aim is to provide a more balanced understanding of the function of Proteus in Herder's early philosophy of history in the following way. First, I provide the relevant historical context necessary to assess the significance and the different connotations of the myth. Second, and in order to distinguish the different shapes that Proteus takes on in Herder's works, I trace Herder's use of the metaphor of Proteus through his early writings. In my analysis, I identify three different manners in which Herder uses the positive identity underlying Proteus' changes in order to reconcile the One and the Many, and I connect them to different aspects of the historical tradition of adaptations of the Proteus myth.

The problem of this paper can be set out along the lines of *two topoi* of Herder's early philosophy of history: on the one hand the doubting philosophers known as *Pyrrhonists*, and on the other the mythological figure of Proteus. According to Herd-

2 I will discuss some of these accounts in more detail below. Herder's references to Proteus are mentioned (but seldom discussed in any detail) here: Gjesdal 2017, 51–52; Noyes 2015, 32, 56; Sikka 2011, 38, 250; Beiser 2011, 106–107; Irmscher 2009, 23–24; Herz 1996, 227; Leventhal 1994, 167; Norton 1991, 72, 80; Morton 1989, 41; Heizmann 1981, 42; Meinecke 1946, 395.

er, the Pyrrhonists take plain historical phenomena to absurd conclusions that bring complete disillusionment regarding truth, beauty, and the good. Proteus, by contrast, exemplifies Herder's own *non-skeptical* manner of accommodating the mentioned historical phenomena: Proteus represents both the radical change and the absolute unity of humanity. My main theses will thus be that there is an identity underlying Proteus' very different shapes and that it is because of his trust in this identity that Herder sees no merit in philosophical skepticism.

The structure of this paper is as follows. First, I will introduce the tension that arises from Herder's various criticisms of misguided universalisms on the one hand, and his anti-skepticism on the other. I will show that for Herder, skepticism is a principally flawed mode of philosophizing that diverts the necessary analysis of our natural (and historical) certainties into a fruitless search for metaphysical demonstrations of particular doctrines. Second, a brief history of the antique and early modern uses of the Proteus figure will show that the proverb of Protean mutability traditionally had both very pejorative and pristine connotations, drawn from, for example, various myths and from alchemy. In the third section, I will examine Herder's use of the metaphor of Proteus from his 1764 *Essay on a History of Lyrical Poetry* up till his 1774 treatise *This Too a Philosophy of History for the Formation of Humanity*. My analysis in this section is divided into three subsections that each single out a distinctive strategy for reconciling unity and diversity in Herder's texts. This examination is meant to facilitate a discussion of those passages in Herder's early works where he brings out the tension between the universal and the particular most forcefully and seeks to preclude its skeptical implications.

I The Problem: Situatedness and Anti-skepticism

Observations concerning historical diversity were already gathered by Herder in the 1766 fragment *On the Change of Taste*. Traditionally, it was the Pyrrhonists who relied on these observations to raise philosophical problems, paradigmatically concerning the general possibility of truth and morality. In his text, Herder mentioned them by name: "Among the ancients, the Pyrrhonists and the Academic sect" and "[a]mong the moderns, La Mothe le Vayer, Montaigne, and Hume" (Herder 2002, 248; FHA 1, 151[3]). The argumentative "modes" of Pyrrhonism, aimed at inducing "suspension of judgment", included for example "one based on the differences among human beings"; "based on the differences in constitution of the sense organs"; "on the circumstances"; "on positions, distances and locations"; and "on ways of life, customs and laws, mythic beliefs and dogmatic opinions" (Sextus Empiricus 1996, 94). Like the Pyrrhonists, Herder wanted philosophy to be guided by the insights of history (FHA 1, 159; Irmscher 2009, 41–42; Gaier 1988, 42–33). He thus relied on the same observations of diversity and change as they did in their argumentative modes against dogmatism. Nevertheless, Herder's own intention from the beginning was to think

3 References to English translations will be amended with a reference to the corresponding German editions.

through the implications of historical change without allowing skeptical conclusions. He emphasizes in his introduction:

> I do not believe that I am writing this page for doubters: so I shall let all the aforementioned men rest in peace. I merely want to gather historical examples of how far the diversity of human beings can extend, to bring it into categories, and then to try to explain it. (Herder 2002, 248–249; FHA 1, 151)

Contrary to the Pyrrhonist mode of taking *difference* as signaling the need to suspend judgment, then, Herder interprets the diversity of phenomena as an *invitation* to collect, order and evaluate them all.

Rather than being an issue of whether the skeptics can ultimately be refuted philosophically, Herder's anti-skepticism was unequivocally moral and meta-philosophical.[4] Hence my interpretation is at odds with Sonia Sikka's assessment that "while Herder occasionally expresses some concern about the possibility of an evaluative 'skepticism' that 'would almost confuse us into not trusting our own tastes and sensibilities,' the real danger in his society is not such skepticism, but ethnocentrism. It is against this danger that his remarks are most often directed" (Sikka 2011, 27). Sikka is right in saying that Herder combated various intellectual and also ethical sins of his contemporaries that can be summarized under the label of 'ethnocentrism'.[5] And yet I will argue that Herder showed an *equally strong* anti-skepticism.[6] In this section, I first set out the tension between Herder's anti-skepticism and his critique of ethnocentrism. Subsequently, I will argue in the rest of this paper that, in fact, Herder's arguments were always directed against *both* ethnocentrism and skepticism and that this is because he considered the two to be closely *related*.[7]

Basic aspects of the misguided attitude that would later be known as ethnocentrism are presented by Herder as follows: unaware of how far historical diversity actually extends, people tend to respond to differences in taste and manner of thought with disbelief and dismissal (FHA 1, 149–150). The mistaken belief that there are no real sensible alternatives leads them to think their own viewpoint is necessary and universal (ibid., 159). Yet unfortunately, "[t]wo looks at history dissolve this prejudice",

4 My approach is thus slightly different from interpretations of Herder's philosophy of history venturing to assess whether certain arguments suffice to systematically *refute* the skeptic (e. g. Beiser 1987, 144; Beiser 2011, 139; Jacobs 1994, 65, 68). I focus on the meta-philosophical reasons Herder had to preclude skepticism as a viable way to do philosophy (cf. Kondylis 2002, 635; Spencer 2012, 104; Gjesdal 2017, 88–89).

5 Note that 'ethnocentrism' here is a pejorative analysts' concept. Furthermore, despite affirmation of this label by Richard Rorty, I take Sikka and others to be correct in their interpretation of Herder's anti-ethnocentrism from the angle of anthropological theory (Sikka 2011, 42; Spencer 2012, 71, 101).

6 In this paper I use 'skepticism' and 'Pyrrhonism' interchangeably and thus ignore the wide variety of (historical and contemporary) skeptical and Pyrrhonist positions. For the purposes of the historical reconstruction of Herder's anti-skepticism, I consider this permissible, because Herder brings them all together under the heading of 'doubting'.

7 My interpretation draws on Panajotis Kondylis' correct assessment that it was precisely in order to remove skeptical doubt about the meaning of history that Herder criticized Enlightenment progressivism and ethnocentrism (Kondylis 2002, 635).

and show that actually people around the world have the same tendency to dismiss out of hand anything that is foreign to their own very diverse beliefs (Herder 2002, 255; FHA 1, 159). So Herder concludes, "thus do we see among nations and private individuals a contention of viewpoints which perplexes a wise man and makes him uncertain whether, then, all these fanatical people know what they are contending about" (ibid., 248; 150).

The task of history, for Herder, is to battle the tendency to fanaticism through acknowledgment of the omnipresence of prejudice and intolerance and a better understanding of their respective mechanisms. Herder considers his own century to be in a special situation, since so much more information about distant nations and ages has becomes available than was before. But he finds that his contemporaries still lack a properly reflective attitude towards all these new discoveries inscribed in historical documents and travelogues (FHA 4, 88–91; Gjesdal 2017, 166–168). A first step towards achieving this is identifying the precise point of contention between all different viewpoints. This point consists in the *alleged universality and necessity* of one's own perspective. Herder suggests that the conflict of viewpoints can be resolved once people understand that they are contending about an allegedly exclusive universal validity of their own viewpoints that does not really exist in this form.

Herder's criticisms show there are different ways in which this error can be made. We might simply take our own manner of thought to represent the *triad* of the true, beautiful and good, or we take one that is actually foreign to us as universally representative and hence as ideal for us (the paradigmatic case for this was of course the treatment of the Greek in the *Querelle*).[8] Or we might insist that the unchanging *triad* is the product of a purely philosophical demonstration, or of fundamental feelings, or that it has a divine origin.[9] Or we assume that our national language represents a metaphysical ordering of concepts; or that our alphabet is a divine invention.[10] Some of these assertions are generalizations from empirical data, while others look like *a priori* deductions. Herder's point is, in fact, that all are empirical overgeneralizations made from our own historical standpoint. To uncover the error, Herder attempts to exhibit how manners of thought have, during their development, gone through a range of shapes (cf. Noyes 2015, 34; Gjesdal 2017, 89–91).

At the same time, however, Herder aims to counter the skeptical conclusions which Pyrrhonist philosophers have drawn from the conflict and alteration of perspectives. Philosophically, these conclusions consist of the denial of universal norms for the true,

---

8 These two options are criticized by Herder e. g. in *On the Change of Taste* and in the *Older Critical Grove*.

9 Herder discusses these claims in *How Philosophy Can Become More Universal and Useful for the Benefit of the People*, and in the *Fourth Grove, On Riedel's Theory of the Beaux Arts*, respectively. For the case of divine origins, Herder's critique is concerned with human inventions like e. g. poetry and language, and with morality, but not with beauty and truth. (And also on these themes Herder switches back and forth throughout his career.) Cf. *Essay on a History of Lyrical Poetry*. I will return to this later; the general tension results from the fact that for Herder, *we* human beings, and the world, are of divine origin.

10 Criticized in the first collection of *Fragments*, second edition, section seven, and the *Treatise on the Origin of Language*.

beautiful, and good (FHA 1, 147). For Herder, such skeptical conclusions, qua philosophical theses, are as abstract and ineffective as their positive dogmatic counterparts. Skeptical *Verzweiflung* is a misguided attitude in dealing with the historical facts of cultural diversity (ibid., 19; FHA 4, 40). That is, Herder distinguishes between an observed situation, that of historical change, and the skeptic, who "tied all these scruples together into a knot which they have taken to be beyond untying" (Herder 2002, 248; FHA 1, 150). Herder does not intend to explain away the mentioned phenomena themselves, but neither does he take the tying and untying of Gordian knots to be the right task for philosophy. One year earlier, in *How Philosophy Can Become More Universal and Useful for the Benefit of the People*, Herder criticized that "philosophical reason [...] ties knots in order to be able to untie them" (ibid., 11; 113–114). And against the use of school logic in philosophy, Herder argued, "since our times no longer arm themselves with Sorites paradoxes and enthymemes [...] it is just as fruitless a task to concern oneself with the tying and untying of such knots as it is to toss lentils through the eye of a needle" (ibid., 9; 111).

Herder's early works on metaphysics and aesthetics attest that he considered skeptical doubt to be the product of a false conception of what the human mind can achieve in philosophy, and, specifically in metaphysics.[11] Against the idea of an insulation of philosophy from everyday life, Herder claimed that while our natural certainties keep us on track, unrestrained curiosity and skepticism necessarily set us on an errant path (FHA 1, 11, 19). Just like psychology and ethics should not be the battlefields of the metaphysicians versus the skeptics, so should aesthetics steer clear from an all-or-nothing conception of beauty. Instead, aesthetics should collect, order and explain the products of the healthy human understanding (i. e. its judgments concerning taste), so as to improve its natural strength, and more generally, to educate the public via the study of man (cf. FHA 2, 270–271). In this way, aesthetics can be a vital contribution to the general anthropology that Herder urged philosophy to provide (FHA 1, 134; cf. also 665).

In his *Essay on a History of Lyrical Poetry*, Herder argues against the assumption that the *poetic form* of the Bible is of divine origin because after disproving this "the doubter could stray upon the errant path to assume that the content itself is the product of a passionate imagination" (Herder 1992, 80; HWP 1, 23). In this passage, the religious import of a *doubting* "auf den Irrweg geraten" is manifest: Herder's anti-skepticism is directly connected to protecting individual souls, and society at large, from irreligion. Herder also depicts the skeptical result in very concrete terms: "Is, then, even what I take to be true true, since hundreds who have an equally good human understanding take it to be false? Is, then, even that beautiful which I imagine so? Can I trust myself?" (Herder 2002, 248; FHA 1, 151). In Herder's psychology this trust that we have in our natural and sensuous certainties is of the uppermost importance to our lives, and should not be disrupted by philosophical doubt. What's more, Herder's defense of these certainties in many passages overlaps with explanations of the positive functions of prejudice—at least during certain periods in the past, and

11 Apart from *How Philosophy*, I am thinking here of the *Essay on Being* and the *Fourth Grove* in particular.

for certain uses, such as developing a national literature—and at some points even with direct defenses of prejudice.

Herder's anti-skepticism would culminate in *This Too a Philosophy*, where he diagnoses it as a cultural disease of the eighteenth century.[12] Immanuel Kant's famous nautical depiction in the *Prolegomena to Any Future Metaphysics That Will Be Able to Come Forward as Science*, of navigating the ship of philosophy away from David Hume's sands of skepticism, is here prefigured: "Doubt in a hundred *forms*, but all with the dazzling title '*based on the history of the world*.' Contradictions and ocean waves—one suffers shipwreck, or what of *morality* and *philosophy* one *saves from the shipwreck* is hardly worth talking about" (Herder 2002, 298; FHA 4, 41). Herder's response to this situation was different from Kant's: he did not take the threat of skepticism to necessitate a critique of reason in order to establish metaphysics as a science (like Kant did, for example cf. B22 in the *Critique of Pure Reason*, Kant 1998, 147–148). Yet like Kant, he saw skepticism as arising out of a form of dogmatism, namely, out of the ethnocentric assumption that if certain values differ from ours, they are no values at all. Herder endeavored to explain genetically how skepticism arose as a cultural phenomenon out of expectations about philosophy that were both too high and unhistorical. But this does not yet address the problem raised in the introduction: how does Herder nonetheless positively identify the identity of Proteus, which underlies his different shapes? In the following, I intend to establish that Herder's very conceptions of *change* and diversity are themselves decidedly anti-skeptical.

II Shapes of Proteus

The Proteus metaphor is only one among many analogies adopted by Herder to delineate the *dynamics* of nature and history.[13] Yet its significance for the issue of unity and diversity has not yet been fully appreciated or analyzed.[14] Herder adopts the metaphor in at least ten texts within the first ten years of his authorship.[15] The figure consistently appears where Herder is most adamant about the radical nature of the effects of historical change. At the same time, I agree with Ulrich Gaier when he states in his commentary to the Frankfurt edition that Proteus represents the changes of a "substantially identi-

12 Herder mentions by name Michel Montaigne, Pierre Bayle, Voltaire, David Hume and Denis Diderot (FHA 4, 41).

13 Herder's use of tropes has been studied extensively (e.g., cf. recently Allert 2016; Simon 2014). A classic analysis was undertaken by Irmscher (1981); metaphorical organicism was studied by Schick (1971); an overview of metaphors used by Herder can be found in Albus (2001, 288–399).

14 Albus (2001, 374–375) merely lists the different phenomena which Herder called a Proteus; Irmscher (2009, 23–24) does not integrate Herder's use of the metaphor in his systematic interpretation; a range of interpretations (cf. note 2 above) exclusively connects Proteus to radical change.

15 Namely: *On Dilligence in the Study of Several Learned Languages, How Philosophy Can Become More Universal and Useful for the Benefit of the People, Fragment of a Treatise on the Ode, On the Change of Taste,* the second edition of the *First Collection of Fragments on Recent German Literature, Critical Forests: Second, Third,* and *Fourth Grove, Treatise on the Origin of Language,* and *This Too a Philosophy.* Surprisingly, the indexes of the complete edition of Herder's letters (section "Mythology") as well as of the *Herder Handbuch* do not mention Proteus.

cal object", and that it is because of the postulated substantial identity of Proteus that Herder could block skepticism (FHA 1, 1002). I will briefly discuss the main motifs attached to the figure of Proteus that are of importance here, and suggest how they inform Herder's use of the metaphor. Subsequently, I will assess the different ways in which Herder incorporates Proteus in his philosophy of history.

Proteus was a Greek sea-god who appeared in the writings of Homer, Virgil, Euripides, and Ovid. Two important qualities of Proteus are *metamorphosis* and *divination*: "He [...] possessed the gift of prophecy, but was unwilling to disclose what he knew and tried to escape questioners by assuming a variety of shapes, including fire and water and the forms of wild beasts" (Grant 2001, 450–451). Although he was *unwilling* to use his power of prophecy to help human beings, Proteus was not evil, nor completely unreachable: he could be *forced to help*, if tricked in the right way. Furthermore, his shape-shifting only started in response to being approached by human beings who had already recognized him as the sea-god he really was. Menelaus was able to capture him in his sleep after disguising himself as a seal; Aristaeus caught him at noontide (ibid.). This is a *Greek manner* of relating to the gods, which Herder would not want unreflectively applied in modern times. Still, as a Homeric metaphor, Proteus has the characteristic of being within reach, despite his shape-changing, as long as he is approached in the right way; and of being able to divine to us the past and the future.

A less positive portrayal of Proteus appeared in Plato's writings, as a characterization of the *sophists* in *Euthydemus* for example. In accordance with the Homeric narrative, it was Socrates' job to bind the Protean sophists and put an end to their deceitful shape-shifting. Yet contrary to the fortune-telling of Homer's Proteus, in Plato's representation the end result was merely negative: "Proteus was an appropriate opponent for the seeker of knowledge because his very nature was opposed to truth" (Burns 2001, 971). Likewise, Socrates accuses the rhapsodist *Ion*: "You literally assume as many forms as Proteus, twisting and turning up and down, until at last you slip away from me" (Plato 1925, 542; cited in Giamatti 1968, 463).

In the reception of this ancient myth from the Renaissance onwards—in discourses on art, science and religion—the following three figures are of central significance. The first was Pico della Mirandola's use of Proteus for his humanistic thesis that "upon man, at the moment of his creation, God bestowed seeds pregnant with all possibilities, the germs of every form of life. Whichever of these a man shall cultivate, the same will mature and bear fruit in him" (Pico 1956, 8). Here, Pico used the figure of Proteus to symbolize the *mutability* that humanity acquired thanks to its position in the center of creation. Furthermore, Pico's syncretic approach to the history of philosophy expressed how humanity should find the One in and through the Many (Giamatti 1968, 440). However, it was crucial for Pico that man's power of self-transformation was not meant to be used for the sake of shape-shifting itself. Rather, it was the task of humanity to use its freedom to choose the highest form of life (and not assume in the great chain of being the position of a plant or an animal).

In a second figure, early modern literary critics and theologians protested against the power of transformation precisely because it violated the stable and lawful order of things. According to a metaphysical conception of life on earth as stably ordered in a chain of being, Protean change was considered (sinfully) transgressive (Zámbóné Kocic

2011, 49–50; Burns 2001, 977–978). Furthermore, as a characterization of human behavior, 'Protean' and 'Proteus' were used to refer to deceit, hypocrisy, and to an unlawful stepping out of one's (societal, moral) role—to plagiarism, as well as to perversions of the passions, even rape (Zámbóné Kocic 2011, 53–58; Giamatti 1968, 460, 467).

The third strand of figures turns the negative connotations of Proteus' mutability back into their opposite. It was derived from alchemy and natural science, where Proteus stood for the 'first matter' of nature (Zámbóné Kocic 2011, 59–61). This matter was denominated *first* matter precisely because of its variety of appearances; for remaining the same in all differences. Francis Bacon used this understanding of Proteus to argue for the necessity of scientific experiment—the willful *manipulation* of nature—to decipher nature's secrets (Burns 2001, 973–974). And John Milton referred to Proteus as first matter in *Paradise Lost* to describe the sun: "That stone, or like to that which here below/ Philosophers in vain so long have sought,/ In vain, though by their powerful art they bind/ Volatile Hermes, and call up unbound/ In various shapes old Proteus from the sea,/ Drained through a limbeck to his native form" (Milton 2005, 96). This passage suggested that Proteus' 'native form' is conserved in his different shapes, in the sense of being "[n]ot all parts like, but all alike informed/ With radiant light" (ibid.). The chemical process of draining through a limbeck (a device for distilling) was aimed at retrieving this original form. Zámbóné Kocic suggests in her dissertation *Protean Vicissitude and Milton's Paradise Lost* that this passage from Milton can be connected to Pico's "neoplatonic sentiment" according to which the variety of Proteus' shapes must be engaged *exhaustively* in order to learn about its essence. That is, another Greek god must be invoked here: "Pan representing the sum of all ('pan' being the Greek word for 'all'), and Proteus, bound and vexed to extremes unfolding the many 'passages and variations of nature' (Bacon 1854, 189), are linked in this tradition as embodiments of the unity and multiplicity of nature respectively" (Zámbóné Kocic 2011, 61; cf. Burns 2001, 972). In this way, the discussion of Proteus indirectly points to the metaphysical theme that became so important for Herder especially after Friedrich Heinrich Jacobi had criticized Gotthold Ephraim Lessing's alleged Spinozism: *hen kai pan* (FHA 5, 282–294). Furthermore, the myth leaves open conceptually whether it is Pan who "transforms himself into a Proteus" in a top-down manner, or Proteus who through his mutations approximates the totality of possible shapes.[16]

Finally, it was suggested in seventeenth-century natural philosophy that Proteus' shape-shifting "paralleled the natural philosopher's ability to imagine himself in the situation of different natural substances and phenomena" (Burns 2001, 976). This idea would later prove very fruitful for historicist conceptions of historical understanding: as a metaphor for humanity, Proteus may in the end represent both the object of enquiry—distant and diverse human forms—as well as the knower, who feels her way into historical realities.[17]

16 The quote is from the Welsh seventeenth-century alchemist Thomas Vaughan (quoted in Burns 2001, 972). Pico is quoted in the same context as having a very explicit opinion on the matter: "He who cannot attract Pan approaches Proteus in vain".

17 Cf. Gjesdal (2017, 114–115) on the connection between the methods of *divination* and sympathy in Herder's hermeneutics. I will expound on this below, yet it may already be noted that Herder used

Johann Georg Hamann had (as always) all the exciting references to start off a spirited appropriation of the myth of Proteus in German Enlightenment debates: in his 1761 *Clouds*, he defended his *Socratic Memorabilia* against a review by presenting *himself* as Proteus, hunted down by his reviewer (Hamann 1950, 107). Hamann (in some copies of this work intended for friends) added references to the *Odyssey*, to Plato's *Euthydemus* and *Ion*, as well as to an ancient version of Proteus as first matter in the so-called *Orphic Hymns* (Rudolph 2008, 409–411). The result is highly elusive, yet two aspects stand out. First, Hamann considered Protean shape-shifting a necessary aspect of his authorship, and he certainly connected this to the *topoi* of Proteus as a poet and a *seer* in his own influential conception of the *genius*.[18] Second, Hamann integrated the figure of Proteus (as well as of Socrates) into a Christology, according to which all of nature and history (including all world literature) can be read as prophetic signs of divine revelation. For Hamann, Proteus is an emblem of God's capacity to show Himself in creation in various shapes—and one transformation of course stands out: His *Menschwerdung*.[19] It is no accident that Proteus appears again in a quote from Horace one year later, at the climax of the *Aesthetica in Nuce*, in a series of apocalyptic indications of (an ancient version of) the myth of the Flood (Hamann 1950, 216).

It is impossible to precisely identify the sources on which Herder relied for his understanding of the Proteus myth. Apart from the aforementioned classical ancient sources, which he undoubtedly knew by heart, in 1764 Herder had discussed the character of the *Orphic Hymns* (HWP 1, 32, 38), and had praised Orpheus in 1774 as the genius poet in which "the whole spirit of nature lives" (FHA 3, 63, my translation). Furthermore, in 1763 and 1769 Herder had also written notes on Bacon's *The Advancement of Learning* (Irmscher, Adler 1979, 197). He had also taken notes from Plato's *Euthydemos*, where Socrates goes after the Protean sophists.[20] In addition, Milton's *Paradise Lost* was an exemplar for Herder from his first Königsberg commentary on Hamann's *Aesthetica in Nuce* onwards (FHA 1, 34, 240, 284, 295). Finally, William Shakespeare's *Two Gentlemen of Verona* and Alexander Pope's *The Dunciad* may have given examples to Herder of treacherous Proteus figures, who transgressed the natural and/or moral order and misused language to cause confusion (Giamatti 1968, 459–460, 472–474).[21]

In Herder's own use of the figure, however, a notion is added that (as far as I have been able to determine) was never part of any version of the Proteus myth: a '*Zauberspiegel*'. The ancient Hellenistic and Judaistic ritual usage of such a mirror, known as 'catoptromancy', was carried out for the purpose of *divination* (Herz 1996, 18). In

---

the Latin loanword "*Divination*" in 1768 and 1778 to denote a special kind of feeling and "living reading" (FHA 2, 605; FHA 4, 366).

18 Rudolph has some difficulty in his interpretation to explain how Hamann appropriated the Plato passages in a positive way. Proteus' capacity of divination (which Rudolph does not explicitly address) makes this a bit easier (Rudolph 2008, 409–410; cf. Giamatti 1968, 445–450).

19 In his *Faust* Johann Wolfgang Goethe would let the *homunculus* be sent to Proteus in order to give this mere spirit a human form. I will return to this below.

20 They are from a notebook with other notes from 1769, although the Plato editions in the *Bibliotheca Herderiana* are all from the 1780's (Irmscher, Adler 1979, 201; *Bibliotheca Herderiana* 1979, 1666–1673, 1677, 1685, 1697).

21 In a passage of less significance for my over-all interpretation, Herder questions Christian Adolf Klotz' integrity by claiming that "like a Proteus, he speaks in more than one tongue and language" (Herder 1990, 2 / 1, 444, my translation).

Herder's writings, it is either us who attempt to divine Proteus in his different shapes via this magic mirror, or it is Proteus himself who relies on it to take on different shapes. That is, Proteus either appears in constantly changing shapes by way of a mirror, or the mirror is used to catch the identity of Proteus that underlies these different shapes.

The history of the metaphor of mirroring (and of the *image* and the faculty of *reflection*) is far too rich and complicated to recount here. Hopefully it suffices to recall key motifs like the *imago Dei* doctrine, Plato's distinction between ideas and the phenomena reflecting them, and Leibniz' idea that the monad reflects all of the universe from its particular perspective.[22] The latter idea was particularly pregnant for Herder because it depicted the human soul as an individual *living* mirror—full of particular minute perceptions and simultaneously reflecting all. Notably, Leibniz' monadology was an effort to combine the greatest unity with the greatest diversity; a reconciliation of Pan and Proteus, so to speak. Relying on the *imago Dei* doctrine, one could subsequently make the inference that just like one God mirrors Himself in all of creation, so does Proteus (humanity) have the ability to mirror itself in different places *and times* (cf. Konersmann 1991, 148–154).[23]

Incidentally, mirroring is a distinctive trait of human nature both in Herder's anthropological and in his theological writings. First, Herder's 1769 interpretation of *Genesis* 1, day six, makes it clear that according to a primordial act of mirroring, man was created in God's image (FHA 5, 61; Bellmann 2016, 52–54). Second, (and contrary to traditionally stronger interpretations of the Fall), the *Treatise on the Origin of Language* places humanity's creative capacity of *reflection* in the center in the following way: the human being "becomes free-standing, can seek for himself a sphere for self-mirroring, can mirror himself within himself. No longer an infallible machine in the hands of nature, he becomes his own end and goal of refinement" (Herder 2002, 82; FHA 1, 717). Thus Herder's conception of *humanity* combines Protean shape-shifting with mirroring. In compensation for their lack of animal instinct, human beings have the power and freedom to give their own existence a specific shape. The ultimate purpose of humanity is self-refinement through recognizing oneself in a "*Sphäre der Bespiegelung*", a "*sich in sich bespiegeln*" (ibid.). As a result, the figure of Proteus may, in natural as well as historical enquiry, refer both to the knowing subject and to the object of investigation. And in the case of historical understanding of human practices, this yields a crucial insight: any hermeneutic engagement with historical others is in fact a practice of *self*-mirroring of human beings in different shapes.

Finally, in contrast to Hamann, and like Pico, Herder's Proteus marks the condition of *finitude*, and of all things *human*. The notion of the mirror, too, expresses a theolog-

22 Cf. Herz (1996, 13–19, 23–33) for a well-informed discussion of these and various other motifs relevant for interpreting Herder. Cf. also Konersmann (1991, 75–173) for a more comprehensive history in which Herder plays an important role in the formation of modern subjectivity. Again Rorty has a different narrative I cannot confront here, of the *epistemological* use of the mirror metaphor, but cf. Herz (1996, 22–23, 41) for helpful suggestions.

23 Goethe's *Werther* would write in his fourth letter how human and divine mirroring should mutually reflect each other in the apprehension of sublime nature: "could you breathe onto the paper what lives so fully, so warmly within you, so that it would become the mirror of your soul, as your soul is the mirror of the infinite God!" (Goethe 1774, 9–10, my translation; also cf. Konersmann 1991, 116–121, 152).

ical conception of finitude: finite human beings are never capable of reaching behind reflections and appearances into the essential nature of things. Proteus reflects, in every single shape he takes on, humanity, be it always from a different and particular standpoint. Very much like Pico, then, Herder adopts the metaphor to express the openness of man to many possibilities. The shape-shifting of Proteus represents the historical change of a single human species.

III Herder's Metaphysics of Proteus

In this section, I will outline how Proteus could, in Herder's early work, refer to both radical change and continuity. Subsequently, I will, in three subsections, identify three different reconciliatory strategies which Herder adopted in order to provide world history with a stable *subject* in the guise of (malleable) humanity. The first two strategies can be found in Herder's works written before he moved to Bückeburg (1771); the third is most forcefully expressed in his 1774 *This Too a Philosophy*.

Concerning Herder's earliest works (1764–1766), commentators Gaier and Wolfgang Pross notice a tension and then a *shift*, from an "Enlightenment universalist science of man" to a more "historically differentiated approach" (FHA 1, 929; HWP 1, 694–695). This tension was certainly there—but nowhere did Herder fully give up on a universalist science of man. Rather than identifying a specific moment when Herder was forced to appreciate the absolute individuality of historical particulars, then, I find it more useful to make explicit the different strategies adopted by Herder to face the "problem of the relation between anthropological uniformities and historical change" (Irmscher 2009, 149; cf. also Norton 1991, 165, 172). In this context the image of Proteus appears as an instrument, used to reconcile a universalist anthropology with the full recognition of historical change, and shows that precisely because Herder never gave up on the first, he was able to fully appreciate the second. By consequence, I interpret the function of Proteus in Herder's texts as both anti-skeptical and anti-ethnocentric.

Recall the problem I set out on the basis of *On the Change of Taste*, the problem of how to productively face the fact of historical change without allowing the Pyrrhonist modes of argumentation to induce skeptical conclusions. Herder's question is how we can do full justice to the fact that we are historically situated, and still hold on to some metahistorical stability. To encapsulate the philosophical "knot" which the Pyrrhonists presented as beyond untying, Herder refers to the classic triad as a true Proteus:

> As soon as it is shown that what I, based on reasons, consider to be true, beautiful, good, pleasant can likewise on the basis of reasons be regarded by another as false, ugly, bad, unpleasant, then truth, beauty, and moral value is a phantom that appears to each person in a different way, in a different shape: a true *Proteus* who by means of a magic mirror ever changes, and never shows himself as the same. (Herder 2002, 247, translation modified; FHA 1, 149)

Apart from the issue of ethnocentrism discussed above, Herder examines how a range of factors, like time, clime, physiological constitution, custom and tradition, cause diversity in taste and manner of thought (FHA 1, 152–156). Herder concludes: "Time has changed everything so much that one often needs a magic mirror in order to recognize the same creature beneath such diverse forms" (Herder 2002, 255; FHA 1, 159). This passage perhaps pulls most strongly into the direction of a use of the metaphor which expresses the extreme difficulty, if not impossibility, of still recognizing some similarity between historical forms. If Proteus never shows himself as the same, he is more like the deceitful sophists, who hide their untruthfulness by constantly changing shape. But recall that unlike the Pyrrhonists, Herder aims in this text to show "how in the valley and on the plain creatures stray about that are so diverse that they hardly have a common name left; however, they are our fellow brothers, and their history is the history of our nature" (ibid., 249; 150). In my interpretation, the magic mirror refers not merely to the difficulty, but also the possibility of recognizing that common names to describe the human nature of our fellow brothers do exist (cf. Irmscher 2009, 23; Beiser 2011, 107). This might sound far-fetched as an interpretation of the passage quoted above. In the following, I hope to make this hypothesis appear more plausible. Herder's other very early invocation of Proteus gives a first indication of how this might be done.

In Herder's 1765 *On Dilligence in the Study of Several Learned Languages*, it is language which is Protean. The historical adaptation of languages on different continents is the reason for Herder to state about language: "So this plant transformed itself according to the soil that nourished it and heaven's breeze, that quenched its thirst: it became a Proteus among nations" (Herder 1992, 30; FHA 1, 23). Michael Morton has already pointed out in his close-reading of this text the extra connotation in addition to Proteus' mutability: since Herder will describe in the essay the proper relationship towards foreign languages as one of appropriation and adaptation of other languages to the condition of our mother tongue, it is suggested we hold on to this Proteus through its various transformations, and bind him, so that he may divine to us the distinctive riches of different languages (Morton 1989, 41). Moreover, the identification of language with a plant suggests an organic continuity between different environments which underlies Herder's claim in the essay "I transplant myself into it [...] expand my soul into every clime" as well as the idea that we need our native language as a guiding thread through the labyrinth of languages (Herder 1992, 32–33; FHA 1, 26–28). This continuity provides fertile soil for transplantation, and suggests (rather than argues) that translation of foreign concepts into our native language can be productive. I now start with the first reconciliatory strategy which Herder built on this continuity.

III.1 Protean Universals

In the *Fragments of a Treatise on the Ode* Proteus appears under the heading "On the metempsychosis of the ode with respect to sensation". Here as before, Herder's starting-point is the historical diversity between different nations, which arises not just in the area of custom or second nature, but also, before that, physiologically and unconsciously (FHA 1, 79–83, 152–155). He depicts the effects for the range of products of the human mind that he calls "ode" as follows:

> If any genre of poetic art has become a Proteus among nations, judged on the basis of sensibility, subject matter, and language, the ode has so altered its spirit and content and expression and pace, that perhaps only the aesthetician's magic mirror will recognize the same living essence [*dasselbe Lebendige*] in so many shapes. Nevertheless, there still is a certain general unity of sensibility, of expression, and of harmony, which makes it possible to draw a parallel among them all. (Herder 1992, 36–37, translation modified; FHA 1, 79)

Herder aimed to revise and complete the Baumgartian project of aesthetics as a science of the human soul. In Herder's view, this science was meant to empirically and historically collect *all* the different instances of human cognition and artistic production. Furthermore, the science of aesthetics must explain their genesis out of a sensuous core of human feeling—out of what Alexander Baumgarten had called the "*fundus animae*" or "*Grund der Seele*" (Baumgarten 2011, 270–271).[24] In this way, it is "*der Ästhetiker*" who has to place all the different poetic arts from different nations and times in front of a magic mirror, in order to still recognize the unity of sensibility, of expression, and of harmony between different works, and be able to discuss them historically under the general heading of 'ode' (Gjesdal 2017, 51–52). Clearly, the Protean metempsychosis[25] of the ode expresses the difficulty of tracing the unity of sensibility. Nonetheless, these notions, "*dasselbe Lebendige*" and "*ein gewisses allgemeines Eins der Empfindung, des Ausdrucks und der Harmonie*" are of crucial importance as preconditions for finding *analogies* (cf. Norton 1991, 72–73). By explaining their functions, I will now demarcate the first of Herder's strategies to reconcile unity and difference. I shall argue that these unifying notions—or *Protean universals*—indeed infuse the aesthetician's *Zauberspiegel* with systematic significance. This is because they allow us to see how wide varieties of individuals stand in complex relations of *mirroring* each other, and how they together compose a general "*Analogie der Natur*" as well as an "*Analogie aller menschlichen Seelenkräfte*" (FHA 1, 715, 743).

In Herder's philosophy of history, the "*allgemeines Eins der Empfindung*" was drawn from a basic human sensuousness which was most present in the early stages of history, yet could be regenerated (or mirrored) via various cyclical historical developments.[26] On this basis of human psychology Herder grounded a process of analogical understanding (cf. Irmscher 1981). This becomes clear from the works written shortly after the work on the ode, such as the *Fragments on Recent German Literature* and the *Older Critical Grove*: by finding analogies between different cultural forms, Herder intends to point at transfer and appropriation, and eventually at a "*Kette der Mitteilung*" between all the life-stages of humanity (FHA 2, 25, 32, 39). For Herder this results in ways to legitimately *order* the whole of world history, for example with reference to the sequence of ages of poetry, prose, and of science, and to a development from sensuous beginnings towards

---

24 For compelling interpretations of Herder's psychology and aesthetics cf. Noyes 2015; Adler 1990; Norton 1991; and Menke 2017.

25 The Greek term for the transmigration of the soul – itself a significant phrasing due to the connotation of infinite subsistence of the object undergoing change.

26 Examples of such cycles and regenerations of origins would be the analogies between the childhood of humanity, of nations and of individual human beings, and between the *Morgenröthe* of the world and of each day (cf. also Heizmann 1981; and Gaier 1988, 35–40, 49–50).

increasingly more rationality and complexity. Interpreted charitably, this lawfulness of history may be seen to be generalized from historical particulars and the similarities between them (HWP 1, 16; cf. Norton 1991, 74; FHA 1, 996). Yet however this may be, it is Proteus' living essence which safeguards the possibility of finding similarities. If we move a few years ahead, from the Riga works to Strasbourg at the end of 1769, the reason for this may become apparent.

In the *Treatise on the Origin* Herder argues from analogies between Proteus' different forms to a chain which links different peoples together in a progressive whole. In the treatise's second part, Herder distinguishes four "main laws of the human being's nature and of his species" under which he collects the factors which explain how humanity has been able to autonomously invent language, and how language had to develop historically (Herder 2002, 127; FHA 1, 769). While the first two laws discuss features of human nature that promote the invention and development of language in general, the third law explains how a diversity of national languages had to arise. This law centers on those aspects of human group behavior which explain why a continuous unity of language was principally impossible (cf. ibid., 791–799). Central factors discussed by Herder are adaptation to different natural environments, the importance of language to community-forming, and the competition and conflict between different communities (cf. Piirimäe 2015; Spencer 2012, 73–84, 146).

Proteus is used to put the problem—recall: situatedness, and the imperative to preclude skepticism—in the following way:

> "Human beings should live everywhere on the earth, while each animal species merely has its land and its narrower sphere"; *the earth-dweller* becomes apparent. And if this is so, his language becomes *language of the earth* as well. A *new* language in every *new world, national language* in every *nation*—I cannot repeat all the aforementioned determining causes of the change—*language becomes a Proteus on the round surface of the earth.* Some recent fashionable philosophers have been so unable to bind this Proteus and see him in his true form that it has seemed to them more probable that nature was as well able to create for each large region of the earth a pair of human beings to found tribes as it was to create special animals for each clime. (Herder 2002, 150, translation modified; FHA 1, 794)

Herder accuses the "*Modephilosophen*" of letting go of Proteus, and allowing him to keep changing shape. This leads these philosophers to polygenism concerning the human species and its language ability: they use observations about the radical differences of languages, even within the same geographical region, to draw the conclusion that there actually is no similarity whatsoever between different languages, and that different human races do not have a common origin: "here, these doubters conclude, all human investigation comes to an end" (ibid., 151; 795). In contrast to this Pyrrhonist argumentation, Herder aims to show Proteus' true form: "because these people merely doubt, I want to attempt to show that the investigation does not come to an end here, but that this '*difference [between peoples] right next to each other* can be explained just as naturally as the *unity* of the *familial language* in one nation'" (ibid.). In its true form, language can be seen to have been originally shared by all of the human "*Erdbewohnern*", despite its Protean change later on. And ultimately, the fourth law states, the human species at large can be recognized as "a single progressive whole with a single origin in a single great household economy, likewise all languages too, and with them the whole chain of civilization [*Bildung*]" (ibid., 154; 799).

To explain the disproportionate level of difference between nations that, geographically, are very close to one another, Herder points towards the phenomenon of what he calls "*reciprocal familial and national hatred*" (ibid., 151; 796). In short, Herder relies on this phenomenon to interpret diversity as a product of conflict, and conflict as arising from the factor that nations take each other seriously as competitors. Thus the same ethnocentric attitude problematized by Herder in many of his earlier texts he now adopts for explaining general historical developments (cf. Irmscher 2009, 204). This explanation *presupposes* that originally all nations were in contact with each other, and became separated only later, through conflict. How Herder affirms the kernel of truth to the myth of Babel ("only as a poetic fragment for the archaeology of the history of peoples") attests to the idea that world history must be understood as a continuous development of transfer and conflict (Herder 2002, 153; FHA 1, 798). This presupposition is, in turn, based on an empirical generalization that relies in its turn on the "*Analogie aller menschlichen Seelenkräfte*" in the following way.

Defending the fourth law of human nature, the issue between Herder and the skeptic regarding monogenism is whether the chain of cultural transfer, which can be observed within individual nations, can be extended to the species at large. That is, the question is whether the sequence of Proteus' different shapes can be recognized as forming a "*Kette der Bildung*" of the human species as a whole (FHA 1, 799). To the skeptic's contention that this chain could not possibly reach beyond the first "Stammvater eines Landes" in various geographical areas, Herder responds: "I cannot see why it should only reach that far and not further, why these fathers of lands could not in turn have had among them a father of the earth, since 'the whole *continuing similarity of the household-economy of this species* demands that this be so'" (Herder 2002, 156–157; FHA 1, 802). The requirement which, as Herder states here, emanates from a "*fortgehende Ähnlichkeit der Haushaltung dieses Geschlechts*" is crucial, because it is a precondition for identifying both differences and similarities between peoples, and of recognizing cultural transfer. In this way, Herder relies on analogy—i. e., on a certain degree of *mirroring*—to connect different human shapes in a *Kette der Bildung*. Thus Herder binds together Proteus' different shapes into a world-historical development.

In this argument, Proteus appears not to signify incommensurable difference, but rather '*dasselbe Lebendige*', the general unity which allows analogical understanding. By binding this Proteus, and aiming at a comparative synthesis of all the historical forms of human language, the secrets of the history of human language might be divined, including the forms of human life that language reflects (Spencer 2012, 78). The strength of this argument lies in its positive attribution of value to all of Proteus' transformations. The only way to reach the universal, according to this construal, is via a collection of all particulars, and by appreciation of individualities as well as of analogies that, in a continuous chain, point at their connection. Furthermore, this role of Proteus in the philosophy of history Herder would later institute in work informed by a more explicitly worked out philosophy of nature, according to which all of nature is "formed according to one prototype and at the same time infinitely varied" (FHA 6, 73; quoted in Nassar 2017, 116). The *Hauptform* and *Haupttypus* functioned as "a third, hidden and informing agent that was, in effect, the ground upon which all reality rested", and guaranteed both the necessity and the efficacy of analogical inferences—in natural as much as in historical science (Reill 1996, 17–19; Nassar 2017, 116–117).

However, it is important to recognize that Herder already practiced this form of understanding before he preached about the pantheistic unity of nature (mainly in *God: Some Conversations* and in the *Ideas for the Philosophy of History of Humanity*). Throughout *This Too a Philosophy*, for example, Herder's conception of world history is infused with *menschliche Kräfte*, which connect seemingly disparate phenomena, and allow analogical understanding. Besides the *Lebensalter* of humanity, it is Proteus who personifies this mediating force, and thus functions as the "concrete general" which embodies the whole of human history in the form of individuality (Heinz 1994, 83). The Proteus metaphor signifies the mutual *reflection* of the individual and totality, while none of their commonalities can be pinned down in abstraction. Instead, unifying notions must remain concrete and comparative images; they necessarily never exhaust the range of possible diversity, nor do they reduce the particulars to a (universal) generality. Such notions could be dubbed 'Protean universals'. Furthermore, Proteus' Homeric capacity of *divination* here receives a meaning previously analyzed by Peter Hanns Reill as particular to eighteenth-century natural history, but which was already explicit in early modern natural history as the dynamic between Proteus and Pan: grasping the unity of nature in its complexity by a constant dialectic between the individual and totality (Reill 1996, 17; Gjesdal 2017, 114). Thus upon the seizure of Proteus, his true identity becomes visible as this unity in diversity.

Moreover, this argument is in keeping with one of the central uses of Proteus in a tradition which spans from "Pico's use of him as a symbol for man's enormous potentiality", to Renaissance accounts of Proteus and *Pan*, all the way to Goethe's use of Proteus in *Faust*, "as the vehicle for Homunculus in his quest for form and life" (Giamatti 1968, 443). That is, the potential to take on *different* shapes is itself the instance which gives form to *all*. Herder thus lends Leibniz' *principium individuationis* a mythological shape, which transfers the problem of how to combine the greatest unity with the greatest diversity to the stage of the history of humanity.[27] Its stable subject is the human being, or: '*homo proteus*'.

Finally, the argument set out in this subsection explains why the skeptic is wrong: the diversity of human shapes should not be interpreted as material for Pyrrhonist arguments and as posing skeptical threats to feignedly static universals. Rather, it should be seen as constitutive to taking on human shape in the first place. Diversity hence does not principally threaten our capacity to recognize "our fellow brothers"—on the contrary, it first makes it possible (Herder 2002, 249; FHA 1, 150). According to Herder, the observations that inform argumentative modes of Pyrrhonism are *resources* for human self-understanding rather than philosophical scruples that together form a Gordian knot. So, Herder is able to deny the Pyrrhonist's skeptical conclusions because he holds on to an identity underlying Proteus' shape-shifting.

Yet Herder's argument also explains why ethnocentrism is wrong. For it elucidates why taking our own viewpoint to be universal is a false response to perceiving difference: it makes us blind to "the whole *continuing similarity of the household-economy*

27 This transfer was already analyzed in 1916 by Ernst Cassirer (1975, 115–121).

of this species" (Herder 2002, 156–157; FHA 1, 802). Thus, ethnocentrism blocks our recognition of the fact that history does not merely separate different nations, but also ties them together. It makes us recognize only one form of humanity. It does not allow us to use our capacity of reflection to emulate new shapes and accept them as human analogues. That is why Herder's anti-skeptical argument is simultaneously anti-ethnocentric: the skeptic was misguided in assuming the necessity of static universals to begin with.[28]

III.2 Genetic Explanation of Diversity

The harmonious picture of Proteus does not exhaust Herder's approaches to history. A central method of Herder in aesthetics, psychology, and philosophy of history, is to trace the genesis of concepts back to their origin—as far as possible, of course, and with shifting conceptions of the nature and attainability of origins. This genetic method is based on the assumption that, in the face of bewildering diversity and seeming chaos, understanding a thing's development will help to make the proper distinctions and to avoid evaluating phenomena according to one-sided criteria (FHA 1, 601–603). Herder himself advocated this method by saying that since no two nations are the same, an extensive "Universalismus" is necessary to view and classify them *all* (HWP 1, 469; cf. Herz 1996, 179). Here I sketch the expectations connected by Herder to this "*Entwicklungsgedanke*" and explain how he intended to reconcile it with the individuality of human shapes (Meinecke 1946, 396).

In his discussions of the potential of this method, especially when executed on the macroscopic level as a "*Geschichte des menschlichen Verstandes*", Herder frequently refers to the "*verschiednen Wanderungen und Verwandlungen*" of the products of the human spirit, as well as to their Ovidian *metamorphoses* (FHA 1, 373, 601). The figure of Proteus in this context seems to refer mainly to chaos:

> The literature of foreign peoples and languages is often imported among other nations as a foreign colony; and because of this mixing together of ideas, of ethics, of manners of thinking and seeing, of languages, and of sciences, everything has necessarily had to take on such a different shape that literature seems to be a true Proteus when one pursues it through peoples and times and languages. Borrowed viewpoints got shifted to a new manner [of thinking and seeing], inherited truths got remolded to the point of unrecognizability, [...]. (Herder 2002, 50–51, translation modified; FHA 1, 559)

This passage from the second edition of the first collection of *Fragments* deals with the close intertwinement of language and thought. Herder hence draws the corresponding conclusion concerning ideas and knowledge: "The three goddesses of human cognition—truth, beauty, and virtue—became as national as language was" (ibid. 50; 559). However, Herder did not go on to conclude from this that we should suspend

28 I explain in section III.3 why this symmetry between skepticism and ethnocentrism works the other way round as well.

judgment about truth, beauty, and virtue. Rather, their Protean character invites a more active response on the part of the knower: a chase through all different shapes, which should lead to an insight into the intelligible character of Proteus' transformations. For a key aspect of Herder's genetic method is to identify the causes which explain why "everything has necessarily had to take on such a different shape". The *necessity* of change in this passage at the same time signifies its intelligibility. It should be possible to locate some fundamental principles which organize historical change, as well as world history at large (cf. Norton 1991, 72–75).[29] That is, historical events can be traced back to "*profound, universal causes*" which, Herder states in a 1773 essay, allow explanations of historical change to "be put to use at a later date" (Herder 2006, 308; FHA 4, 112).

In applying this method, one tendency in Herder's writings is to suggest that disputes can be solved by causally explaining and disentangling apparently conflicting claims. Skeptical conclusions (drawn from unending dispute) are thus prevented by uncovering the actual plurality of criteria to which phenomena ought to be referred (FHA 1, 555–556; cf. also 181). In this context, Herder praises the ideal of a fully catalogued "encyclopedia and history of the sciences" in which "every field of wisdom shows itself in its own light, [...] own color, own borders" (ibid., 556, my translation). Another, related tendency is to take the causal explanation of historical developments to a higher level, and establish general laws of historical change and metahistorical narratives. This was already the case in the *Fragments*' theory of the life-stages of languages, where the sequence of stages has its own intelligibility (Irmscher 2009, 25–30). Herder defended this "comparison" against accusations of coming up with a "*Roman*" by stressing the inseparability of a phenomenon's nature and its *development* (FHA 1, 600–601). In fact, Herder stated, many ethnocentric fallacies (listed above in section one) arise due to the hypostatizing of one particular shape of the phenomenon's Protean development (ibid., 602). Herder had already formulated the desideratum to block such fallacies via genetic explanation in 1764[30]:

> Since my subject is constantly changing, I do not know where I shall find oneness; as often as I place the creature into the field of the magnifying glass, it appears in another shape. Should I take account of only *one* stage, my observations would doubtless be too fragmented and incomplete; should I take one after the other, but miss the first one, I would indeed miss the clew from which I may unravel those that follow. (Herder 1992, 79; HWP 1, 10)

The Protean character of the subject matter demands of the knower an extra flexibility to chase historical change and bind the underlying subject. That is, since the mag-

29 In this respect Herder did not fundamentally depart from the Enlightenment tradition of pragmatic history, but rather intended to take it to greater heights. Cf. Herder's letter to Gatterer (Herder 1990, 2 / 1, 684–691), the *Older Critical Grove* (FHA 2, 11–15, 21–23) and the review of Schlözer (SWS 5, 439), and cf. accounts of Zammito 2002; Leventhal 1990; Norton 1991; Beiser 2011.

30 In fact the 1768 defense of the life-stages in the *Fragments* is a revision of the passage from the 1764 *Essay on a History of Lyrical Poetry*—yet Herder's 1768 way of reformulating the passage in rhetorical questions obscures the point, and the self-reflexive character of his observation gets lost in the polemics against contemporaries.

nifying glass does not on its own get hold of Proteus because of his shape-shifting, the knower must follow Proteus through all his different shapes—starting from the very first.

Herder's expectations regarding the positive outcome of insight into the causes of change were still higher in the *Fourth Grove, On Riedel's Theory of the Beaux Arts*. There, Herder intended an analysis of the range of factors that make human judgments on matters of taste *individual* and context-dependent to *prevent* the skeptical conclusion "that there are no certain rules whatsoever relating to these qualities in the objects themselves [...] that everything in Nature is a chaos of individual, disharmonious temperaments that cannot be accorded" (Herder 2006, 200; FHA 2, 283). For according to Herder's method, what needs to be explained are the psychological, historical, geographical, and cultural causes of diversity. The aim of this method is to trace the shared core of basic human sensuousness, or the common principle of taste, which underlies all of its alterations. Admittedly, the Protean character of humanity makes it impossible to delineate concrete and stable features of such a core. Yet it is undeniably Herder's aim to trace back all concepts to their origin: the human being and the "Analogie aller menschlichen Seelenkräfte" (Noyes 2015, 33–34; Sikka 2011, 21; Irmscher 2009, 201; Herz 1996, 200–201, 211; Beiser 1987, 142–143).

Homo proteus is a historical being, full of potential that can only take on specific shapes in particular historical contexts (Muthu 2003, 238). Hence even prominent features of Herder's psychology, such as immediate feeling, unanalyzable sensuous concepts, and the human *sensus communis* are not themselves exempted from historical change (FHA 2, 280, 284; Irmscher 2009, 148–149; Norton 1991, 50). However, I do not find an ironical dismissal of origins and unities in Herder's texts (cf. Leventhal 1994, 150). Rather, Herder's zeal to get at the origins of things, and to reveal the intelligibility of their development, is informed by the belief that it is principally possible to bind Proteus, and that in the chain of his transformations, the One is reflected.[31] Herder makes this explicit in the conclusion of the same passage of the *Fourth Grove*:

> The Greek, the Gothic, the Moorish taste in architecture and sculpture, in mythology and poetry—is it the same? And is this taste not to be explained by the times, manners, and peoples? And does it not in each case have a first principle that has just not been understood well enough, just not felt with the same intensity, just not applied in the right proportion? And does not even this Proteus of taste, which transforms itself under every new sky, in every foreign clime wherein it draws breath, does not this diversity of taste itself prove, by the causes of its transformation, [*beweiset er nicht selbst mit den Ursachen seiner Verwandlung*] that beauty is one, just like perfection, just like truth? (Herder 2006, 202; FHA 2, 286)

The context of this passage is very polemical (an attack on Justus Riedel's conception of the "relative nature" of beauty) and the text is highly rhetorical (and was withheld

31 I take this analysis of the role of Proteus to be one way to go a bit further where Robert Norton's very insightful interpretation of Herder stops: Herder did not only couple passionate empiricism with a belief in the power of origins; he also had metaphysical reasons why it would be possible to get close to a universal science of man, and approximate history in its totality (Norton 1991, 50, 156–157, 184).

by Herder from being published in a very late stage of its composition).[32] However, of interest here is the suggestion that the *causes* of Proteus' transformations *prove* that beauty is one. Herder's point is that "the ground and order of everything" can be recognized as long as we take historical change as a natural phenomenon which can be made sense of in causal fashion (ibid., 199; 282). Rather than treating change as a threat to the order of nature, the *dynamic* of the natural order adds to its splendor. For it is Proteus who himself proves "*mit den Ursachen seiner Verwandlung*" that there is one ideal of beauty. Some normative implications follow from this: Herder suggests in the same passage that we can recognize certain natural and cultural factors as 'corrupting' the level of a nation's "Ästhetischen Bildung"; we can identify some phenomena that are considered beautiful everywhere around the globe; a basic universal psychological constitution underlies the diversity of human shapes; and principles can be distinguished according to which we can evaluate how well human beings are adapted to their (natural, historical) environment (FHA 2, 284–285; cf. Norton 1991, 165). By consequence, the genetic explanation of the diversity of taste has to rely on physiology, psychology and natural history as much as on philology.

Furthermore, in this argument the Proteus of Bacon and Pico appears, who thought that the variety of Proteus' shapes must be engaged *exhaustively* in order to learn about its essence, because *all* of nature (Pan) is Protean. The historian here also emulates Bacon's ideal of natural science: to pursue Proteus through all his different shapes, because it is only in forcing nature to go through different passages that its true nature may be revealed (Burns 2001, 973–974). The Protean character of truth, goodness, and beauty necessitates a historical approach to the study of man. This is because everything

> evolves from a single fundamental faculty of the soul to obtain ideas and in doing so, through this unfolding of its activity, to feel itself become ever more perfect and to take pleasure in doing so. How beautiful the human soul thereby becomes! Unity in its foundation, thousand-fold diversity in its development, perfection in the totality! (Herder 2006, 198; FHA 2, 280)

Thus the human soul's activity provides the origin of taste. Here we find the identity which, while it evades us at any particular moment in time, grounds the individuality of the human feeling of beauty.

III.3 The Providential *Bildung* of Proteus

In this final subsection I outline the additions and adjustments which Herder made to his Protean conception of humanity from a more affirmative religious perspective in his 1774 *This Too a Philosophy*. His use of the Proteus metaphor in this text highlights the

32 Herder stresses the *diversity* in taste in order to show that Riedel's theory (of "fundamental feelings" for the true, good and beautiful) is unable to account for the phenomena. And he stresses the *objectivity* and ultimate unity of beauty in order to deny Riedel's own skeptical conclusion. Herder's conclusion then reverts to a universalistic ideal of a singular and "pure" beauty which is at odds with both earlier and later accounts (FHA 2, 286–287).

continuity of the anthropological presuppositions which inform Herder's philosophy of history. But his references to the motif of a *mirror* now add a religiously inspired emphasis on the *limitations* to what is reflected to finite human beings. The text's final motto encapsulates this emphasis in the phrase: "For now we see in a mirror, dimly, but then we will see face to face [...]" (1 Cor 13:12; FHA 4, 107).[33] This mirror may reflect images of divine revelation; but Herder now questions the adequacy and/or attainability of this reflecting. Herder's references to a magic mirror are now balanced by the idea that human cognition relies on a *dark* mirror: the human soul at every single moment in time and space reflects only a fragment of creation (FHA 9/2, 86; cf. Herz 1996, 14–19). Nevertheless, I will show that this gives rise to a third strategy for reconciling change and continuity and for countering the Pyrrhonist tendency to infer skeptical conclusions from historical change.

In Herder's criticisms of the various ethnocentric universalizations of happiness and virtues, the familiar Protean model appears:

> Is not the good on the earth *strewn about*? Because one shape of humanity and one region of the earth could not grasp it, it got distributed into a thousand shapes, it roams forth [*wandelt*]—an eternal Proteus!—through all parts of the world and all centuries. Also, as he roams and roams further, it is not for greater *virtue* or *happiness of the individual* that he strives—humanity ever remains only humanity—and yet a *plan of striving further* becomes visible—my great theme! (Herder 2002, 298, translation modified; FHA 4, 40)

Herder pitches a Protean transforming and striving forth (*wandeln*) of humanity against both the skeptics and the Enlightenment universalists. He explicitly positions himself between these two positions, which could for example be identified with the works of Jacques-Bénigne Bossuet and Voltaire.[34] Bossuet's universal history represented the naïve faith in the linear and providential progress of a universal morality. Voltaire attempted to present a universal history of human virtues and vices on the basis of the progression of a universal and natural human rationality—but announced chaos and catastrophe when diving into the actual events of history (Kondylis 1981, 444–451). Voltaire's observation of human passion and folly lead to skepticism about all morality and philosophy, Herder contends (FHA 4, 41, 104). For Herder, the positions of Bossuet and Voltaire are two sides of the same coin: the search for a straight line of progress in history leads to catastrophe theory.[35] The projection of ideals onto history that are too general and abstract necessarily leads to disillusionment about the meaning of history.

33 I quote the New Revised Standard Version. In the Authorized Version it says "now we see through a glass, darkly" (Herder 2002, 358). Both a modern German version and the Luther Bible translate "ἐσόπτρου" as "Spiegel" (see Herz 1996, 16).

34 Frederick Beiser is right that Herder's critique was leveled at work of many of his contemporaries, not just two specific authors (Beiser 2011, 133). But it is nonetheless relevant to concretely identify the two *groups* of opponents at which Herder directed his criticisms.

35 This "double polemic" has been identified before by Kondylis and Beiser (Kondylis 2002, 635; Beiser 1992, 208). This is in line with Herder's general polemic against metaphysicians and skeptics, and supported by the text's motto, taken from Epictetus: "It is not things that disquiet human beings but dogmas concerning things" (Herder 2002, 272; FHA 4, 9).

This is why Herder's anti-skepticism is not, as Sikka suggests, less predominant than his anti-ethnocentrism. Herder considers the skeptical *philosophes* in Paris and the optimistic German and Swiss *Aufklärer* united by sharing the same mistaken assumptions. I will now elucidate why Herder thinks they are wrong in the way they approach both Proteus and the mirroring quality of creation, before I present Herder's alternative approach.

Herder accuses his contemporaries of having presented their own shape of humanity as a new divinity, allegedly capable of the absolute freedom of taking on any shape at will. Herder considers this blasphemous, and he portrays his contemporaries like fraudulent alchemists who manipulate human nature according to their own self-indulgent ideals (ibid., 83–84). He formulates the danger residing in this perverse misinterpretation of the human condition in terms familiar from Pico: "[T]he philosopher is most an *animal* when he would wish to be most reliably a *God*" (Herder 2002, 334; FHA 4, 81). The philosophers Herder has in mind attempt to present a particular shape of Proteus as if it were a general form, which would be exactly contrary to Proteus' nature. In more recent terms, their gesture is to cast *homo proteus* as a super-human, or: as *homo deus* (cf. Harari 2016). What's more, the philosopher's ideal of a completely general and pure humanity or reason serves other interests, which Herder ironically describes as another divinity, namely *pecunia* personified: "How we know to *seize* the single god of all gods, *Mammon*, as a second Proteus!, and how to *change* him!, and how to *extort* everything from him that ever we want!" (Herder 2002, 326; FHA 4, 71–72). Those who chase this Proteus do not respect his or their integrity. Rather, they torture and plunder under the false assumption that they hear Proteus divine, and present *themselves* as the "*mirror* of *all the past* and *representative* of the *purpose* of the *composition* in *all its scenes*! The precocious child slanders and blasphemes" (ibid., 336; 84).

Herder's alternative Protean conception of humanity aligns mutability with finitude, and with the destiny which human beings help fulfill as a tiny element of historical development. The way Herder relies on Proteus' identity here is consistent with his earlier works in insisting that "*human being* always remains *human being, in accordance with the analogy of all things* nothing but *human being!*", and that "inside beneath the manyfold transformed husk the same *kernel of essential nature* and of *capacity for happiness* can still be preserved" (ibid., 334–335; 81–82). This organic core is "invisible", and "differently developed, indeed appears in different forms, but inwardly only one measure and mixture of forces" (ibid.). Its *development*, however, proceeds according to intentions which, from "*the right viewpoint*", could be intimated (ibid., 335; 82). Although God's intentions mostly lie beyond the historian's grasp, the notion of a providential formation of humanity should capture both the conviction that all of history is meaningfully interconnected and in development, and that there is no uniform set of standards along which this development can be measured (SWS 5, 589). In fact, it is crucial to Herder's position that God's plan is mostly unknown to us. Herder's philosophy of history is teleological, but it is so in an "open" manner (cf. Spencer 2012, 118, 122; Sikka 2011, 118–121). Herder does not subsume historical periods as means to a fixed and final end: the conditions that endow certain periods with value change as well (FHA 4, 54, 87). Furthermore, out of our lack of insight into providence a further key feature can be explained, which would later be known as the "cunning of reason"

(Hegel), or "heterogony of ends" (Wundt).[36] The crucial feature of any successful theodicy is that it manages to interpret the appearance of evil in the world as contributing to the good despite itself (cf. ibid., 53–54, 83, 98). The indiscernibility of God's ways has stood the test of time as a method for achieving this.

The religious acceptance of human finitude—and the trust in the way God has tied all of history together—provides a distinct perspective on the reconciliation of human diversity and unity. In contrast to the *Treatise*'s "*progressive unity of all conditions of life*", achieved through human *reflection*, Herder's 1774 picture of world history introduces a faith in fate that is crucial especially in those instances where the turns of history appear arbitrary and even cruel (Herder 2002, 155; FHA 1, 800). The chain which links together the many phases of Proteus' *Bildung* depends on a divine instance in which finite creatures should put their trust and hope.[37] However, this perspective is not systematically at odds with the strategies lined out in the previous subsections. It is still a manner to accept situatedness, to bypass the Pyrrhonist argumentative modes by pluralizing value-terms, and to grasp the intelligible order of this plurality as well as of every single of its individual elements. According to this larger vision, Herder allows the historian to assert or recognize the value of each of Proteus' individual shapes, as well as the contribution that these forms make to one large world-historical development.

The identity which underlies Proteus' changes is the concept of 'humanity', and the providential development of its *Bildung* is its telos. Thus Herder finishes an early introduction to *This Too a Philosophy*: "I would only wish for myself as guide and Muse of my observations that *genius* who was the genius of the human species in all its conditions and invisibly guided, still guides, and alone completely surveys the thread of the development of its forces and inclinations" (Herder 2002, 271; SWS 5, 589–590). Essential to this conception of unity in diversity is the notion of world history in its totality. Next to the transcendence of the divine perspective, this totality receives a normative function which is immanent in history, yet transcends any particular historical inquiry. This totality is an infinite task and an object of faith, but it is Herder's way of holding on to the value of any and all particular.

Furthermore, the analogies and harmonies that we are able to recognize from our finite perspective (as discussed above); the attempts to explain historical change; and recognizing different forms of the good as good all do help to intimate world history in its totality. At least it is Herder's attempt to reveal the meaning of the *Bildung* of humanity: "'*God's course through the nations*! *Spirit* of the *laws, ages, ethics*, and *arts*—how they have *followed!, prepared!, developed*, and *displaced!* one another.' If only we had such a *mirror* of the *human species* in all faithfulness, fullness, and feeling of *God's revelation*" (Herder 2002, 340; FHA 4, 88). Herder's 1774 philosophy of history thus attempts to synthesize the particulars of world history into a mirror. This mirror should show how the human species' course through history everywhere reflects the human spirit in

36 Kondylis has analyzed the history of this strategy in Enlightenment philosophy of history (Kondylis 2002, 433, 467–468).

37 Yet the argument from finitude was not absent from the earlier texts either. In the *Fragments*, for example, Herder distinguished between human language and divine thought, and concluded that language was a Proteus on earth (FHA 1, 557–559).

different shapes. It is now an issue of religious intimation whether it is possible to find the right viewpoint for attaining such a reflection of humanity. Still, already in 1766, Herder had demanded such a mirror for the purpose of recognizing the same humanity beneath diverse shapes. In 1774 as in 1766 Proteus appears as a symbol of the synthesis of radical difference and unity and as an alternative both to forms of skepticism and of abstract universalism. Moreover, the structural relation between Proteus' shape-changing and his power of divination is remarkably similar and allows for harmony through analogy in much the same way as exhibited in the *Treatise on the Origin*:

> Great must be the whole where already in every individuality there appears such *a whole*!, but in every individuality there also still only reveals itself such an *indeterminate One*, solely for the whole! Where *little* connections already yield great *meaning*, and yet centuries are only *syllables*, nations only *letters* and perhaps *interpunctuations*, which mean nothing in themselves but *so much* for the easier meaning of the whole! (Ibid., 356–357; 105–106)

IV Conclusion

In this paper, I have distinguished three strategies all referring to the figure of Proteus and adopted by Herder to argue for a unity in diversity. Contrary to what is often suggested in Herder scholarship, the three strategies have in common that Proteus does not merely signify instability, untruthfulness, chaos or the violation of the order of things. Quite the opposite: in Herder's philosophy of history, Protean mutability is an essential aspect of the natural-historical *order*. What's more, in this dynamic order, many of the positive connotations traditionally attached to Proteus are expressed. Thus the Homeric connotation of a capacity to *divine* to the knower who manages to bind Proteus about the true nature of things is explicit in Herder's use of the metaphor. And the humanist conception of an essential mutability of human nature and the responsibility to cultivate (*bilden*) humanity in the right way are also inherent in Herder's Protean conception of humanity. Furthermore, the Baconian activity on the part of the knower in chasing Proteus through all different shapes and the intimate connection between Proteus and Pan (nature, All) both play crucial roles in Herder's aim to approach world history as a harmonious totality. This totality, which can only be found in all of Proteus' different shapes, was expressed already in the late-ancient *Orphic Hymns* to which Hamann had referred in his *Clouds*: "He has all at his disposal,/ transformed far beyond/ all other immortals/ [...] for Physis was the first to place everything in Proteus" (Athanassakis, Wolkow 2013, 23).

However, the three discussed strategies are also distinct: the 1774 providential model of *This Too a Philosophy* (strategy three) focuses more on the finitude of individual human beings than the 1769 *Treatise on the Origin* (strategy one) in order to arrive at a conception of the history of humanity as interconnected in a great chain of *Bildung*. And the causal-genetic pursuit of Proteus' different shapes (strategy two) tends to block skepticism in a manner distinct from the picture of harmonious unity suggested in both strategies one and three. For the pursuit of Proteus' changes strives towards either an absolute origin or core, or to multiple individual fields or forms, rather than towards analogical connections. Nonetheless, I consider both their procedure (recognizing analogies) as well as their result (a world-historical "*Kette der Bildung*") unite strategies one and three. Moreover, both the results of causal-genetic explanation (individualities as well as the Origin/One) would themselves again be candidates for the procedure of forming connections on the basis of recognized analogies.

Finally, I have argued in this paper that all three strategies are part of the same effort of Herder to deny that any skeptical conclusions can be drawn from the phenomena of natural and historical diversity. Herder's (ontological and theological) trust in the ultimate unity of all of Proteus' forms facilitates the engagement of their diversity. It must hence be concluded that Proteus appears as an anti-skeptical device in Herder's texts rather than as an emblem of mere flux and difference. Contrary to the Pyrrhonist mode of taking *difference* as signaling the need to suspend judgment, Herder takes the diversity of Proteus' shapes as an *invitation* to collect, order and evaluate them all. The ontological trust underlying Herder's approach to diversity may not satisfy the modern reader who expects a more technical and charitable engagement with skeptical challenges. Yet it does make Proteus into a figure signifying in Herder's writings an anti-skeptical as much as an anti-ethnocentric program: it proves human diversity to be constitutive to any general anthropology and explains why universalizing our own standpoint is a non-starter in the field of human history.

This brings me to the conclusion that a coherent philosophy of history can be found scattered throughout the early works of Herder. That is to say: to rely on analogies in the search of differences and larger harmonies; to trace the causes of change in order to improve the understanding of diversity; to hold on to very broad notions of stable truth, goodness, beauty and humanity; and to combine these with a religious intimation of the providential development of humanity are efforts that can be made into a consistent philosophy of history. In fact, Herder's treatment of happiness and virtue in *This Too a Philosophy* hint at ways of reconciling the claims that we only have access to Proteus' particular shapes, and that we nonetheless should hold on to a notion of the good that is stable and yet "*verteilt in tausend Gestalten*" (FHA 4, 40). However, it has been observed before that it is difficult to recognize such a consistent philosophy of history in the 1774 treatise. Rather, this text contains a partial sketch of how an account of world history could look as a meaningful development in which each phase expresses the good in a particular form. Hence the conclusion of this study of the Proteus figure in Herder's early writings is a different one.

I hope to have shown in this paper that Herder's repeated invocation of the mythological figure of Proteus expresses the continuous effort of thinking through (in both a more radical and constructive way than his predecessors) the implications of historical change. My analysis has displayed that in order to achieve this, and to make historical diversity potent for a positive anthropology, Herder relies on myth, metaphysics, and theology. Herder's use of metaphors like the one discussed here shows the influence of mythological thinking on systematic issues even in those texts like the *Fourth Grove* and *On the Change of Taste*, which in other respects come closest to a "thoroughgoing naturalism" on Herder's part (Zammito 2016, 21). Hence it is essential that interpretation of Herder's anthropology does not present seemingly incommensurable fields in "a blunt either / or" manner, but indeed attempts to "think them *together*" (ibid., 21–22).

Attending to the context of these metaphors, and working out the different conceptual possibilities they open, helps to explain how Herder integrated the results of thoroughgoing historical and natural science into a theology of humanity.

References

Adler, Hans: *Die Prägnanz des Dunklen: Gnoseologie—Ästhetik—Geschichtsphilosophie bei Johann Gottfried Herder*. Hamburg: Meiner, 1990.

Albus, Vanessa: *Weltbild und Metapher. Untersuchungen zur Philosophie im 18. Jahrhundert*. Würzburg: Königshausen & Neumann, 2001.

Allert, Beate (ed.): *J. G. Herder: From Cognition to Cultural Science / Von der Erkenntnis zur Kulturwissenschaft. Contributions Based on the 2014 Conference of the International Herder Society at Purdue University, West Lafayette, Indiana*. Heidelberg: Synchron, 2016.

Athanassakis, Apostolos N., Benjamin N. Wolkow: *The Orphic Hymns*. Baltimore: The Johns Hopkins Univ. Press, 2013.

Baumgarten, Alexander: *Metaphysica / Metaphysik*. Trans., ed. by Günter Gawlick, Lothar Kreimendahl. Stuttgart-Bad Cannstatt: Frommann-Holzboog, 2011.

Beiser, Frederick C.: *Enlightenment, Revolution, and Romanticism: The Genesis of Modern German Political Thought, 1790–1800*. Cambridge, MA: Harvard Univ. Press, 1992.

Beiser, Frederick C.: *The Fate of Reason. German Philosophy from Kant to Fichte*. Cambridge, MA: Harvard Univ. Press, 1987.

Beiser, Frederick C.: *The German Historicist Tradition*. Oxford, New York: Oxford Univ. Press, 2011.

Bellmann, Tina: Fragmentarische Annäherungen an das Menschsein. Herders *Sprachursprungsschrift* und seine Auslegung von Genesis 1–3, in: *Herder Jahrbuch / Herder Yearbook* 13 (2016): 43–61.

Bibliotheca Herderiana. Photomechanischer Neudruck der Originalausgabe 1804. Cologne: Böhlau, 1979.

Burns, William E.: 'A Proverb of Versatile Mutability': Proteus and Natural Knowledge in Early Modern Britain, in: *The Sixteenth Century Journal* 32,4 (2001): 969–80.

Cassirer, Ernst: *Freiheit und Form. Studien zur Deutschen Geistesgeschichte*. Darmstadt: Wissenschaftliche Buchgesellschaft, 1975.

Gaier, Ulrich: *Herders Sprachphilosophie und Erkenntniskritik*. Stuttgart-Bad Cannstatt: Frommann-Holzboog, 1988.

Giamatti, A. Bartlett: Proteus Unbound: Some Versions of the Sea God in the Renaissance, in: Peter Demetz, Thomas Greene, Lowry Nelson, Jr. (eds.): *The Disciplines of Criticism. Essays in Literary Theory, Interpretation, and History*. New Haven, London: Yale Univ. Press, 1968: 437–475.

Gjesdal, Kristin: *Herder's Hermeneutics: History, Poetry, Enlightenment*. Cambridge: Cambridge Univ. Press, 2017.

Goethe, Johann Wolfgang: *Die Leiden des jungen Werthers. Erster Theil*. Leipzig: Weygand, 1774.

Grant, Michael: *Who's Who in Classical Mythology*. London: Routledge, 2001.

Hamann, Johann Georg: *Sämtliche Werke. Historisch-Kritische Ausgabe*. Vol. 2. Ed. by Josef Nadler. Vienna: Herder, 1950.

Harari, Yuval Noah: *Homo Deus: a Brief History of Tomorrow*. London: Harvill Secker, 2016.

Heinz, Marion: Historismus oder Metaphysik? Zu Herders Bückeburger Geschichtsphilosophie, in: Martin Bollacher (ed.): *Johann Gottfried Herder. Geschichte und Kultur.* Würzburg: Königshausen & Neumann, 1994: 75–85.

Heizmann, Bertold: *Ursprünglichkeit und Reflexion. Die* poetische Ästhetik *des jungen Herder im Zusammenhang der Geschichtsphilosophie und Anthropologie des 18. Jahrhunderts.* Frankfurt a. M.: Lang, 1981.

Herder, Johann Gottfried: *Ausgewählte Werke in Einzelausgaben. Schriften zur Literatur.* Vol. 2 / 1. Ed. by Regine Otto. Berlin: Aufbau, 1990.

Herder, Johann Gottfried: *Johann Gottfried Herder: Selected Early Works, 1764–1767: Addresses, Essays, and Drafts; Fragments on Recent German Literature.* Trans. by Ernest A. Menze with Michael Palma. Ed. by Ernest A. Menze, Karl Menges. University Park, Pa.: Penn State Univ. Press, 1992.

Herder, Johann Gottfrried: *Philosophical Writings.* Trans., ed. by Michael N. Forster. Cambridge: Cambridge Univ. Press, 2002.

Herder, Johann Gottfried: *Selected Writings on Aesthetics.* Trans., ed. by Gregory Moore. Princeton: Princeton Univ. Press, 2006.

Herz, Andreas: *Dunkler Spiegel—helles Dasein. Natur, Geschichte, Kunst im Werk Johann Gottfried Herders.* Heidelberg: Winter, 1996.

Irmscher, Hans Dietrich: Beobachtungen zur Funktion der Analogie im Denken Herders, in: *Deutsche Vierteljahrsschrift für Literaturwissenschaft und Geistesgeschichte* 55 (1981): 64–97.

Irmscher, Hans Dietrich: *"Weitstrahlsinniges" Denken: Studien zu Johann Gottfried Herder.* Ed. by Marion Heinz, Violetta Stolz. Würzburg: Königshausen & Neumann, 2009.

Irmscher, Hans Dietrich, Emil Adler: *Der Handschriftliche Nachlass Johann Gottfried Herders: Katalog.* Wiesbaden: Harrassowitz, 1979.

Jacobs, Jürgen: "Universalgeschichte der Bildung der Welt". Die Problematik des Historismus beim frühen Herder, in: Bollacher 1994: 61–74.

Kant, Immanuel: *Critique of Pure Reason. The Cambridge Edition of the Works of Immanuel Kant.* Trans., ed. by Paul Guyer, Allen Wood. Cambridge: Cambridge Univ. Press, 1998.

Kondylis, Panajotis: *Die Aufklärung im Rahmen des neuzeitlichen Rationalismus.* Hamburg: Meiner, 1981. Reprint Hamburg: Meiner, 2002.

Konersmann, Ralf: *Lebendige Spiegel: Die Metapher des Subjekts.* Frankfurt a. M.: Fischer, 1991.

Leventhal, Robert S.: Progression and Particularity: Herder's Critique of Schlözer's Universal History in the Context of the Early Writings, in: Wulf Koepke (ed.): *Johann Gottfried Herder. Language, History, and the Enlightenment.* Columbia, SC: Camden House, 1990: 25–46.

Leventhal, Robert S.: *The Disciplines of Interpretation: Lessing, Herder, Schlegel and Hermeneutics in Germany 1750–1800.* Berlin, Boston: de Gruyter, 1994.

Meinecke, Friedrich: *Die Entstehung des Historismus.* 2nd ed. Munich: Leibniz, 1946.

Menke, Christoph: *Kraft. Ein Grundbegriff ästhetischer Anthropologie: mit einem neuen Vorwort.* Berlin: Suhrkamp, 2017.

Morton, Michael: *Herder and the Poetics of Thought: Unity and Diversity in* On Diligence in Several Learned Languages. University Park, PA, London: The Pennsylvania State Univ. Press, 1989.

Muthu, Sankar: *Enlightenment Against Empire.* Princeton: Princeton Univ. Press, 2003.

Nassar, Dalia: Understanding as Explanation: The Significance of Herder's and Goethe's Science of Describing, in: Anik Waldow, Nigel DeSouza (eds.): *Herder. Philosophy and Anthropology.* Oxford: Oxford Univ. Press, 2017: 106–124.

Norton, Robert Edward: *Herder's Aesthetics and the European Enlightenment.* Ithaca, London: Cornell Univ. Press, 1991.

Noyes, John K.: *Herder: Aesthetics against Imperialism.* Toronto: Univ. of Toronto Press, 2015.

Pico della Mirandola, Giovanni: *Oration on the Dignity of Man.* Trans., ed. by A. Robert Caponigri. Chicago: Regnery, 1956.

Piirimäe, Eva: Sociability, Nationalism and Cosmopolitanism in Herder's Early Philosophy of History, in: *History of Political Thought* 36,3 (2015): 521–559.

Plato: *Statesman; Philebus; Ion.* Trans., ed. by Harold North Fowler, W. R. M Lamb. Cambridge, MA: Harvard Univ. Press, 1925.

Reill, Peter Hanns: Herder's Historical Practice and the Discourse of Late Enlightenment Science, in: Wulf Koepke (ed.): *Johann Gottfried Herder: Academic Disciplines and the Pursuit of Knowledge.* Columbia, SC: Camden House, 1996: 12–21.

Rudolph, Andre: Proteusfiguren esoterischer Ästhetik bei Wieland, Hamann und Goethe, in: Monika Neugebauer-Wölk (ed.): *Aufklärung und Esoterik: Rezeption—Integration—Konfrontation.* Tübingen: Niemeyer, 2008: 395–427.

Schick, Edgar B.: *Metaphorical Organicism in Herder's Early Works. A Study of the Relation of Herder's Literary Idiom to His World-View.* The Hague, Paris: Mouton, 1971.

Sextus Empiricus: *Outlines of Pyrronism.* Trans., ed. by Benson Mates. Oxford: Oxford Univ. Press, 1996.

Sikka, Sonia: *Herder on Humanity and Cultural Difference: Enlightened Relativism.* Cambridge: Cambridge Univ. Press, 2011.

Simon, Ralf (ed.): *Herders Rhetoriken im Kontext des 18. Jahrhunderts: Beiträge zur Konferenz der Internationalen Herder-Gesellschaft Schloss Beuggen nahe Basel 2012.* Heidelberg: Synchron, 2014.

Spencer, Vicki A.: *Herder's Political Thought: A Study on Language, Culture and Community.* Toronto: Univ. of Toronto Press, 2012.

The New Oxford Annotated Bible. Fully Revised Fourth Edition. New Revised Standard Version With The Apocrypha. Trans. by National Council of the Churches of Christ in the USA, ed. by Michael D. Coogan. Oxford: Oxford Univ. Press, 2010.

Zámbóné Kocic, Larisa: *Protean Vicissitude and Milton's* Paradise Lost. Szeged Univ. Diss., 2011.

Zammito, John H.: Herder and Naturalism: The View of Wolfgang Pross Examined, in: Staffan Bengtsson et al. (eds.): *Herder and Religion. Contributions from the 2010 Conference of the International Herder Society at the University of Notre Dame, South Bend, Indiana.* Heidelberg: Synchron, 2016: 13–24.

Zammito, John H.: *Kant, Herder, and the Birth of Anthropology.* Chicago: Univ. of Chicago Press, 2002.

Julius Thelen (Freiburg i. Br.)

Polyperspektivische Literaturgeschichte. Herders ›Antwort‹ auf die ›Querelle‹ in der siebten und achten Sammlung der *Humanitätsbriefe*

The article deals with Herder's position relating to the 'Querelle' in the 7th and 8th collection of the Humanitätsbriefe. *Whereas Karl Menges' previous research published in the 1980s interpreted Herder's arguments by referring to his thoughts on the philosophy of history, this article rather aims to focus on the text itself. In a close reading of his shimmering evaluations of the literary history of Antiquity, the Middle Ages and the Renaissance, I seek to demonstrate the dialogical structure of the text implicating a polyphonic discourse. This approach allows us to show that Herder (unlike his contemporaries Schlegel and Schiller) doesn't deliver a straight answer to the 'Querelle'. Instead, he weighs various vantage points by using the voices of different speakers. In doing so, he ponders on the tension between the historical-relative and the normative-universalistic thoughts which are considered to be characteristic for his writings. Finally, it remains the reader's task to form an opinion on the topic. Herder's* main *goal in his draft of literary history, it seems, consists in encouraging the reader to think for himself.*

I Die *Humanitätsbriefe* und die ›Querelle des Anciens et des Modernes‹. Probleme der Herder-Forschung

Hans Robert Jauß hat in einem einschlägigen Aufsatz zum Wiederaufleben der ›Querelle des Anciens et des Modernes‹, das sich in den 1790er Jahren auf deutschsprachigem Gebiet ereignete, intensiv das Verhältnis von Friedrich Schlegels Studium-Aufsatz und Schillers Abhandlung *Über naive und sentimentalische Dichtung* diskutiert (vgl. Jauß 1970). Allerdings nennt er noch einen dritten Text, mit dem sich Schlegel in einer Rezension kritisch auseinandersetzte.[1] Es handelt sich um die siebte und achte Sammlung der von Johann Gottfried Herder verfassten *Briefe zu Beförderung der Humanität* aus dem Jahr 1796, die in insgesamt zehn Sammlungen von 1793–1797 bei Johann Friedrich Hartknoch in Riga erschienen waren. Wie die Autoren der beiden anderen Texte reagierte Herder mit seiner Veröffentlichung auf die Umwälzungen der Französischen Revolution; dieses politische Ereignis erwies sich auch für Fragen der Ästhetik als bedeutsam.[2] Nach einer kursorischen Lektüre von Herders Text kommt Jauß zu einer Einschätzung, die das wenig Progressive seines Ansatzes herausstellt,

1 Vgl. Schlegel 1967. Hierzu Jauß 1970, 72, im Anschluss an Weber 1970. Überblickshaft zu den Diskussionen ›um 1800‹ zwischen »*geschichtsphilosophische[r] Poetik*« und »*poetischer Geschichtsphilosophie*« vgl. Prüfer 2002, 277–278.

2 Vgl. mit gewissen Einschränkungen: Stolpe 1989. Unverfänglicher ist die Arbeit von Arnold 1981, der die Briefkorrespondenz Herders mit Blick auf seine Äußerungen zur Französischen Revolution auswertet; aus Perspektive der neueren Forschung zusammenfassend Löchte 2005, 93–98.

wenn es um die Beantwortung der Frage gehe, wem der Vorzug einzuräumen sei: der antiken Kultur bzw. Literatur oder der modernen (vgl. Jauß 1970, 72, 74–75). Insofern widmet er sich tiefergehend vor allem den Ausführungen Schlegels und Schillers. Daran stieß sich schon Karl Menges, der Herders Antwort auf die ›Querelle‹ als alternative, ebenso progressive Lösung zu rehabilitieren suchte. Auf den zur Diskussion stehenden Text ging er indes kaum ein (vgl. Menges 1988).[3] Sowohl Jauß als auch Menges zitieren die siebte und achte Sammlung nur an, verstehen diese als Ausdruck des (wie auch immer konzeptualisierten) Bilds des Herder'schen Geschichtsdenkens und verkennen so eine spezifische Qualität dieses Textes: seine dialogische Struktur, die eine vielstimmige Perspektivierung des Vorzugsstreits nach sich zieht. An den genannten Beiträgen zeigt sich ein Problem, das für die Forschung zu den *Humanitätsbriefen* insgesamt bezeichnend ist: Die Herausgeberfiktionen ebenso wie die mehr oder weniger markierten Sprecherwechsel werden häufig entweder ignoriert – oder aber mit dem Verweis, es handle sich um eine bloß zensurbedingte Maßnahme, in ihrem Problemgehalt depotenziert.[4] Dies hat zur Konsequenz, dass sich viele Interpreten dazu verleiten lassen, die Ausführungen der einzelnen bzw. einzelner Sprecher dem empirischen Autor Herder zuzuschreiben. Die vorliegende Studie versucht der Form der *Humanitätsbriefe* mehr Beachtung zu schenken. Um Urteile über die Intentionen und Positionen Herders fällen zu können, sollte zunächst ein Verständnis für die Vielstimmigkeit seiner Texte gewonnen werden.

In der jüngeren Forschung scheint sich ein verschärfter Blick für die Spannungen innerhalb von Herders Werk entwickelt zu haben. Einerseits gilt Herder als Autor, der die Gleichwertigkeit unterschiedlicher Kulturen in ihren verschiedenen geschichtlichen Stadien herausgestellt hat.[5] In einer solchen Konzeption sind vermeintlich primitive östliche Kulturen nicht schlechter oder besser als moderne westliche zu bewerten. Ihre jeweilige Gestalt lässt sich aufgrund verschiedener Umstände erklären und erhält so einen legitimen Platz in der Geschichte der Menschheit. Vor allem mit Blick auf Herders Bückeburger-Geschichtsphilosophie *Auch eine Philosophie der Geschichte zur Bildung der Menschheit* hat man dies beständig hervorgehoben.[6] Gesehen wurde aber andererseits auch, dass solche Überlegungen – die auch dazu gedient haben, Herder als ›Vater des Historismus‹ (vgl. Meinecke 1959)[7] zu apostrophieren – von normativen Bestimmungen überlagert wurden.[8] Herder ging es immer wieder auch darum, das Ideal des Menschen,

3 Vgl. auch die wesentlich gekürzte deutsche Fassung dieses Beitrags: Menges 1986.

4 Auch für die Rezeption der Antike scheinen zensurbedingte Überlegungen durchaus eine Rolle gespielt zu haben, wie Cancik 2009, 116 feststellt. Zur dialogischen Struktur der *Humanitätsbriefe* vgl. auch Vöhler 2009, 129; Federlin 1987, 138–140; Irmscher 1991, 814. Allerdings wird hier aus der Erkenntnis der Dialogizität nicht die Folgerung gezogen, die Sprecherrolle Herders zu problematisieren. Stolpe 1989, 218 und 220–222 hält die dialogische Form für eine politische Maske, hinter der sich Herders eigene Position zweifelsfrei erkennen lasse.

5 Zuletzt haben die nordamerikanischen ›Cultural-Studies‹ verstärkt zu einer solchen Lesart beigetragen: vgl. Sikka 2013.

6 Zu diesem Komplex vgl. differenziert Schmid 1979, 200–210; vgl. ferner etwa Schwinge 1999, 16.

7 Charakteristisch für eine solche Lesart ist die Diagnose Vöhlers 2009, 131; vgl. daneben Hassinger 1979; Proß 2008; Fulda 1996.

8 In der Forschung wird diese Spannung zwischen Relativismus und Universalismus schon länger diskutiert. Vgl. den Überblick und die kritische Diskussion der Sekundärliteratur bei Löchte 2005,

ja die Geschichte der Menschheit in ihrer Bestimmung zu skizzieren. Da er also durchaus ein Bild davon entwickelte, wie der Mensch zu sein habe, wurden auch einzelne Epochen im Hinblick auf diese Maßstäbe bewertet. Für Herder (als einen Schriftsteller), der – wie die ganze ›Weimarer Klassik‹ – stark von Winckelmann geprägt wurde, lag die hohe Wertschätzung einer bestimmten Kultur besonders nahe: die der klassischen Antike.[9] Ein eindrückliches Beispiel hierfür findet sich etwa in Herders Ausführungen über die griechische *Plastik*. In den Skulpturen jener Epoche sei der Mensch, so wie er idealiter ist, zur Darstellung gelangt (vgl. FHA 4, 276–277).

Neben diesem ›klassizistischen‹ bzw. universalistischen Herder gibt es aber auch den schon beschriebenen Relativisten, der erkannt haben will, dass jede Kultur aus anderen Voraussetzungen entspringe und die Verhältnisse im antiken Griechenland insofern keineswegs auf die deutsche Gegenwart zu übertragen seien. Die Vorbilder für die Konstitution einer deutschen Kultur, die Herder in seiner eigenen Gegenwart bisweilen nur sehr defizitär entwickelt sieht, seien eher in den eigenen ›nordischen‹ Traditionen oder bei den ›Wilden‹ in Übersee zu suchen.[10] Aus solchen Überlegungen entsprangen vor allem in seiner frühen Zeit die bekannten Aufsätze zu Shakespeare (vgl. Schmid 1979, 177–190) oder Ossian (vgl. ebd., 169–177), die später mit gewissem Recht zu Gründungsdokumenten des ›Sturm und Drang‹ erhoben wurden. Aber auch seine Volkslied-Sammlungen stehen zum Teil für den Versuch, nationale Traditionen zu rekonstruieren, aus deren Wiederbelebung die depravierte Gegenwart zu überwinden sei.[11] Die Zeit, die dabei in den Blick gerät, fällt zu großen Teilen mit dem Mittelalter zusammen, das Herder vor allem als ›mittlere Zeit‹ bezeichnet.[12]

Hier lässt sich der Bogen wieder zurück zur ›Querelle‹ spannen. Vor allem die siebte wie der Beginn der achten Sammlung der *Humanitätsbriefe* verhandeln das Verhältnis zwischen Antike und Mittelalter. Es steht also zu vermuten, dass die beschriebenen Spannungen zwischen normativ-universalistischem Denken einerseits und historisch-relativistischer Perspektive andererseits anhand eines solchen Vergleichs besonders hervortreten – zumal es sich bei der Schrift um eine späte Abhandlung Herders handelt und sich die Frage stellt, inwiefern etwa die frühe, gegenwartskritisch-schöpferische Rezeption von Autoren mittlerer Zeiten noch eine Rolle spielt. Vor allem aber ist zu beobachten, was geschieht, wenn eine direkte Konfrontation von Antike und Mittelalter nicht mehr in Form einer Abhandlung durch einen Sprecher präsentiert, sondern dialogisch durch verschiedene fiktive Instanzen vorgetragen wird.

18–26; vgl. auch die instruktiven Ansätze bei Nisbet 1973; Schmidt-Biggemann 1996; Morton 1989. Bezogen auf den philosophischen Ansatz Herders weiterführend: Kondylis 1981, 615.

9 Zu Herders Antike-Rezeption ist die herausragende Studie Schwinges 1999 anzuführen. Grundlegend für die Frage nach Winckelmann sowie seiner Rezeption durch Herder im Horizont der Poetik der Goethezeit ist Szondi 1974, 13–46 und 47–81.

10 Bezüglich der Fragmente *Über die neuere Deutsche Literatur* (1766–1767) vgl. etwa Schmid 1979, 149.

11 Vgl. Herders *Von Ähnlichkeit der mittlern englischen und deutschen Dichtkunst, nebst verschiedenem, das daraus folget* (FHA 2, 556–557), mit eindringlichen Appellen zur Wiederbelebung dieser Tradition (vgl. ebd., 558–559). Im Sinne eines Aufstands gegen die »deutsche[] Misere« hat Stolpe 1955, 211 diesen Aspekt freilich sehr stark betont.

12 Zu Herders früher Mittelalterrezeption vgl. Stolpe 1955; weiterführend vgl. Schmid 1979.

Eventuell ließe sich die polyperspektivische Darstellungsweise gar als Versuch Herders beschreiben, die skizzierte Spannung innerhalb des eigenen Werks zu reflektieren. Die Zensur wäre dann nicht der einzige Grund für den Rückgriff auf eine Herausgeberfiktion, zumal Herder sich solchen dialogischen Formen – sei es als Briefkonversation, sei es als ›klassischer‹ Dialog – auch in anderen Kontexten bediente (vgl. Irmscher, FHA 7, 813; Federlin 1987, 139).

Zunächst möchte ich im Folgenden kurz den Komplex der ›Querelle des Anciens et des Modernes‹ sowie die Herausgeberfiktion der siebten und achten Sammlung in den Blick nehmen, da auf diese Weise wesentliche Erkenntnisse über die Funktion der Form gewonnen werden können. Anschließend unterziehe ich das Ende der siebten wie den Anfang der achten Sammlung – vor dem Hintergrund der aufgeworfenen Probleme – einer einlässlichen Lektüre, da dort die Frage nach der Bewertung der mittelalterlichen Poesie im Verhältnis zur Antike wie auch deren Wiederaufleben in der Renaissance aufgeworfen wird.

II Die ›Querelle‹ und die Funktion der Form

Wie der Titel *Briefe zu Beförderung der Humanität* anzeigt, wählt Herder für sein Thema die epistolarische Form, wobei der Adressat nicht näher bestimmt ist. Im Verlaufe der siebten und achten Sammlung wird deutlich, dass es sich um fiktive Adressaten handelt, die die Rolle der Diskutanten einnehmen können. Insofern sie in der Fiktion Rezipierende sind, bieten sie aber Identifikationsmöglichkeiten für den Leser, der sich durch die Apostrophe des Herausgebers angesprochen fühlen darf. Der 81. Brief, der die siebte Sammlung eröffnet und mittels der Herausgeberfiktion auch noch für die achte bestimmend bleibt, wirft das Thema der ›Querelle des Anciens et des Modernes‹[13] auf. Es handelt sich hierbei um den in Frankreich zwischen dem Ende des 17. und Anfang des 18. Jahrhunderts geführten Rangstreit, wem in den Künsten der Vorzug einzuräumen sei – den Antiken oder den Modernen. Dabei ging es auch um die Frage, ob und inwiefern die Autoren der Antike für die Schriftsteller der Gegenwart noch normativ verpflichtend seien. Im Zuge der Auseinandersetzung bildeten sich zwei Lager, wobei auf der Seite der *modernes* Charles Perrault stand, der das wichtige Werk *Parallèle des anciens et des modernes* (1688–1697) veröffentlichte, auf der anderen Seite aber der Theoretiker des französischen Klassizismus Nicolas Boileau-Despréaux, der mit seiner Schrift *Art poétique* starken Einfluss erlangt hatte (vgl. Irmscher, FHA 7, 1015–1016). Allerdings handelte es sich keineswegs bloß um eine nationale französische Auseinandersetzung; mit Autoren wie Gottsched, der die französischen Poetiken stark rezipierte, wurde der Streit vielmehr auch in die deutschen Gebiete getragen (vgl. Pago 2003) und blieb lange Zeit – letztlich bis zu Hegels / Hothos *Vorlesungen zur Ästhetik* – präsent (vgl. Szondi 1974, 20). Der fiktive Autor des Briefes[14] kritisiert kursorisch einige Aspekte jener Auseinandersetzung:

---

13 Zu diesem Kontext vgl. ausführlich Jauß 1964. Krauss 1966 betont vor allem den aufklärerischen Aspekt, der in der Fortschrittsidee seinen Ausdruck gefunden habe. Vgl. daneben v.a. Zelle 1995, 74–103 und grundlegend Kapitza 1981.

14 Menges 1988, 152 setzt diesen fiktiven Autor mit der empirischen Person Herder gleich.

> Da man nicht allemal gnug bestimmte, von welchen Alten oder Neuern, von welchen Künsten und Wissenschaften die Rede sei? es übrigens dabei auch mehr auf einen Rangstreit damals lebender Personen, als auf eine unparteiische Schätzung alter und neuer Verdienste angesehen war, so konnte wenig ausgemacht werden, obgleich von beiden Teilen viel Gutes gesagt ward. (FHA 7, 441)

Die Kritikpunkte werden zwar nur kurz angerissen; das mindert sie aber nicht in ihrer Deutlichkeit. So wird beanstandet, dass nicht klar genug geworden sei, über welche Antike und Moderne und über welche wissenschaftlichen bzw. künstlerischen Disziplinen man diskutiere. Historisch wie systematisch blieb die ganze Diskussion nach Auffassung des fiktiven Autors unscharf. Darüber hinaus wird den Disputanten unredliches Verhalten vorgeworfen, wenn insinuiert wird, dass sich die Eitelkeit der Personen über die sachliche Auseinandersetzung gestellt habe. Insofern kann die Diskussion, ob den Alten oder den Neueren der Vorzug gebühre, weiterhin als offen gelten.[15] Für den fiktiven Briefautor steht zumindest fest, dass »der Unterschied alter und neuer Zeiten [...] ins Auge« springe, ja »*unverkennbar*« (ebd.) sei. Er betont jedoch im Folgenden die Probleme, die damit einhergingen, den von ihm konstatierten Unterschied zwischen den antiken und modernen Kulturen herauszuarbeiten und diesen auf seine »ersten Ursachen zurückzuführen« (ebd.). Ähnliche Schwierigkeiten begegneten einem, wenn man »jeder Nation und Zeit ihr Recht widerfahren [...] lassen« (ebd.) wolle. An dieser Stelle tritt eine Ansicht hervor, wie sie einleitend als konstitutiv für Herders Werk beschrieben wurde: Jede Epoche habe ihren irreduziblen Wert, der sich in einer Untersuchung der verschiedenen Umstände, in denen sich die Kultur entwickelt hat, erörtern lasse (vgl. Proß 2008, 27).

Indes finden sich schon in diesem Problemaufriss, den der fiktive Autor mittels verschiedener Fragen gibt, Überlagerungen, wie sie ebenfalls für das Werk Herders bezeichnend sind. Die »*Kultur zum Schönen*«, die der Briefschreiber mit »*Poesie*« gleichsetzt und die sich in unterschiedlichen Kulturen ausprägt, scheint doch nicht überall den gleichen Wert aufzuweisen: »Wie? kann man fragen, blühet diese schöne Blume der Humanität, *Poesie in Denkart, Sitten und Sprache* nicht überall und allezeit gleich glücklich?« (FHA 7, 441). Markant scheint das umfassende Konzept von ›Poesie‹, das hier herausgestellt wird. Als ›Kultur zum Schönen‹ handelt es sich offensichtlich nicht nur um die Manifestation literarischer Produktion, sondern – umfassender gedacht – um kulturelle Praktiken, die das Ziel haben, Schönheit hervorzubringen. Diese findet sich zwar *auch* in der Sprache, ebenso aber im Denken oder den Verhaltensformen, die in einer Gesellschaft verbreitet sind. Die Ursache für ein Zustandekommen von Poesie ist wiederum Humanität, wobei es sich um denjenigen Begriff handelt, der die verschiedenen, als positiv bewerteten kulturellen Praxen innerhalb der Geschichte integriert.[16] Es

15 Vgl. hingegen die moderne Deutung von Jauß 1970, 71.

16 Adler 2009, 99 und 102 hat vor allem auf die Offenheit dieses Konzepts hingewiesen, indem er versucht hat, Herders Humanitätsbegriff nicht mehr als Substanz-, sondern als Funktionsbegriff im Sinne Cassirers 1910 zu bestimmen (Adler 2009, 105). Meiner Auffassung nach wird damit die substanzielle Dimension des Begriffs verdeckt; vgl. dazu etwa die Stelle bei Herder in den *Ideen zur Philosophie der Geschichte der Menschheit*, dritter Teil, 15. Buch (FHA 6, 632) sowie folgende Studien: Löchte 2005, 14; Cancik 2009, etwa 119 und 125; Vöhler 2009, 143; Schwinge 1999, 27–28; Irmscher, FHA 7, 832–834.

deutet sich eine normative Dimension an, die der zunächst deskriptiven Kategorie der Poesie als einer Kultur zum Schönen entgegensteht, wenn der fiktive Autor in floraler Metaphorik fragend ausführt: »Und wenn zu ihrem Aufkommen ein besondrer Boden, eine eigene Pflege und Witterung gehöret; welches ist dieser Boden, diese Witterung und Pflege?« (ebd.). Der Modus des Konditionalsatzes legt nahe, dass vielleicht gar nicht überall, wo man von ›Poesie‹ spricht, auch jene ›Blüte der Humanität‹ entstanden sei. Aber auch im Folgenden überlagern sich deskriptive und normative Kategorien, wenn einerseits nach dem »Gesetz« der »Veränderung« gefragt wird, dem die Poesie abhängig von Raum und Zeit unterstellt sei (vgl. hierzu auch Jauß 1970, 74–75); diese »Veränderung« aber andererseits an einem »Bessere[n]« bzw. »Schlechtere[n]« gemessen wird.

Der fiktive Autor scheint mit dieser Skizze selbst keineswegs Position zu beziehen – man sollte ihm also auch die beschriebenen Spannungen nicht vorwerfen –, sondern Fragen zu stellen, »die man oft getan« (FHA 7, 442) habe (vgl. dagegen Menges 1988, 162–163). Die Probleme zwischen historischem Ansatz auf der einen Seite und normativem Horizont auf der anderen, die an dieser Stelle freilich nicht als solche reflektiert werden, wären aus dieser Perspektive konstitutiv für die ganze ›Querelle‹. Im Folgenden gibt sich der fiktive Autor als Herausgeber aus, da ihm »einige *Fragmente*« in die Hände gekommen seien, die »der Aufmerksamkeit unsrer Gesellschaft nicht unwert« (FHA 7, 442) erscheinen. Er hält die Fiktion eines Gesprächs mit dem Leser aufrecht, indem er seine Beziehung zum Kollektiv der Lesenden im Sinne einer geselligen Runde deutet. Dadurch aber wird auch die Ernsthaftigkeit der Konversation gemildert; keineswegs handelt es sich um eine Diskussion, die auf akademischem Niveau rangierte. Vielmehr, so wird suggeriert, findet eine gesellige Konversation in der Form des Briefs statt, die sich im 18. Jahrhundert nicht nur zu einem bedeutsamen Katalysator einer modernen Poetik entwickelt, sondern etwa auch in Lessings *Briefen, die neueste Literatur betreffend* für literaturkritische Streifzüge verwendet wurde (vgl. Stolpe 1989, 219).[17] Und dasjenige, was der fiktive Autor, der in die Rolle des Herausgebers geschlüpft ist, im Folgenden präsentiert, sind wiederum keine abgeschlossenen Schriften, sondern vielmehr Fragmente, denen der Charakter des Noch-nicht-Fertigen bzw. des Nicht-mehr-Ganzen eignet (vgl. auch Binkelmann, Stolz 2016, 228). Auf diese Unvollständigkeit weist der fiktive Herausgeber entschieden hin, sei in diesen Fragmenten doch die »Blüte der alten Kultur unter Griechen und Römern [...] als bekannt voraus[gesetzt]« (FHA 7, 442). Überdies bleibe die »Vergleichung« zwischen den älteren und den mittleren bzw. neueren Literaturen offen; vielmehr werde nur deren jeweiliges Entstehen erklärt. Gerade diese Offenheit und Unvollständigkeit scheint sich aber für den fiktiven Herausgeber genau in sein Konzept einer brieflichen Unterhaltung zu fügen, ermögliche das fehlende »Endurteil« dem »Leser« doch, den »Vergleich« selbst anzustellen. Und auch die Offenheit des Poesie-Begriffs, der oben skizziert wurde, biete Anlass, dass der Leser »eigne[] Gedanken« entwickle, ja dies sei gar »der schönste Zwecke einer schriftlichen Unterhaltung« (ebd.).

Es scheint so, als ob durch den fiktiven Herausgeber eine Leseanleitung für die siebte und achte Sammlung gegeben würde, die von der Forschung bislang ausgeklammert

17 Vgl. die Reflexionen auf die Möglichkeiten der Briefform im 56. Brief der *Humanitätsbriefe* (FHA 7, 293–294).

wurde. Sie zeigt zunächst, dass dieser fiktive Herausgeber sich von dem im Folgenden Vorgetragenen partiell distanziert. Es handelt sich mehrheitlich um fremde Texte, die präsentiert werden, deren Vollständigkeit zudem zweifelhaft ist und die dazu dienen, ein bestimmtes Problemfeld zu umreißen. Schließlich signalisiert er, dass keine definitiven Antworten geliefert werden; es gehe vielmehr darum, den Leser gewissermaßen zum Protagonisten des Dialogs zu machen, indem er das Gelesene kritisch reflektiert.[18]

III Die mittelalterliche Literatur und die Frage nach der Wertung

Für die siebte Sammlung der *Humanitätsbriefe* könnte man ausführlich zeigen, wie das Projekt einer Literaturgeschichte von der griechischen Antike bis ins christliche Mittelalter in einigen ›rhapsodischen‹ Abhandlungen verschiedener fiktiver Verfasser entwickelt wird. Obwohl ein dialogischer Sprecherwechsel auszumachen ist, lassen sich die einzelnen Perspektiven nur schwer voneinander abgrenzen. Das liegt vor allem daran, dass der Text weder Namen noch Abkürzungen bietet, die solche Identifizierungen ermöglichen. Ob der Fragment-Autor bzw. die Fragment-Autoren, einer der antwortenden fiktiven Leser oder der fiktive Herausgeber schreiben, muss zumeist offenbleiben. In der ursprünglichen Version der *Humanitätsbriefe*, wo fixe Figuren mittels Abkürzungen eingeführt wurden, war dies noch anders. Durch die Wahl einer polyperspektivischen Form stehen die *Humanitätsbriefe* nicht nur inhaltlich in der Tradition der ›Querelle‹; schon Perrault hatte seine *Parallèle* in Dialogen präsentiert. Ferner ließe sich zeigen, dass die Antike als Ursprung der entworfenen Literaturgeschichte immer wieder den normativen Vergleichspunkt bei der Charakterisierung der frühen christlichen wie der mittelalterlichen Literatur bildet (vgl. etwa FHA 7, 470). Bisweilen aber meldet sich auch ein fiktiver Autor zu Wort, der bestimmten Charakteristika der mittelalterlichen Poesie den Vorzug vor denen der Antike gibt (vgl. beispielsweise ebd., 482–483). Das normative Denken, das sich universeller Kategorien bedient, bleibt dergestalt vereinzelt auch jenseits des antiken Vergleichsmaßstabs virulent. Ich belasse es bei diesen Andeutungen für große Teile der siebten Sammlung, um meine Untersuchung auf den Übergang von der siebten zur achten Sammlung zu konzentrieren. Hier wird das Problem der Bewertung mittelalterlicher Literatur thematisiert. Dabei gehen die verschiedenen fiktiven Autoren auch verstärkt auf das Verhältnis zur Antike ein. Insofern sind diese Textstücke ausführlicher sowohl in ihrem ästhetischen Arrangement als auch in ihrem Gehalt zu analysieren.

Der 89. Brief, der das fünfte Fragment wiedergibt, geht unmittelbar zu einer expliziten Bewertung des zuvor Darstellten über: »*Vom Wert der Europäischen Dichtung mittlerer Zeit*« (FHA 7, 496). Den heutigen Leser dürfte irritieren, dass der fiktive Autor einerseits davon spricht, »die Europäische Kultur durch die Poesie der mittleren Zeiten [...] unparteiisch zu schätzen«, damit aber andererseits der Anspruch verbunden wird, ihren »Wert oder Unwert« zu zeigen. Der fiktive Autor aktualisiert das vom fiktiven

18 Vgl. Federlin 1987, 139; ferner: Vöhler 2009, 134–135. Die hohe Bedeutung, die die Eigentätigkeit des Lesers in Herders Werk einnimmt, betonen auch Irmscher 1991, 816 sowie Binkelmann, Stolz 2016, 220.

Herausgeber einführend umrissene Problemfeld. Er geht davon aus, dass man über den Wert einer Sache gleichsam objektiv, ohne Tendenzen subjektiver Vereinnahmung, entscheiden könne. Dagegen zeigen Teile der siebten Sammlung, dass – etwa in der Frage nach dem Ursprung des Reims[19] – schon auf der Ebene der Fakten bisweilen keine Übereinstimmung zwischen den verschiedenen fiktiven Sprechinstanzen erzielt werden kann. Der akribische Leser der *Humanitätsbriefe* verfügt insofern über ein Wissen, das über die einzelnen artikulierten Positionen hinausgeht. Ihm kommt die Aufgabe zu, die divergenten Perspektiven zu überblicken, kritisch zu vergleichen und – wenn möglich – zu synthetisieren. Dabei muss bedacht werden, dass die Autoren des späten 18. Jahrhunderts durch die Gattung des Briefromans schon längst mit den Möglichkeiten polyperspektivischen Erzählens vertraut waren.[20] In diesem Falle lässt sich die These aufstellen, dass die Zusammenschau der verschiedenen Positionen, welche in den Briefen artikuliert wurden, den Anspruch des Autors, den Wert einer Sache unparteiisch messen zu können, subvertiert.

Der fiktive Autor beginnt sodann damit, die Nachteile der europäischen Kultur mittlerer Zeiten anzuführen. Er nennt die »*verfallene Römersprache*« (ebd.) und plausibilisiert ihre pejorative Semantisierung aus ihrer heterogenen Substanz. Aus solch einer Sprache, so wird suggeriert, habe nur eine »*vulgare* Dichtkunst« hervorgehen können. Ihr gleichsam chaotischer Zustand korrespondiere mit einer grundsätzlichen »Unruhe und Verwüstung« im Gesellschaftlichen, aus der »nicht oder sehr spät der Gesang jener Muse« entstanden sei, »die einst in Ionien, Athen und Tibur reingestimmte, harmonische Saiten beseelt hatte« (ebd.). Mit diesem kontrastiven Vergleich entpuppt sich der fiktive Autor als deutlicher Vertreter des antiken Paradigmas. Dem modernen Chaos wird die antike Harmonie entgegengestellt. Durch die musikalische Metaphorik entwirft der fiktive Verfasser schlaglichtartig ein Ideal der Einheit, das ihm als Gegenbild mittelalterlicher Zustände dient.

Ferner seien die »*Sitten dieser Nationen selbst, im mittleren Zeitalter*« ein »Feind« der Poesie gewesen, die er als »Bildnerin der Sitten« (ebd.) apostrophiert. Auch für ihre Bewertung bleibt die negativ verstandene Kategorie des Heterogenen virulent. Der fiktive Verfasser parallelisiert Krieg, Unterjochung und Geistlichkeit, aus deren »Mischung« nur ein »vielartiges Sausen« habe resultieren können. Dabei wird eine Denkfigur kenntlich, die in vielen Schriften Herders eine bedeutsame Rolle spielt. Er denkt die künstlerische Produktion als Widerspiegelungsverhältnis. Auf das Beispiel bezogen heißt das: Eine vermischte / uneinheitliche Kultur kann auch nur eine vermischte / uneinheitliche Kunst hervorbringen. Die im weiten Sinne verstandenen kulturellen Verhältnisse determinieren die Kunst in monokausaler Weise. Ein Modell, das dem einzelnen Künstler die Möglichkeit zuspräche, seine eigene Wirklichkeit dichterisch umzuformen, stellt keine Alternative dar. Oder in den Worten Peter Szondis: »[E]ine Kunst, die Kunst und nicht Natur ist, vermag

---

19 Vgl. die Kontroverse zwischen zwei fiktiven Verfassern, die sich an der Frage entzündet, ob der Reim aus der arabischen Poesie stamme – wie mit Bezug auf den Gelehrten Johann Jacob Reiske (1716–1774), der für die Etablierung der Arabistik bedeutsam ist, behauptet wird – oder ob er über die Tradition der christlichen Lyrik vermittelt worden sei (FHA 7, 476–481); vgl. Reiske 1750.

20 Sehr hellsichtig urteilt Brummack 1989, 283–284 mit Bezug auf die Bückeburger Geschichtsphilosophie.

Herder nicht zu billigen« (1974, 70; vgl. auch Stolpe 1955, 454). An Stellen wie diesen sticht überdies ein weiteres auffälliges Motiv des Herder'schen Œuvres hervor, wenn der fiktive Autor deutlich auf die als lebensfeindlich verstandenen feudalen Verhältnisse anspielt;[21] bei dieser Kritik macht er auch vor der Institution der Kirche nicht Halt.

Das künstlerische Produkt solcher kulturellen Bedingungen kann diesem Modell gemäß nur negativ verstanden werden. Es handelt sich um das »*Abenteuer*«, den »*Roman*«, der durch den arabischen Einfluss vor allem »*drei Ingredienzien*« aufweise: »*Liebe, Tapferkeit* und *Andacht*« (ebd., 497). Die positive Bedeutung dieser Begriffe stellt der fiktive Verfasser indes ihrer problematischen »Anwendung« gegenüber. Das Liebeskonzept im Mittelalter, das man aufgrund von Vorurteilen als »*zärtlich, bewundernd[]*« attribuiert habe, sei recht eigentlich »*Galanterie*« gewesen, die sich aus Sicht des fiktiven Verfassers nicht schicke. Die Idee der Tapferkeit hätten häufig Ritter realisieren wollen, indem sie »Ungläubige oder Ketzer« gewaltsam verfolgten. Eine so verstandene Tapferkeit stelle aber gerade »nicht das reinste Ideal männlicher Tugend« (ebd.) dar. Der fiktive Autor argumentiert mittels eines normativen Modells, das sich – seinem Anspruch nach – nicht einer historischen Konstellation verdankt, sondern von einem verabsolutierten, d. h. zeitlos gültigen Tugendbegriff herschreibt. Eine Poesie, die solch negative Gegenstände abbilde, könne – hier findet man wieder das beschriebene produktionsästhetische Modell – ebenfalls nur »Geistlos und unmoralisch« (ebd.) sein. Schließlich wird auch die mittelalterliche Andacht kritisch gesehen, wenn der fiktive Autor konstatiert, dass die »Anschauung des Unermeßlichen« die »Seele« zwar erhebe, sie »aber auch in einem Glanz« entzücke, »in welchem der Poesie zuletzt jede Form schwindet« (ebd., 498). Zu diesem formalästhetischen Argument, das auf eine klassizistische Schönheitsvorstellung verweist, gesellt sich erneut ein moralisches, wenn der fiktive Verfasser unterstellt, die Andacht sei häufig eine oberflächliche Praxis zur Kaschierung von »Missetat[en]« gewesen. Das »moralische[] Gefühl« (ebd.), auf das er abhebt, ohne es historisch zu deduzieren, beansprucht argumentationslogisch ebenso wie der Tugendbegriff universelle Gültigkeit – alles andere unterliefe den Versuch einer *unparteiischen* Beurteilung der Literatur und Kultur des Mittelalters.

An diese Ausführungen schließt sich eine kritische Beurteilung der »fröhliche[n] Wissenschaft« (ebd.) an. Es handelt sich um den 1323 in Toulouse gegründeten Dichterverein, der sich ›Consistori de la Gaya Sciensa‹ nannte. Der fiktive Autor scheint diese Bezeichnung aber eher als Synonym zur Trobadorlyrik einzuführen, die »auf d[er] Wende zum XII. Jahrhundert« im südlichen Frankreich entstand und in den »Jahren zwischen 1160 und 1180 ihren Höhepunkt« erreichte. Modernen Darstellungen gilt die Gründung des Dichtervereins dann auch als »Inauguration eines sterilen Meistersangs, die das Schicksal der inzwischen erloschenen Trobadorkultur besiegelte« (Mölk 1982, 5). In ihrer eher kritischen Diagnose treffen sich die moderne Forschung und der fiktive Autor.[22] Diesem zufolge sei es der ›fröhlichen Wissenschaft‹ nicht um eine Aussöhnung

21 Vgl. zu diesem Motiv beim frühen Herder auch Stolpe 1955, 213.

22 Nach Mölk kannte Herder keine originalen Texte, als er 1791 in den *Ideen* über die Trobadorlyrik schrieb (vgl. Mölk 1982, 14). Er hätte indes Übersetzungen innerhalb der von Jean-Baptiste La Curne de Sainte-Palaye (1697–1781) realiter besorgten, aber schließlich vom Abbé Millot herausgegebenen *Histoire littéraire des troubadours* lesen können. Das dreibändige Werk, 1774 in Paris veröffentlicht, wurde bis ins 19. Jahrhundert hinein benutzt (vgl. ebd., 12–13).

der Schwächen ihrer Zeit gegangen; stattdessen wird das Vergnügen als ihr einziger Zweck herausgestellt. Dass es sich hierbei um eine kritische Bewertung handelt, tritt hervor, wenn der fiktive Autor sein klassizistisches Kunstverständnis näher expliziert: »So gewiß ists, daß nicht bleibend schön sein kann, als das Wahre und Gute« (FHA 7, 498). Es handelt sich um jene Ästhetik, die vor allem durch Wielands Shaftesbury-Rezeption – er verbindet die antike Vorstellung der Kalokagathie mit dem Virtuoso-Gedanken des Engländers – in Deutschland Verbreitung fand.[23] Unter dem Dach einer Kunsttheorie werden Kallistik, Ethik und Epistemologie ineinander verschränkt. Markant ist die obige Formulierung, weil sie gewissen Phänomenen trotzdem eine ephemere Schönheit einräumt; damit entsteht für den Kunstrichter ein Spielraum, bestimmte historische Erscheinungsformen (etwa von Dichtung) zu erklären. Allerdings wird eine zeitlose, und das heißt eine im emphatischen Sinne *wirkliche* Schönheit daran geknüpft, dass sie das Wesen des Gegenstandes trifft. Diese Wahrheit ist wiederum an eine positive ethische Qualität gekoppelt. Die Argumentation tendiert ins Anthropologische, wenn der fiktive Autor vom »menschlichen Gemüt« (ebd.) ausgeht, das – scheinbar ohne historische Schwankungen – ein konzises Gefühl von der Reinheit bzw. Unreinheit des Gegenstandes habe, der die Affektation bewirke. Solche normativen Wertungen, die ihren Ursprung in der verschlungenen Rezeption antiker Begriffe haben, bisweilen aber im Gewand anthropologischer Begründungsmuster hervortreten, erhalten darüber hinaus eine naturalistische Explikation, wenn der fiktive Autor den Untergang derjenigen künstlerischen Produkte, die nicht wahr *und* nicht gut seien, als »Gesetz der Natur« (ebd.) beschreibt.

Wie angedeutet kann dieses ästhetische Konzept, das so etwas wie relative Schönheit kennt, durchaus auch eine positivere Evaluation der mittelalterlichen Literatur leisten. Hierbei wird die Diskussion um das zeitlose und relative Schöne aufgegriffen, die die französische ›Querelle‹ durchspielt (vgl. Jauß 1970, 85; Zelle 1995, 96) und dann in der zweiten Hälfte des 18. Jahrhunderts[24] – angestoßen durch die Entstehung der Ästhetik als wissenschaftlicher Disziplin – verstärkt Relevanz erhält. Zwar erfüllt die mittelalterliche Literatur nicht die überzeitlichen Wertungsmaßstäbe schöner Literatur; aber in der Betrachtung eines historischen Kontinuums, das bis in die Gegenwart hineinführt, lassen sich positive Tendenzen feststellen. »[I]n den drei großen Namen *Liebe, Ehre* und *Andacht*« – ›Ehre‹ und ›Tapferkeit‹ erscheinen austauschbar – sei, so wird es in der für Herders Werk bekannten organischen Metaphorik beschrieben,[25] keimhaft alles enthalten, »was die Menschheit wecken, was die Poesie beleben kann« (FHA 7, 499). Insofern bewertet der fiktive Autor die drei Konzepte, die er zuvor als defizitär realisiert deutete, nun positiver. Bezogen auf die Andacht trete dem Betrachter in der »Poesie der

23 Vgl. Dehrmann 2008, 295–306. Zur »Identifikation von Schönem, Gutem und Wahrem in den Schriften Shaftesburys« (ebd., 302), gerade ohne Bezug auf den Begriff der Kalokagathie, vgl. exemplarisch: »That what is beautiful is *harmonious* and *proportionable*; what is harmonious and proportionable, is true; and what is once *beautiful* and *true*, is, of consequence, *agreeable* and good« (Shaftesbury 2001, 182–183).

24 Vgl. Sulzer 1967, 310, 319, 325; Diderot 1876, 5, 27; Hutcheson 2008, 27; Tetens 2014, 116–117; Lichtenberg 1845, 306.

25 Besonders stark ist dies in der Bückeburger Geschichtsphilosophie (vgl. exemplarisch: FHA 4, 79–80) zu finden.

mittleren Zeiten« mit dem »Bild des *ewigen Vaters*, des *Sohnes Gottes* und seiner Mutter, der *heiligen Jungfrau*« ein »Abglanz« des »höchste[n] Ideal[s] menschlicher Gedanken« (ebd.) entgegen, wobei der Marienverehrung eine besonders positive Stellung zukommt. Der fiktive Autor geht erneut von einem Ideal aus, auf das bestimmte Tendenzen der christlichen Gottes- wie Heiligenverehrung hinausliefen. Das entwicklungsgeschichtliche Paradigma, das er mit der organischen Metaphorik aufruft, wird mittels eines Ideals teleologisch determiniert. Zwar gibt es an dieser Stelle kein bestimmtes Ziel im Sinne eines konkreten geschichtlichen Zustands, der zu erreichen wäre, aber die Rede von einem »Keim«, den die »Zeit ausgebildet« habe, mithin die Geschichte der »Menschheit« (ebd.) im Hinblick auf ein bestimmtes Ideal entfalte – und sei's, dass diese Entwicklung ins Unendliche prolongiert würde –, verweist doch auf eine zielgerichtete Vorstellung der Historie (vgl. mit Bezug auf die *Ideen* Schwinge 1999, 21).

Dieses teleologische Moment tritt auch in der Erörterung der Tapferkeit hervor, die sich im Rittertum bisweilen als Schutz der »Schwache[n]« (FHA 7, 500) und Verteidigung der »Unschuld« gezeigt habe. Diese Tugenden seien zwar »nur unter dem Mantel der Religion« gewachsen, »und noch nicht als *reine Obliegenheiten des Menschen*«, allerdings hätten sie »einer allgemeinern, reineren und höheren Tugend die Schranken geöffnet, als selbst in einem weit engeren Bezirk von der alten Heldensage der Griechen und Römer gepriesen werden konnte« (ebd.). Die Argumentation verdeutlicht, dass der fiktive Autor dieser Zeilen mit einer Säkularisierungsvorstellung arbeitet, wie sie die Forschung für das 18. Jahrhundert breitflächig festgestellt hat.[26] Die menschliche Tugend kommt demzufolge erst dann zu sich selbst, wenn sie sich nicht mehr von extrinsischen Faktoren abhängig macht. Erst wenn der Mensch erkennt, dass er *als Mensch* – und nicht mehr nur, um ein guter Christ zu sein – tugendhaft zu handeln habe, er sein Handeln mithin als Vollzug der genuinen Möglichkeiten seiner Gattung versteht, nähert er sich dem Ideal an, das der fiktive Autor umreißt.[27] Diese Stelle ist deshalb bedeutsam, weil das Mittelalter wieder an der Antike gemessen wird. Nach der Argumentation des fiktiven Verfassers stehen die konkreten poetischen Erzeugnisse des Mittelalters, bezogen auf die dort vorscheinende Tugend, unter der Antike. Aber das Potenzial, das in den Texten enthalten ist und das der fiktive Autor im Sinne eines säkularisierten Ideals christlicher Tugenden formuliert, hebt die mittleren Dichter gewissermaßen über die Alten. Ausgehend von der Textstelle lässt sich festhalten, dass in der Moderne, die – entgegen der Vorstellung einer Zäsur zwischen Renaissance und Mittelalter – aufgrund des Fortwirkens der christlichen Religion in einem Kontinuum mit dem Mittelalter stünde, bisweilen eine höhere Tugend erreicht worden sei als in der Antike (vgl. dagegen Proß 2008, 53).

Diese kontrastiven Erwägungen führt der fiktive Verfasser anhand des Liebeskonzepts noch weiter. Das Lob des Mittelalters richtet sich auf die »*zarte Behandlung des weiblichen Geschlechts*«, die sich mit dem Marienkult sehr gut vertragen habe. Es handle sich hierbei um eine »Blume«, »die Griechen und Römer eben nicht vorzüglich kul-

26 Vgl. exemplarisch Alt 1996, 13. Der Begriff der Säkularisierung ist indes keineswegs unumstritten, vgl. etwa die Kritik bei Blumenberg 1974, 16.

27 Ähnliche Tendenzen weisen dann auch die *Christlichen Schriften* Herders von 1794 auf, vgl. Binkelmann, Stolz 2016, 231; variierend auch Gaier 1989, 276.

tivierten« (FHA 7, 500). Häufig sei die Frau dort nur »Buhlerin« gewesen, wobei der fiktive Autor diese »Lustbarkeiten« – exemplarisch nennt er Horaz oder Petron – auf die klimatischen Umstände zurückführt, sich mithin einer Vorstellung bedient, die Herder schon während seiner Studienzeit in Königsberg kennenlernte. Ab 1755 (bis zum Ende seiner Lehrtätigkeit 1796) hatte Kant dort, angelehnt an Buffon (vgl. Buffon 1749, 528), Vorlesungen über physische Geographie gehalten.[28] Die »sittlichere, reifere Liebe«, die sich im Mittelalter entwickelt habe, expliziert der fiktive Autor insofern ebenfalls unter Rekurs auf das »nördliche Klima« (FHA 7, 500). Im Mittelalter habe sich aufgrund dessen – im Gegensatz zur Antike – eine »*Kultur des Umgangs beider Geschlechter mit einander*« ausgebildet. Als Beispiele für die poetische Darstellung eines solchen harmonischen sozialen Miteinanders werden Dante und Petrarca genannt; ihre »lichtere[n] Gegenden« (ebd., 501) setzt der fiktive Verfasser dem antiken »Orkus« topographisch entgegen, wobei die Kontraste von oben / unten sowie hell / dunkel metaphorisch im Hinblick auf die moralischen Implikationen zu deuten sind, die zutage treten sollen.

Hier bricht das Fragment des fiktiven Autors ab – zumindest ist dies die Deutung, die der fiktive Verfasser des folgenden 90. Briefs vorgibt. Er macht es sich ebenso wie sein Vorgänger zur Aufgabe, das Vorige »*für* und *wider*« zu »ergänzen« (ebd.). Der erste Aspekt betrifft die Tatsache, dass die »Poesie der mittleren Zeiten nach und nach mit *mehreren Wissenschaften* bekannt ward, als jene Poesie der Jugend-Welt je kennen lernen konnte« (ebd.). Der fiktive Autor konstatiert einen Fortschritt der Wissenschaften, der sich in der Entwicklung von der Antike zum Mittelalter vollzogen habe. Demnach kommt der mittelalterlichen Poesie eine Möglichkeit zu, das neue Wissen zu verarbeiten, die die Antike noch nicht hatte. Dieser Vergleich ist aufschlussreich, wurde doch zu Beginn der siebten Sammlung von einem anderen fiktiven Verfasser die Ausdifferenzierung der Wissenschaften gerade als entscheidender Grund für den Untergang der antiken Poesie bezeichnet: »Je mehr die Schrift aufkam und sich durch sie die Sprache ausbildete, je mehr mit der Zeit Wissenschaften aus einander gingen und einzeln bearbeitet wurden: desto mehr mußte der Poesie allmählich von ihrer Allgemeinherrschaft entnommen werden« (ebd., 443). Die Poesie verlor im Zuge dieser Entwicklung ihre universelle Rolle als Hüterin der Weisheit.

Obwohl der neue fiktive Autor die negativen Möglichkeiten erwägt, die aus der Synthese mit den Wissenschaften hätten entstehen können – die Poesie hätte »*zu gelehrt, spitzfündig und scholastisch* werden« (ebd., 501) können –, hält er einen durchaus positiven Effekt fest, wobei er exemplarisch »*Dante*« als Enzyklopädisten des »*menschlichen Wissens*« anführt. Vor diesem Hintergrund entwickelt er eine ausgreifende These, die eine kausale, unidirektionale Beziehung zwischen dem Fortschritt der menschlichen Geistesfähigkeiten respektive der »Wissenschaften« und der »neuere[n] Poesie« (ebd.) postuliert. Wenn der fiktive Verfasser in seiner Bestimmung der Literatur darüber hinaus die Epochenspezifikation (›neuere‹) betont, stellt sich freilich die Frage, was das für ein Verständnis von antiker Literatur bedeuten könnte, wie es der andere fiktive Autor zu Beginn der siebten Sammlung artikulierte. In der Zusammenschau der Perspektiven, die dem Leser – auch durch den Aufruf des fiktiven Herausgebers, bei der Lektüre im Sinne

28 Vgl. Kant 1757. Zu Herders Rezeption zumal der französischen Klimatheorie vgl. die Arbeiten von Fink 1987, insbes. 169–176 und Fink 1985.

einer Unterhaltung selbst tätig zu werden – obliegt, ließe sich fragen, was die spezifische Differenzqualität zwischen antiker und mittelalterlicher bzw. moderner Literatur ist, wenn beide in gewisser Weise vom Wissen abhängig sind. War die antike Literatur eines Pindar oder einer Sappho noch Integrationsmedium, in dem Wissenschaft betrieben wurde – die jenseits der Poesie gar nicht denkbar war –, *bedient* sich die mittelalterliche der Wissenschaften. Wo einst (ursprüngliche) Einheit war, ist jetzt (künstliche) Synthese. Der fiktive Autor erhebt den Prozess einer Ausdifferenzierung der Wissenschaften zur unhintergehbaren Bedingung mittelalterlicher wie moderner Literatur.[29]

Bei dem zweiten Aspekt, den der fiktive Autor in der Beurteilung der mittelalterlichen Poesie nennt, handelt es sich um die Verbindung der verschiedenen Völker »*des römisch-christlichen Europa auf Einem Kampfplatz des Ruhms*« (ebd.). Gemeint ist die Einheit, die innerhalb Europas durch den christlichen Glauben entstanden sei. Durch die gemeinsame Religion habe auch die »Europäische Poesie und Lehre [...] eine *gemeinschaftliche Richtung*« (ebd., 502) erhalten. Der fiktive Autor greift zwar das Problem der Heterogenität auf, das ein anderer fiktiver Verfasser – etwa in der Beurteilung der Sprache jener Zeiten – im Kontrast zur Antike festgestellt hatte: »Im Innern konnte die Sprache eben so wenig rein bleiben, *da jetzt in Poesie und Rede der Genius fast aller Völker miteinander vermischt ward*« (ebd., 455). Wo verschiedene Völker zusammen kommen, müsste, synthetisierend gelesen, eine Vermischung erfolgen, die das Individuelle gewissermaßen nivelliert. Letztlich wird das Moment der Einheit jedoch positiv akzentuiert; der fiktive Verfasser nobilitiert den gemeinsamen religiösen Rahmen, der sich in der mittelalterlichen Poesie artikuliert, zum zivilisierenden respektive pazifizierenden Faktor.[30] Diese bahnt »jener *christlichen Herzensgüte* den Weg« (ebd., 502), die – wieder als Prozess der Säkularisierung gedacht – langfristig zur Philanthropie (»*Menschenliebe*«) führte. Neben der Verwissenschaftlichung und der zivilisierenden Funktion habe die mittelalterliche Poesie, zumal die »*fröhliche Wissenschaft*« (ebd., 503), zur Bildung des ›einfachen Volks‹ beigetragen, indem sie »durch Geist, Witz und Spott eigene Gedanken und ein freies Urteil auch über Zeithändel, über die Sitten geistlicher und weltlicher Stände, über das Verhältnis derselben gegen einander weckte: so ward, wie die Geschichte zeigt, Poesie der *erste Reformator*« (ebd., 502). Die These, die zuvor schon von einem anderen fiktiven Verfasser vertreten wurde, dass die mittelalterliche Poesie, insbesondere

29 In solchen Formulierungen finden sich Modelle einer Reflexion auf die Bedingungen der Moderne und ihre kulturellen Erscheinungsformen, wie sie zur gleichen Zeit auch Friedrich Schlegel und Schiller erprobten. Vgl. auch Irmscher, der darauf abhebt, dass Herder »den Charakter der modernen Poesie als *vermittelt*« (FHA 7, 1031, 1057–1058, hier 1058) bestimmt habe. Er hält dabei zwar durchaus einen »Einfluß« Schillers für gegeben, betont aber, dass sich dieser Gedanke auch aus der Werkentwicklung Herders organisch ergeben hätte. Vgl. ähnlich Schmidt 2007, 425, der zeigt, dass Herder »durch seine Ossian-Rezeption [der späten Werkphase] ein wesentlicher Mediator des sentimentalischen Modells« ist. Er sieht ebenfalls, dass das »*Tertium comparationis*«, das Herder mit Schlegel und Schiller verbinde, der »Aspekt der Vermittlung, der Reflexivität« sei, »der nach Ansicht aller drei Schriftsteller ein Hauptcharakteristikum der ›neuen Zeit‹ darstellt« (ebd., 426). Jauß 1970, 96 weist im zeitgenössischen Kontext letztlich nur Schiller eine progressive Bestimmung des Unterschieds zwischen Antike und Moderne zu.

30 In den *Ideen* wird dem »mittelalterliche[n] Europa« eine ähnliche Tendenz der Entnationalisierung zugeschrieben, aber bezogen auf die Emanzipation der »Kulturtechniken von der Bindung an das Klima« (Proß 2008, 59), die in der Antike noch gegeben war (vgl. Herders *Ideen*, Buch 20, VI, FHA 6, 897).

die ›gaya ciencia‹, zur Durchsetzung der Gedankenfreiheit beigetragen habe und dass dies eine Qualität sei, die die antike Literatur nicht auszeichne (vgl. ebd., 482), affirmiert dieser fiktive Autor. Die Vorstellung einer langfristigen Säkularisierung, die ein teleologisches Geschichtsbild voraussetzt, äußert sich an dieser Stelle in der Vorstellung einer Reformation *vor* der Reformation. Die religiöse Erneuerungsbewegung des 16. Jahrhunderts wird zum Fluchtpunkt, auf den frühere Ereignisse hin gelesen werden. Die ›fröhliche Wissenschaft‹ erhebt der fiktive Autor zum Katalysator der Gedankenfreiheit; ihr Zweck ist nicht mehr die Vermittlung spezifischer Wissensinhalte, sondern der kritische Umgang mit diesen. Insofern verläuft – so lässt sich schließen – von dieser Poesie eine Linie zu den *Humanitätsbriefen* Herders. Man denke an den Anspruch des fiktiven Herausgebers, dem es weniger auf die Vermittlung von konkreten Ansichten als auf die Schärfung der Urteilskraft seiner Leser ankommt.

Vor diesem Hintergrund muss man jedoch eine Fußnote am Ende des besprochenen Briefes berücksichtigen, die der fiktive Herausgeber der Sammlung anfügt. In dieser rechtfertigt er sich, wieso in seiner Sammlung nur wenige Quellen angeführt würden, und verweist unter anderem auf Collectanea des Polyhistors Johann Albert Fabricius zur lateinischen Literatur, anhand derer man die Ausführungen überprüfen könne (vgl. ebd., 503). Mit Blick auf die implizite Poetik, die sich zu Beginn rekonstruieren ließ, mutet es allerdings unpassend an, wenn der fiktive Herausgeber fordert, dass nur derjenige über die »Briefe« und »Fragmente«, als »Resultate von so mancherlei Untersuchungen und Zusammenstellungen«, urteilen dürfe, »der denselben weiten Weg gegangen, den die Verfasser dieser Aufsätze genommen zu haben scheinen« (ebd.). Mit solchen Forderungen, die vermutlich der Sorge um besonders hartnäckige Kritiker seiner Sammlungen geschuldet sind, übersteigt der fiktive Herausgeber die Grenzen der von ihm zuvor angestrebten geselligen Unterhaltung. Um wirklich mitreden zu können, muss der gesellige Leser selbst zum Gelehrten werden. Bezogen auf die verschiedenen Kommentare des fiktiven Herausgebers ergibt sich so ein zwiespältiges Bild. Einerseits wünscht er von seinen Lesern die spontane Entwicklung eigener Gedanken im Sinne einer geselligen Konversation; andererseits verlangt er, dass sie dem Dargestellten glauben sollen, sofern sie nicht selbst die Quellen durcharbeiten. Mit dieser Forderung handelt er sich jedoch noch ein weiteres Problem ein, denn die dialogische Form zeigt ja, dass – trotz vieler Übereinstimmungen zwischen den verschiedenen Verfassern – durchaus unterschiedliche Perspektiven auf dasselbe Phänomen gewonnen werden. Wem also von den verschiedenen fiktiven Verfassern soll der Leser glauben? Oder ist das Problem gar keine Widersprüchlichkeit des Textes, sondern eine bewusste Textstrategie? Diese hätte eine Irritation des Lesers zum Ziel, aus der wiederum eine kritische Lektüre entspringen könnte.

IV Zur literaturgeschichtlichen Stellung der Renaissance

Die skizzierte Problematik lässt sich abschließend anhand der drei ersten Briefe der achten Sammlung entwickeln. In ihnen werden die Schwierigkeiten besonders kenntlich, die die multiplen Perspektiven für den Herder-Forscher – auf der Suche nach kohärenten, dem empirischen Autor zuzuschreibenden Positionen – darstellen. Denn die verschiedenen fiktiven Verfasser widersprechen sich hier grundlegend in der Beantwortung der Frage, welchen Stellenwert die Renaissance, und das heißt: »die *Wiedererweckung der Alten*« (FHA 7, 511), im Verhältnis zum Mittelalter einnimmt. So werfen die fiktiven Autoren noch einmal einen vertieften Blick auf die thematische Frage, wie sich das Verhältnis von Antike und Mittelalter gestaltet. Ferner werden die Implikationen erhellt, die die Konzeption dieses Verhältnisses für die Frage mit sich führen, wie sich die Spannung zwischen normativem und historischem Denken in Herders Spätwerk ausgestaltet. Der fiktive Verfasser des 91. Briefs, der das sechste Fragment »*Wiederauflebung der Alten*« präsentiert, tritt dann auch gleich mit einer deutlichen These hervor:

> Was der Poesie des Mittelalters fehlte, war nicht Stoff und Inhalt, nicht guter Wille und Endzweck; es fehlte ihr nicht an Idealen, auf welche sie hinarbeitete und sich bemühte; aber *Geschmack, innere Norm und Regel* fehlte ihr. Keine äußere Form des Sonetts, Madrigals oder der Stanze, der Reim am wenigsten, keine Scholastik, selbst die Arabische Philosophie nicht, sie mochte aus Spanien, Afrika oder Palästina kommen, konnte ihr diese Regel gewähren: nur Ein Mittel war dazu, die *Wiedererweckung der Alten.* (Ebd.)

Der fiktive Autor dieses Fragments präsentiert sich als Vertreter der anciens; der Weg zur ›wahren‹ Poesie führt für ihn nur über die Orientierung an der Antike. Dabei wird durchaus an das Vorangehende angeschlossen: Die Diskussion, die sich an den Stoffen, den christlichen Idealen oder der Frage nach dem Ursprung des Reims im Mittelalter entzündete, bildet die Folie. Der fiktive Autor versucht gar nicht, die kulturfördernde Bedeutung der mittelalterlichen Literatur zu dementieren; jedoch habe sie drei Mängel nicht beheben können, deren Beseitigung eine notwendige Bedingung herausragender Poesie sei. Es scheint mithin ein ähnliches Denkmuster vorzuliegen, wie es an anderer Stelle im Verhältnis von absoluter und relativer Schönheit (das zeitlos Schöne müsse auch wahr und gut sein) hervorgetreten war. Ohne den Autoren des Mittelalters gänzlich ihre Geltung abzusprechen, verweist der fiktive Verfasser auf drei Defizite, die in Richtung einer klassizistischen Ästhetik verweisen und nur in Auseinandersetzung mit der Antike zu korrigieren seien. Damit aber werden sowohl der Geschmack als auch die Normen und Regeln der antiken Dichtkunst verabsolutiert. Auch moderne Dichter haben sich noch an diesen normativen Mustern zu schulen.[31]

Dichter wie Dante und Petrarca werden infolgedessen innerhalb der »dunkelsten Jahrhunderte[]« des Mittelalters als Ausnahmen eingestuft, die ihre Größe aber vor allem durch die Ausbildung einer »fast klassische[n] Denkart«, die eine Orientierung an antiken Mustern voraussetzt, entwickelt hätten. Gerade für die Dichtung Petrarcas kann der fiktive Verfasser so eine gewisse Vollkommenheit »in seiner Art« (ebd.) attestieren. Allerdings bildet für ihn der Aufschwung, der sich durch die Renaissance ereignete, eine markante Zäsur. Durch die humanistische Gelehrsamkeit sei der Boden für »Künstler« bereitet worden, »die im Geschmack der Griechen und Römer verzierten, baueten, bildeten, malten« (ebd., 512). Es wird kenntlich, dass es sich nach Auffassung des fiktiven

31 Auf der Grundlage unter anderem solcher Aussagen kommt auch Löchte 2005, 15 zu dem Urteil: Herder halte »in seinem Spätwerk an absoluten Maßstäben im Sinne der griechischen Kunstnormen fest«.

Autors bei der Renaissance zwar um eine Wiederbelebung der Alten gehandelt habe; dies ist aber nicht im Sinne eines Regresses auf den geschichtlichen Zustand der Antike zu verstehen, wenn auf »das himmlische Genie *Raphael*« verwiesen wird, der »von einer Griechischen Muse mit einem Engel erzeuget« (ebd.) worden sei. Der fiktive Verfasser interpretiert den rinascimentalen Rekurs auf die Antike als eine Form der Orientierung, die sich ihrer eigenen Geschichtlichkeit bewusst bleibt. Im Falle Raphaels scheint seine Größe gerade aus der genuinen *Synthese* zwischen antiker Kunst und christlicher Spiritualität zu emergieren. Allerdings bleiben solche Hinweise auf die synthetisierende Leistung der Renaissance vereinzelt. So kann leicht der Eindruck entstehen, es sei vor allem eine imitative Aneignung der Antike intendiert.

Darüber hinaus entwickelt auch der fiktive Autor dieses Briefs eine Lesart, die die Gegenstände nach den Potenzialen befragt, welche sie im Hinblick auf ein Ideal inhärieren. So kann er die ersten »gedruckten Ausgaben« (ebd.), die humanistische Gelehrte besorgten, kritisch bewerten. Bezogen auf die Entwicklung einer neuen »Philosophie« oder »Dichtkunst« aber sei die Renaissance das »Licht« gewesen, das – so formuliert der fiktive Verfasser in genuin aufklärerischer Metaphorik – »die Schatten verjagt und die Dämmerung aufgeklärt hat« (ebd.). Mit solch polemischen Formulierungen stilisiert der fiktive Verfasser das Mittelalter doch wieder zu einer Zeit der Barbarei – ein Topos (vgl. Schmid 1979, 13; Varga 1978, 45–46), der nicht zuletzt mit dem relativen Schönheitsbegriff, der andernorts entwickelt wurde – zumal mit der positiven Schätzung bestimmter mittelalterlicher Tendenzen einer ersten Reformation –, konfligiert. In der Begründung des unbedingten Vorzugs antiker Poesie verhindert die polemische Absicht ein differenziertes Urteil, wie es der Methode einer ›unparteiischen Schätzung‹ entspräche, wenn der fiktive Autor konstatiert, dass mit der Orientierung an den Alten das »empfangen« worden wäre, »was *allein* den Geschmack sichert« (FHA 7, 512). Dieses Urteil erhält eine Begründung, wenn der fiktive Verfasser die drei Begriffe Liebe, Ritterwürde und Andacht, die zuvor schon in ihrem Für und Wider diskutiert wurden, allein in ihren negativen Anwendungen perspektiviert. Der Liebe als »*Galanterie*« (ebd., 513), der bloß rituellen »*Ritterwürde*« wie der »übertriebene[n] Andacht« wirft er jeweils in unterschiedlicher Ausformung vor, dass sie ihr eigenes Wesen verkenne. Insofern charakterisiert der fiktive Autor die literarischen Umsetzungen dieser Konzepte im Mittelalter durch Begriffe wie Übertreibung, Falschheit, Missverhältnis, etc. (vgl. ebd.). Der Leser fühlt sich an das zuvor diskutierte Denkmuster erinnert, dass das Schöne zugleich wahr und gut zu sein habe. Alles Oberflächliche, der Sache nicht Zukommende, werde von der »Zeit« abgetragen; dergestalt koinzidieren der teleologisch verlaufende Prozess der Geschichte und die Antike in gewisser Hinsicht. ›Innere Norm‹ und ›Regel‹ (»Alles, was uns Umriß lehret«, ebd., 514), die man – so die klassizistische Vorstellung – anhand der antiken Literatur lernen könne, sind als zeitlose Wahrheiten der Kunst zu verstehen, die im Prozess der Neuzeit erneut sichtbar gemacht werden. Dem teleologischen Geschichtsprozess eignet ein zyklisches Moment. Indes verhindert das vereinzelt auch bei diesem Verfasser hervorscheinende Bewusstsein historischer Differenzen, in dessen Lichte geschichtliche Zäsuren irreversibel erscheinen, die Diagnose einer regressiven Gedankenfigur.

Dies impliziert im Großen und Ganzen aber keinesfalls eine positive Evaluation des Eigenwerts anderer historischer Erscheinungen. Die universale Gültigkeit antiker

Autoritäten führt dazu, dass von der Individualität jeder Kultur in ihrer geschichtlichen Situation, einer abwägenden Beurteilung der mittelalterlichen Literatur nichts zu lesen ist. Im Gegenteil: »*Aristoteles, Horaz*, und *Quintilian* sind uns nicht etwa über die Mythologie der Griechen allein; über die Mythologie *jeder Nation und Religion* sind ihre Grundsätze Gesetz und Regel« (ebd.). Mit solchen Formulierungen wird antiken Autoren, die ja aus einer spezifischen Kultur mit eigentümlichen geschichtlichen Voraussetzungen stammen, attestiert, eine universale Erkenntnis aller Kulturen formuliert zu haben. Das (historisch) Relative wird absolut gesetzt. Bei diesem herausgehobenen Status der Antike wundert es nicht mehr, wenn der fiktive Autor auch die neulateinische Poesie lobt, durch die sich eine »*Gesellschaft*« (ebd., 515) – gemeint ist die Respublica Litteraria – gebildet habe und die Bedeutung der lateinischen Sprache für diejenigen Autoren hervorhebt, die eigentlich als Modernisierer der Volkssprachen gelten (Heinsius, Opitz); denn all dies fördert seiner Auffassung nach die Wiedererweckung der Alten. Das abschließende Urteil bekräftigt nur noch einmal die absolute Vorrangstellung der Antike, indem der Eigenwert des Mittelalters – der bei anderen Sprechern verschiedentlich in den Blick kam – aussparend negiert wird: »Eine Spanische, Deutsche, Irländische Kritik gibt es nicht; aber eine *Griechische und Römische Kritik* gibt es. Mit ihr fängt die *Kultur aller Europäischen Landessprachen in Poesie und Prose* [...] *an*« (ebd., 516).

Aufgrund einer solchen simplifizierenden Haltung – so müsste man mit Rückblick auf die bisherigen Ausführungen urteilen – verwundern die »Einwendungen« (ebd.) nicht, die der fiktive Autor des 92. Briefs äußert. Das polyperspektivische Verfahren gerinnt zum kritischen Zwiegespräch, wenn er seinem Vorredner gar »Heuchelei [...] im Lobe des Geschmacks der Alten« vorwirft. Seine einzelnen Argumente seien kurz umrissen. Schon der erste Gedanke wird zum Plädoyer für die Größe der Literatur mittlerer Zeiten, in dem der fiktive Autor Vorstellungen aus den frühen Schriften Herders zu Ossian und Shakespeare wieder aufgreift. Sowohl vor als auch nach der Renaissance hätten »große Männer gelebt und geschrieben« (ebd.), die kaum oder keinerlei Kenntnis der antiken Literatur besaßen. Es wird probeweise sogar eine Überlegenheit des Mittelalters über die Antike angenommen, wenn der Sprecher ausführt, dass »[d]ie größten Erfindungen [...] in den Zeiten gemacht« worden seien, »die wir *barbarische, rohe* Zeiten nennen; vielleicht haben in ihnen auch die größesten Männer gelebet« (ebd.). Neben gelehrten Persönlichkeiten wie Roger Bacon wird vor allem die ›Volkspoesie‹ eines Shakespeare – gemäß dem poetologischen Modell der frühen Abhandlung[32] – über alle anderen Literaturen erhoben, die sich keineswegs an den »Alten« (ebd., 517), sondern an der »*Denkart des Volks und seinem Geschmack in ihren* [neben Shakespeare werden Spencer und Ariost genannt] *und den mittleren Zeiten*« orientiert habe.[33] Wo die Grenze zwischen Mittelalter und Neuzeit hier verläuft, ist allerdings schwerlich zu rekonstruieren (vgl. Stolpe 1955, 10–11).[34] Shakespeare wird zumindest jenseits der

32 Shakespeare »nahm Geschichte, wie er sie fand«, ihm gelang mithin eine authentische Darstellung seiner Zeit (Herder, *Von deutscher Art und Kunst. Einige fliegende Blätter, II. Shakespear*, FHA 2, 508).

33 Vgl. Herders *Von deutscher Art und Kunst. I. Auszug aus einem Briefwechsel über Ossian und die Lieder alter Völker* (FHA 2, 448): »Ihnen wollte ich nur in Erinnerung bringen, daß Ossians Gedichte *Lieder, Lieder des Volks* [...] sind«.

34 Zu vergleichbaren Problemen bei Schlegel und Schiller: Jauß 1970, 98–99.

rinascimentalen Tradition verortet, die in ihrer Beschäftigung mit der Antike keinen Dichter dieses Formats hervorgebracht habe. Er sei der Volkssprache und der in ihr verbreiteten Formen verpflichtet gewesen.

Darüber hinaus leugnet der fiktive Autor einen Zusammenhang von Gelehrsamkeit und dichterischer Produktivität. Dagegen wird jeder Schriftsteller positiv bewertet, der in der von ihm verwendeten Sprache »gut« (FHA 7, 518) schreibe, wobei den antiken *linguae* derselbe Rang zukomme wie den modernen. Eine normative Begründung aus dem Raum der Antike ist nicht notwendig; das aufklärerische (Selbst-)Bewusstsein des fiktiven Verfassers artikuliert erneut eine universelle Gültigkeit des eigenen Geschmacksurteils, wie es zuvor auch bei anderen fiktiven Autoren geschehen war. Man muss allerdings festhalten, dass mit diesen Ausführungen keinesfalls eine Kritik der antiken Poesie betrieben wird; einzig die neuzeitlichen Annäherungsversuche an die Alten erscheinen dem Verfasser größtenteils mangelhaft, da »ihr *Höchstes* [...], *ihre Regel des Geschmacks im Wahren, Guten und Schönen*« (ebd., 519) selten hinreichend erkannt worden seien. Wenn er diagnostiziert, dass die meisten Modernen in der Antike vor allem sich selbst fänden, bescheinigt er der neuzeitlichen Literatur gleichsam narzisstische Projektionsmechanismen. Die Beschäftigung mit der Antike könne im Falle eines adäquaten Zugangs zwar durchaus fruchtbringend sein. Es bestehe indes keine Notwendigkeit einer Auseinandersetzung mit dieser Epoche, wie etwa die Glanzstücke früherer (auch mittelalterlicher) Dichtung zeigen.

Diese Ausführungen bleiben im 93. Brief nicht unwidersprochen, wobei der fiktive Autor dieses Briefs einräumt, dass er mit seinem Vorredner »in der Hauptsache [...] Eins« (ebd.) sei. So konzediert er, dass Poesie überall zu verschiedenen Zeiten und an verschiedenen Orten entstehen könne, weil sie eine genuine Äußerungsmöglichkeit des Menschen darstelle (vgl. ebd., 520). Allerdings führten die geschichtlichen Umstände häufig dazu, dass die mit diesem Talent besonders begabten Individuen leiden müssten; dies sei sowohl in »*der rohen, als der mittleren dunkeln Zeiten*« der Fall gewesen. Eine Poetik des Wahren, Guten und Schönen, die erneut als Norm gesetzt wird, hätten die Griechen mittels ihres »Instinkt[s]« (ebd.) entworfen. Der fiktive Autor hebt darauf ab, dass die historischen Bedingungen, die gewissermaßen naturalistisch-determinierend gedacht sind, zur Entstehung einer idealen Poesie bei den Griechen optimal gewesen seien. Wesentlich deutlicher als der fiktive Verfasser des 92. Briefs scheint er einer schöpferischen Aneignung der antiken Literatur das Wort zu reden, wenn er ausführt, deren Autoren seien »Vorbilder, keine Schöpfer«. Mit dieser gemäßigten Haltung, die die eigene geschichtliche Zeit in ihrer Besonderheit nicht aus dem Blick verliert, korrespondiert auch die Auffassung einer schrittweisen Annäherung an einen idealen Umgang mit der antiken Literatur. Die Aufbereitung der Quellen wird zur Bedingung ihres »weisere[n] Gebrauch[s]« (ebd., 521) gemacht.[35]

35 Vgl. zu diesem Modell Schwinge 1999, 26–27; es findet sich aber auch schon beim frühen Herder: vgl. FHA 2, 508–509; konträr zu der hier geführten Argumentation vgl. Menges 1988, 171.

V Fazit. Der Sinn der Vielstimmigkeit

Letztlich ziehen solche vermittelnden Positionen aber keinen Schlussstrich unter die Diskussion. Sie bieten vielmehr eine weitere Perspektive, die der Leser akzeptieren, aber genauso gut verwerfen kann; denn ihm stehen verschiedene Möglichkeiten der Wertung offen. Dies erkannte auch schon Schlegel in seiner Rezension, der es zum Nachteil der *Humanitätsbriefe* auslegte: »Das Für und Wider in den Fragmenten gleicht dann und wann dem Gange eines Pilgrims, der erst drei Schritte vorwärts und dann wieder zwei rückwärts geht; und in den Nachschriften redet oft mehr ein milder Vater, der die streitenden Meinungen zum Frieden und zum göttlichen Vergleich ermahnt, als ein strenger Richter, der ihre gegenseitigen Rechte scharf bestimmt« (Schlegel 1967, 47).

Diese konstitutive Polyperspektivität konnte in der detaillierten Betrachtung des Übergangs von der siebten zur achten Sammlung nachgewiesen werden. Zwar ziehen viele fiktive Verfasser die Antike als Vorbild heran, das als kritischer Maßstab in der Bewertung der mittelalterlichen Literatur dient. Und auch für das Gelingen sowohl gegenwärtiger als zukünftiger Literaturen wird eine produktive Aneignung der Antike zur notwendigen Bedingung erhoben. Allerdings stehen dem Stimmen entgegen, die die positiven Tendenzen des Mittelalters betonen und bisweilen sogar den Vorzug der mittleren Zeiten vor dem Altertum konstatieren. Gerade die christlichen Konzepte werden, nicht ohne wesentliche Einschränkungen, teleologisch auf bestimmte Ideale bezogen und offenbaren so eine Potenz, die den antiken Kulturen nicht zukommt. Wenn sie universelle Urteile formulieren, lösen sich die fiktiven Autoren bei solchen Deutungen dann auch gänzlich von Rekursen auf die Tradition. Das Bewusstsein der eigenen Progressivität, vor dem Hintergrund des aufklärerischen Perfektibilitätsdenkens, bricht sich Bahn.

Frappant ist ferner, dass in der Bewertung des Mittelalters bisweilen immer noch die Gedanken des frühen Herders zu nördlichen Traditionen durchscheinen. Sie halten die Differenz zu den Bedingungen bewusst, unter denen sich die Kultur Roms und Griechenlands entwickeln konnte. Allerdings rückt das Expressive, Sinnliche der frühen deutschen (zu den nordischen gehörenden) Literaturen weniger stark als in den frühen Schriften in den Vordergrund – Eigenschaften, die dort als Kontrastfolie einer erstarrten bürgerlichen Gesellschaft herhalten mussten. Die Sichtweise der verschiedenen fiktiven Verfasser, die in den *Humanitätsbriefen* das Wort ergreifen, ist wesentlich stärker historisch akzentuiert: So können etwa die feudalen Bedingungen, unter denen die mittelalterliche Literatur hervorgebracht wurde, im Werk eines mit allen Wassern der Aufklärung gewaschenen Autors wie Herder nicht unerwähnt bleiben.

Insofern wird auch das Christentum differenziert bewertet, ist es doch einerseits Ausdruck feudaler Verhältnisse, die aus der Sicht eines aufklärerischen Autors des 18. Jahrhunderts abzulehnen sind. Andererseits konstruieren die fiktiven Autoren immer wieder Kontinuitäten von christlichen Ideen hin zu Idealen, die dem gegenwärtigen Diskurs zu entstammen scheinen. Sie verfassen gewissermaßen eine Geschichte der *longue durée*: Die fiktiven Verfasser entwerfen ein Narrativ, in dem die christlichen Tugenden mit der Zeit immer stärker säkularisiert und zu genuin menschlichen Obliegenheiten erhoben werden. Das Mittelalter erscheint dergestalt als integraler Bestandteil einer Genealogie der Neuzeit. Demgegenüber versuchen andere fiktive Verfasser, die die dominante Stellung der Antike betonen, gerade eine Zäsur zwischen Renaissance und Mittelalter zu etablieren. Das Mittelalter und seine spätantiken Vorläufer werden in dieser Lesart zum *dark age*, zur *rupture* zwischen Antike und Moderne.

Mit der siebten und achten Sammlung – zumindest lässt sich dies für die untersuchten Texte festhalten – wird keine eindeutige Antwort auf die ›Querelle des Anciens et des Modernes‹ gegeben (vgl. dagegen Pago 2001, 160). Anders als dies Schiller in seiner *Abhandlung über naive und sentimentalische Dichtung* oder Friedrich Schlegel in seinem Studiums-Aufsatz getan haben. Darin besteht gerade die Pointe des Herder'schen Textes. Zwar sind dem Sentimentalischen analoge Gedankenfiguren bei Herder durchaus präsent. Der Verlust der Einheit, den der geschichtliche Prozess der Neuzeit hervorgetrieben hat, und die daraus resultierende konstitutive Alterität der modernen Literatur werden auch in seinem Werk reflektiert. Herders eigentliche ›Lösung‹ ist dennoch eine andere: Sie besteht in der multiperspektivischen Orchestrierung des Diskurses und deren Funktion. Die Frage nach dem Vorzug – Antike oder Moderne – darf gar nicht final geklärt werden, weil sie die selbstständige Reflexion des Lesers verhinderte. Von dieser Motivation aus wäre auch das Fehlen von Leitfiguren erklärlich, wie man es etwa aus den platonischen Dialogen kennt, wo Sokrates zumeist die privilegierte Position vertritt. Natürlich werden dem Leser literaturhistorisches Wissen sowie verschiedene Argumentationsstandpunkte vermittelt; hier steht Herder in der didaktischen Tradition auch des 18. Jahrhunderts. Man könnte das polyperspektivische Arrangement gar als Versuch deuten, Spannungen innerhalb des eigenen Werks offen auszutragen. Aber das Markante seiner *Humanitätsbriefe* ist deren Selbstreflexivität; es wird ein Verständigungsprozess vorgeführt, an dem der fiktive Leser – als Spiegelfigur des Rezipienten – aktiv partizipiert. Dahinter lässt sich die Überzeugung erkennen, dass das Ideal der Humanität nur realisiert werden kann, wenn die Menschen in der Lage sind, eigenständig zu denken und zu diskutieren – ohne der Gefahr einer doktrinären Verhärtung anheimzufallen. In den Entwürfen zu den *Humanitätsbriefen* formuliert der Schreiber L. eine ähnliche Haltung, die in einer Zeit politischer Instabilitäten zur Pflicht werde. Eine humane Haltung erhebt er zur Bedingung der Wahrheitssuche:

> Haben Sie Geduld und Güte, m. Fr., mir diese Fragen nach und nach zu beantworten. Die französische Revolution soll unsre Gemüter nicht trennen, wie sie in mehreren Ländern bereits die Gemüter getrennt hat. Meine Fragen sind gar nicht juristisch oder politisch; lassen Sie Ihre Antworten darüber auch nur philosophisch, historisch, vor allen Dingen aber *human* sein: denn vor jedem erbitterten und erbitternden Parteigeist flieht die Wahrheit. (FHA 7, 780)

Literatur

Adler, Hans: Herder's Concept of *Humanität*, in: Hans Adler, Wulf Koepke (Hg.): *A Companion to the Works of Johann Gottfried Herder*. Rochester, New York: Camden House, 2009: 93–116.

Alt, Peter-André: *Aufklärung*. Stuttgart, Weimar: Metzler, 1996.

Arnold, Günter: Die Widerspiegelung der Französischen Revolution in Herders Korrespondenz, in: *Impulse. Aufsätze, Quellen, Berichte zur deutschen Klassik und Romantik* 3 (1981): 41–89.

Binkelmann, Christoph, Violetta Stolz: Briefe zu Beförderung der Humanität, in: Stefan Greif u. a. (Hg.): *Herder Handbuch*. München: Fink, 2016: 216–232.

Blumenberg, Hans: *Säkularisierung und Selbstbehauptung. Erweiterte und überarbeitete Neuausgabe von ›Die Legitimität der Neuzeit‹.* Erster und zweiter Teil. Frankfurt a. M.: Suhrkamp, 1974.

Brummack, Jürgen: Herders Polemik gegen die ›Aufklärung‹, in: Jochen Schmidt (Hg.): *Aufklärung und Gegenaufklärung in der europäischen Literatur, Philosophie und Politik von der Antike bis zur Gegenwart.* Darmstadt: Wissenschaftliche Buchgesellschaft, 1989: 277–293.

Buffon, Leclerc: *Histoire naturelle, générale et particulière, avec la description du cabinet du roi.* Bd. 3. Paris: de l'imprimerie royale, 1749.

Cancik, Hubert: Die Begründung der Humanität bei Herder. Zur Antikerezeption in den *Briefen zur Beförderung der Humanität*, in: Martin Vöhler, Hubert Cancik (Hg.): *Humanismus und Antikerezeption im 18. Jahrhundert.* Bd. 1: *Genese und Profil des europäischen Humanismus.* Heidelberg: Winter, 2009: 113–126.

Cassirer, Ernst: *Substanzbegriff und Funktionsbegriff. Untersuchungen über die Grundfragen der Erkenntniskritik.* Berlin: Cassirer, 1910.

Dehrmann, Mark-Georg: *Das ›Orakel der Deisten‹. Shaftesbury und die deutsche Aufklärung.* Göttingen: Wallstein, 2008.

Diderot, Denis: Recherches philosophiques sur l'origine et la nature du beau, in: *Œuvres complètes de Diderot.* Bd. 10. Hrsg. v. Jules Assézat et Maurice Tourneux. Paris: Garnier, 1876: 5–42.

Federlin, Wilhelm Ludwig: Das Problem der Bildung in Herders Humanitätsbriefen, in: Gerhard Sauder (Hg.): *Johann Gottfried Herder 1744–1803.* Hamburg: Meiner, 1987: 125–140.

Fink, Gonthier-Louis: De Bouhours à Herder. La théorie française des climats et sa réception Outre-Rhin, in: *Recherches germaniques* 15 (1985): 3–63.

Fink, Gonthier-Louis: Von Winckelmann bis Herder. Die deutsche Klimatheorie in europäischer Perspektive, in: Gerhard Sauder (Hg.): *Johann Gottfried Herder 1744–1803.* Hamburg: Meiner, 1987: 156–176.

Fulda, Daniel: *Wissenschaft aus Kunst. Die Entstehung der modernen deutschen Geschichtsschreibung 1760–1860.* Berlin, New York: de Gruyter, 1996.

Gaier, Ulrich: Gegenaufklärung im Namen des Logos. Hamann und Herder, in: Jochen Schmidt (Hg.): *Aufklärung und Gegenaufklärung in der europäischen Literatur, Philosophie und Politik von der Antike bis zur Gegenwart.* Darmstadt: Wissenschaftliche Buchgesellschaft, 1989: 261–276.

Hassinger, Erich: Zur Genese von Herders Historismus, in: *Deutsche Vierteljahrsschrift für Literaturwissenschaft und Geistesgeschichte* 53,2 (1979): 251–274.

Hutcheson, Francis: *An Inquiry into the Original of Our Ideas of Beauty and Virtue in Two Treatises. Revised Edition.* Hrsg. v. Wolfgang Leidhold. Indianapolis: Liberty Fund, 2004.

Jauß, Hans Robert: Ästhetische Normen und geschichtliche Reflexion in der ›Querelle des Anciens et des Modernes‹, in: *Parallèle des Anciens et des Modernes en ce qui regarde les arts et les sciences. Par M. Perrault de l'Académie Française.* Paris: Coignard, 1688–1697. Nachdruck München: Eidos, 1964: 8–64.

Jauß, Hans Robert: Schlegels und Schillers Replik auf die ›Querelle des Anciens et des Modernes‹, in: Hans Robert Jauß: *Literaturgeschichte als Provokation.* Frankfurt a. M.: Suhrkamp, 1970: 67–106.

Kant, Immanuel: *Entwurf und Ankündigung eines Collegii der physischen Geographie, nebst dem Anhange einer kurzen Betrachtung über die Frage: Ob die Westwinde in unsern Gegenden darum feucht seyn, weil sie über ein grosses Meer streichen.* Königsberg: J. F. Driest, 1757.

Kapitza, Peter K.: *Ein bürgerlicher Krieg in der gelehrten Welt. Zur Geschichte der Querelle des Anciens et des Modernes in Deutschland.* München: Fink, 1981.

Kondylis, Panajotis: *Die Aufklärung im Rahmen des neuzeitlichen Rationalismus.* Stuttgart: Klett-Cotta, 1981.

Krauss, Werner: Der Streit der Altertumsfreunde mit den Anhängern der Moderne und die Entstehung des geschichtlichen Weltbildes, in: Werner Krauss, Hans Kortum (Hg.): *Antike und Moderne in der Literaturdiskussion des 18. Jahrhunderts.* Berlin: Akademie, 1966: ix-lx.

Lichtenberg, Johann Georg: Künsteleien der Menschen an Bildung ihres Körpers, in: *Georg Christoph Lichtenberg's Vermischte Schriften.* Neue vermehrte, von dessen Söhnen veranstaltete Original-Ausgabe. 6. Bd. Göttingen: Dieterich, 1845: 306–311.

Löchte, Anne: *Johann Gottfried Herder. Kulturtheorie und Humanitätsidee der* Ideen, Humanitätsbriefe *und* Adrastea. Würzburg: Königshausen & Neumann, 2005.

Meinecke, Friedrich: *Werke.* Bd. 3: *Die Entstehung des Historismus.* Hrsg. v. Carl Hinrichs. München: Oldenbourg, 1959: 355–444.

Menges, Karl: Herder und die ›Querelle des Anciens et des Modernes‹. Eine wirkungsgeschichtliche Replik, in: Walter Haug, Winfried Barner (Hg.): *Ethische contra ästhetische Legitimation von Literatur. Traditionalismus und Modernismus: Kontroversen um den Avantgardismus.* Tübingen: Niemeyer, 1986: 154–160.

Menges, Karl: Herder and the ›Querelle des Anciens et des Modernes‹, in: Richard Critchfield, Wulf Koepke (Hg.): *Eighteenth-Century German Authors and their Aesthetic Theories. Literature and the Other Arts.* Columbia, SC: Camden House, 1988: 147–183.

Mölk, Ulrich: *Trobadorlyrik. Eine Einführung.* München, Zürich: Artemis, 1982.

Morton, Michael: *Herder and the Poetics of Thought. Unity and Diversity in* On Diligence in Several Learned Languages. University Park, PA, London: Pennsylvania State Univ. Press, 1989.

Nisbet, Hugh Barr: Zur Revision des Herder-Bildes im Lichte der neueren Forschung, in: Johann Gottfried Maltusch (Hg.): *Bückeburger Gespräche über Johann Gottfried Herder 1971.* Bückeburg: Grimme, 1973: 101–117.

Pago, Thomas: ›Aus der Welt hinaus gerückt‹. Aspekte der Querelle des Anciens et des Modernes bei Herder, in: Peter Heßelmann u. a. (Hg.): *›Das Schöne soll sein‹.* Aisthesis *in der deutschen Literatur. Festschrift für Wolfgang F. Bender.* Bielefeld: Aisthesis, 2001: 149–160.

Pago, Thomas: *Johann Christoph Gottsched und die Rezeption der Querelle des Anciens et des Modernes in Deutschland.* Frankfurt a. M. u. a.: Lang, 2003.

Proß, Wolfgang: Die Ordnung der Zeiten und Räume. Herder zwischen Aufklärung und Historismus, in: Claudia Taszus (Red.): *Vernunft – Freiheit – Humanität. Über Johann Gottfried Herder und einige seiner Zeitgenossen. Festgabe für Günter Arnold zum 65. Geburtstag.* Eutin: Lumpeter & Lasel, 2008: 9–73.

Prüfer, Thomas: Ästhetische Geschichtsphilosophie und die Historisierung der Poetik am Ende des 18. Jahrhunderts, in: Daniel Fulda, Silvia Serena Tschopp (Hg.): *Literatur und Geschichte. Ein Kompendium zu ihrem Verhältnis von der Aufklärung bis zur Gegenwart.* Berlin, New York: de Gruyter, 2002: 277–297.

Reiske, Johann Jacob: Eines im Arabischen sehr erfahrnen Gelehrten, Antwort, auf die Frage: Ob die Araber schon in den ältesten Zeiten gereimte Verse gemacht?, in: *Neuer Büchersaal der schönen Wissenschaften und freyen* Künste. Bd. 10. Leipzig: Breitkopf, 1750: 227–234.

Schlegel, Friedrich: Rezension von *Briefe zur Beförderung der Humanität*, in: Friedrich Schlegel: *Kritische Friedrich-Schlegel-Ausgabe*. Bd. 2: *Charakteristiken und Kritiken I (1796–1801)*. Hrsg. v. Hans Eichner. München u. a.: Schöningh, 1967: 47–54.

Schmid, Christoph: *Die Mittelalterrezeption des 18. Jahrhunderts zwischen Aufklärung und Romantik*. Frankfurt a. M. u. a.: Lang, 1979.

Schmidt, Wolf Gerhard: Paradigma des Sentimentalischen. Die Ossianrezeption des späten Herder, in: Sabine Groß, Gerhard Sauder (Hg.): *Der frühe und der späte Herder: Kontinuität und/oder Korrektur. Early and Late Herder: Continuity and/or Correction. Beiträge zur Konferenz der Internationalen Herder-Gesellschaft. Saarbrücken 2004*. Heidelberg: Synchron, 2007: 425–431.

Schmidt-Biggemann, Wilhelm: Elemente von Herders Nationenkonzept, in: Regine Otto (Hg.): *Nationen und Kulturen. Zum 250. Geburtstag Johann Gottfried Herders*. Würzburg: Königshausen & Neumann, 1996: 27–34.

Schwinge, Ernst Richard: *›Ich bin nicht Goethe‹. Johann Gottfried Herder und die Antike*. Göttingen: Vandenhoeck & Ruprecht, 1999.

Shaftesbury: *Charakteristicks. Volume III. Miscellaneous Reflections on the preceding Treatises, and other Critical Subjects*. Indianapolis: Liberty Fund, 2001.

Sikka, Sonia: *Herder on Humanity and Cultural Difference. Enlightened Relativism*. Cambridge: Cambridge Univ. Press, 2013.

Stolpe, Heinz: *Die Auffassung des jungen Herder vom Mittelalter. Ein Beitrag zur Geschichte der Aufklärung*. Weimar: Böhlau, 1955.

Stolpe, Heinz: Herders Ideen zur Vervollkommnung der Humanität und sein Verhältnis zur Französischen Revolution, in: Heinz Stolpe: *Aufklärung, Fortschritt, Humanität. Studien und Kritiken*. Berlin, Weimar: Aufbau, 1989: 213–251.

Sulzer, Johann Georg: *Allgemeine Theorie der schönen Künste in einzelnen, nach alphabetischer Ordnung der Kunstwörter aufeinanderfolgenden, Artikeln abgehandelt*. Bd. 4. Leipzig: Weidmannsche Buchhandlung, 1794. Nachdruck Hildesheim: Georg Olms, 1967.

Szondi, Peter: *Poetik und Geschichtsphilosophie I. Antike und Moderne in der Ästhetik der Goethezeit. Hegels Lehre von der Dichtung*. Hrsg. v. Senta Metz, Hans-Hagen Hildebrandt. Frankfurt a. M.: Suhrkamp, 1974.

Tetens, Johann Nikolaus: *Philosophische Versuche über die menschliche Natur und ihre Entwicklung*. Kommentierte Ausgabe. Hrsg. v. Udo Roth, Gideon Stiening. Berlin, Boston: De Gruyter, 2014.

Varga, Lucie: *Das Schlagwort vom ›finsteren Mittelalter‹*. Baden u. a.: Rohrer, 1932. Neudruck Aalen: Scientia, 1978.

Vöhler, Martin: Von der ›Humanität‹ zum ›Humanismus‹. Herder, Abegg und Niethammer, in: Martin Vöhler, Hubert Cancik (Hg.): *Humanismus und Antikerezeption im 18. Jahrhundert*. Bd 1: *Genese und Profil des europäischen Humanismus*. Heidelberg: Winter, 2009: 127–144.

Weber, Heinz Dieter: *Friedrich Schlegels Transzendentalpoesie und das Verhältnis von Dichtung und Kritik im 18. Jahrhundert*. München: Fink, 1970.

Zelle, Carsten: *Die doppelte Ästhetik der Moderne. Revisionen des Schönen von Boileau bis Nietzsche*. Stuttgart, Weimar: Metzler, 1995.

Linda Dietrick (Winnipeg)

Herder as a Mentor of Literary Women

Meist gilt Herder als Anhänger der sich um 1800 verhärtenden patriarchalischen Denkweise, die Frauen als voll berechtigte Teilnehmerinnen an der Produktion von Literatur disqualifizierte. Gestützt auf Zeugnisse von Schriftstellerinnen, die Herder und seine Werke schätzten, sowie auf seine eignen Äußerungen über Frauen und deren kulturelle Beiträge, bietet diese Untersuchung ein differenzierteres und positiveres Bild. Eine oft kritisierte Stelle im Briefwechsel des jungen Herders mit Caroline Flachsland kann im historischen und biographischen Kontext relativiert werden. Die Werke des reifen Herders wie z. B. die Ideen *weisen ihn in vieler Hinsicht als frauenfreundlich aus. Gerade weil er die Menschen und jede Form der menschlichen Kreativität als eingebettet in und untrennbar von den epigenetischen Kräften der Natur sieht, steht er der künstlerischen Produktion von Frauen wie auch nichteuropäischer Kulturen viel offener gegenüber als Zeitgenossen wie Kant und Schiller. Bekanntlich wird er in den 1790ern aufgrund seiner Ablehnung der Autonomieästhetik zum Outsider. Dieser Status macht ihn aber implizit zum Allierten von Schriftstellerinnen. Herders Empfehlungen außereuropäischer Traditionen werden in Werken von Karoline von Günderrode, Charlotte von Stein und Sophie von La Roche konkret aufgenommen und angewandt. Wiederholt versucht er, das Selbst als zentralen Begriff zu bestimmen. Autorinnen wie Sophie Mereau und Bettine von Arnim, die sich mit dem Widerspruch zwischen den Forderungen weiblicher Selbstlosigkeit und weiblicher Selbständigkeit beschäftigen, fühlen sich durch Herders Bemühungen, diese in Einklang zu bringen, nachweislich angesprochen und bestätigt. So ergibt sich ein Bild besonders des späteren Herders als Mentor, der unterstützend und ermutigend auf die literarische Aktivität von Frauen wirkte.*

I "Auch Du entlocktest diesen Ton der Leyer": Herder and Emilie von Berlepsch

The writer Emilie von Berlepsch (1755–1830) is well known among historians and literary critics who study women's participation in late eighteenth-century German culture and literature. Like Mary Wollstonecraft, whom she deeply admired, Berlepsch advocated for the rights of women, most notably in her essay "Ueber einige zum Glück der Ehe nothwendige Eigenschaften und Grundsätze", which appeared in two parts in Wieland's *Der Neue Teutsche Merkur* in 1791. Although Berlepsch did not radically question accepted ideas about women's alleged character as distinct from that of men or their imputed natural "Bestimmung" as mothers and wives, nonetheless she argued persuasively that, within those parameters, women should still be free to pursue education, personal intellectual development, and self-reliance. In her essay, she directly and courageously takes issue with prominent male writers' views of women's place. Against Rousseau, for example, she writes:

> Der Grundsatz, daß nur um der Männer willen, nur ihnen zu gefallen, nur von ihnen geachtet, gepriesen, vorgezogen zu werden, die Weiber suchen müßten, liebenswürdige Eigenschaften, Talente und Kenntnisse zu erwerben; dieser von Müttern und Erzieherinnen zur Ungebühr gepredigte, und von den Männern selbst nur zu oft angepriesene Grundsatz, taugt, meiner Meynung nach, nur für den Orient [...]. Aber wir, die ein besseres Schicksal und hellere Vernunfterkenntniß beschützt, wir die der Menschheit unentweihte Rechte—wenigstens in vielen Stücken—mit den Männern theilen und genießen: warum sollen wir nicht auch unsre innere, geistige Existenz selbständig und eigenthümlich erhalten? (Berlepsch 1791, 90–91)

Berlepsch also criticizes the "misogynist tone" of Ernst Brandes's notorious book *Ueber die Weiber* (1787):

> Ist weibliche Tugend ein Unding, weil es viele Schwache und einzelne Lasterhfte giebt? Weil sich einige durch empfindsames Gezier lächerlich machen, oder mit sogenanter Schöngeisterey ein Affenspiel treiben?—wozu doch, genau betrachtet, die Männer wohl selbst die erste Veranlassung gaben.—Läßt sich darum entscheidend behaupten, es fehle den Weibern an Gefühl, an Genie? es habe ihnen insgesammt die Natur alle Kraft und Wärme der Seele, allen Sinn für's Große und Schöne, ja sogar die gehörige Kraft der Kopfnerven versagt [...]? Die nachtheiligen Folgen dieses misogynischen Tons auf Gesellschaft und Sitten überhaupt sind wohl nicht zu bezweifeln [...]. (Ibid., 83; cf. Brandes 1787, 40, 171, 182)

In her view, women can only counter this general poisoning of relations between men and women by relying on what she calls the shield of self-reliance or inner independence:

> Nur Ein Schild ist da, das die Seele decken und ihre zarten Empfindungskräfte vor Verletzung schützen kann; und dieses Schild heißt—*Selbständigkeit.* [...] wir müssen, wir müssen allein stehen lernen! Wir müssen unsere Denkart, unsern Character in unsern eignen Augen so ehrwürdig machen, daß uns das Urtheil andrer in unserem geprüften und gerechten Urtheil über uns selbst nicht irre machen kann. (Ibid., 89–90)

The means to this end is self-cultivation in the service of a greater moral good:

> Warum sollten wir denn nicht auch, so gut als [die Männer], bey unserm Thun und Denken, bey der Ausbildung unsres Geistes, der Verfeinerung unsres Gefühls, der Anwendung unsrer Talente, auf ein großes Ganze sehen? Und welche wichtige erhabene Zwecke sind es nicht, worauf uns Beruf und Bestimmung blicken heißt? Beförderung des allgemeinen und einzelnen Wohls, sittliche Schönheit und Grazie, erhöhete Anmuth des geselligen Lebens, der große Vorzug eine Pflanzschule edler Menschheit unter unsrer Pflege aufschießen zu sehen, und dadurch Wohlthäterinnen künftiger Zeiten zu werden! (Ibid., 91–92)[1]

Certain aspects of this passage are reminiscent of Johann Gottfried Herder's thought. For example, Berlepsch refers to "sittliche Schönheit", that is, an aesthetics that is closely

1 On Berlepsch's essay as an example of early feminist thought, cf. Dawson 1986; Honegger 1991, 15–18; Fleig 1999, 46–47; and Fronius 2011, 49–52.

allied with ethics; she places value on both intellectual cultivation and the refinement of the emotions; and she emphasizes women's role in striving for the advancement of the general good and for a future "noble humanity". None of these echoes is accidental, for Emilie von Berlepsch was in fact a close friend of Herder and his wife Caroline from 1777 on. Frequent visits and letters sustained their friendship throughout the 1780s and 1790s.[2] In her essay, she further clarifies her concept of women's "Selbstständigkeit" by referring to an essay of Herder's:

> Die Frau ist nicht mehr bloß Haushälterin des Mannes und Gebährerin seiner Kinder; sie ist auch Erzieherin, ist Theilhaberin seiner oft sehr verwickelten Verhältnisse, und hat ihre eigene zuweilen nicht unwichtige Rolle im gesellschaftlichen Leben zu behaupten. Soll sie nun behutsam und selbstständig handeln, so muß sie frey und eigenthümlich denken können, also nicht Maschine seyn, die nur vom Willen des Mannes abhängt. [...] Wenn sie dieses weiß, wird sie ihren Verstand zu bilden, ihre Beurtheilungskraft zu schärfen, ihren Charakter zu stärken suchen, und dadurch werden die *consonen* Töne hervorgebracht werden, welche, wie Herder sagt, eine reinere und dauerndere Harmonie als *unisone* geben. (Ibid., 100–101)

The reference is to Herder's text "Liebe und Selbstheit".[3] There Herder uses the metaphor of musical harmony to convey the concept of love or friendship as a non-hierarchical relationship to which each partner brings differing but equally valuable qualities. He also uses gender character as a metaphor for this sort of equality-in-difference, indicating expressly that the differences he has defined in terms of gender may appear in either sex:

> Wie dort zwei Lichter am Himmel, so hat Gott auf der Erde zwei Geschlechter geschaffen, die im Schwunge der Empfindungen sich einander das Gegengewicht leisten sollen. Eins ersetzt dem andern, was dem an Zartheit, *diesem* an Stärke abgeht, und im Reich der Liebe ist Zartheit mächtiger als Stärke. [...] Auch in der Freundschaft ist Ein Theil immer der thätige, der andre mehr beihelfend und leidend: jener männlich, dieser weiblich; oft umgekehrt nach Geschlechtern. Einklang ist in dieser Ehe der Seelen weder angenehm noch nützlich, noch möglich. *Consone* Töne müßen es seyn, die die Melodie des Lebens und des Genußes geben, nicht *unisone*; sonst verliert sich die Freundschaft bald in bloße Gesellschaft. (SWS 15, 322)

Later in his essay, Herder virtually equates love and friendship, so that the metaphor of harmonizing gender characteristics is no longer tied to sex (ibid., 311–313). In his final summary, he returns to the musical metaphor that Berlepsch found so attractive: "Freundschaft und Liebe sind nie möglich, als zwischen gegenseitigen freien, consonen, aber nicht unisonen, geschweige identificierten Geschöpfen" (ibid., 326).

---

2 Cf. Horn 2009 for a biography. Haym 1877–1885 (2, 50–51) acknowledges the long friendship, but unfortunately his description of Berlepsch suffers from the same misogynist tone for which she reproached her contemporaries.

3 "Liebe und Selbstheit. Ein Nachtrag zum Briefe des Hr. Hemsterhuis über das Verlangen"; originally in *Der Teutsche Merkur*, Dec. 1781; later reprinted in *Zerstreute Blätter*, Erste Sammlung, 1785, 2nd ed. 1791 (SWS 15, 304–326).

The "Selbstheit" of Herder's title figures as one of two "Kräfte" (ibid., 305). It is the force that opposes and yet harmonizes with the force that draws individuals together in love or friendship. Herder also defines it as the "*veste[r] Bestand einzelner Wesen*" (ibid.), which implies selfhood in the sense of individuation or individuality, i. e. that which allows us to be conscious of ourselves as separate beings. For Herder, this is difficult to conceptualize because he also wants to see individuals as *not* separate, but embedded in relationships with others and with God or God-in-Nature. He will continue to grapple with this problem throughout his works. As he writes in 1791 in his foreword to the second edition of the *Zerstreute Blätter*, Erste Sammlung, the issue is central to his philosophy:

> Diese unvollkommene Abhandlung ["Liebe und Selbstheit"] erbittet sich wenigstens ihres Inhalts wegen einen Platz; denn die beiden Punkte, um welche sie sich drehet, sind doch die zwei Pole unsrer ganzen praktischen Philosophie, und werden es ewig bleiben. (Ibid., 201)

Herder's essay makes it clear that the distance between selfhood and love must always exist: "Die Hyperbel nähert sich der Asymptote, aber sie erreicht sie nie: zu *unsrer* Seligkeit können wir nie den Begrif unsers Daseyns *verlieren*, und den *unendlichen* Begrif, daß wir *Gott* sind, *erlangen*" (ibid., 236). Herder's efforts to reconcile the concept of human embeddedness in a greater whole with the concept of an individual self are also evident in the *Ideen zur Philosophie der Geschichte der Menschheit* (cf. the beginning of Book 9; HWP 3 / 1, 306–307), in the complementary poems "Das Ich. Ein Fragment" and "Selbst. Ein Fragment" (1797; SWS 29, 131–144), and in his meditations on Spinoza, *Gott. Einige Gespräche* (1786; 2nd ed. 1800).[4] As scholars have shown, Herder could not fully accept Spinoza's monism, according to which all of being is a single substance identical to and inseparable from God and nature. In order to preserve the idea of individual selfhood, which was necessary for his ethics, Herder introduced the idea of "substantial forces" originating with God but distributed throughout creation, including and especially in humans. Individuals thus became "subsidiary" forces (Lange 2007, 256–257) who derive their being from the greater whole that is God. At the same time, it is only as individuals that they can give themselves up in service to that greater whole (cf. Hoffart 1974, 58–59).

What Emilie von Berlepsch found in Herder's thought, I would argue, was a way to reconcile, on the one hand, the social expectation that women must surrender themselves or their selfhood in service to others with, on the other hand, the desire for "Selbstständigkeit" as independence or self-reliance, which confers dignity and freedom, and which allows for creative cultural contributions such as her own writing. The social expectation is clearly stated by Joachim Heinrich Campe in *Väterliche Rath für meine Tochter* (1789): "Tausend Äußerungen einer freien unabhängigen Selbständigkeit werden dem Manne vergönnt oder nachgesehn; dir nicht!" (quoted in Lange 1992, 34). Ernst Brandes formulates it as an imperative of nature: "Die Natur wollte das Weib zu keinem selbstständigen Wesen schaffen" (Brandes 1787, 46). Yet Herder's metaphorical idea that individuals in caring relationships do not have to sing in unison, but can and should

4 SWS 16, 401–580. Cf. especially the fifth and final dialogue in the second edition.

harmonize their separate voices, seems to suggest a compromise. Admittedly, for him the concept of a separate "Selbstheit" is not identical to "Selbstständigkeit", an attribute he considers illusory when people (male or female) apply it to themselves: "Wir dünken uns selbstständig und hangen von allem in der Natur ab" (*Ideen* Book 15; HWP 3 / 1, 577). Nevertheless, Berlepsch seems to have either creatively misunderstood Herder's idea or taken it to its logical conclusion.[5]

Indeed, her life and works witness to both her self-reliance and her indebtedness to Herder. In the 1780s, she had begun writing poems and essays, which appeared in various periodicals. She went on to publish three books: two collections of poems and prose (1787, 1794) and her greatest literary success, *Caledonia* (1802–1804), which was based on her travels in Scotland. Unhappily married, she bore four children, one of whom died in infancy. She was eventually divorced from her first husband around 1795 (after which he married her chambermaid, with whom he already had three children). Briefly engaged to Jean Paul Richter in 1798, she finally remarried in 1801. In her writings, she frequently names Herder as her mentor and inspiration. In the foreword to her first book, her fictitious poet Eugenie states that she has dared to follow in the footsteps of her great friend and teacher Herder ("Ein Gespräch als Vorrede"; Berlepsch 1787, XXIV–XXV). *Caledonia* is both dedicated to and addressed to Herder (Berlepsch 1802–1804, 1, XI–XII) and contains her homage to Wollstonecraft (Berlepsch 1802–1804, 4, 250–283), where she refers to herself as a "Schülerin von Herder, Wieland und Garve" (ibid., 252). It ends with a poetic eulogy to Herder (ibid., 284–287). *Sommerstunden* (Berlepsch 1794, 3–14) includes an interesting poem about the hurdles faced by women writers, "Antwort auf eine Warnung vor den Gefahren der Schriftstellerei". It also reprints a poem that had previously appeared in *Der neue Teutsche Merkur*: "An Herder. Nach seiner Zurückkunft aus Italien" (ibid., 24–30).

This latter poem begins: "O glücklich, wem in unbewölktem Glanze, / *Italia!* dein reiner Himmel lacht" and invokes the pleasures of seeing Italy's landscapes and remembering its gods and heroes. Then it goes on to lament the situation of the poet who, at home in the north, can only dream of those warm Italian scenes: "Ach! jenen warmen Frühlingsbildern gleichet / Die Winterscene dieses Lebens nicht! / Hier heult der Nord; in rauher Luft erbleichet / Der Kranz, den schüchtern sich die Muse flieht" (stanza 8). Yet an inner voice reminds the speaker that even here, "auf *deutscher* Flur" (stanza 9) she has been able to experience the joy and friendship that inspires poetry (stanzas 9–10). Then she directly addresses Herder:

> O Freund! der oft, in Stunden ernster Feyer,
> Den heissen Durst nach Wahrheit mir gestillt,
> Und mir gezeigt, im zartgewebten Schleier
> Der Grazien, der Weisheit hohes Bild –

5 Because I follow Berlepsch in understanding Herder's essay as resisting patriarchal norms, I am somewhat baffled by Holzhey's Lacanian reading of it: "Love and friendship are thus no longer unisexed, proto-homosexual relations in which the partners fuse through mutual identification. Instead, they are emphatically heterosexual relations between clearly separated, complementary partners" (Holzhey 2006, 21).

Auch Du entlocktest diesen Ton der Leyer,
Die lange schon sich schweigend eingehüllt.
O mögt er Dir, wie Lenzgeflüster, klingen,
Und einen sanften Strahl der Freude bringen!
(stanza 11)

The concluding stanza reminds the listener that: "Wo Wahrheit lebt und edle zarte Liebe / Da blühet auch der Freuden Vaterland". Berlepsch must have known that Herder had not found Italy to be the Arcadia that it was for Goethe, and here, her affirmation of the north suggests she empathizes with Herder's preference for his homeland, as opposed to the classical landscapes of the south. Later, as we shall see, Herder's openness to other cultural traditions, including those of northern Europe, would play a large role in his estrangement from Goethe and Schiller in their classicist period.

Because Berlepsch's poem is expressly tied to a specific occasion and addressee, and because its emotional tone places it in the tradition of *Empfindsamkeit*, modern readers schooled in the classicist aesthetics of Schiller and Goethe are likely to dismiss it as trivial. Yet its elaborate form, the Italian ottava rima, lends it a certain stately formality, and its poetological dimension—here a poet speaks to a poet about their common enterprise—adds interest and reminds us that the conventionalized expression of sentiments was a normal part of poetry until the ascendance of the *Autonomieästhetik* (cf. Berghahn 1990; Einfall 2000). Yet regardless of how one might evaluate the poem as a poem, Berlepsch's public recognition of Herder as someone who had helped call forth notes from her lyre documents the fact that at least one woman writer saw him as a mentor, not a discourager, of her literary ambitions.

II "O adieu Gelehrsamkeit! sehn Sie nicht wie geschwind ich davon laufe?": Caroline Flachsland Herder

Strong evidence of Herder's explicit or implicit mentorship can be found in the writings of a number of other female writers, as I will argue further below. It should first be noted, however, that the critical consensus still seems to be that Herder was one of the many discouragers of women's authorship. Silvia Bovenschen, in her influential book *Die imaginierte Weiblichkeit*, cites Herder's correspondence with Caroline Flachsland during their courtship (1770–1773), as well as *Auch eine Philosophie der Geschichte zur Bildung der Menschheit* (1774), the *Ideen*, and his 1800 review of Sophie Mereau's *Gedichte*, to support her thesis about Herder's role in the "exclusion" ("Ausschluß") of women from participation in literary culture (Bovenschen 1979, 181–190). Critics have tended to follow her, quoting from these and other, mostly early works like the *Fragmente über die neuere deutsche Literatur* (1766–1767; cf. for example Nübel 1994, 34, 37–39; Gilleir 2010, 191–194). The criticism has returned again and again to the Herder-Flachsland correspondence, citing in particular his letter of 20 September 1770, in which he expresses his abhorrence for the so-called "learned woman" (cf. among others Bovenschen 1979, 181–183; Nübel 1994, 47–49; Gilleir 2010, 188–189; Schmitt-Maass 2012, 147–152). The letter takes a number of rhetorical turns that are worth attending to:

> Sie haben Recht, daß ich auf das gelehrte Frauenzimmer vielleicht zu sehr erbittert bin; aber ich kann nicht dafür: es ist Abscheu der Natur. Eigentliche Gelehrsamkeit ist dem Charakter eines Menschen, eines Mannes schon so unnatürlich, daß wir ihr nur aus Noth uns unterziehen müßen, und dabei doch immer schon verlieren; in dem Leben, in der Seele, in dem Munde eines Frauenzimmers aber, die noch die Einzigen wahren Menschlichen Geschöpfe, auf dem Politischen und Exercierplatz unsrer Welt sind, ist diese Unnatur so tausendmal fühlbarer, daß ich immer sehr fürs Arabische Sprüchwort bin "eine Henne, die da krähet, und ein Weib, das gelehrt ist, sind üble Vorboten: man schneide beiden den Hals ab!" Aber will ich damit, böse Auslegerin meiner Worte! sagen, daß ein Frauenzimmer sich nicht auch durch die Lecture bilden, Geist und Herz verschönern müße? (Schauer 1926, 1, 46)

As if he realized he had gone too far, Herder immediately qualifies his drastic proverb, anticipating Caroline's response—"böse Auslegerin meiner Worte!"—and reassuring her that he has no objection to women cultivating themselves by reading Klopstock and the like. Then again, he reminds her that not all books are for women:

> Für sie bleibt nur das, was bildet, was die Seele Menschlich aufklärt, die Empfindungen Menschlich verfeinert, und sie zur Zierde der Schöpfung, zum Reiz der Menschlichen Natur, zum höchsten Gut der menschlichen Glückseligkeit eines fühlbaren, würdigen Jünglings, zur immer neuen, immer angenehmen Gattin eines würdigen Mannes, zum Vergnügen einer guten Gesellschaft und zur Erzieherin guter Kinder macht! Großer Gott! sind das nicht Zwecke, und Plane genug, die schon beleben, und aufmuntern und beschäftigen können, insbesonderheit, wenn man sie all in Harmonie und Proportion zu erreichen sucht? (Ibid., 46–47)

The exclamation and the rhetorical question are meant to persuade, not prohibit. Herder concludes by repeating that what he really objects to is the effect of dry learning on people in general: "denn unter nichts erliegt die wahre Empfindung, und Ausbildung und Geschmack und lebendige Menschliche Würksamkeit so sehr als eben unter Gelehrsamkeit" (ibid., 47).

Modern readers are likely to find Herder's tone in this letter patronizing; its sexism has that thoughtless and ostensibly charming quality that is, unfortunately, not uncommon even today. Yet it is worth reminding ourselves that these are the words of a 26-year-old bachelor, and the rhetorical twists and turns suggest that he has not entirely made up his mind. Although he grabs his reader's attention with a bald value judgment, he then stops, backtracks, qualifies, and qualifies again. The move is indicative of a mind that, already in 1770, is highly self-critical, aware of audience, and open to differences of opinion. Herder's self-conscious and metaphoric style, which is capable of multiple, strategic shifts in evaluative perspective, will continue to be evident throughout his life and works.[6] In this early letter, he echoes his teacher Immanuel Kant in his rejection

6 Cf. Simon 2014: "Das Reden in Masken, die strategische Einnahme einer Position zwecks Kritik einer anderen, die Erfahrung, dass wenig später die Position wiederum strategisch gewechselt werden kann: Diese grundsätzliche Stilhaltung wird in der Herderforschung verschiedentlich betont, bedarf aber dennoch einer eingehenden und fundamentalen Analyse" (ibid., 13). On the crucial role of the active reader, see also Menges 2014 and Schmidt 2014.

of female learning, but he does so in a manner that is far less imperious. By contrast, Kant's contempt for learned women is patent in the following passage from his popular pre-critical work *Beobachtungen über das Gefühl des Schönen und Erhabenen* (1764):

> Mühsames Lernen oder peinliches Grübeln, wenn es gleich ein Frauenzimmer darin hoch bringen sollte, vertilgen die Vorzüge, die ihrem Geschlechte eigenthümlich sind, und können dieselbe wohl um der Seltenheit willen zum Gegenstande einer kalten Bewunderung machen, aber sie werden zugleich die Reize schwächen, wodurch sie ihre große Gewalt über das andere Geschlecht ausüben. Ein Frauenzimmer, das den Kopf voll Griechisch hat, wie die *Frau Dacier*, oder über die Mechanik gründliche Streitigkeiten führt, wie die Marquisin von *Chastelet*, mag nur immerhin noch einen Bart dazu haben; denn dieser würde vielleicht die Miene des Tiefsinns noch kenntlicher ausdrücken, um welchen sie sich bewerben. (Kant 1968, 2, 852)

For her part, Caroline Flachsland takes a playful, bantering tone when referring to the dreaded quality of learnedness in herself:

> mich hat der Himmel in Gnaden davor bewahrt, aber ein wenig zuviel bewahrt; o adieu Gelehrsamkeit! sehn Sie nicht wie geschwind ich davon laufe, wann ich nur von ihr höre, ich muß würcklich von der Natur verwahrlost seyn; ist diesem Übel nicht mehr abzuhelfen? vielleicht! doch genug. (Schauer 1926, 1, 36)

She appears to recognize that the "learned woman" was passé, but the educated wife was not (cf. Becker-Cantarino 2000, 30–32), and there was room to negotiate about where the boundary should lie. Like Emilie von Berlepsch, she did not see a conflict between the duties of a married woman and the cultivation and use of her mind. Indeed, we know that during her marriage, she was responsible for managing the family finances, editing her husband's manuscripts, and conducting much of his correspondence, including with publishers. She also stood model for the thoughtful character of Theano in *Gott. Einige Gespräche* (Fasel 1988, 157–158). In a letter to Hamann of 10 May 1784, Herder famously called her the "autor autoris meiner Schriften" (DA 5, 43). Later Caroline, writing in October 1803 to Karl Ludwig von Knebel about their friend the novelist Jean Paul Richter, would express her own view of women in a seemingly contradictory, but vigorous way:

> Was Sie an Richter ehren, ehren wir auch—aber eins tadle ich sehr: er macht die Weiber zu weich, zu jammernd—sie zerfließen alle in Thränen, in Empfindungen, statt dem Schmerz und Unfall handelnd entgegen zu treten.—Die eigenthümlich weibliche Natur ist mehr passiv, als activ; bringe man nun eine so gute, zarte Seele noch mehr in das Passive durch überhäufte Empfindungen, so geht das arme Geschöpf ganz zu Grunde. [...] Richter muß es noch dahin bringen, daß er den Seelenschmerz nicht durch Empfindung vermehrt, sondern durch Handlung überwinden macht. (Knebel 1835, 348–349)

The apparently unquestioned acceptance of the ideology of gender character, which assigned the attribute "active" to males and "passive" to females, appears side by side with an emphatic insistence on women's ability to take action. In her later memoir of her husband, Caroline makes it clear that he shared her opinion about Jean Paul's representations of women. Although the two men were close, she says, their views did occasionally differ, for example "in Richters Urtheilen über die Weiber, wo Herder glaubte: er mache sie zu wehmüthig, zu grübelnd über sich selbst, und vielleicht dadurch zu wenig thätig" (Caroline Herder 1820, 2, 339).

What this apparent contradiction demonstrates is that the assignment of qualities such as 'passivity' and 'activeness' to each sex did not have to entail *exclusive* and *permanent* assignment. In other words, for Caroline and Johann Gottfried Herder, even though men might be expected to demonstrate relatively more active and women relatively more passive behavior, such behavior could also appear "umgekehrt nach Geschlechtern" ("Liebe und Selbstheit"; SWS 15, 322). For them, gender characteristics were not necessarily inscribed in people's physiology by virtue of their sex. Other writers and thinkers were much more rigid in their insistence on (enforced) gender differences, and there was a historical progression from deriving those differences from social roles to deriving them from alleged physico-psychological traits.[7] In the last decades of the eighteenth century, debates about these matters were not yet settled. Far from excluding women from participation in cultural production, the debates reflected the fact that more women were participating than ever before.[8] For those like Emilie von Berlepsch and Caroline Flachsland Herder, there was still room to manouver.

III "Die genetische Kraft ist die Mutter aller Bildungen auf der Erde": Feminist aspects of Herder's thought

As we have seen, the Herder literature has tended to view his understanding of gender in a way that is not differentiated enough with respect to the historical and cultural context. Gender difference was still being debated, and he and Caroline understood it far less rigidly than most. Scholars have also tended to make no distinction between Herder's earlier and later writings. As already noted, many cite evidence from the 1760s and 1770s, a period when he was arguably still under the influence of his teacher and later adversary Kant, and not yet exposed to the daily company of an intelligent, well-read wife. Anke Gilleir (Gilleir 2010, 189) quotes Bovenschen's argument that "schon die Metaphorik der Herderschen Geschichtsphilosophie verrät den Ausschluß des Weiblichen" (Bovenschen 1979, 183),

7 On the emergence of an anthropology that viewed the two sexes as fundamentally different, cf. Laqueur 1990. On the development of the gender ideology that attached permanent, distinct mental qualities to male and female physiology cf. Honegger 1991.

8 For a critical discussion of the gender ideologies of the period and the debates surrounding women's authorship, cf. Fronius 2007, 10–93. Her conclusion to chapter 1 is a good summary of newer feminist approaches: "The temptation to regard ideological texts as descriptive of social reality, rather than as rhetorical speech acts, must be resisted. They are, in fact, often a *reaction* to pre-existing social conditions, not their cause. [...] The ideological context in which women writers operated must therefore not be characterized as simply oppressive. Contradictions, inconsistencies, and ambiguities continued throughout the period, despite vituperative attempts to silence incongruent voices. The areas and character traits designated as taboo for women were contested, redefined and subtly extended by a variety of authors, thereby leaving lacunae in which women authors might validate their writing" (ibid., 51–52). Cf. also Dietrick 2000 and Reill 2014.

referring to his use of the metaphors "Knabenalter" "Jünglingsalter", and "Mannesalter" to describe historical stages of cultural development in *Auch eine Philosophie der Geschichte zur Bildung der Menschheit* (1774; SWS 5, 475–586). It must be noted, however, that in his preface to the *Ideen* (1784), Herder disavows this way of looking at history. The multiplicity of cultures and their varied historical development relative to each other now appear to him too complex to compare to the maturation of a single human (HWP 3 / 1, 9–10). He will continue to use the metaphors of childhood and maturity (or senility) to refer to cultures, but as Sonia Sikka has shown, each metaphor has both positive and negative aspects. Herder also makes it clear that European civilization does not in any way represent some final, mature stage or the pinnacle of progress (cf. Sikka 2011, 84–125).

Any assessment of Herder's 'women-friendliness' and openness to women's cultural participation must take into account later works such as the *Ideen*. Herder's *magnum opus* contains many passages that women would have found encouraging. For example, he is highly critical of arranged marriages, going so far as to suggest that loveless marriages may have an adverse effect on the unborn child (HWP 3 / 1, 253). In Book 8, IV, he has a long section on the situation of women in different cultures. Although he could be accused of a certain Eurocentrism in the way that he writes of Turkish harems and the sacrifice of widows in India, his point is that women's equality with men is possible with cultural progress or even in some earlier cultures like that of ancient Germania (HWP 3 / 1, 288–291). Although he makes some claims that we perceive today as sexist about supposedly universal female qualities like "Liebe zum Schmuck", "Reinlichkeit", "sanfte Duldung" and "süße Mutterliebe" (ibid., 291–293), he repeatedly states that all across cultures, women are oppressed by men:

> Mit Gelaßenheit trägt [das zarte Geschlecht] das Joch, das ihm die rohe Uebermacht der Männer, ihre Liebe zum Müßiggange und zur Trägheit, endlich auch die Ausschweifungen seiner Vorfahren selbst als eine geerbte Sitte auflegten und bei den armseligsten Völkern finden sich hierin oft die größesten Muster. (Ibid., 292)

When he writes "die größesten Muster" he does not mean the *only* examples. He never says that his own culture or era is exempt from this critique (cf. Sikka 2011, 17–18).

More generally, Herder's commitment in the *Ideen* to the doctrine of epigenesis and to the inseparability of humans from nature allows for an important female principle or, to use Herder's vocabulary, a female "force" in the living world as he conceives it. As John Zammito has argued, epigenesis was "the decisive idea of the epoch, [...] the idea of emergent order as an inherent potentiality in nature itself", and Herder embraced it in a much more radical way than Kant did (Zammito 2002, 228–307, here, 232). The potentiality of epigenesis depends upon sexual difference in the animal and vegetable kingdoms; the theory was based on the recognition that in reproduction, organisms develop from simpler structures contributed equally by male and female. As we have already seen, Herder's anthropology accepts as a given the period's understanding of sexual dualism and complementarity, but for him, complementarity (as entailed by epigenesis) does not have to imply inequality.

As he writes in Book 7 of the *Ideen* (1785): "Die genetische Kraft ist die Mutter aller Bildungen auf der Erde" (HWP 3 / 1, 245). That is, the generative life-force, the epigenetic source of all earthly forms, including the products of human thought, is gendered female. Resembling the traditional figure of Mother Nature, it is nature understood as a dynamic creative force that manifests itself in both individual genius and the genius of each nation. For Herder, the mind is a type of womb:

> Also bleibt uns nichts übrig, als diese heilige Werkstäte der Ideen, das innere Gehirn, wo sich die Sinne einander nähern, als die Gebärmutter anzusehen, in denen sich die Frucht der Gedanken unsichtbar und unzerteilt bildet. (Book 4, I; HWP 3 / 1, 116).

In principle, this organicist model democratizes creativity: it makes room not only for non-European peoples, but also for women, as the sex thought 'closest to nature,' to be fully qualified creators of art and poetry.[9] By contrast, thinkers like Kant, Wilhelm von Humboldt, and Friedrich Schiller tend to treat intellectual and cultural production as a metaphorical rising above or separation from nature and to represent it as male, while reception and physical reproduction are represented as female.[10] Herder's strong preference for botanical metaphors (cf. Moser 1982) suggests that he imagined organicist creativity as a process that overcomes this sexual dualism: most flowers, as he knew, are androgynous (cf. HWP 3 / 1, 54–55). Compared to many of his contemporaries, then, Herder is more inclined to take the complementary-but-equal argument seriously and to recognize women's creative achievements. Or, to put it a little more cautiously, he is more inclined to recognize characteristically female forms of creative achievement in the same way that he recognizes forms of creativity that are characteristic of distinct cultures. And he endeavors to treat them as fundamentally equal.

Herder's openness to women's creativity and *Volksliteratur* meant that he was also open to appreciating the poetry of Anna Louisa Karsch, the brilliant self-taught poet whose apparently spontaneous talent was the sensation of Berlin in the 1760s (cf. Kord 2008, 37–46). Herder's "Sappho und Karschin", from his *Fragmente über die neuere deutsche Literatur* (1767), questions the appropriateness of calling her, as many did, the German Sappho. Yet this is not because he is comparing Karsch's works to some timeless classical standard represented by Sappho and finds them wanting. Rather, it is because he finds her poems uniquely different but not necessarily inferior. The evaluative terms he uses are critical without being uniformly negative or dismissive:

9 Cf. Gilleir 2010, 189–193, who notes Herder's evocation of a creative, feminized Nature and his use of the birth metaphor for poetic creation, conceding that these might suggest the possible inclusion of women in the process of cultural production. As I am trying to argue, indeed they did.

10 Cf. e.g. Humboldt 1992 on the 'female' forces: "so hat die Natur die empfangenden Kräfte noch unter genauern Obhut genommen. Sie teilen mit ihr ihre entscheidensten Vorzüge, und, gleich den Töchtern im Hause, schließen sie sich näher an die sorgsame Mutter an" (ibid., 308). Schiller, notwithstanding his mediating concept of the *Spieltrieb*, shows an ongoing commitment to Kantian dualism in "Ueber die ästhetische Erziehung des Menschen" (1795): "In einer Transcendental-Philosophie, wo alles darauf ankommt, die Form von dem Inhalt zu befreien und das Notwendige von allem Zufälligen rein zu erhalten, gewöhnt man sich gar leicht, das Materielle sich bloß als Hindernis zu denken und die Sinnlichkeit, weil sie gerade bei *diesem* Geschäfte im Wege steht, in einem notwendigen Widerspruch mit der Vernunft vorzustellen. Eine solche Vorstellungsart liegt zwar auf keine Weise im *Geiste* des Kantischen Systems, aber im *Buchstaben* desselben könnte sie gar wohl liegen" (NA 20, 348). Cf. Fronius 2007, 21–24, 62–67; Dietrick 2015, 68–78.

> [...] so sind doch die Karschischen Gedichte damit [i. e. with Sappho's] nicht zu vergleichen, die ohne Plan im Ganzen, ohne Oekonomie der Bilder, ohne Känntniß des Lyrischen Perioden, hingeworfene Geburten einer reichen Dichterischen Einbildungskraft sind. [...] die Deutsche Sappho, in ihrem Feuer mehr wild als sanft, mehr stürmisch als schmelzend, dörfte eher in ihren Werken Androgyne seyn, als eine zärtliche Freundin der Venus, wie die Griechin war. [...] Ich wünsche unsrer Dichterin indessen nichts so sehr, als nicht das Gegenbild der Sappho zu seyn, in Anordnung, Feuer und Wohlklang, wie es beinahe jezt ist [...] (SWS 1, 351–352)

Although Herder seems to show a slight preference here for the more 'feminine' Sappho, his term "Androgyne" for Karsch can be read as more descriptive than judgmental, and he never questions whether either woman's poetry should be valued. Thirty years later, in a review of Karsch's posthumously published poems (SWS 20, 269–276), he returns to the ideas of her "Volksgefühl" and uniqueness (ibid., 271) and her incomparability with Sappho (ibid., 273). But now he takes what was by this time a considerable public risk; he declares her a genius:

> Aber warum wollten wir einem eigenthümlichen Genie nicht auch einen eignen Platz einräumen und es nicht lieber mit *seinem* als mit einem fremden Namen nennen? Die Phantasie dieser Dichterin hat einen so vestbezeichneten Gang; ohne Kunstregeln kennet sie den Flug der Muse, der sich zu verirren scheint und doch nicht verirret; oft endet sie am unerwartesten Ort und hat aus ätherischen Bildern ein Ganzes gewebt, das ein angenehmeres Erstaunen wirket. Wenn Localzüge in diesen Umriß fließen; so ist dies Natur der Sache, kein Fehler. (Ibid., 274)

I know of no other male writer of the period who grants the status of *Genie* to a woman writer so unreservedly; by this time, the dominant gender ideology had all but disqualified women from attaining that distinction (cf. Dietrick 2015, 61–62). Moreover, Herder's reference to Karsch's "Localzüge" is a not-so-subtle swipe at Schiller and Goethe, for it openly contradicts their classicist aesthetics, which valued timelessness and autonomy in the work of art. Far from being an argument for the exclusion of women from the ranks of true poets,[11] Herder's tribute to Karsch indicates that he had taken his own unique, historicist path in both anthropology and aesthetics.

It is well known that by the late 1790s, Herder had become an outsider in Weimar, estranged from Goethe, whose political and aesthetic values he increasingly found questionable, and never friendly with Schiller, who from 1794 on was Goethe's closest associate. The conflict with Schiller, which Adler has aptly termed "Autonomie versus Anthropologie" (Adler 2005), was brought to a head by two essays Herder contributed to *Die Horen*, both of which were critical of key aspects of the classicist agenda (cf. Fasel 1988, 228–242). The first of them, "Das Fest der Grazien" (1795; SWS 18, 464–83),

11 Cf. Epple 2003, 86–90, who points to Herder's many positive comments about Karsch, but still concludes: "Hier begegnen wir einer der elaboriertesten Argumentationsfiguren für die Beschränkung und Besonderung des weiblichen Geschlechts, wie wir es sonst nur noch von Schiller kennen" (ibid., 90).

argues that *Anmut* or grace was always best represented not as three naked girls who do nothing but look attractive, but as the Greek figure of Charis, who stands for the active ethical principle of *charitas*. This is clearly a critique of Schiller's notion of the passively virtuous embodiment of grace, the 'schöne Seele,' almost always gendered female (cf. *Ueber Anmuth und Würde* (1793), NA 20, 287–289). In a beautiful soul, there is no conflict between reason and sensuality or between duty and inclination. Therefore her virtuous actions occur effortlessly, out of inclination, merely as an expression of her character: "Die schöne Seele hat kein andres Verdienst, als daß sie ist" (NA 20, 287). That is, she cannot earn recognition for her moral actions, but only for the effortlessness with which she performs them. Charlotte von Stein, writing to her friend Charlotte Schiller in 1797, expressed a wry skepticism about this theory: "Kant, und Schiller, können wohl Recht haben daß unßer Geschlecht mehr aus Neigung als aus Pflicht handle, aber nur deßwegen wie ich bey vielen sehe, weil ihre Pflicht ihnen zur Neigung wird".[12] Herder, who never separates his aesthetics from his ethics, must have found it as difficult as Charlotte von Stein to imagine a woman who, however graceful, could act virtuously without actually negotiating the conflict between duty and inclination.[13]

The other *Horen* essay that led to Herder's break with Schiller and Goethe was his "Iduna, oder der Apfel der Verjüngung" (1796). In dialogue form, it offers a cautious argument for using Nordic mythology in addition to Greek mythology as material for literary treatment, given that the Old Icelandic myths come from a neighboring people. In a sharply-worded letter responding to the essay, however, Schiller rejects what he understands to be Herder's premise, namely that literature should have some connection to the 'real world.' For Schiller, the poet must take only one path: "daß er seine eigene Welt formieret und durch die griechischen Mythen der Verwandte eines fremden und idealistischen Zeitalters bleibt, da ihn die Wirklichkeit nur beschmutzen würde" (NA 28, 98).

Classicist aesthetics valued disciplined and 'disinterested' art that eschewed moral argument or expressions of sentiment. Yet precisely these values in Herder, I would suggest, made him congenial to the women who knew him and his work. Women readers, the main consumers of *belles lettres*, continued to prefer literature that met emotional and moral-instructional needs, thus allowing them to connect it to their lived experience. This preference is demonstrated by the popularity of works by writers like Emilie von Berlepsch, Sophie von La Roche, and Friederike Helene Unger. Charlotte Schiller, who one imagines might have supported her husband's views of Kant and Herder, seems to have had a different opinion of them. In June of 1800, she writes to him about Herder's *Kalligone*:

> Ich habe darin viel schönes gefunden, und kann nicht begreifen daß es sollte für schlecht gehalten werden. Die Behauptungen von Kant die er wiederlegt, sind so herausgewählt,

12 Quoted from the manuscript in the Goethe- und Schillerarchiv; Urlichs 1860–1865, 2, 321–322 prints an amended version.

13 Sikka thinks that Herder's idea of the virtuous person resembles Schiller's "schöne Seele", but it seems implausible to me that Herder would adopt this gendered construct from the aesthetic system of a man with whom he so profoundly disagreed (Sikka 2011, 68).

> daß man ihm so verständig er ist, doch ein kaltes Raisonnement immer ansieht, und er nur Spizfindigkeit zeigt, dahingegen Herder in seinen wiederlegungen mit Kraft, Feuer und Gefühl die Seite der Dinge zeigt, und ich weis doch nicht wer eigentlich gewinnt. was Kant über musick zum beispiel sagt, hat Herder sehr schön wiederlegt, und eine Abhandlung von Leibniz über die musick hinzu gesezt die sehr schön ist. (NA, 38, 264)

Friedrich Schiller's reply is dismissive: "Uebrigens kenne ich das Herderische Buch noch wenig, und weiß nur aus dem wenigen was ich darin las, daß ihm der Begriff von der Sache ganz fehlt und daß er bloß darüber gesaalbadert, worüber mündlich einmal mehr" (NA 30, 16). Later, an undated manuscript from about 1823 entitled "Bemerkungen über Kants Persönlichkeit" indicates that she retained her critical view:

> Eine der eigensten menschlichen Erscheinungen ist Kant immer fremd, sogar Eine der Größten, wenn er Liebe gefühlt hätte, aber dieses höchste der menschlichen Gefühle war ihm fremd, und daher ist etwas Mangelhaftes in sein Wesen gekommen [...]. Sein scharfer Blick erspähte mit einer Klarheit die Welt, die menschliche Natur [...]. Aber sein Gefühl hatte keine Stimme. [...] Daher seine Ansicht von den Frauen, die ganz mangelhaft ist, weil er ihre Natur nicht in den Kreis seiner Erfahrungen ziehen konnte.[14]

Recent feminist critics of Kant have made arguments similar to those of Charlotte Schiller. They challenge his view that the highest moral actions can only be taken by autonomous agents who supposedly act independently of their affective natures and in isolation from the relationships that help determine their identity.[15] In Herder, by contrast, we find a completely different evaluation of emotions like sympathy, love, and desire and of the relational contexts in which they occur. He accepts them as generally positive, for they are essential to his anthropology and his ethics (Sikka 2011, 57–70). In this and other respects, Herder's ideas offer a better fit with modern feminist thought.

IV "Erde, du meine Mutter, und du mein Vater, der Lufthauch": Charlotte von Stein and Karoline von Günderrode

The "Iduna" essay was not the only instance where Herder recommended literature from other cultural traditions to German readers and writers. For example, the fourth collection of his *Zerstreute Blätter* (1792; SWS 16, 9–128; SWS 26, 370–416) offered important anthologies of Middle Eastern and Indian poems and an enthusiastic introduction to Georg Forster's translation of Kālidāsa's drama Śakuntalā, igniting the German fascination with that play and its title character (Esleben 2003). In his foreword,

14 Quoted from Urlichs 1860–1865, 1, 149–150, but with the first line corrected in accordance with the manuscript in the Goethe- und Schillerarchiv (cf. Schiller GSA 83 / 1666). Urlichs's transcription reads: "Eine der eigensten menschlichen Erscheinungen ist Kant. Man könnte sagen, eine der größten, wenn er Liebe gefühlt hätte [...]". Schott 1993, 96, 112, cites Cassirer's reference to Urlichs's version of this piece (Cassirer 1981, 413).

15 Sedgwick 1997, 92–93; cf. also Schott 1993, 101–114; Shell 1996, 183–189. Zammito 2002, 120–131, adduces biographical evidence to explain Kant's lifelong sourness toward women and sexuality.

Herder writes: "Warum sollten auch Griechenland und Rom allein ihre Anthologieen haben? Sind nicht die schönsten Blumen unsrer Gärten morgenländischer?" (SWS 16, 3). The poems collected in "Gedanken einiger Bramanen" (SWS 26, 406–416) are Herder's skillful literary adaptations of texts he had found in the German translation (1663) of a work by Abraham Roger(ius), a Dutch clergyman who had worked for the Dutch East India Company on the Coromandel Coast in India. The final poem in "Gedanken einiger Bramanen", "Abschied des Einsiedlers", expresses the idea we find throughout Herder's works of the organic connectedness of human beings with the natural world (cf. Barkhoff 1996). This poem was independently chosen for further literary use by two women writers: Charlotte von Stein (1742–1827) in her unpublished play *Dido* (1796), and Karoline von Günderrode (1780–1806) in an adaptation that became her epitaph (Günderrode 1990–1991, 1, 472; Günderrode 1990–1991, 3, 296–299).[16] Here is Herder's version:

> Erde, du meine Mutter, und du mein Vater, der Lufthauch,
> und du Feuer, mein Freund, du mein Verwandter, der Strom,
> Und mein Bruder, der Himmel, ich sag' euch allen mit Ehrfurcht
> freundlichen Dank. Mit euch hab' ich hienieden gelebt,
> Und geh jetzt zur anderen Welt, euch gerne verlassend;
> Lebt wohl, Bruder und Freund, Vater und Mutter, lebt wohl! (SWS 26, 416)

In Charlotte von Stein's text, the poem is spoken by the figure of the hermit and prefigures the suicide of the heroine, Dido, Queen of Carthage, who chooses death over marrying the barbarian conqueror of her country. Before Stein's play was rediscovered by feminist criticism (Bohm 1989), it had been dismissed as a *drame à clef*, a veiled attack on certain Weimar personages, foremost among them Goethe. Yet there may be some truth to the claim that the character of Albicerio, high priest of Carthage, was modeled on Herder, head of the Lutheran clergy in Weimar. Unlike the philosopher, historian and poet characters, who are represented as corrupt opportunists, Albicerio remains to the end incorruptible and devoted to the high ideals of his queen.[17]

The other user of the poem, Karoline von Günderrode, acknowledged explicitly the importance of Herder's thought for her own development, especially the idea of the organic integration of self and nature. In her *Studienbuch*, she quotes from the 29th letter in the third collection of his *Briefe zu Beförderung der Humanität*: "Der Mensch ist nicht ein mechanisches Glied in der Naturkette; sondern der Geist der die Natur beherscht ist theilweise in ihm" (Hopp, Preitz 1975, 265; cf. also 230–231). Günderrode's early text "Geschichte eines Braminen" (1798; Günderrode 1990–1991, 1, 303–314) adapts from Herder the themes of vitalism, epigenesis, and *Humanität*, and it demonstrates her shared interest in religions and mythologies, especially non-European ones. Many of her works involve creation and fertility myths that figure the death of a deity as the

16 To my knowledge, Sigrid Lange was the first to notice that both had used the poem (Lange 1995, 114).

17 Cf. Fielitz's annotations in Stein 1885, 686. For the most recent work on Stein's *Dido*, cf. Ludwig 2018.

necessary condition for regeneration, creativity, and growth. Günderrode draws on mythologies from a broad range of cultures: Greece and Rome, Scandinavia, Persia, Arabia, Egypt, and India. Earth goddess figures like Isis (cf. "Aegypten" and "Der Nil"; ibid., 329–330), Persephone (ibid., 334), and Frigga (ibid., 338–349) seem to interest her because they represent divine creative power in female form. They are also associated with the mythic narratives of death and rebirth that correspond to the natural cycle, wherein the death of vegetation is a stage in its continuing life.

Herder's "Tithon und Aurora" from his fourth collection of *Zerstreute Blätter*, the same one that his Hindu poems appeared in, contains several extended botanical metaphors for the unfolding of human history. Passages like the following formulate a vision of the world that Günderrode would go on to express in her writing: "Nicht Revolutionen, sondern *Evolutionen* sind der stille Gang dieser grossen Mutter, dadurch sie schlummernde Kräfte erweckt, Keime entwickelt, das zu frühe Alter verjünget, und oft den scheinbaren Tod in neues Leben verwandelt" (SWS 16, 117–118). The adaptation of Herder's "Abschied des Einsiedlers" on Günderrode's gravestone reads:

> Erde du meine Mutter u du mein Ernährer der Lufthauch
> Heiliges Feuer mir Freund und du o Bruder der Bergstrom
> Und mein Vater der Äther ich sage euch allen mit Ehrfurcht
> Freundlichen Dank mit euch hab ich hienieden gelebt
> Und ich gehe zur andern Welt euch gerne verlassend
> Lebt wohl denn Bruder u Freund Vater und Mutter lebt wohl
> (Günderrode 1990, 1, 472)[18]

It is interesting that in the first line, "mein Vater" from Herder's version has been replaced with "mein Ernährer". This lends greater importance to the earth as a mother-figure. The air, traditionally representing spirit, no longer figures as a father, but as a giver of nourishment like the earth. Günderrode's suicide, as Steven D. Martinson has argued (Martinson 2005), should be read in the light of her works and her conviction, shaped by her reading of Herder, Schelling, and comparative mythology, that death is a return to the eternal cycle of life. As she writes in "Geschichte eines Braminen": "Es ist eine unendliche Kraft, ein ewiges Leben, das da Alles ist, was ist, was war und werden wird, das sich selbst auf geheimnißvolle Weise erzeugt, ewig bleibt bey allem Wandeln und Sterben" (Günderrode 1990–1991, 1, 309). These words echo the inscription on the statue of Isis at Sais quoted a few sentences earlier: "Ich bin, was da ist, was war und seyn wird" (ibid.). Günderrode's suicide, carried out at the edge of the Rhine so that her body would enter the water (cf. Arnim 1835, 2, 61), seems to have been the intentional enactment of a return to the watery realm of a maternal Earth. The poem she adapted from Herder expresses it succinctly.

In his tenth collection of *Humanitätsbriefe* (1797; SWS 18, 262–265), Herder writes positively about another non-European cultural group, North American indigenous people. His text "Zum ewigen Frieden. Eine irokesische Anstalt" throws further light on

18 Because there is no extant manuscript by Günderrode of this text, Morgenthaler treats it as "zweifelhaft". However, we know she possessed the Herder text, and the epitaph, already old and weathered, was documented by witnesses in 1852 (Günderrode 1990–1991, 3, 296–297).

his view of gender roles. It tells the story of two nations, the Iroquois and the Delaware, who maintain peace between themselves for many years by making the Delaware, with their agreement, into "the woman", the mediating "Friedensfrau" who stands between and conciliates potential combatants. The arrangement lasts until the outbreak of war with the Europeans in 1755. Herder applies the lesson to Europe and writes of his hope for peace in the long run: "Meine große Friedensfrau hat nur einen Namen: sie heißt allgemeine Billigkeit, Menschlichkeit, tätige Vernunft" (SWS 18, 267). Here, the solution to political strife in Europe is gendered female, and the example is set by a non-European culture (cf. Schultz 1989). In 1798 Sophie von La Roche, who would later publish Günderrode's "Geschichte eines Braminen" in her *Herbsttage* (La Roche 1805, 24–47), reflected her positive reception of Herder's text about the Iroquois and Delaware in her novel *Die Erscheinungen am See Oneida* (1798). The novel tells the story of an aristocratic couple, Emilie and Carl Wattines, who have fled the Terror in France to an isolated island in upstate New York. When Emilie is nine months pregnant, she convinces Carl to swim with her across the lake to the neighboring indigenous village so that the women can care for her during her delivery. Like Herder, La Roche is prepared to recognize knowledge that is both non-European and female. Towards the end of the novel, the German narrator shares with the appreciative Wattineses excerpts from Herder's tenth collection of *Humanitätsbriefe* (cf. Dietrick 2014, 22–23).

V "Dies höchste Gut, es heißt—*Selbstständigkeit*": Sophie Mereau and Bettine von Arnim

Let me conclude by returning to the question of selfhood in two other women writers who knew and were inspired by Herder, Sophie Mereau (1770–1806) and Bettine Brentano von Arnim (1785–1859). As writers, they both frequently use the reproductive metaphor for creativity, playing on the connection between generation and genius that Herder developed. Unlike most critics, I find his 1800 review of Mereau's poetry (SWS 20, 362–367) on the whole respectful and encouraging. In this text, as we have seen before, he does not question the idea of sexual difference, which for him results in different expectations for the poetry of each sex:

> So wenig man nämlich in einer weiblichen Bildung, in weiblichen Sitten, Gesprächen, im Ton ihres Umganges und ihrer Lebensführung so genannt *männliche* oder gar *Riesenformen* erwartet, vielmehr solche fliehet und verabscheut, so wenig wird ein Verständiger in den zartesten Reden einer weiblichen Seele, in Ausprüchen ihres Herzens, in den Schildereyen ihrer Empfindung, den männlichen Tritt oder gar ein Riesenmaas suchen und erwarten. Gerade umgekehrt, was der Mann nicht liefern, was er nicht oder wenigstens nicht *so* sagen *konnte*, das erwartet man in weiblichen Gedichten. (Ibid. 362–363)

After further elaborating on the sexes' differences and complementarities, he tells his readers reassuringly that Mereau "nie über die Grenzen ihres Geschlechts hinaus[tritt]" (ibid., 363), a comment that feminist critics, including me, have found problematic (cf. Bovenschen 1979, 188–189; Nübel 1994, 39). It should be noted, however, that

Herder does not for a moment suggest that women cannot make excellent poems. Indeed, he calls it "aufs lindeste zu sagen, ein Unbenehmen", when "wir Deutsche [...] im literarischen oder im wirklichen Umgange nur *Einen* Ton, *Eine* Form (natürlich ist dies unsre *eigne*), haben wollen" (SWS 20, 363). With these comments, Herder once again signals the distance that now separates him, the Weimar outsider, from Goethe and Schiller and their aesthetics of autonomy—autonomy gendered male. History shows, he says, that in other educated nations "auch weibliche Hände zum Altar der Grazien mit beygetragen, d. i. zu Bildung und Feinheit der Sprache, des Geschmacks, der Sitten, der Phantasie, ja der praktischen Grundsätze selbst, die weibliche Muse mitgeholfen habe" (ibid.). For Mereau and other women writers, this was surely an encouraging statement. Moreover, praising Mereau for remaining within the 'boundaries' of her sex may well have been meant to shield her from social disapproval, functioning in much the same way as the "Bescheidenheitstopos" found in the typical preface to women's novels (Hammerstein 1996, 263; Kord 2008, 50). Herder continues with a very favorable review of Mereau's poems and ends by expressly endorsing something that she wishes for in one of them:

> Und so bleibe der Sängerinn dann ihr schönes Musengeschenk, *die ernste Lyra*, fernerhin die Begleiterinn ihres Lebens, und mit ihr jenes höhere Gut, das sie sich S. 48 wünschet:
>
> Was nur allein des Zufalls Laune trotzet,
> Die schöne Blüthe reiner Menschlichkeit,
> Das uns allein zu freyen Wesen gründet,
> Woran allein sich unsre Würde bindet,
> Dies höchste Gut, es heißt—*Selbstständigkeit*.
>
> (SWS 20, 366–367; cf. Mereau-Brentano 1997, 32)

This is a remarkable endorsement of a quality that Herder had described in the *Ideen* as illusory: "Wir dünken uns selbstständig und hangen von allem in der Natur ab" (HWP 3 / 1, 577). Similarly, in Book 9, he had questioned individuals' illusory feeling of "Selbsttätigkeit" (HWP 3 / 1, 306). "Selbsttätigkeit" was the standard philosophical term used by Kant (e. g. in *Grundlegung der Metaphysik der Sitten*; Kant 1968, 7, 88), Schiller (e. g. in the 23rd letter of the Ästhetische Erziehung; NA 20, 384), and Humboldt for the free and autonomous activity of reason. Humboldt expressly gendered it: "Alles Männliche zeigt mehr Selbsttätigkeit, alles Weibliche mehr leidende Empfänglichkeit" (Humboldt 1992, 293).

Herder had apparently given the matter further thought. In 1799, the year before his review of Mereau appeared, he returned to the theme of selfhood in the second edition of *Gott. Einige Gespräche* (SWS 16, 401–580).[19] In several passages, he expands upon and attempts to clarify his view of the relationship of the individual to God-in-Nature. In these contexts, he uses several compound words with the prefix "selbst-": "selbstständig", "Selbstständigkeit", "Selbstbestand", and in one instance "Selbstbestandheit", a

19 Originally published in 1787, the considerably revised second edition was dated 1800 but appeared 29 November 1799, according to Haym 1877–1885, 2, 697.

word that he may have coined.[20] In the second dialogue, two of these terms describe the mode of existence of Spinoza's Substance, which is God:

> Daß indessen Alles in einem *Selbstbestande* ruhen, von Einem Selbstständigen, sowohl seinem Daseyn nach, als in seiner Verbindung mit andern, mithin im Grunde sowohl als in jeder Aeußerung seiner Kräfte abhangen müsse, daran kann kein consequenter Geist zweifeln. (Ibid., 442n2)[21]

Herder's God is a Self that 'stands' timelessly at the centre of his dynamic universe, the only being completely sufficient unto itself. But where does that leave the individual self? In his revisions to the fifth and final dialogue, Herder attempts to reconcile his belief in the ongoing dependence of individual selves upon that ultimate Self with his belief that individual beings can attain varying degrees of self-awareness and independence.

Herder's mouthpiece Theophron asks Theano (the character who was modeled on Caroline): "Wenn also im Reich der Sinnlichkeit, der Phantasie, des Geschmacks, der Begierden der Mittelpunct der Selbstbestandheit nicht liegt, wo liegt er?" She replies: "In meinem *Selbst*; weder als Begriff noch als Empfindung läßt sich, wie mich dünkt, das Wort weiter zergliedern" (ibid., 573–574). They agree that there are degrees of selfhood, defined now as the "*Prinzipium der Individuation* (wir mögen es Selbstgefühl, Selbstbewußtseyn oder anders nennen)", as one moves up the chain of being through humanity to God (ibid., 574). Characteristically, Herder turns to the concept of force or energy to mediate between the divine Self and its individuations: "Je mehr Leben und Wirklichkeit, d. i. je eine verständigere, mächtigere, vollkommenere Energie ein Wesen zur Erhaltung eines Ganzen hat, das es sich angehörig fühlt, dem es sich innig und ganz mittheilet, desto mehr ist es *Individuum, Selbst*" (ibid., 575; cf. Bell 1984, 123–126). This suggests that one can be both self-less and autonomous; one can be both an integral part of the organic unity of Nature (women's traditional place) and a self-aware, independent individual. For creative women, this would have been a powerful and attractive message.

Evidently Sophie Mereau understood it this way. In 1800, she wrote to Herder on the subject of selfhood, or "Selbstbestandheit", as she put it, using that unusual word from the recent second edition of *Gott. Einige Gespräche* (cf. Hammerstein 1994, 63). Her letter is lost, but we have Herder's reply of 20 October, in which he enclosed his review of her poetry. Regarding the review, he writes:

> Hoffentlich beleidigt Sie darinn nichts; dies ist, was ich mir zum Ersten Gesetz machte. Vor dem Publicum sagt sich nicht Alles, was man über dieses u. Jenes Stück sagen möchte. Nicht etwa blos Kritik, sondern innigeres Lob, wärmere Zustimmung. Man muß sich dem allgemeinen Ton fügen. (DA 8, 173)

20 The passage (SWS 16, 573) is the only instance of the word given in Grimms' *Deutsches Wörterbuch* (10.1, col. 460).

21 The first edition reads: "Daß indessen alles von Einem selbstständigen Wesen sowohl in seinem Dasein als in seiner Verbindung, mithin auch in jeder Aeußerung seiner Kräfte abhangen müsse [...]".

Read together with the already positive review, these are encouraging words, and they hint at Herder's own difficulties with "the general tone" prevailing in Weimar. Then he responds to her use of his peculiar word "Selbstbestandheit":

> Also jetzt im Brief nur meinen herzlichen Wunsch für Ihre Zufriedenheit u. Gesundheit, für die Glückseligkeit im kleinsten Kämmerchen [...] des Herzens oder wie Sie es Jenaisch-stolz nennen, der *Selbstbestandheit.* Der *Selbstbestandtheit!* [sic] Ich kenne sie nicht; Mitbestandtheit, Symphonie, Sympathie, Panharmonia ist meine Göttinn, wenn ich eine habe. (Ibid.)

As I read it, this is not a reprimand. Herder would have recognized that she was quoting him, and his response is friendly, non-binding, and simply consistent with his monist position. It is noteworthy that the principle he tries to formulate in the last sentence is described with his favorite musical metaphor and gendered female; he even calls it his "goddess", if he has one. Moreover, it may be that Mereau borrowed the term "Selbstbestandheit" to refer to herself because of a personal issue that he knew about. She had decided to petition for a divorce. Unhappily married since 1793 to Friedrich Ernst Karl Mereau, she seems to have reached her decision in June of 1799, and as superintendent of clergy, Herder would later preside over the commission that granted the divorce, the first ever in Sachsen-Weimar, in July of 1801 (Hammerstein 1996, 270). At the time of this exchange of letters, Herder may have already known of her intention. Perhaps he recognized in her use of his concept "Selbstbestandheit" an allusion to her wish to become independent, something he obviously did not oppose.

I will conclude with one final, rather amusing story of mentorship. According to Bettine von Arnim, Herder saw and acknowledged the quality of "Selbstständigkeit" in herself when she was still a girl. *Goethes Briefwechsel mit einem Kinde* (1835), her fictionalized autobiographical text, contains a description of her first encounter with Herder during a visit he paid to her grandmother Sophie von La Roche. Upon arrival, he gives her, Bettine, a kiss, and she responds by giving him a slap. He says nothing until La Roche formally presents her to him, at which point he puts his hand on Bettine's head and intones:

> Diese da scheint sehr selbständig, wenn Gott ihr diese Gabe als eine Waffe für ihr Glück zugeteilt hat, so möge sie sich ihrer ungefährdet bedienen, daß alle sich ihrem kühnen Willen fügen und niemand ihren Sinn zu brechen gedenke. (Arnim 1835, 2, 366)

The further context makes it clear that this was a significant moment in her life. We do not know whether it actually happened. What matters, however, is that Bettine von Armin wanted her readers to know that Herder had, in effect, given his blessing to her defiant unruliness as a child and, implicitly, as a writer.

VI Conclusion and Prospect

When Kant in his review of the *Ideen* mocks Herder's "dichterische Beredsamkeit" and suggests he has mistaken "Allegorien für Wahrheiten" (cf. Menges 2009, 207–208), the literary critic in me wonders how Kant could not have seen the powerful and unavoidable way that metaphors shape our thought, for good or ill. An unfortunate setback for women's participation in literature and art occurred around 1800 when people stopped seeing the metaphor of sexual difference as a *metaphor* and started seeing it as a description of objective fact. In effect, this reduced human minds to their physical embodiments. One can hardly blame feminist scholars for being suspicious of all claims about sexual difference in the period, even those claims that insist on equality-in-complementarity, because in retrospect the slide into hierarchical evaluation and prescription appears inevitable. Perhaps only the most poetic of philosophical minds could have been capable of holding onto the idea of sexual difference as a living metaphor (cf. Adler 2009, 241) for an equal but shifting, productive, epigenetic relationship. This is what I suggest Herder did, or tried to do, and the creative women who knew him and his works recognized it.

Another way of looking at it is that he did not see the necessity or even the possibility of tearing oneself free from the weight of matter and its traces in figurative language. For that reason, he could not regard as 'lesser' those expressions of local, personal-emotional, gendered, or culturally specific experience that his contemporaries wanted high art to strip away or at least disguise. For us today, there can hardly be a question anymore that both men and women, and both 'advanced' and 'less advanced' cultures, are equally embedded in complex, self-replicating ecosystems. We can no longer deny our integral relationship with an Earth we continue to damage. The metaphor of nature as our common mother still retains the positive valuation that Herder gave it, and as a means of framing values we consider worth preserving, this metaphor and others like it can still do rhetorical, and hence political, work.[22] Like Herder's own oeuvre, large areas of German-language literature such as women's writing, popular literature, and folk literature remain under-researched because, for so long, the criticism was not able to appreciate their embeddedness in specific, empirical contexts. But they are more than merely 'of historical interest,' and I believe it is time to listen more closely to them.

References

Adler, Hans: Autonomie versus Anthropologie: Schiller und Herder, in: *Monatshefte* 97,3 (2005): 408–416.

Adler, Hans: Herder's Style, in: Hans Adler, Wulf Koepke (eds.): *A Companion to the Works of Johann Gottfried Herder*. Rochester, NY: Camden House, 2009: 331–350.

Arnim, Bettine von: *Goethes Briefwechsel mit einem Kinde*. 3 vols. Berlin: Dümmler, 1835.

Becker-Cantarino, Barbara: *Schriftstellerinnen der Romantik. Epoche—Werk—Wirkung*. Munich: Beck, 2000.

Bell, David: *Spinoza in Germany from 1670 to the Age of Goethe*. London: University of London Institute of Germanic Studies, 1984.

22 Cf. Lakoff 2016, 41–44, and Noyes 2015, who argues convincingly that for Herder, "in the aesthetic production of individuals and their cultures, humanity works on nature, forming it, giving it expression, and negotiating which models of nature are the most expedient for the self-realization of humanity" (Noyes 2015, 296).

Berghahn, Klaus L.: Mit dem Rücken zum Publikum: Autonomie der Kunst und literarische Öffentlichkeit in der Weimarer Klassik, in: Wolfgang Wittkowski (ed.): *Revolution und Autonomie: Deutsch Autonomieästhetik im Zeitalter der Französischen Revolution: Ein Symposium.* Tübingen: Niemeyer, 1990: 207–33.

Berlepsch, Emilie von: *Caledonia.* 4 vols. Hamburg: Hoffmann, 1802–1804.

Berlepsch, Emilie von: *Sammlung kleiner Schriften und Poesien.* Erster Theil [no further vols.]. Göttingen: Dieterich, 1787.

Berlepsch, Emilie von: *Sommerstunden.* Erster Band [no further vols.]. Zürich: Orell, Gessner & Füssli, 1794.

Berlepsch, Emilie von: Ueber einige zum Glück der Ehe notwendige Eigenschaften und Grundsätze, in: *Der Neue Teutsche Merkur* 2.5–2.6 (1791): 63–102, 113–134.

Bohm, Arnd: Charlotte von Stein's *Dido, Ein Trauerspiel*, in: *Colloquia Germanica* 22,1 (1989): 38–52.

Bovenschen, Silvia: *Die imaginierte Weiblichkeit: Exemplarische Untersuchungen zu kulturgeschichtlichen und literarischen Präsentationsformen des Weiblichen.* Frankfurt a. M.: Suhrkamp, 1979.

Brandes, Ernst: *Ueber die Weiber.* Leipzig: Weidmann, 1787.

Cassirer, Ernst: *Kant's Life and Thought.* New Haven: Harvard Univ. Press, 1981.

Dawson, Ruth P.: "And this shield is called—self-reliance." Emerging Feminist Consciousness in the Late Eighteenth Century, in: Ruth-Ellen B. Joeres, Mary Jo Maynes (eds.): *German Women in the Eighteenth and Nineteenth Centuries: A Social and Literary History.* Bloomington: Indiana Univ. Press, 1986: 157–174.

Dietrick, Linda: Conceiving Female Genius around 1800: Reading through Women's Eyes, in: Linda Dietrick, Birte Giesler (eds.): *Weibliche Kreativität um 1800/Women's Creativity around 1800.* Hanover: Wehrhahn, 2015: 53–78.

Dietrick, Linda: "Swim across with me to the huts of our neighbors": Colonial Islands in Sophie von La Roche's *Erscheinungen am See Oneida* (1798) and Jacques Henri Bernardin de Saint-Pierre's *Paul et Virginie* (1788), in: Rob McFarland, Michelle Stott James (eds.): *Sophie Discovers Amerika: German-Speaking Women Write the New World.* Rochester, NY: Camden House, 2014: 16–29.

Dietrick, Linda: Women Writers and the Authorization of Literary Practice, in: Burkhard Henke, Susanne Kord, Simon Richter (eds.): *Unwrapping Goethe's Weimar: Essays in Cultural Studies and Local Knowledge.* Rochester, NY: Camden House, 2000: 213–32.

Einfall, Michael: Autonomie, in: Karlheinz Barck et al. (eds.): Ästhetische Grundbegriffe. *Historisches Wörterbuch in sieben Bänden.* Vol. 1. Stuttgart: Metzler, 2000: 431–479.

Epple, Angelika: *Empfindsame Geschichtsschreibung. Eine Geschlechtergeschichte der Historiographie zwischen Aufklärung und Historismus.* Köln: Böhlau, 2003.

Esleben, Jörg: "Indisch lesen": Conceptions of Intercultural Communication in Georg Forster's and Johann Gottfried Herder's Reception of Kālidāsa's Śakuntalā, in: *Montashefte* 95,2 (2003): 217–229.

Fasel, Christoph: *Herder und das klassische Weimar.* Frankfurt a. M.: Lang, 1988.

Fleig, Anne: *Handlungs—Spiel—Räume. Dramen von Autorinnen im Theater des ausgehenden 18. Jahrhunderts.* Würzburg: Königshausen & Neumann, 1999.

Fronius, Helen: Chasing the Cloudy Woman: In Praise of a Historical Approach to Women Writers, in: Helen Fronius, Anna Richards (eds.): *German Women's Writing of the Eighteenth and Nineteenth Centuries: Future Directions in Feminist Criticism*. London: Legenda, 2011: 42–56.

Fronius, Helen: *Women and Literature in the Goethe Era 1770–1820: Determined Dilettantes*. Oxford: Oxford Univ. Press, 2007.

Gilleir, Anke: "Doppelter Knoten": Metaphorik und Geschlecht in Herders literatur- und kulturkritischem Diskurs, in: Sabine Groß (ed.): *Herausforderung Herder / Herder as Challenge. Ausgewählte Beiträge zur Konferenz der Internationalen Herder-Gesellschaft, Madison 2006.* Heidelberg: Synchron, 2010: 185–96.

Grimm, Jakob, Wilhelm Grimm: *Deutsches Wörterbuch*. 16 vols. in 32. Leipzig: Hirzel, 1854–1960.

Günderrode, Karoline von: *Sämtliche Werke und ausgewählte Studien. Historisch-kritische Ausgabe*. Ed. by Walter Morgenthaler. 3 vols. Basel: Stroemfeld, 1990–1991.

Hammerstein, Katharina von: *Sophie Mereau-Brentano: Freiheit—Liebe—Weiblichkeit; Trikolore sozialer und indivdueller Selbstbestimmung um 1800.* Heidelberg: Winter, 1994.

Hammerstein, Katharina von (ed.): Nachwort, in: *Sophie Mereau-Brentano: Wie sehn' ich mich hinaus in die freie Welt.* Munich: dtv, 1996.

Haym, Rudolf: *Herder nach seinem Leben und seinen Werken dargestellt*. 2 vols. Berlin: Gaertner, 1877–1885.

Herder, Caroline: *Erinnerungen aus dem Leben Joh. Gottfrieds von Herder*. 2 vols. in 1. Tübingen: Cotta, 1820.

Hoffart, Elisabeth: *Herders "Gott"*. Halle a. d. Saale, 1918. Reprint Walluf: Sändig-Reprint, 1974.

Holzhey, Christoph F. E.: On the Emergence of Sexual Difference in the 18th Century: Economies of Pleasure in Herder's *Liebe und Selbstheit*, in: *German Quarterly* 79 (2006): 1–27.

Honegger, Claudia: *Die Ordnung der Geschlechter: Die Wissenschaften vom Menschen und das Weib 1750–1850*. Frankfurt a. M.: Campus, 1991.

Hopp, Doris, Max Preitz (eds.): Karoline von Günderrode in ihrer Umwelt, in: *Jahrbuch des freien deutschen Hochstifts* (1975): 223–323.

Horn, Katrin: Emilie Dorothea Friederike von Berlepsch, geb. von Oppel, verh. Harm(e)s (1755–1830), in: Stefanie Freyer, Katrin Horn, Nicole Grochowina (eds.): *FrauenGestalten Weimar-Jena um 1800. Ein bio-bibliographisches Lexikon*. Heidelberg: Winter, 2009: 65–71.

Humboldt, Wilhelm von: Über den Geschlechtsunterschied und dessen Einfluss auf die organische Natur, in: Sigrid Lange (ed.): *Ob die Weiber Menschen sind: Geschlechterdebatten um 1800.* Leipzig: Reclam, 1992: 284–308 [first published in *Die Horen* in 1795].

Kant, Immanuel: *Werke*. Ed. by Wilhelm Weischedel. 12 vols. Frankfurt a. M.: Suhrkamp, 1968.

Kord, Susanne: Der Autor is tot, das Werk begraben: Anna Louisa Karsch (1722–1791) und Sophie Mereau (1770–1806) zwischen Autonomieästhetik und Frauenliteratur, in: Katharina von Hammerstein, Katrin Horn (eds.): *Sophie Mereau: Verbindungslinien in Zeit und Raum*. Heidelberg: Winter, 2008: 31–59.

Lakoff, George: *Moral Politics: How Liberals and Conservatives Think*. 3rd ed. Chicago: Univ. of Chicago Press, 2016.

Lange, Horst: "Ich bin (k)ein Spinozist". Warum sich Herders Berufung auf Spinoza gewandelt hat, in: Sabine Groß, Gerhard Sauder (eds.): *Der frühe und der späte Herder: Kontinuität und / oder Korrektur. Early and Later Herder: Continuity and / or Correction. Beiträge zur Konferenz der Internationalen Herder-Gesellschaft Saarbrücken 2004*. Heidelberg: Synchron, 2007: 253–265.

Lange, Sigrid (ed.): *Ob die Weiber Menschen sind: Geschlechterdebatten um 1800.* Leipzig: Reclam, 1992.

Lange, Sigrid: *Spiegelgeschichten: Geschlechter und Poetiken in der Frauenliteratur um 1800.* Frankfurt a. M.: Ulrike Helmer, 1995.

La Roche, Sophie von: *Die Erscheinungen am See Oneida.* 3 vols. Leipzig: Gräff, 1798.

La Roche, Sophie von: *Herbsttage.* Leipzig: Gräff, 1805.

Laqueur, Thomas: *Making Sex: Body and Gender from the Greeks to Freud.* Cambridge, MA: Harvard Univ. Press, 1990.

Ludwig, Ariane: "Dido, ein Trauerspiel in 5 Aufzügen"—Transformationen eines antiken Stoffes, in: Elke Richter, Alexander Rosenbaum (eds.): *Charlotte von Stein—Schriftstellerin, Freundin und Mentorin.* Berlin, Boston: De Gruyter, 2018: 113–126.

Martinson, Steven D.: "...aus dem Schiffbruch des irdischen Lebens": The Literature of Karoline von Günderrode and Early German Romantic and Idealist Philosophy, in: *German Studies Review* 28,2 (2005): 303–326.

Menges, Karl: Particular Universals: Herder on National Literature, Popular Literature, and World Literature, in: Hans Adler, Wulf Koepke (eds.): *A Companion to the Works of Johann Gottfried Herder.* Rochester, NY: Camden House, 2009: 189–213.

Menges, Karl: Rhetorik der Rezeption. Zum Akt des Lesens bei Herder, in: Ralf Simon (ed.): *Herders Rhetoriken im Kontext des 18. Jahrhunderts. Beiträge zur Konferenz der Internationalen Herder-Gesellschaft Schloss Beuggen nahe Basel 2012.* Heidelberg: Synchron, 2014: 349–58.

Mereau-Brentano, Sophie: *Ein Glück, das keine Wirklichkeit umspannt. Gedichte und Erzählungen.* Ed. by Katharina von Hammerstein. Munich: dtv, 1997.

Moser, Walter: Herder's System of Metaphors in the *Ideen*, in: Wulf Koepke (ed.): *Johann Gottfried Herder: Innovator through the Ages.* Bonn: Bouvier, 1982: 102–125.

Noyes, John K.: *Herder: Aesthetics against Imperialism.* Toronto: Univ. of Toronto Press, 2015.

Nübel, Birgit: Krähende Hühner und gelehrte Weiber: Aspekte des Frauenbildes bei Johann Gottfried Herder, in: *Herder Jahrbuch / Herder Yearbook* 2 (1994): 29–49.

Reill, Peter Hanns: The Scientific Construction of Gender and Generation in the German Late Enlightenment and in German Romantic *Naturphilosophie, in: Susanne Lettow (ed.): Reproduction, Race, and Gender in Philosophy and the Early Life Sciences.* Albany: State Univ. of New York Press, 2014: 65–82.

Roger, Abraham: *Abraham Rogers Offne Thür zu dem verborgenen Heydenthum: oder warhaftige Vorweisung deß Lebens und Sittens, samt der Religion und Gottesdienst der Bramines auf der Cust Chormandel.* Nürnberg: Endters, 1663.

Schauer, Hans (ed.): *Herders Briefwechsel mit Caroline Flachsland.* 2 vols. Weimar: Verlag der Goethe-Gesellschaft, 1926.

Schiller, Charlotte: Bemerkungen über Kants Persönlichkeit [unpublished manuscript]. Goethe- und Schillerarchiv Weimar, sign. GSA 83 / 1666.

Schiller, Friedrich: *Schillers Werke. Nationalausgabe.* Ed. by Norbert Oellers et al. Weimar: Böhlau, 1943- [=NA].

Schmidt, Johannes: "Kein Publikum, das auf uns wirke?" Herders Verkehrung des Publikums in den *Christlichen Schriften*, in: Ralf Simon (ed.): *Herders Rhetoriken im Kontext des 18. Jahrhunderts. Beiträge zur Konferenz der Internationalen Herder-Gesellschaft Schloss Beuggen nahe Basel 2012.* Heidelberg: Synchron, 2014: 227–239.

Schmitt-Maass, Christoph: Herders Glückskonzeption und die Dialektik weiblicher Gelehrsamkeit in der Aufklärung (Sophie La Roche und Caroline Flachsland), in: *Herder Jahrbuch / Herder Yearbook* 11 (2012): 131–155.

Schott, Robin May: *Cognition and Eros: A Critique of the Kantian Paradigm*. University Park, PA: Pennsylvania State Univ. Press, 1993.

Schultz, Karla Lydia: Herders indianische Friedensfrau, in: *Monatshefte* 81,4 (1989): 413–424.

Sedgwick, Sally: Can Kant's Ethics Survive the Feminist Critique?, in: Robin May Schott (ed.): *Feminist Interpretations of Immanuel Kant*. University Park, PA: Pennsylvania State Univ. Press, 1997: 77–100.

Shell, Susan: *The Embodiment of Reason: Kant on Spirit, Generation, and Community*. Chicago: Univ. of Chicago Press, 1996.

Sikka, Sonia: *Herder on Humanity and Cultural Difference: Enlightened Relativism*. Cambridge: Cambridge Univ. Press, 2011.

Simon, Ralf (ed.): Vorwort, in: *Herders Rhetoriken im Kontext des 18. Jahrhunderts. Beiträge zur Konferenz der Internationalen Herder-Gesellschaft Schloss Beuggen nahe Basel 2012*. Heidelberg: Synchron, 2014: 9–16.

Stein, Charlotte von: Dido, ein Trauerspiel in fünf Aufzügen, in: Adolf Schöll, Wilhelm Fielitz (eds.): *Goethes Briefe an Frau von Stein*. 2nd ed. Frankfurt a. M.: Rütten & Loening, 1885: 490–534, notes 685–690.

Stein, Charlotte von: Letters to Charlotte Schiller [unpublished manuscripts]. Goethe- und Schillerarchiv Weimar, sign. GSA 83 / 1856, 3.

Urlichs, Ludwig (ed.): *Charlotte Schiller und ihre Freunde*. 3 vols. Stuttgart: Cotta, 1860–1865.

Zammito, John H.: *Kant, Herder, and the Birth of Anthropology*. Chicago: Univ. of Chicago Press, 2002.

Christoph Bultmann (Erfurt)

»Die Kunstsprache der Theologie wimmelt von missverstandnen Ausdrücken«: Johann Gottfried Herder als Kritiker Martin Luthers[1]

In his writings from the 1790s, Herder embraces the Lutheran tradition when he—correctly—presents Luther as a hero ('Hercules') who had conquered ecclesiastical despotism and—incorrectly—claims that Luther had liberated human reason with regard to religious matters. At the same time Herder distances himself from the Lutheran tradition when he complains about the empty artificiality of doctrinal terminology and an exaggerated estimation of a historically contingent ecclesiastical faith. Herder's volatile comments on Lutheran theology must be seen against the background of 18th-century debates about a 'natural religion' which would more or less closely correspond with the substance, the 'fruit' and the 'kernel', of the Christian tradition. The article explains the basic characteristics of Luther's theology by referring to his often neglected commentary on the so-called penitential psalms of 1517 and tries to recover a sense of Herder's concept of the normativity of the religious teachings of Jesus. For Herder, Jesus teaches religion as a heightened sense of humanity within the framework of a theology of the creation. In a concluding section it is suggested that studying Herder in comparison with Lessing will lead to intriguing observations on the different appreciation of the plurality of religions by these authors.

Die Reformation des 16. Jahrhunderts und das theologische Denken Martin Luthers haben für Johann Gottfried Herder nur eine zweitrangige Bedeutung. Herder war zwar seit 1776 als Generalsuperintendent des Herzogtums Sachsen-Weimar – wie er im Ton leichter Selbstironie schreiben konnte – ordentlich bestellter »Lutherischer Bischof« dieses kleinen Landes,[2] aber er war kein lutherischer Konfessionalist; vielmehr notierte er in seinen *Briefen zu Beförderung der Humanität* (Erste Sammlung, 1793),

---

1 Der Beitrag entstand auf Einladung von Carlo Gentili und Eleonora Caramelli für ein Themenheft »Luther und die Philosophie« (»Lutero e la filosofia«) der Zeitschrift *Dianoia. Rivista di Filosofia*: »›La lingua artificiale della teologia brulica de fraintendimenti‹. Johann Gottfried Herder critico di Martin Lutero«, in: *Dianoia* 25, 2017, 427–444 (Übers. v. Eleonora Caramelli). Der Autor dankt den Herausgebern für die Einladung zu dem Beitrag, für die Übersetzung und für die Genehmigung einer Publikation der deutschen Manuskriptfassung, die in einigen Punkten revidiert und erweitert ist.

2 Brief an Johann Georg Hamann vom 20. Juli 1776 (DA 3, 279–284, Zitat 281; Nr. 253, vgl. auch den Kommentar in DA 11, 645–651, hier 647); zitiert in Arnold 1986, 229. Arnold betont in seiner den Quellenbestand sorgfältig erfassenden Untersuchung zum Thema ebenso nüchtern wie zutreffend: »Die Zeiten Luthers und Herders lagen unüberbrückbar weit auseinander [...]« (ebd. 233). Für die praktische Berufstätigkeit Herders seit 1776 vgl. Kessler 2007, zu Herders Amtsverständnis vgl. auch Dienst 2005 und Renner 2014. Für weitere Studien und Literaturangaben sei vor allem auf Bengtsson 2016, Adler, Koepke 2009 und Greif, Heinz, Clairmont 2016 verwiesen.

»in allen Religionen Deutschlands gibt es aufgeklärte, gute Menschen«.[3] Dass die Reformation des 16. Jahrhunderts ein Ereignis in der Geschichte Europas war und auf den verschiedensten Ebenen Entwicklungsprozesse anstieß, lässt sich indessen nicht bestreiten, und so versuchte auch Herder, diese Veränderungen historisch zu erfassen. In den *Briefen zu Beförderung der Humanität* (Zweite Sammlung, 1793) wählte er dafür die folgende Akzentsetzung: »[Luther] griff den geistlichen Despotismus, der alles freie gesunde Denken aufhebt oder untergräbt, als ein wahrer Herkules an, und gab ganzen Völkern, und zwar zuerst in den schwersten, den *geistlichen* Dingen den Gebrauch der Vernunft wieder«.[4] Für die Ideengeschichte stellt diese Sentenz die Herausforderung dar zu erörtern, inwiefern das 15. und frühe 16. Jahrhundert als eine Epoche eines christlichen »geistlichen Despotismus« beschrieben werden können. Hat Herder historisch gesehen Recht mit dieser Charakterisierung oder konnte sich in jener Zeit das »freie Denken« ohne eine Beeinträchtigung durch Autoritätsansprüche kirchlicher Funktionsträger in Dichtung, Philosophie, Wissenschaft, auch in der Theologie, entfalten? Wie ist historisch die Rolle der Römischen Kirche als »fidei magistra« einzuschätzen? Und was für ein »Gebrauch der Vernunft« ist bei Luther zu beobachten, was für ein »Gebrauch der Vernunft« wird von Luther empfohlen? In einem von Herder für seine Zeitschrift *Adrastea* geplanten Text in Briefform von 1803 geht er mit einigen Bemerkungen auf die Sprache der christlichen Theologie ein um zu erklären, dass sie von »Wortformeln die Menge« beherrscht sei und dass die »Wiederherstellung wahrer Wissenschaft« nur dann gelingen könne, wenn der »Menschensinn« »in Freiheit« gesetzt werde. Über die Reformation heißt es in diesem Zusammenhang:

> Die Kunstsprache der Theologie [...] wimmelt von missverstandnen Ausdrücken, die man als gellende Töne beibehält und fortbreitet. *Luther*, *Melanchthon*, *Grotius*, *Teller* u. a. haben sich durch Musterung dieser Töne Verdienst erworben; die Arbeit ist aber bei weitem noch nicht vollendet, vielmehr kommen immer neue Missgeburten an den Tag, die der Prüfung bedürfen.[5]

Herders Kritik klingt hier rein impressionistisch. Doch hat sie ihren Hintergrund in einer Kritik kirchlicher Lehrbildung und Lehrdisziplin, die an vielen Stellen seines Werkes zu finden ist. In seiner Abhandlung von 1796 über die Traditionsgeschichte der neutestamentlichen Evangelien stellt er das »Evangelium« dem »kirchlichen Glauben« und seinen »Formeln« gegenüber:

---

3 FHA 7, 33 (6. Brief); für die katholische Seite könnte dabei z. B. an den Mainzer Statthalter in Erfurt, der Nachbarstadt Weimars, gedacht sein; mit einer Bezugnahme auf die Schriften von Karl Theodor von Dalberg bereitet Herder 1797 den Abschluss der *Briefe zu Beförderung der Humanität* vor, FHA 7, 749–750 (10. Sammlung, 123. Brief).

4 18. Brief, FHA 7, 95. Zur Herkules-Metaphorik ist im weiteren Kontext wohl auch die Bemerkung zu berücksichtigen: »Kein Herkules hat an ihre [der Menschheit] letzten Säulen gereicht; niemand wird sie erreichen« (22. Brief, ebd. 117).

5 FHA 10, 874–891 (vgl. 1425–1426); Zitate ebd., 877 (mit Anm. 22); gemeint ist Wilhelm Abraham Teller (1734–1804) in Berlin.

> Der kirchliche Glaube mittelst dieser und jener Formel war die Hülse, in der die Frucht, das Evangelium selbst, erwuchs, die Schale, die den Kern festhielt. Wir werfen sie gewiß nicht weg, diese Hülse und Schale; wir genießen die Frucht und den Kern aus ihnen, sagen aber dennoch: sie sind nicht selbst Kern und Frucht; der kirchliche Glaube, auch mit dem feinsten Dogma übersponnen, ist bloß ein *historischer Glaube*. Weder durch ihn, seinem Inhalt nach, noch um seinetwillen, weil er geglaubt d. i. bekannt wird, ward je ein Mensch gerecht und selig.[6]

Für Luther wäre in dieser Weise von einem kirchlichen Glauben oder einem historischen Glauben zu sprechen nicht möglich gewesen. Doch ist er zugleich einer der stärksten Kritiker kirchlicher Lehrbildungen und Verkündigungsformen in der Kirche des lateinischen Westens. Seine Zeit, in der Luther den »geistlichen Despotismus« angriff, ist tatsächlich als eine Zeit hoch gesteigerter Autoritätsansprüche zu charakterisieren.

I Luther – Kirchenpolitik und Schriftauslegung

Luther selbst musste erleben, dass er als Professor an der Universität in Wittenberg, wo er 1512 durch Vermittlung von Johannes von Staupitz (1468–1524) einen Lehrstuhl erhalten hatte, sehr schnell nach seiner Publikation von Thesen über das Evangelium als den wahren Schatz der Kirche und über den Unsinn derivativer kirchlicher Bußformen kirchenrechtlichen Disziplinierungsmechanismen und insofern einem solchen »geistlichen Despotismus« unterworfen wurde. Wo Luther erklärte: »Verus thesaurus ecclesiae est sacrosanctum euangelium gloriae et gratiae dei« (»Der wahre Schatz der Kirche ist das heilige Evangelium der Herrlichkeit und Gnade Gottes«),[7] da stimmte sein vom Papst beauftragter Gutachter Silvester Prierias (Silvester Mazzolini, 1456–1527) zwar zögernd zu:

6 *Vom Erlöser der Menschen. Nach unsern drei ersten Evangelien*, FHA 9 / 1, 609–724, hier »Vom Evangelium selbst«, 711–724, Zitat 722. Wenn Herder hier in metaphorischer Rede eine religiös wesentliche »Frucht« (bzw. einen »Kern«) von einem in kontingenter historischer Entwicklung entstandenen »kirchlichen Glauben« als »Hülse« (bzw. »Schale«) unterscheidet, bietet er damit eine Variante der Unterscheidung von »natürlicher Religion« und »offenbarter Religion«, die bei Kant, besonders in seinen Schriften *Die Religion innerhalb der Grenzen der bloßen Vernunft* von 1793 und *Der Streit der Fakultäten* von 1798, als eine Unterscheidung von »Religionsglauben« und »Kirchenglauben« ausgearbeitet wird. Es wäre weiter zu prüfen, inwiefern bei Herder das religiös wesentliche »Evangelium« dem »Religionsglauben« bei Kant entspricht. Dass Herder die »Frucht« bzw. den »Kern« mit dem Begriff »Evangelium« bezeichnet, liegt vom Kontext seiner Schrift her nahe (»Vom Evangelium selbst«), verweist aber auch auf die Briefe des Paulus im Neuen Testament, der den Begriff des Evangeliums stark akzentuiert und damit gerade in der reformatorischen Tradition eine bedeutende Rezeption gefunden hat.

7 These 62 der 95 Thesen der *Disputatio pro declaratione virtutis indulgentiarum* (1517); hier zitiert nach Luther 2006–2009, 2, 1–15, hier 10 bzw. 11 (WA 1, (229) 233–238, hier 236); zu der Thesenreihe hat Luther 1518 unter dem Titel *Resolutiones disputationum de indulgentiarum virtute* ausführliche Erläuterungen publiziert, vgl. WA 1, (522) 525–628, hier 616–617.

> Verum quidem, Martine, dicis, sed tamen aequivoce loqueris de thesauro, et hoc ipsum verum quod dixisti ad malum finem ordinas, ut videtur, ut etiam statim patebit.
>
> Hier sagst du in der Tat, Martin, was wahr ist, aber dennoch sprichst du uneindeutig von dem Schatz, und das Wahre, das du gesagt hast, wendest du zu einer bösen Absicht, wie es scheint und wie es auch gleich deutlich werden wird.[8]

Doch wo Luther erklärte:

> Indulgentiae quas concionatores vociferantur maximas gratias intelliguntur vere tales quoad quaestum promovendum. / Sunt tamen re vera minimae ad gratiam dei et crucis pietatem comparatae.
>
> Die Ablässe, die die Prediger als ›allergrößte Gnaden‹ ausschreien, sind im Hinblick auf die [finanzielle] Gewinnsteigerung tatsächlich als solche zu verstehen. / Doch in Wahrheit sind sie die allerkleinsten, gemessen an der Gnade Gottes und seiner Barmherzigkeit im Kreuz.[9]

da konnte der Gutachter Prierias nur noch mit dem Vorwurf von Ungehorsam und Blasphemie antworten:

> Iam pontifice deserto Spiritus sancti muneribus detrahis, quasi ipsae indulgentiae non animae, sed bursae perutiles sint, quod blas[ph]emiam dixerim. / Hi, qui venias gratias maximas astruunt, nulli comparantes, excusandi veniunt per hyper[b]olem, tu vero, qui eas comparas gratiae Christi, vide, quo nam pacto excusabere, dicens eas minimas, cum etiam sint gratiae aliae, et alia dona minora, puta ipsa bona fortunae, nec reor poteris aliquam excusationem praetendere, quae veniarum declamatoribus aeque non congruat, consequenter autem iniuste mordes.
>
> Ohne Rücksicht auf den Papst entwürdigst du die Geschenke des Heiligen Geistes, als ob die Ablässe selbst nicht der Seele, sondern der Kasse nützlich seien, was ich eine Lästerung nennen möchte. / Die, die Ablässe als ›allergrößte Gnaden‹ sehen, ohne sie mit etwas zu vergleichen, sind für ihre hyperbolische Rede zu entschuldigen, du aber, der du sie mit der Gnade Christi vergleichst, sieh zu, wie du dich entschuldigen willst, wenn du sie ›allerkleinste‹ nennst, weil es auch andere Gnaden gibt, und andere kleinere Gaben, ja sogar gute Gaben des Glücks, und ich glaube nicht, dass du irgendeine Entschuldigung vorschieben kannst, die den Verkündern der Ablässe nicht in gleicher Weise zustünde, folglich aber führst du hier unberechtigt einen Angriff.[10]

Die römische Kirche wollte die Kontroverse über die behauptete Gnadenvermittlung durch den Ablassverkauf in wenigen Monaten erledigt sehen. Während Luther an Stau-

---

8 Silvester Prierias, *Dialogus de potestate papae* (1518); zitiert nach: Fabisch, Iserloh 1988, 52–107, hier 95; vgl. zur Funktion und zu den Kommentaren von Prierias insgesamt ebd. 33–201.

9 Thesen 67 und 68 der 95 Thesen, s. Anm. 7 (die Übersetzung für »pietas crucis« wäre nach These 58 zu korrigieren; es geht um eine kreuzestheologisch geprägte Frömmigkeitshaltung); vgl. WA 1, 236 bzw. 618.

10 Vgl. Anm. 8, hier 96. Luther kommentiert das Stichwort »blasphemia« in seiner Responsio: »[...] quod autem tu id blasphemiam dicas, nihil curo« (ebd., Anm. 169) und das Stichwort »per hyperbolem« mit einer Polemik gegen die (mutmaßliche) Position von Prierias im Streit um Johannes Reuchlin (ebd., Anm. 171), vgl. *Ad dialogum Silvestri Prieratis de potestate papae responsio* (1518), WA 1, (644) 647–686, hier 682.

pitz, den Generalvikar der Ordenskongregation der Augustiner-Eremiten, zu der er selbst gehörte, am 31. März 1518 schrieb:

Idem de scholasticis doctoribus mihi conflant odium. Quia illis praefero ecclesiasticos et Bibliam, paene insaniunt prae fervore zeli sui. Ego scholasticos cum iudicio, non clausis oculis (id est illorum more) lego. Sic praecepit Apostolus: ›omnia probate, quod bonum est, tenete‹. Non reiicio omnia eorum, sed nec omnia probo.

Dieselben [*scil.* Gegner] machen mich mit Bezug auf die klassischen Lehrautoritäten verhasst. Weil ich denen gegenüber die Kirchenlehrer und die Bibel vorziehe, geraten sie fast außer sich vor Raserei um ihren Eifer. Ich lese die Lehrautoritäten mit eigenem Urteil, nicht mit geschlossenen Augen (das heißt wie nach ihrer Gewohnheit). So ordnet es der Apostel an [1 Thess 5:21]: ›Prüfet alles, was gut ist, behaltet‹. Ich verwerfe nicht alles, was sie lehren, aber ich stimme auch nicht allem zu.[11]

da stellt Papst Leo X. in seiner Instruktion für Kardinal Thomas de Vio Cajetan (1469–1534), der Luther in Augsburg verhören sollte, am 23. August 1518 fest, er habe erfahren:

[...] quendam Martinum Luther, Ordinis Eremitarum S. Augustini Professorem, in reprobum sensum versum, nonnulla haeretice, et ab eo, quod sancta Romana tenet ecclesia, diversa asseverare, et super hoc conclusiones, nec non famosos libellos temeritate propria, et erecta cervice, laxatis oboedientiae frenis, inconsulta Romana ecclesia, fidei magistra, [...] publicare ausum fuisse [...]

[...] dass ein gewisser Martin Luther, ein Professor des Ordens der Augustiner-Eremiten, in einen verworfenen Sinn gefallen, mancherlei in häretischem Ton und von dem, was die heilige Römische Kirche vertritt, Unterschiedenes entwickelt habe, und darüber hinaus Thesen und sogar berüchtigte Schriften mit eigentümlicher Gedankenlosigkeit und stolzem Trotz, die Zügel des Gehorsams gelockert, ohne die Römische Kirche, die Lehrmeisterin des Glaubens, zu Rate zu ziehen, zu veröffentlichen gewagt habe [...],

und es habe sich weiter erwiesen:

[...] quod dictus Martinus benignitate nostra abusus et audacior effectus, mala malis addendo, et pertinaciter in haeresi persistendo, nonnullas alias conclusiones ac famosos libellos similiter publicavit, in quibus nonnulla alia haeretica et erronea continentur [...]

[...] dass besagter Martin, unser Wohlwollen missbrauchend und mutiger geworden, weiteres Übel dem Übel hinzufügend und hartnäckig an häretischen Meinungen festhaltend, einige weitere Thesen und berüchtigte Schriften auf vergleichbare Weise veröffentlicht habe, in denen einige weitere häretische und irrige Meinungen enthalten seien [...]. (Fabisch, Iserloh 1991, 50–69, hier 62 und 64; Übers. C.B.)

---

11 WA.B 1, 160 (Nr. 66; orthographisch standardisiert, C.B.). Das Zitat von 1 Thess 5:21 verwendet Luther zeitgleich auch in seiner Vorbemerkung zu den erläuternden »Resolutionen« zu seiner Thesenreihe (vgl. WA 1, 530). 200 Jahre später (1730) ist das Zitat (neben 1 Kor 10:15) ein Bezugspunkt für Matthew Tindal (vgl. Tindal 1967, 2).

Die Stationen des gescheiterten kirchlichen Disziplinierungsversuchs brauchen hier nicht aufgezählt zu werden; nach dem Verhör durch Cajetan in Augsburg am 12.-14. Oktober 1518 wurden am 15. Juni 1520 die Bannandrohungsbulle »Exsurge Domine« und am 28. Januar 1521 die Bannbulle »Decet Romanum Pontificum« ausgefertigt.[12] Schon am 24. Oktober 1518 war aber in einem Breve von Papst Leo X. an Kurfürst Friedrich die »notissima haeresis« Luthers sogar in apokalyptische Rhetorik gekleidet worden, indem Luther mit dem Titel eines »filius perditionis« nach 2 Thess 2,3 (*Vulgata*) belegt wurde.[13]

Wenn Herder die Reformation als einen Angriff auf »den geistlichen Despotismus, der alles freie gesunde Denken aufhebt oder untergräbt«, deutet, dürfte genau jene Verfassung religiöser Autorität im Blick liegen, nach der die Römische Kirche als »Lehrerin des Glaubens« (»fidei magistra«) eine Konformität von Lehrmeinungen erzwingen zu können beanspruchte und dafür großzügig das Instrumentarium der Begriffe »blasphemia«, »haeresis« und »audacia« einsetzte. Insofern ist Herders historisches Urteil nicht unberechtigt. Mit der These vom »Gebrauch der Vernunft« in den »geistlichen Dingen« bleibt Herder jedoch zu unbestimmt, denn Luther erkennt für alle Glaubensfragen die Bibel, und in gewissem Grade auch die frühen Kirchenlehrer wie Augustin, als Maßstab an. Insofern geht es bei Luther nicht einfach um eine vernunftgemäße Religionsphilosophie, sondern um das vernünftige Argumentieren bei der Auslegung der Schrift. Selbst in diesem Punkt ist Luthers Denken jedoch in hohem Grade von Vernunftkritik bestimmt,[14] am heftigsten, wenn er in seiner Opposition zu Erasmus von Rotterdam gegen die »sequelae et syllogismi« der Vernunft polemisiert und erklärt, die Vernunft »schwatze« »nur Dummes und Absurdes«, »besonders dann, wenn sie in heiligen Dingen ihre Weisheit zu zeigen« beginne (»[...] ut qui sciamus, eam [scil. rationem] non nisi stulta et absurda garrire, tum maxime, cum in rebus sacris suam sapientiam ostendere incipit«).[15] Herder geht mit seiner These von der Befreiung zum Vernunftgebrauch

12 Vgl. für die Abläufe im Einzelnen die Übersicht in Fabisch, Iserloh 1988, 19–21; Fabisch, Iserloh 1991, 1–16; sowie jetzt Reinhardt 2016. Zu Georg Spalatin als dem entscheidend einflussreichen Sekretär am Hof des Kurfürsten Friedrich des Weisen vgl. den Ausstellungskatalog Kohnle 2014, bes. 45–56. Von den zahlreichen biographischen Darstellungen Luthers vgl. z. B. Schwarz 1986; Leppin 2006; ergänzend Leppin 2016.

13 Nicht in Fabisch, Iserloh 1988 / 1991, vgl. jedoch den Hinweis in Fabisch, Iserloh 1991, 229 bei Anm. 12; auch nicht bei Reinhardt 2016, der deshalb nur die Bezeichnung als ›filius iniquitatis‹ (94, 109), nicht aber die als ›filius perditionis‹ anführt. Vgl. das Faksimile des Thüringischen Staatsarchivs Gotha (Geheimes Archiv QQ I Mond Nr. 64), Gotha 2007; im Druck ist das Dokument in der Sammlung von Cyprian 1718, 70–80 (mit Übers.), enthalten. Zwar ist im Kontext von 2 Thess 2:3–12 auch von einem »iniquus« (v. 8) und der »seductio iniquitatis« (v. 10) die Rede, doch hat die direkte Aufnahme die Bezeichnung »filius perditionis« eine besondere Prägnanz. In seiner publizistischen Reaktion auf die Bannandrohungsbulle spielt Luther die Bezeichnung »filius perditionis« (mit breiterer Bezugnahme auf 2 Thess 2:3–12) zurück, vgl. *Adversus execrabilem Antichristi bullam* (1520), WA 6, (597) 598–612, hier 602, 22–26.

14 Vgl. etwa schon 1518 in der Auslegung von Psalm 110 das Votum »Darumb ist auff erden under allen färlichaiten [Gefahren] kain färlicher ding, dann ain hochreiche sinnige vernunfft, sonderlich so sy fellt in die gaistlichen ding, die die sel [Seele] und got [Gott] antreffen« (WA 1, (687) 689–710, Zitat 696).

15 *De servo arbitrio* (1525), z. B. in der Diskussion von Sir 15:14–18, hier zitiert nach Luther 2006–2009, 1, 219–661 (Übers. v. Athina Lexutt), hier 356–381, Zitat 372 / 3 (WA 18, 666–676, Zitat 673).

durch Luther in auffälliger Weise an diesem Aspekt der Theologie Luthers vorbei, so wie er auch an dem komplementären Aspekt, nach dem die Schriftauslegung die Geistbegabung voraussetze, vorbeigeht (»Spiritus enim requiritur ad totam scripturam et ad quamlibet eius partem intelligendam«).[16]

Ein Beispiel von Schriftauslegung, das sich unabhängig von einer hermeneutischen Theorie über die Geistbegabung des Auslegers studieren lässt, hatte Luther im Frühjahr 1517 mit seiner Kommentierung der in der kirchlichen Tradition zu einer Gruppe von sieben Bußpsalmen zusammengefassten Psalmen 6, 32, 38, 51, 102, 130 und 143 publiziert. Hier verweist Luther zunächst ausdrücklich auf Johannes Reuchlin (1455–1522) als einen Bezugsautor, der in einer Publikation von 1512 die Psalmengruppe philologisch studiert hatte. Luther konzentriert sich über die philologischen Aspekte hinaus auf eine theologische Interpretation der Gewissheit der Vergebung Gottes, die in diesen Dichtungen einen vorbildlichen und in der Erfahrung des Exegeten bewegenden Ausdruck gefunden hat.[17] Dabei entwickelt er seine Analyse des Handelns eines Menschen im Verhältnis zu der »Meinung«, d. h. dem Selbstbild, in dem dieses Handeln geschieht. Soweit es um die religiöse Dimension des Lebens geht, stellt sich nicht nur die Frage der moralischen Vertretbarkeit einzelner Handlungen, sondern auch die Frage, in welche Stellung gegenüber Gott der Mensch sich durch sein Tun zu bringen meint. Sofern seine »Meinung« über sich selbst in die Haltung des Selbstruhms vor Gott führt, wird sie von Luther theologisch-kritisch verurteilt, sofern sie in der Haltung der Demut bleibt, wird sie anerkannt. In seiner Auslegung von Psalm 32, um nur ein Beispiel zu wählen, bezieht Luther sich auf die Aufnahme von Jeremia 9:22–23 durch Paulus im Ersten Korintherbrief (1 Kor 1:26–31), wenn er zu Ps 32:11 (»... und jubelt alle, die ihr aufrichtigen Herzens seid«) kommentiert:

> Das ist, seid trotzig und übermütig, erhebt euch, rühmet euch, habt ein Wohlgefallen gleich wie ein Mensch, der gloriiert [jubelt]. Denn das Herz, das richtig ist zu Gott, und nicht eingekrümmet auf sich selbst oder etwas anderes dann [als] Gott, ist auf das ewige Gut gegründet und stet[ig]. Darum hat es überflüssig, davon es gloriiern, prachten, prangen und trotzen kann. Als [wie] der Apostel sagt, Wer gloriiern [sich rühmen] will, der gloriier [rühme sich] in Gott [1Kor 1:31]. Aber die krummen Seelen, in sich selbst gebeugt mit falschem Gutdüncken und betrüglicher guter Meinung, prachten auf sich selbst und nicht in Gott.[18]

Die Frage einer reinen Selbstbezogenheit oder einer Selbstbegründung auf das »ewige Gut« wird von Luther auf die Frage von Gerechtigkeit und Vergebung gelenkt. Wenn

16 Luther 2006–2009, 1, 238/9 (WA 18, 609), vgl. zum Thema der Geistbegabung weiter auch ebd. 282/3 (632), 600/01 (765).

17 Luthers Auslegungen wären z. B. mit der Interpretation der Bußpsalmen von Pierre d'Ailly (1351–1420) zu vergleichen, die in einer Ausgabe *Tractatus et sermones*, Straßburg 1490, im Druck erschienen war. In einem weiteren Druck *Quaestiones super libros sententiarum*, Straßburg 1490, ist auch eine Rede »Recommendatio sacrae scripturae« enthalten, in der Pierre d'Ailly über die Bibel als Fundament der Kirche reflektiert.

18 Die sieben Bußpsalmen. Erste Bearbeitung (1517), WA 1, (154) 158–220, hier 166–174 zu Ps 32, Zitat 173–174 (phonetisch und orthographisch standardisiert).

der – auch von Paulus im Römerbrief, Röm 4:1–8, zitierte – Ausruf zu Beginn des Psalms, »Wohl einem Menschen, der …«, einen wirklichen Zuspruch darstellt, dann ist die gemeinte heilvolle Situation nur als die Situation eines Menschen beschreibbar, der Vergebung erfahren hat und sich also nicht durch eigene Gerechtigkeit genau dieser Situation entzieht. Das Erfahren von Vergebung als eine Weise der Beziehung zu Gott muss gemäß dem Ausruf des Psalmdichters als die eigentlich heilvolle Glaubenswirklichkeit gelten. Entsprechend der Allgemeinheit dieser theologischen Auffassung ist von einer Allgemeinheit der Angewiesenheit auf Vergebung auszugehen, d. h. dass die Selbstbegründung auf eigene Gerechtigkeit nur eine Selbstverfehlung, eine nicht zu voller Erkenntnis gelangte Selbstwahrnehmung sein kann. In diesem Sinne kommentiert Luther Ps 32:1 (»Wohl dem, dessen Missetat vergeben und dessen Sünde getilgt ist«):

> Als [ob] er [der Dichter] spreche, Niemand ist ohne Ungerechtigkeit, sondern allzumal vor Gott ungerecht, auch die, die sich in Werken der Gerechtigkeit üben und also [dadurch] aus der Ungerechtigkeit zu kommen vermeinen, denn es kann ihm [sich] selbst niemand heraus helfen. Darum selig [sind] sie, nicht die keine Sünde haben oder sich selbst heraus arbeiten, sondern alleine die, den[en] sie Gott erlässet aus Gnaden. […] Niemand ist auch ohne Missetat, die Gott an uns allen sieht ganz offenbar. Selig aber, den[en] er sie zudeckt, [sie] nicht sehen, nicht gedencken, nicht wissen will, sondern leuterlich [ganz] vergeben will aus Gnaden. Das [sind] [die,] die sie nicht selbst zudecken, nicht selbst [sich] erlassen, vergeben, vergessen, sondern [sie] ansehen, wissen, gedencken und strafen. (WA 1, 167)

Die Betonung der Selbsterkenntnis prägt auch Luthers Kommentierung des Endes von Ps 32:2, wo es gemäß seiner Übersetzung um Selbsttäuschung (»Trügnis«, »List [gegen sich selbst]«) geht:

> Das ist, dass ihn selbst sein Herz nicht betrüge, so [wenn] er außen fromm scheinet und sich selber nicht anders dann [als] fromm achtet, und Gottes Liebhaber [als einer, der Gott liebt], so doch inwendig die Meinung falsch ist und [er] nicht Gott um Gottes willen, sondern um sein[er] selbst willen dienet und fromm ist. Welcher böser, falscher, betrüglicher List allermeist verführt die grossen, scheinenden und geistlich[en] Menschen, die um ihres fromm[en] Lebens willen und [wegen] viel[er] guter Werk[e] furchtlos stehen, und nicht wahrnehmen ernstlich ihres Geistes und [ihrer] innerlich[en] Meinung. (WA 1, 167; grammatisch hier »der List«)

Die sieben Bußpsalmen bewegen Luther dazu, in immer neuen Anläufen die Situation der Offenheit für und Angewiesenheit auf Gottes Gnade zu beschreiben. So sehr diese Reflexionen im Nachvollzug der Psalmdichtungen einen religionsphilosophischen Charakter haben, so sehr sind sie auch im biblischen Horizont exegetisch bestimmt, auf der einen Seite durch den Kontext der Vorstellung des Gerichts und der Errettung oder Verdammung nach dem Tod, auf der anderen Seite durch die Rückbindung der Gnade Gottes an Christus und die Botschaft von Christus, das Evangelium.

Die 1517 in der Auslegung der Bußpsalmen gezeichneten Linien lassen sich durch die Schriften Luthers hindurch weiter verfolgen. So enthält z. B. sein kirchenreformorientiertes Glaubensbekenntnis von 1528 einen direkten Bezug zu Psalm 51, um die

Angewiesenheit auf Vergebung zu betonen.[19] Auch stellt Luther dort noch einmal seine Theologie der Vergebung nachdrücklich in ihren christologischen Zusammenhang: In der allgemeinen Kirche oder »Christenheit« ist

> Vergebung der Sünden […], das heißt, ein Königreich der Gnade […]. Denn dort [ist] das Evangelium […], worin Vergebung der Sünden angeboten, geholt und empfangen wird. Und auch Christus und sein Geist und Gott sind dort. Aber außerhalb solcher Christenheit ist weder Heil noch Vergebung der Sünden, sondern ewiger Tod und Verdammnis, [auch wenn] großer Schein der Heiligkeit da ist und viele gute Werke, so ist es doch alles verloren.[20]

II Herder – Religionsbegriff und Christusbild

Die doktrinale Seite von Luthers Schriften ist für Herder nicht der wichtigste Aspekt des Werkes des Reformators. Wenn Einsichten, die sich aus der jeweiligen Textinterpretation ergeben, in einem theologischen Lehrsystem durchkonstruiert werden sollen, drohen Vereinseitigungen, die nicht mehr exegetisch zu rechtfertigen sind. Luthers Zugang zu den biblischen Texten und gerade auch den Psalmen bleibt für Herder jedoch beeindruckend. In seinen *Briefen, das Studium der Theologie betreffend* von 1780/1781 erklärt er gegenüber dem gedachten studentischen Leser: »Ich weiß Ihnen keinen bessern Schlüssel [zum Inhalt der Psalmen] zu geben, als die vortreffliche Vorrede Luthers zu diesem, seinem Lieblingsbuche. Er wird Ihnen sagen, was Sie in ihm haben, wie Sie's anwenden und brauchen sollen« (FHA 9/1, 237).[21] Andererseits nimmt Herder die Kommentierungen Luthers nicht aus, wenn er über »die großen Realkommentare aus dem Jahrhundert der Reformation« schreibt und vor den Autoren warnt, die »wo es nur angeht, auch bei unpassenden Stellen« ihr »System« »ausschütteten« oder »allenthalben« eine »Zeitmäßige Anwendung« »einwebten«. Dagegen empfiehlt er das philologische Studium: »Im Wortverstande müssen die guten Kommentare aller Länder und Sekten Eins sein; mit Anwendung auf Lehren und Sachen ists nicht also.« Erst im Pfarramt in einer Gemeinde würden Luther oder Melanchthon zu hilfreichen Autoren im Blick auf »praktische Arbeiten«: »Denn das ist der große Vorzug der Schriften dieser Zeit, daß, da sie die Sache der Religion noch als ein tätiges Werk des Lebens ansahen, sie auch über die Bibel aus voller Brust sprachen.« In dieser beschränkten Hinsicht auf Frömmigkeitspraxis kann Herder dann sogar von einem

---

19 Das »Bekenntis« ist ein Anhang zu einer Abhandlung »Vom Abendmahl Christi« (WA 26, (241–260) 499–509), jetzt auch in: Luther 2012, 551–569 (bearb. v. Christopher Spehr), vgl. hier 558/559 (»So spricht auch David Ps 51 […]«); vgl. WA 26, 504. Ps 32:1 (nach Röm 4:7) spielt auch in Luthers Abhandlung über Paulus in *De servo arbitrio* eine Rolle (vgl. Luther 2006–2009, 1, 578–629, hier 618; auch WA 18, 756–776, hier 772): »Tum adducit [Paulus] David itidem de reputatione gratiae dicentem […]«.

20 Luther 2012, 565, vgl. WA 26, 507; Luther geht hier in Ausführungen zum dritten Artikel des Glaubensbekenntnisses auch auf Taufe und Abendmahl ein; gegen das Papsttum polemisiert er im Kontext als »widerchristliche Tyrannei«.

21 Gemeint ist die Vorrede zu den Psalmen in der Ausgabe 1534 von Luthers Übersetzung der Bibel; Arnold 1986, 244 mit Anm. 126, weist darauf hin, dass dieser Text »die von Herder am häufigsten zitierte und erwähnte Schrift Luthers« gewesen sei. Vgl. den Text in WA.DB, 10/1, 98–105 (Fassung von 1528 bzw. 1545).

»Herz-erquickenden« Luther sprechen, den man geradezu »liebgewinnen« könne (FHA 9/1, 356–357). Auch in den *Briefen zu Beförderung der Humanität* bleibt dieser Aspekt erhalten, wenn Herder (im 18. Brief) vorschlägt: »Lasset uns seine [Luthers] Denkart, selbst seine deutlichen Winke, und die von ihm eben so stark als naiv gesagten Wahrheiten für unsre Zeit nutzen und anwenden!« (FHA 7, 95). Ein differenziertes, eklektizistisches Verhältnis zum Erbe Luthers wird für Herder nicht durch das theologische Lehrsystem beeinträchtigt, das bei Luther die Basis der frömmigkeitlichen Weisheit ist. An dieser Stelle ist auf die einleitende Feststellung zurückzukommen, dass die Reformation des 16. Jahrhunderts und das theologische Denken Martin Luthers für Herder nur eine zweitrangige Bedeutung hatten.

»Für seine Zeit« entscheidet Herder sich für den Begriff der »Humanität« als den Grundbegriff, mit dem er das Wesentliche des Christentums erfassen möchte. In diesem Sinne ist es sein vorrangiges Anliegen, die »Religion Christi« so zu deuten, dass sie in der universalen Geschichte der Menschheit wirksam werden kann. In den *Briefen zu Beförderung der Humanität* markiert Herder eine klare Trennlinie zu der Form der Jenseits- und Gerichtsorientierung, die Luthers Theologie durchzieht, und rückt Humanität als »Ziel« für die menschliche Gesellschaft in den Mittelpunkt der Aufmerksamkeit: »Dies Ziel ausschließend *jenseit* des Grabes setzen, ist dem Menschengeschlecht nicht förderlich, sondern schädlich. [...] einem Menschen sein hiesiges Dasein rauben, um ihn mit einem andern außer unsrer Welt zu belohnen, heißt den Menschen um sein Dasein betrügen« (FHA 7, 129).[22]

Nicht weniger kritisch greift Herder auch die Frage der Erziehung auf, denn den »Gebrauch« und die »Anwendung« seiner »Kräfte« muss der Mensch in einem Bildungsprozess lernen: »Ein Zustand der Gesellschaft [...], der die Erziehung vernachlässigt, oder auf falsche Wege lenkt, oder diese falsche Wege begünstigt, oder endlich die Erziehung der Menschen schwer und unmöglich macht, ist insofern ein unmenschlicher Zustand« (FHA 7, 124). Was immer auch Luther in seiner Deutung der sog. Bußpsalmen über die Selbstwahrnehmung des Menschen vor Gott zu sagen und in einer Theologie der Gnade und Vergebung darzulegen hatte, greift für Herder zu kurz, wenn es dem Menschen sein »hiesiges Dasein« beschränkt und seine intellektuelle und moralische Bildung behindert. Die möglichen Defizite der lutherischen Theologie sind für Herder jedoch nicht ein Problem des Kerns des Christentums, vielmehr verbindet er das Christentum mit einer Definition von Religion als derjenigen Macht, die – neben dem Staat – Humanität befördert:

> Je reiner eine *Religion* war, desto mehr musste und wollte sie die Humanität befördern. [...] // Die *Religion Christi*, die Er selbst hatte, lehrte und übte, war die *Humanität* selbst. Nichts anders, als sie; sie aber auch im weitsten Inbegriff, in der reinsten Quelle, in der wirksamsten Anwendung. [...]. (FHA 7, 130)

22 Das Zitat gehört zu einer Abhandlung »Über den Charakter der Menschheit« im 25. Brief (FHA 7, 123–131), mit der Herder seine Aufnahme und Weiterführung des Zweiten Gesprächs über die Freimaurer von Gotthold Ephraim Lessing (1778) im 26. Brief (ebd., 132–141) vorbereitet. Die Abhandlung ist in dialogischer Form einem Skeptiker entgegengesetzt, der »Perfektibilität« für eine Illusion, allenfalls eine notwendige Illusion hält (24. Brief, ebd., 121–123).

Herder betrachtet also das Christentum von einem Religionsbegriff aus. Wenn gemäß diesem Religionsbegriff Religion als solche auf »Humanität« zielt, dann muss auch das Christentum in diese Dynamik des Religiösen einbezogen werden. Das religionsphilosophische Verständnis von Religion wird zum Maßstab für die Deutung und allenfalls Begrenzung der christlichen Tradition. Diese Konzeption spricht Herder direkt an, indem er den Religionsbegriff zum »Prüfstein« für die »Mythologie der verschiednen Religionen« erklärt (ebd.). Für das Christentum fällt die Probe positiv aus, wenn die Religion, die Christus selbst »hatte, lehrte und übte«, rekonstruiert wird. Dazu können in Herders Schriften vor allem die *Briefe, das Studium der Theologie betreffend* von 1780 / 1781 verglichen werden.

In einer Abhandlung »Einige Züge zum Bilde Christus« setzt Herder hier zunächst aus vernunftkritischen Gründen allen Erörterungen über die im Glaubensbekenntnis vorgegebene Zweinaturenlehre (*Symbolum Chalcedonense* von 451) und deren adäquate begriffliche Darstellung die hermeneutische Forderung entgegen, »den gesunden Anblick« des ganzen Lebens Jesu so, wie ihn »die Evangelisten ohn' all solche Wortbestimmungen geben«, freizulegen (FHA 9 / 1, 343).[23] Dabei sind seine Verweise auf den Hebräerbrief, den Luther ausdrücklich an den Rand des Neuen Testaments gestellt hatte, geradezu paradox, denn die christologischen Vorstellungen in diesem Traktat erschöpfen sich keineswegs in Bezügen auf Christus als ein Vorbild (vgl. Hebr 2:10–11, 5:9, 7:25, 9:14).[24]

> Einem göttlichen Phantom, das auf der Erde wandelt, darf ich weder nachahmen noch nachdenken, und da Paulus, da alle Evangelisten sagen: *dass Christus ein Mensch wie wir gewesen* [vgl. Phil 2:7], *allerdinge seinen Brüdern gleich* [Hebr 2:17] *und allenthalben wie wir versucht* [Hebr 4:15], *damit er Gehorsam lerne* [Hebr 5:8; vgl. Phil 2:8]; da alle Apostel es uns zur Pflicht machen, ihm auf der Bahn der Tugend [...] nachahmend zu folgen [vgl. Hebr 12:1–3]: so ist für jeden Christen, für jeden christlichen Theologen der *menschliche Christus* kein Bild in den Wolken zum Anstaunen [vgl. Mk 14:62; Mt 26:64], sondern ein Vorbild auf Erden zur Nachahmung und Lehre. (FHA 9 / 1, 343)

Mit dem Versuch, dieses Vorbild »historisch zu entwickeln« und »moralisch darzustellen« (ebd., 343), will Herder auf den Zielbegriff »Humanität« hinführen. Jesus, oder eben der Christus des Bekenntnisses in angemessener Deutung, steht für den »gesunden Menschensinn« und das »reine Gefühl der Humanität« (ebd., 346). Aus dem Lukasevangelium greift Herder den Aspekt der Weisheitstheologie auf, der in Lk 2:52 anklingt (ebd., 344). Der christologische Hoheitstitel »Sohn Gottes« wird in die Ideale »Einfalt und Unschuld, Sanftmut und Liebe« übersetzt. »Ein solch Gepräge bekam auch seine Religion und Lehre: er der willige Sohn und Gott sein innig-geliebter Vater: alle Menschen Kinder Gottes und Gott ihr innig-geliebter Vater« (ebd.). Die Religion Christi oder »Religion des Weltheilandes« ist jedoch nicht mit der »natürlichen Religion« identisch, denn sie kennt eine spezifischere Bußlehre:

---

23 Die Skizze »Einige Züge zum Bilde Christus« ist der Schlussteil von Brief 21 der *Briefe, das Studium der Theologie betreffend*: FHA 9 / 1, 342–349.

24 Der Hebräerbrief galt bis zu dem Kommentar von Friedrich Bleek (1828) oft als ein Brief des Paulus, vgl. Kümmel 1980, 343–355, bes. 347.

> Die natürliche Religion hat viele Gründe und Kräfte, das Gute im Menschen zu stärken und zu entwickeln; sein Böses aber kann sie ihm nur zeigen, nicht nehmen[,] und ihn über das Vergangene nur schwach trösten. Die Religion des Weltheilandes locket die Sünder an [vgl. Lk 5:32] und zeigt ihnen, wenn sie zurückkehren, eine zehnfache Freude des Himmels über diese Rückkehr, einen zehnfachgrößeren Lohn vor jedem stolzen und starren Selbstgerechten [vgl. Lk 15:7]. Sie macht also den Mangel selbst zum Quell des Überflusses, indem sie nicht auf die Tat, sondern auf das Herz siehet und dieses heilet [...]. (Ebd., 348)

Wenn die Religion Christi »den Mangel selbst zum Quell des Überflusses« macht, dann verbirgt sich bei Herder hinter diesem Ausdruck die Gnadentheologie, die Luther in seiner Auslegung der Bußpsalmen entfaltete. Der »Mangel« der Gerechtigkeit des Menschen vor Gott wird zum »Quell des Überflusses«, indem er, einmal erkannt, für den Glauben die Zuwendung göttlicher Barmherzigkeit erfahrbar macht; eventuell klingt dabei ein Gedanke des Paulus im Römerbrief nach (Röm 5:20). Auch Herder kann darüber hinaus gegen »Werkheiligkeit« polemisieren (FHA 9 / 1, 348; vgl. Hebr 6:1, 9:14), obwohl er die Theologie von Gnade und Vergebung nicht in ein ähnlich dichtes Lehrsystem bringt, wie Luther es getan hatte. Das ursprüngliche Christentum war für ihn eine »Religion der Liebe, des Trostes, der Wohltätigkeit gegen die Armen, der Erziehung unmündiger Kinder« in universaler, schöpfungstheologischer Ausrichtung (FHA 9 / 1, 349).

> [...] das Vorbild der echten Gottesreligion, die den Vater als Kind verehret, und ihn in seinen Kindern liebet, mithin die echte Religion der verborgnen, unermüdeten Menschenliebe ist in der Denkart und im Leben Christi vor uns, und keine Religion verdienet seinen Namen, als die er selbst hatte, selbst glaubte, selbst übte. (Ebd.)

In dieser schöpfungstheologischen Ausrichtung entspricht für Herder das Christentum dem Israel der biblischen Geschichtsdarstellung, die er in den *Briefen, das Studium der Theologie betreffend* so deutet, dass Israel als »Volk Gottes« »Bild und Figur der Beziehung Gottes auf Menschen, und dieser auf Jehovah, den Einzigen, den Gott der Götter« sei (ebd., 255).

> Die Anbetung des Einen Gottes, des Schöpfers, des Vaters der Menschen *festzustellen* auf der Erde, seinen Einfluß in Alles, seine unmittelbarste Wirkung in jede Kleinigkeit des Anliegens, der Hoffnung, der Not der Menschen, – wie nah er jedem unsrer Seufzer, unsrer Gebete, unsrer Fehler, unsrer Vergessenheiten seiner, wie immer noch so milde und verzeihend er sei, das Böse zum Guten zu kehren, sobald jemand da ist, dies Gute zu empfangen, und mit einem bessern Gewande sich kleiden zu lassen vom Himmel – – wie tief der Mensch immer unter Gott, unter seinen menschlichen *Zwecken, Verheißungen* und *Geboten* bleibe, und wohin eigentlich diese Zwecke Gottes zielen? Dies, m. Fr. und viel mehreres im Bande solcher Beziehung ist *Geist* und *Zweck* dieser *Geschichte* und dieser *Schriften.* (ebd., 255–256)[25]

25 Die Wendung »das Böse zum Guten zu kehren« könnte eine Anspielung auf den weisheitlichen Lehrgehalt der Josephsnovelle in Gen 37–50 (50:20) sein.

In diesem Horizont führt Herders Fokussierung auf die Religion, die Jesus »selbst hatte« und »selbst übte« zu jenem Religionsverständnis, das zum »Prüfstein« auch der christlichen »Mythologie« werden soll (FHA 7, 130). Eine theologische Systembildung, die den Kreuzestod und die Auferweckung Jesu (etwa nach 1 Kor 15:3–5; 1 Kor 1:23–24 oder Röm 5:17) ins Zentrum rückt, bleibt für ihn deshalb einer Sprache verhaftet, die zu überwinden ist. Herder zitiert vielmehr aus dem Hebräerbrief (Hebr 12:2) die Formel von Christus als dem »Anfänger und Vollender« des Glaubens (FHA 9 / 1, 345).

Mit der Abhandlung »Einige Züge zum Bilde Christus« in den *Briefen, das Studium der Theologie betreffend* lässt sich eine kurze Abhandlung »Vom Evangelium selbst« in dem Buch *Vom Erlöser der Menschen nach unsern drei ersten Evangelien* vergleichen (FHA 9 / 1, 711–724). Herder geht wieder von Jesus als einem Lehrer der Religion aus:

> Die Lehre Jesu war einfach, und fasslich für alle Menschen: *Gott ist Euer Vater; ihr alle seid gegeneinander Brüder.* (Ebd., 712)
>
> Seine Religion ist ein Ferment unter den Völkern; (Matth. 13:33) mit oder ohne seinen Namen muss von diesen Grundsätzen der ganze Teig durchsäuert werden: denn sie sind die reinsten Grundsätze der Vernunft und des sittlichen Gefühls […]. (Ebd., 717)

Gegenüber der Frage nach der Religion Christi in den drei ausgezeichneten narrativen Schriften des Neuen Testaments sind die Auslegungen in den Briefen für Herder nachrangig:

> *Unsern Evangelien wird also in jedem Wort und Charakterzuge Christi ihr bleibender Wert bleiben*; nicht nur als ältesten Beurkundungen des Christentums, sondern für uns auch als Quellen, ohne welche wir die eigentliche Denkart des Erlösers, seine Absicht und die wahre Beschaffenheit seines Werks in *seinem* Sinne nicht kennten. Ohne die Evangelien würden wir hören, wie Paulus, Petrus, Johannes die Sache angesehn und verstanden; nicht aber was Christus ursprünglich und einfach davon dachte. (Ebd., 718)

Die Schnittmenge zwischen der natürlichen Religion und der Überlieferung des Neuen Testaments von Jesus Christus, an der Herder interessiert ist, wird für ihn am deutlichsten mit Bezug auf die Lehre Jesu in der Darstellung der Evangelien von Matthäus, Markus und Lukas greifbar. Bei diesem Interesse sieht er sich mit Luther einig, der sich auch auf »das Werk Christi selbst, wiefern dies für uns gehöret« bzw. »das Werk der Erlösung und zwar, wiefern wir daran Teil haben sollen« konzentriert habe (ebd., 721–722). Das Relevanzkriterium »wiefern dies für uns gehöret« gibt dem christlichen Glauben die Ausrichtung auf eine von Jesus als Vorbild geleitete Lebensführung. »Erlösung« ist der Ort des Gebots der Nächstenliebe.

III Luther – Herder – Lessing: Drei Aufbrüche im Religionsdiskurs

Herder schreibt seine Schriften zur Deutung des Christentums sozusagen von innen als ein Theologe im Predigtamt (und »Lutherischer Bischof« eines kleinen Landes!). Wenn man zum Vergleich auf Gotthold Ephraim Lessing schaut, begegnet in dessen

Schriften eine Deutung des Christentums sozusagen von außen.[26] Lessing kann diese Rolle ausdrücklich betonen, wenn er sich in seinem polemischen Traktat *Eine Parabel* von 1778 als einen »Bibliothekar« im Gegenüber zu einem »Pastor« vorstellt. Doch auch bei Lessing gibt es das Relevanzkriterium des für die eigene Zeit Gültigen. In diesem Sinne bestimmt Lessing sein Verhältnis zu Luther mit dem Ausruf:

> Luther, du! – Großer, verkannter Mann! Und von niemanden mehr verkannt, als von den kurzsichtigen Starrköpfen, die, deine Pantoffeln in der Hand, den von dir gebahnten Weg, schreiend aber gleichgültig daher schlendern! – Du hast uns von dem Joche der Tradition erlöset: wer erlöset uns von dem unerträglichern Joche des Buchstabens! Wer bringt uns endlich ein Christentum, wie du es *itzt* lehren würdest; wie es Christus selbst lehren würde! Wer – – (Lessing 1993, 44–45)

Herder zitiert den Ausruf in einem Text in seiner Zeitschrift *Adrastea* (8. Stück, 1803, FHA 10, 659–660), jedoch noch nicht in seinem Nachruf auf Lessing von 1781 (»G. E. Lessing. Geboren 1729, gestorben 1781«, FHA 2, 689–708). Bei Herder selbst ist das »Joch des Buchstabens« in der lutherischen Tradition der Auffassung und Auslegung der Bibel kein Problem; insofern muss er sich nicht von Lessings Polemik getroffen sehen. In seinen *Briefen, das Studium der Theologie betreffend*, für die er Lessings polemischen Traktat schon voraussetzen kann, betont er von Anfang an den »menschlichen« Charakter des biblischen Textes, der »Sprache«, in der der Text geschrieben ist, des »Sinns« mit dem der Text aufseiten des Lesers verstanden wird, und des »Zwecks und Nutzens«, zu dem der Text aufseiten des Lesers angewendet werden soll (FHA 9/1, 145). Doch liest Herder die Bibel – etwa in seiner Anlehnung an den Hebräerbrief – mit einem stärkeren Bezug auf Christus und insofern mit einem stärkeren religiösen Exklusivitätsanspruch, d. h. mit einer stärkeren Ablehnung religiöser Pluralität, als Lessing.[27] Soweit indessen Herder in seiner Fassung der Christologie die »Religion Christi« mit der natürlichen Religion in einem solchen Grade verbindet, dass eine Differenzierung unklar wird, wäre hier die Frage seiner Deutung der »Exklusivität« des christlichen religiösen Wahrheitsanspruchs weiter zu erörtern. Dass die lutherische kirchliche und doktrinale Entwicklung zu einem Despotismus geführt hat, der mit jenem Despotismus vergleichbar ist, gegen den Luther – Herder zufolge – aufgebrochen war, würde auch Herder nicht bestreiten, vielmehr schreibt er in den *Briefen, das Studium der Theologie betreffend*:

> Die protestantische Kirche hat, wenigstens der Theorie nach, sein [Christi] Evangelium der Barmherzigkeit und freien Gottesgnade aus dem Staube wieder hervor geholt; desto trauriger aber ists freilich, wenn im Munde der Schwätzer, und in der Hand der Despoten die erquickendste Lehre ein Quell manches neuen und größeren Jammers geworden. (FHA 9/1, 349)

26 Vgl. die Biographie von Nisbet 2008 bzw. 2013, sowie Bultmann, Vollhardt 2011.

27 Herder löst selbst seine Interpretation von Gen 1 als »Älteste Urkunde« oder »Hieroglyphe« der Schöpfung nicht aus einem christologischen Sinnzusammenhang, wenn er diese Hieroglyphe auf die Gestalt des Menschen bezieht und dann auf Christus als den »zweiten Adam« verweist (vgl. Älteste Urkunde des Menschengeschlechts, FHA 5, 292–294; vgl. Stellenkommentar zu 294, 31–33, hier wäre Kol 1:15–20 zu ergänzen; vgl. weiter auch die *Briefe, das Studium der Theologie betreffend*, 26. und 27. Brief, FHA 9/1, 388–405, bes. 398).

Lessings religionsphilosophische Reflexionen kulminieren in seinem Schauspiel *Nathan der Weise* (1779), in dem er jeden christologisch konstruierten Exklusivitätsanspruch als eine religiöse »Schwärmerei« zurückweist (*Nathan der Weise*, V/6, 434–445, Lessing 1993, 617). Zugleich zeigt das Schauspiel an unvermuteter Stelle, inwiefern das theologische Erbe jener Gnadentheologie, die bei Luther in besonderer Weise in seiner Auslegung der sog. Bußpsalmen greifbar ist, auch bei Lessing seine Kraft behält. So lässt er Nathan in einem direkt an Gott gerichteten Ausruf die Erleichterung über eine Befreiung seines Gewissens zum Klingen bringen:

> [...] – Gott! / Dass ich nicht gleich hier unter freiem Himmel / Auf meine Knie sinken kann! [...] / [...] Gott! wie leicht / Mir wird, dass ich nun weiter auf der Welt / Nichts zu verbergen habe! dass ich vor / Den Menschen nun so frei kann wandeln, als / Vor dir, der du allein den Menschen nicht / Nach seinen Taten brauchst zu richten, die / So selten seine Taten sind, o Gott! – (V/4, 172–182, ebd., 607)

Die Theologie der Gnade und Vergebung, die Luther in seiner Glossierung der Gebetsdichtungen im Psalter darlegt, wird von Lessing in die Form eines Gottesattributes übersetzt (»der du allein den Menschen nicht nach seinen Taten brauchst zu richten«) und sogar mit einem Anklang an die Kontroverse zwischen Luther und Erasmus über die Willensfreiheit verbunden (»seine Taten ..., die so selten seine Taten sind«). In dieser Form stellt die Botschaft des Evangeliums keine Beeinträchtigung der religiösen Ideale der natürlichen Religion dar, die in der Szene der Ringparabel in die Begriffe »Sanftmut«, »Verträglichkeit«, »Wohltun« und »Ergebenheit in Gott« geprägt werden. Die Leser von Lessings philosophischem Schauspiel sind auf diese Religionsdeutung schon seit der Eröffnungsszene vorbereitet, in der »andächtig schwärmen« und »gut handeln« einander entgegengesetzt werden.[28]

Weder Herder noch Lessing würden den »wahren Schatz der Kirche« (»verus thesaurus ecclesiae«) so bestimmen wie Luther, weil für sie der Vernunftanspruch in der Religionsphilosophie und deshalb das Konzept einer »natürlichen Religion« wichtiger sind als die Anknüpfung an die Verkündigung des Evangeliums von Christus in den Schriften des Neuen Testaments (oder gar den als prophetische Schriften gelesenen Schriften des Alten Testaments). Weder Herder noch Lessing würden den theologischen Begriffsbestimmungen der sog. Rechtfertigungslehre Luthers folgen, weil für

28 *Nathan der Weise*, III/7, 515–532 [529–531] bzw. I/1 und I/2, bes. I/2, 359–364 (Lessing 1993, 559). Die Vorstellung von der »Kraft« des Steins (Opals) in den Ringen, »vor Gott und Menschen angenehm zu machen« (III/7, 397–401, 499–503, 527–532), könnte eine Anspielung auf Lk 2:52 und damit auch auf den dort verwendeten Begriff der Weisheit implizieren; vgl. weiter auch Röm 14:17f. Für einige weitere Aspekte der Debatte über »natürliche Religion«, bes. mit Bezug auf Matthew Tindal, vgl. Bultmann 2016, auch Bultmann 2013. Mit Bezug auf den Koran, Sure 68,34–35, betonte Friedrich Niewöhner, dass der Begriff der »Ergebenheit« Lessings *Nathan der Weise* auch zu einem »Stück islamischer Theologie« mache, vgl. Niewöhner 2001 (in der Bibliographie in Schmidt-Biggemann, Tamer 2010, Nr. 275, vgl. auch Nr. 326). Bei Herder ist »Ergebung« ein Merkmal der hebräischen Poesie, vgl. z. B. *Vom Geist der Ebräischen Poesie*, Teil 1, 9. Gespräch: hier durch Eutyphron: »Und in ihrer Hütte wird Reinigkeit alter Sitten, Glaube an Gott, kindliche Einfalt und Ergebung wie ein Schatz der Urwelt bewahret« (FHA 5, 884); vgl. aber auch das 7. Gespräch: hier durch Alciphron: »[...] Es wird blinde oder trunkne Ergebung an Gott, kurz Islamismus« (ebd., 826).

sie die Verbindung des Glaubens mit Lebensführung und Mitmenschlichkeit, oder die Verbindung von Ethik und Religion, wichtiger ist als die von apokalyptischen Vorstellungen aufgeladene Frage nach dem Heil, die nur mit einer christologisch bestimmten Sühnetheologie als Theologie der Vergebung beantwortet werden konnte. Weder Herder noch Lessing würden jedoch eine Anthropologie vertreten, nach der es richtig wäre, wenn das Herz des Menschen »auf sich selbst eingekrümmt« ist, vielmehr bleiben beide, Herder mit seinem Interesse an religiöser Dichtung und Lessing mit seinem Begriff der »Ergebenheit«, auf der Suche nach einem theologisch verantworteten Gottesverhältnis.

Herder, auch Lessing haben den theologischen Aufbruch Luthers keineswegs abgelehnt, denn kirchlicher »Despotismus« war ihnen eher noch stärker zuwider als dem Reformator, der sich bei seiner Erschließung biblischer Theologie mit den Autoritätsansprüchen der Papstkirche auseinandersetzen musste. So warnt Herder die als Leser seiner *Briefe, das Studium der Theologie* gedachten Studierenden davor, sich einfach auf »den index expurgandorum und das Zeugnis eines Inquisitors« zu verlassen, und ermahnt sie dazu, die »Geschichte« und den »Geist« religionskritischer Religionsphilosophen aus deren Schriften selbst kennenzulernen, um allenfalls durch eine umsichtige Prüfung zu einem eigenen, vernünftigen Urteil zu gelangen. Einer der wichtigsten Autoren, mit denen er diese Ermahnung exemplifiziert, ist Shaftesbury.[29] Die Gefahr, dass Religionen in Phasen selbstzerstörerischer Machtpolitik geraten können, steht Herder wie Lessing vor Augen, wobei Lessing bei seiner Kritik religiöser Verfolgung in seinem Schauspiel *Nathan der Weise* einen schärferen Blick für die Pluralität der Religionen hat als Herder, der in seinen *Briefen zu Beförderung der Humanität* allgemein für Vernunft und »mildere Grundsätze« wirbt. Für Herder wie für Lessing darf der Religionsdiskurs nicht jenen überlassen bleiben, die mit »missverstandenen Ausdrücken« aus der dogmatischen Tradition und ohne Rücksicht auf die religiös wesentliche – schöpfungstheologisch begründete – Humanität eine Glaubenslehre konstruieren wollen.[30]

29 FHA 9 / 1, 409–410. Herder behandelt in den Briefen 25–28 (ebd., 382–413) die Prolegomena zur Dogmatik mit Bezug auf Autoren, die der kirchlichen Polemik gegen den »Deismus« verfallen sind. Shaftesbury spielt dabei im 27. und 28. (sowie im 20. und 50.) Brief eine Rolle, vgl. auch die nachdrückliche Vorstellung von Shaftesbury als »Virtuoso der Humanität« in den *Briefen zu Beförderung der Humanität*, 32. und 33. Brief (FHA 7, 163–172, Zitat 169), und als Impulsgeber für (den von Herder unterschätzten) Alexander Pope im 98. Brief (ebd., 543); mehr oder weniger parallel dazu auch in der Zeitschrift *Adrastea*, 1. Bd., 2. Stück, Kap. 12–14 (FHA 10, 124–148). Zur Rezeption von Shaftesbury vgl. Dehrmann 2008; zur Rezeption von Pope vgl. Bultmann 2018.

30 An dieser Stelle kann auch an Herders Kommentierung des »christlichen Symbolum«, d. h. des sog. Apostolischen Glaubensbekenntnisses aus dem Ordo Romanus baptismalis, in *Von Religion, Lehrmeinungen und Gebräuchen* erinnert werden, vgl. FHA 9 / 1, 746–785, bes. 774–780.

Literatur

Adler, Hans, Wulf Koepke (Hg.): *A Companion to the Works of Johann Gottfried Herder*. Rochester, NY: Camden House, 2009.

Arnold, Günter: Luther im Schaffen Herders, in: Walter Dietze, Werner Schubert (Hg.): *Impulse. Aufsätze, Quellen, Berichte zur deutschen Klassik und Romantik*. Bd. 9. Berlin, Weimar: Aufbau, 1986: 225–274.

Bengtsson, Staffan u. a. (Hg.): *Herder and Religion. Contributions from the 2010 Conference of the International Herder Society at the University of Notre Dame, South Bend, Indiana*. Heidelberg: Synchron, 2016.

Bultmann, Christoph: Natürliches Licht und natürliche Religion in der Religionsphilosophie der Aufklärung, in: *Aufklärung* 25 (2013): 7–21.

Bultmann, Christoph: Drei Ringe und Ein Opal. Matthew Tindals Religionsphilosophie als ein Faktor für Lessings Nathan der Weise, in: Frieder von Ammon, Cornelia Rémi, Gideon Stiening (Hg.): *Literatur und praktische Vernunft*. Berlin: De Gruyter, 2016: 335–354.

Bultmann, Christoph: Religionsphilosophie in Versen. Alexander Popes *An Essay on Man* für deutsche Leser, in: Joar Haga, Sascha Salatowsky, Wilhelm Schmidt-Biggemann, Wolfgang Schoberth (Hg.): *Das Projekt der Aufklärung. Philosophisch-theologische Debatten von der Frühen Neuzeit bis zur Gegenwart*. Leipzig: Evangelische Verlagsanstalt, 2018: 317–348.

Bultmann, Christoph, Friedrich Vollhardt (Hg.): *Lessings Religionsphilosophie im Kontext. Hamburger Fragmente und Wolfenbütteler Axiomata*. Berlin: De Gruyter, 2011.

Cyprian, Ernst Salomon: *Nützliche Uhrkunden zur Erläuterung der ersten Reformationsgeschichte* (Teil 2 von: Ders. (Hg.), *Wilhelm Ernst Tentzels, Historiographi Saxonici, Historischer Bericht vom Anfang und ersten Fortgang der Reformation Lutheri*). Leipzig: Gleditsch, 1718.

Dehrmann, Mark-Georg: *Das »Orakel der Deisten«. Shaftesbury und die deutsche Aufklärung*. Göttingen: Wallstein, 2008.

Dienst, Karl: »Ich bin ordentlich Lutherischer Bischof des Landes«. Zu Beziehungen zwischen bischöflichem Amt und Lutherrezeption bei Johann Gottfried Herder, in: Wilhelm-Ludwig Federlin, Markus Witte (Hg.): *Herder-Gedenken. Interdisziplinäre Beiträge anlässlich des 200. Todestages von Johann Gottfried Herder*. Frankfurt a. M.: Lang, 2005: 43–77.

Fabisch, Peter, Erwin Iserloh (Hg.): *Dokumente zur Causa Lutheri (1517–1521)*. 2 Bde. Münster: Aschendorff, 1988, 1991.

Greif, Stefan, Marion Heinz, Heinrich Clairmont (Hg.): *Herder Handbuch*. Paderborn: Fink, 2016.

Kessler, Martin: *Johann Gottfried Herder – der Theologe unter den Klassikern. Das Amt des Generalsuperintendenten von Sachsen-Weimar*. 2 Bde. Berlin: de Gruyter, 2007.

Kohnle, Armin u. a. (Hg.): *Georg Spalatin. Steuermann der Reformatio*n. Halle / S.: Mitteldeutscher Verlag, 2014.

Kümmel, Werner Georg: *Einleitung in das Neue Testament*. 20. Aufl. Heidelberg: Quelle & Meyer, 1980.

Leppin, Volker: *Martin Luther*. Darmstadt: Wissenschaftliche Buchgesellschaft, 2006 (3. Aufl. 2017).

Leppin, Volker: *Die fremde Reformation. Luthers mystische Wurzeln*. München: Beck, 2016.

Lessing, Gotthold Ephraim: *Werke und Briefe in zwölf Bänden*. Hrsg. v. Wilfried Barner u. a. Bd. 9: *Werke 1778–1780*. Frankfurt a. M.: Deutscher Klassiker Verlag, 1993.

Luther, Martin: *Werke. Kritische Gesamtausgabe.* 136 Bde. 1. Abt.: *Schriften.* 73 Bde. Weimar: Böhlau, 1883–2009 [=WA].

Luther, Martin: *Werke. Kritische Gesamtausgabe.* 136 Bde. 3. Abt.: *Die deutsche Bibel.* 15. Bde. Weimar: Böhlau, 1883–2009 [=WA.DB].

Luther, Martin: *Werke. Kritische Gesamtausgabe.* 136 Bde. 4. Abt.: *Briefwechsel.* 18 Bde. Weimar: Böhlau, 1883–2009 [=WA.B].

Luther, Martin: *Deutsch-Deutsche Studienausgabe.* Bd. 1: *Glaube und Leben.* Hrsg. v. Dietrich Korsch. Leipzig: Evangelische Verlagsanstalt, 2012.

Luther, Martin: *Lateinisch-deutsche Studienausgabe.* 3 Bde. Hrsg. v. Wilfried Härle, Johannes Schilling. Leipzig: Evangelische Verlagsanstalt, 2006–2009.

Niewöhner, Friedrich: Vernunft als innigste Ergebenheit in Gott, in: *Neue Zürcher Zeitung*, 10. November 2001. 21. April 2018 <http://www.nzz.ch/article7QXLE-1.497214>.

Nisbet, Hugh Barr: *Lessing. Eine Biographie.* München: Beck, 2008.

Nisbet, Hugh Barr: *Gotthold Ephraim Lessing. His Life, Works, and Thought.* Oxford: Oxford Univ. Press, 2013.

Reinhardt, Volker: *Luther, der Ketzer. Rom und die Reformation.* München: Beck, 2016.

Renner, Kaspar: »Und wehe der Predigerfalte!«. Der Lebensentwurf des jungen Herder als Kritik der geistlichen Laufbahn, in: *Herder Jahrbuch / Herder Yearbook* 12 (2014): 35–66.

Schmidt-Biggemann, Wilhelm, Georges Tamer (Hg.): *Kritische Religionsphilosophie. Eine Gedenkschrift für Friedrich Niewöhner.* Berlin: De Gruyter, 2010.

Schwarz, Reinhard: *Luther.* Göttingen: Vandenhoeck & Ruprecht, 1986.

Tindal, Matthew: *Christianity as old as the Creation.* London: [o.V.], 1730. Neudruck hrsg. v. Günter Gawlick. Stuttgart-Bad Cannstatt: Frommann-Holzboog, 1967.

Sandra Kluwe (Heidelberg)

»Machtwörter«. Historische Semantik und poetologische Typologie bei Breitinger, Lessing und Herder

According to a content-related conception of language and the rhetorical principle of plenitudo, *words of power or Machtwörter enable the imparting of a maximally condensed semantics. According to an energetical conception of language, they function as a—often primarily acoustic—medium of energy transfer, referring back to the evocative power of magic. Quite far from this magic origin of words of power, the poetic-rhetorical Machtwort by Breitinger, Lessing, and Herder becomes a medium of enlightenment, bound to* claritas *and* perspicuitas *as well as to* enárgaia *(Anschaulichkeit). Besides the "splendor of lucidity" (Herder), related to the rhetorical function of* docere, *the Machtwort concept is bound to an aesthetic of impact, related to the rhetorical function of* movere: *The word of power, also called Zentnerwort, has weight, is impressive and shall move affectively, too. Breitinger's, Lessing's, and Herder's apologia of the Machtwörter is a paradigm of their rejection of the rationalistic aesthetic of Gottsched who had banned Machtwörter from both language and poetry. In a restorative-innovative double sense, Machtwörter are propagated as a remedy for language decay: Archaisms, arousing astonishment due to their unusualness, are propagated as well as neologisms, fought against by Gottsched, whereas Breitinger, Lessing, and Herder recommend their cautious use or else fight for their expressive-creative power. As a whole, the basically corresponding tendency of Breitinger's, Lessing's, and Herder's Machtwort apologia shows their common position within the dialectic of the Sturm und Drang and the Enlightenment.*

I Einleitung

Machtwörter sind ein, wenn nicht *das* Faszinosum wirkungsmächtiger Poesie und Rede: Sie sind ein Mittel zur Steigerung sprachlicher Wirkung – wenn man so will: ein Potenzmittel der Sprache, sind im höchsten Grad energiegeladen und besitzen eine gesteigerte affektive Kraft, mit Gottfried Benn: einen erhöhten »Wallungswert« (Benn 2001, 25). Auch geht von ihnen die geheimnisvoll-magische, in letzter Konsequenz irrationale Anziehungskraft einer Sprache aus, die ihre Leserinnen und Leser bzw. Hörerinnen und Hörer mit einem einzigen Wort in Bann zu schlagen vermag.

Machtwörter können beides sein: »Ursprache der Menschheit« und »totale Sprache des totalen Subjekts« (Friedrich 1956, 23). Zwei Sprachkonzepte sind einschlägig: erstens die inhaltsbezogene, zweitens die energetische Sprachauffassung, also erstens Sprache als Organon zur Vermittlung maximal verdichteter Semantik, zweitens Sprache als Energeia im Sinne der Humboldtschen Definition:[1] als ein Medium der Ener-

1 Wenn Humboldt Sprache nicht als Werk (*ergon*), sondern als Tätigkeit (*energeia*) auffasst, geht er von der Selbsttätigkeit der Sprache aus (Gipper, Schmitter 1979, 90). Helmut Gipper ist der Schüler Leo Weisgerbers, der Humboldts energetische Sprachauffassung, wonach Sprache »ihrem *Wesen* nach« als

gie-Übertragung, das klangliche »Kraft-Linien«[2] an die Stelle distinkter semantischer Konturen treten lässt.

Nach dem Grimmschen Wörterbuch handelt es sich bei einem Machtwort um ein »*wort von mächtigem, kraftvollem klang und sinn*« (*Deutsches Wörterbuch* 12, 1416). In diesem Eintrag ist sowohl die akustische als auch die semantische Dimension des Machtworts präsent: die Wirkungsmacht des Phonems auf der einen Seite und die Konzentration der *valeur linguistique* auf der anderen Seite, die auf die außersprachliche Wirklichkeit referiert. Der phonetisch ausgerichtete Typus des Machtworts, der die expressive Funktion der Sprache betrifft, tendiert dazu, den Klang gegenüber dem Sinn absolut zu setzen – bis hin zu Zauberformeln wie ›Abrakadabra‹ oder ›Hokuspokus‹, deren Wirkung darauf basiert, dass das semantische Zentrum deaktiviert wird, da keine Entschlüsselung möglich ist. In Wirklichkeit ist das Wort ›Hokuspokus‹ eine Verschleifung der Einsetzungsworte der Wandlung *hoc est corpus meum*, also durchaus decodierbar.

Erweitert man die semasiologische Recherche, indem man das Grimmsche Wörterbuch zum Lexem ›Wort‹ konsultiert, so ergeben sich weitere Belege für den Abrakadabra-Typus des Machtworts als eines »Zwingwort[s]«[3]:

> die lösungsformel eines rätsels oder die zauberformel, eigentlich und übertragen;
>
> im bereich des magischen. prägnant namentlich von zaubersprüchen, magischen formeln als trägern übernatürlicher kräfte und wirkungen;
>
> losungswort, parole. (*Deutsches Wörterbuch* 30, 1477, 1485, 1478)

Außerdem ergibt sich eine antonymische Relation zwischen der Prägnanz des Machtworts und einem »*gerede*«, einer »*phrase*« oder »*tote[n] formel*«, denen »nichts wesentliches, wirkliches oder wahres zugrundeliegt« (ebd., 1523).

Gerade die aus der Magie stammende, schlimmstenfalls neofaschistisch instrumentalisierbare (Dath 2009, 231, 229) Dimension des Machtworts als eines Potenzmittels und Rauschmittels der Sprache hat für Breitingers, Lessings und Herders Konzept des Phänomens so gut wie keine Relevanz. Hier wird das rhetorisch-poetische Machtwort zu einem Medium der Aufklärung, das der übergeordneten Maxime vom »*Glanz der Deutlichkeit*« (FHA 1, 425) untersteht, wie nachfolgend aufgezeigt werden soll.

»Kraft« zur Wirkung gelangt (Weisgerber 1955, 13), im zwanzigsten Jahrhundert auf wegweisende Weise weiterführte: »Menschen *schaffen* Sprache, die in dem gleichen Augenblick diese Menschen als Sprachgemeinschaft konstituiert und den geschichtlichen Zusammenhang ausmacht, der in dem Bestehen von Sprachgemeinschaften beschlossen ist« (Hervorh. v. Verf., ebd., 14). Das von Weisgerber und, der Sache nach, von Humboldt geforderte »Umdenken vom Statischen ins Energetische« kondensiert sich in Weisgerbers neologistischer Formel »Das Worten der Welt« (zur energetischen Sprachauffassung vgl. Weisgerber 1962).

2 »Kraft-Linien« ist eine Bezeichnung aus der futuristischen Malerei (Stahl 1997, 81).

3 Ein Zwingwort ist ein »*zauberwort, mit dem geister beschworen, gebannt, zitiert werden*« (*Deutsches Wörterbuch* 32, 1291); »poetische Zwingworte« sind Worte, »die ihren Assoziationshof mit sich führen« (Miller 1981, 189).

In Wörterbüchern der Gegenwartssprache kommt weder die magische noch die aufklärerische Bedeutung des Lexems ›Machtwort‹ vor; unter ›Machtwort‹ wird heute ausschließlich die energische verbale Intervention oder der Befehl einer Autorität verstanden,[4] der sich über das Prinzip des *logon didonai*, der demokratischen Diskursivität, hinwegsetzt. In mittelhochdeutschen und frühneuhochdeutschen Wörterbüchern findet sich das für Breitinger, Lessing und Herder einschlägige Bedeutungsspektrum ebenfalls nicht; wohl aber in den Wörterbüchern der Goethezeit. Nach Adelung (1777, 302) ist ein Machtwort ein »Wort, welches einen besondern Nachdruck bey sich führet«. Machtwörter sind demnach Wörter, die der Aussageabsicht der sprechenden bzw. schreibenden Person klar und deutlich, unverhüllt, unverblümt, also möglichst unmissverständlich Ausdruck verleihen, was der primär rhetorischen, sekundär poetischen Funktion des »*docere* (vernünftig, genau, bestimmt)« (Hambsch 2007, 134) sowie der rhetorischen Dimension des *logos* korrespondiert, und die darüber hinaus einen nachhaltigen Eindruck hinterlassen, gemäß der rhetorischen Funktion des »*movere* (überzeugend, herzbewegend)« (ebd.). Es handelt sich um den semantischen Typus des Machtworts, die bis »zum äußerstmöglichen Grad mit Bedeutung aufgeladene Sprache« (Dath 2009, 204) in ihrer Repräsentationsfunktion. Das semantische Machtwort ist bedeutungsvoll, von hohem Belang, hat, als sogenanntes »Zentnerwort« (Newald 1951, 496), Gewicht und Prägnanz – einschlägig ist »ein Konzept von *plenitudo*« (Lobsien, Lobsien 2011, 343). Dabei komprimiert es seinen Inhalt *idealiter* so, dass das Fassungsvermögen der Hörenden zwar beträchtlich stimuliert, aber nicht überfordert wird.

Die folgenden Ausführungen untersuchen historische Semantiken und Poetiken des ›Machtworts‹ aus der Epoche der Aufklärung. Hierbei wird vorwiegend semasiologisch verfahren, d. h. es werden vorwiegend solche Texte herangezogen, in denen das Lexem ›Machtwort‹ ausdrucksseitig belegt ist.

II Historische Semantiken und Poetiken des Machtworts bei Breitinger, Lessing und Herder

II.1 Breitinger: *Critische Dichtkunst*

Im »Wettstreit der Aufklärungs-Poetologien zwischen Zürich und Leipzig« (Laak 2009, 58) antwortet Breitingers *Critische Dichtkunst* (1740) auf Gottscheds *Versuch einer critischen Dichtkunst vor die Deutschen* (1730). Trotz des gemeinsamen »aufklärerischen Selbstverständnisses«, das durch den »Schlüsselbegriff« ›Kritik‹ im Titel beider Poetiken zur Geltung gebracht wird (Grimminger 1984, 281),[5] stehen Bodmer und Breitinger, anders als Gottsched, »am Beginn jener Auflösungsprozesse der rationalistischen Ästhetik,

4 Auch das partiell synonyme, heute ungebräuchliche Lexem ›Kraftwort‹ wird in diesem Sinne verwendet: »sprich du doch ein kraftwort dazwischen«: »*ein durchschlagendes, den streit zu schlichten*« (*Deutsches Wörterbuch* 11, 1954).

5 Zur ursprünglichen Nähe zwischen Gottsched und den Schweizern vgl. Böckmann 1965, 568. Bezüglich Böckmanns sei erwähnt, dass er zu den Unterzeichnern des Bekenntnisses der Professoren an den deutschen Universitäten und Hochschulen zu Adolf Hitler und dem nationalsozialistischen Staat vom 11. November 1933 gehörte (vgl. Klee 2005, 58).

die sich in den vierziger Jahren variationsreich durch verschiedene Texte hindurchziehen« (ebd., 48). Die unterschiedliche Haltung zu den Machtwörtern ist hierfür ein Paradigma.

Im zweiten Band seiner *Critischen Dichtkunst*, worin »die Poetische Mahlerey in Absicht auf« den sprachlichen »Ausdruck« behandelt wird, schreibt Breitinger, die »ganze Kunst des Redners« beruhe darauf, »daß der Ausdruck eben so genau mit den Gedancken und Bildern, als diese mit den Sachen selbst, übereinstimmen« (Breitinger 1740, 43; zu den Machtwörtern 42–90). Diese Relation von Ausdruck, Gedanke, Bild und Sache selbst sei »entweder wesentlich oder bloß zufällig«; wenn wesentlich, dann gelingt es den Wörtern, »Dolmetscher der Gedancken« zu sein, obschon die »Verbindung der Wörter mit den Sachen [...] in ihrem Ursprunge betrachtet ganz willkührlich sind« (ebd., 44). Der Arbitrarität der Sprache entgegenwirkend, tendiert das Machtwort des semantischen Typus zur Onto-Logie im wörtlichen Sinne: Je mehr die Vermittlungsleistung der Sprache zu einer essentialistisch fundierten Substitutionsleistung wird, die das vom Bild und Ausdruck der sprachlichen Darstellung getrennte Objekt (die »Sache«) unmittelbar vergegenwärtigt, als wäre es präsent und würde nicht etwa nur re/präsentiert, desto stärker das Machtwort.

> Man verstehet nemlich durch Machtwörter eben solche, die einen weitläuftigen und in allen Stücken genau ausgemachten Begriff bezeichnen, welche hiemit viel gedencken lassen, und ein Ding mit besonderm Nachdruck zu verstehen geben. Je mehr eine Sprache dergleichen Wörter in Vorrath hat, desto reicher und nachdrücklicher ist sie auch. (Ebd., 50)

Mit »dem Wachsthum der Erkenntniß und der Begriffe« fange die »Vermehrung der Zeichen und die Bereicherung der Sprache an« (ebd., 44). Eine Aussage, die zwar aufklärerisch gedacht ist, nicht jedoch im Sinne der Volksaufklärung, sondern im Sinne einer Republik der Gelehrten, die ihre Erkenntnisse wider »den tyrannischen [Sprach-] Gebrauch des Pöbels« in Stellung bringen müsse (ebd.).

Verblasste Metaphern, »die durch einen langen Gebrauch in einer Sprache so geläufig worden, daß man sie durchgehends [sic] für eigentliche Bedeutungen nimmt«, hält Breitinger für defizitär. Seine zentrale Wertvorstellung sind die »Deutlichkeit und der Nachdruck einer Sprache« (ebd., 48); »gar deutlich und kräftig« (ebd., 53) müssen Ausdrücke sein.

Nach Ansicht von Hans Adler und Sabine Gross sind Deutlichkeit im Sinne malerischer Anschaulichkeit sowie affektiver Nachdrücklichkeit und Deutlichkeit im Sinne epistemischer Klarheit bei Breitinger nicht ganz deckungsgleich:

> Rhetorikgeschichtlich wie genretypologisch stellt ›Deutlichkeit‹ [...] eine Herausforderung dar, denn sie ist nicht nur eine der deutschen Übersetzungen für ›enargeia‹: Als ›perspicuitas‹ hat sie eine Zwischenposition inne zwischen Sinnlichkeit und Klarheit, Detailgenauigkeit und Verständlichkeit. Die Schwierigkeit entspringt nicht zuletzt der Doppelrolle von ›Deutlichkeit‹ als sowohl rhetorischer wie auch epistemologischer Kategorie. (Adler, Gross 2016, 14)

Inka Mülder-Bach hingegen geht davon aus, dass »Deutlichkeit, Anschaulichkeit und Lebhaftigkeit« für Breitinger »durchaus kompatible Eigenschaften der Rede« seien (Mülder-Bach 1998, 126). Auch Björn Hambsch vertritt eine integrative Auffassung:

> Die […] Durchsichtigkeit von Sprache auf Bedeutung hin ist Bedingung der Möglichkeit von Anschaulichkeit, die im Anschauungserlebnis die sonst unbemerkt bleibende Sinntransparenz ins Bewusstsein hebt und maximale ›Durchsichtigkeit‹ des Sinnes mit maximaler Ikonizität koppelt. (Hambsch 2016, 145)

Hambsch weist darüber hinaus darauf hin, dass *evidentia* schon bei Quintilian als »Mittel der emotionalen Beeinflussung« gelte (ebd., 147–148). Nach Ansicht von Singer ist *enargeia* »zunächst ein Wirkungsideal von Texten: Sie sollen in der Vorstellung von Hörern oder Lesern ein affektintensives mentales Bild erzeugen« (Singer 2016, 158). Auch in der Auffassung Bodmers und Breitingers soll die Rede

> die affektive ›Überzeugung‹ des Sprechers mittransportieren. […] Die beiden Schweizer lehnen also die wirkmächtige Auffassung vom *ornatus* als ›Verzierung‹ der Rede ab und favorisieren ein ›Ausdrucks‹-Konzept. […] Der Redner soll natürliche Ausdrücke gebrauchen, welche die Wahrheit nicht ›verhüllen‹, und sich an den ›rhetorischen‹ Stiltugenden der *claritas* und *perspicuitas* orientieren. (Till 2004, 397–398)

Für die durchschlagende Wirkung eines Machtworts gibt Breitinger folgendes Gleichnis: Statt mit vielen Schlägen eines Hammers vermöge ein Machtwort den Nagel mit »dem einzigen Schlage einer starcken Faust« in die Wand zu treiben (1740, 58). Nur dem Machtwort gelingt es demnach, dass der »fruchtbare Gedanke […] mit allen seinen Nebenbedeutungen auf einmal in die Seele« tritt (FHA 1, 411). Machtwörter sind Wörter von einer »durchdringenden Kraft und Würdigkeit« (Breitinger 1740, 66). Wie der Wert des Gelds »nach dem innerlichen Werth des Metalls«, nicht nach der in Umlauf gebrachten Menge bemessen werde (ebd., 59), so liegt auch der Wert der Wörter in ihrer Qualität, nicht in der Quantität ihrer Verwendung. Machtwörter sind kernige Wörter »von gutem Schrote« (ebd., 71), die sich vom »weitläuftigen Geschwätze« sowie von »weitschweifen Erklärungen und Umschreibungen« (ebd., 59) durch Bündigkeit unterscheiden. Kernigkeit der Sprache auf der einen Seite und »Mattigkeit« (ebd., 51) der Sprache auf der anderen Seite werden von Breitinger klar als Gegenpole profiliert, wobei sich der »rezeptionsästhetische Schwerpunkt der Poetik der Schweizer« (Schmidt 1982, 145) abzeichnet. Mit Blick auf die von Bodmer und Breitinger 1727 anonym publizierte Schrift *Von dem Einfluß und Gebrauche der Einbildungs-Krafft* lässt sich die Opposition erweitern zwischen einer »deutliche[n] und ungeschminckte[n] Schreib-Art« einerseits, »die aus dem Grund und Vorrath wolerwogener Gedancken besteht«, und »krause[r] und gekünstelte[r] Rednerey« andererseits (zit. nach Zelle 2009, 28).

Den »deutschen Sprachlehrern und Verfassern« wirft Breitinger vor, durch mangelhafte Pflege der Machtwörter zu deren Untergang beigetragen zu haben. Opitz, aus dessen Werken er mehrere Beispiele für Machtwörter zitiert, wird von dieser Kritik ausgenommen. So verweist Breitinger auf die von Opitz gebrauchte Wendung ›den Feind bestehen‹:

> es schleußt in seinem Umfang alles ein, was ein standhafter Muth, der sich durch keine Gefahr biegen läßt von dem ersten Angriff des Feindes bis auf dessen Abzug, oder Niederlage, aushält, so daß er weder nachgiebt, noch weicht, noch fällt, sondern bis zum Ende aufrecht bestehen bleibt. (Breitinger 1740, 53)[6]

Machtwörter früherer Zeit wie die Wendung ›den Feind bestehen‹, »welche viele ausgemachte Begriffe enge zusammenschliessen«, also semantisch verdichten und dadurch »eine Rede kräftig machen« (Bodmer, Breitinger 2014, 58), sind in der Gegenwartssprache nicht mehr in allen Bedeutungsaspekten präsent. Als Aufklärer unternimmt es Breitinger, die bloß skizzenhafte, auf einen Deutungsrahmen angewiesene (Lakoff, Wehling 2008, 71) *cognitio confusa*, die seine Zeitgenossen von der Bedeutung des Idioms ›den Feind bestehen‹ haben mögen, in eine *cognitio clara* zu verwandeln, indem er dem gesamten Bedeutungsspektrum Farbe verleiht und es ausmalt.[7] So kämpft Breitinger auch auf der Ebene des sprachlichen Ausdrucks für jene ›malende Dichtkunst‹, die er Gottsched gegenüber in Stellung brachte. Dabei gilt ihm der sprachliche Ausdruck als desto bildkräftiger, d. h. malerisch potenter, je mehr anschauliche Konnotate er in einem Wort zu bündeln vermag, also im Beispiel der Wendung ›den Feind bestehen‹ das Konnotat der ›Standfestigkeit‹ sowohl in einem wörtlichen, d. h. agonalen, als auch in einem übertragenen, d. h. moralischen Sinne (*constantia*).

Implizit geht Breitingers Machtwort-Theorie, ähnlich wie Jacob Grimms Theorie des von Oskar Reichmann so genannten ›Urbegriffs‹ (vgl. Reichmann 1991), von der Annahme aus, dass der Wortschatz der Sprache ursprünglich aus der sinnlichen Anschauung geschöpft habe, somit unmittelbar bildlich gewesen sei:

> Hinter allen abgezognen bedeutungen des worts liegt eine sinnliche und anschauliche auf dem grund, die bei seiner findung die erste und ursprüngliche war. es ist sein leibhafter bestandtheil, oft geistig überdeckt, erstreckt und verflüchtigt, alle worterklärung, wenn sie gedeihen soll, musz ihn ermitteln und entfalten. (Vorrede, *Deutsches Wörterbuch* 1, XLV)

Grimms These ist, dass die Sprache in einem allmählichen »Entwicklungsprozeß von ursprünglicher ›Sinnlichkeit‹ zu stetig steigender ›Abstraktion‹« fortschreite (Herrlich 1998, 61). Den »urgehalt des worts« zu ermitteln (*Deutsches Wörterbuch* 1, XLV), macht das Wörterbuch-Projekt Jacob Grimms sich explizit zur Aufgabe. Für Breitinger ist der »Verlust« der Machtwörter »um so viel grösser« zu achten, »wenn man befürchten müßte, daß mit diesen machtvollen Wörtern zugleich auch die fruchtbaren, und sinnvollen Be-

6 Bei den anderen von Breitinger aufgeführten Machtwörtern »handelt es sich vornehmlich um Verben, die sinnlich wahrnehmbare Tätigkeiten bezeichnen und mit einem Präfix versehen sind, welches eine bestimmte Richtung, Bewegung o. ä. angibt, wie beispielsweise ›losbürgen‹, ›anfleuhen‹, ›herumschwechen‹, ›verdrängen‹, ›ausmergeln‹, ›verwerfen‹« (Falkenhagen 2012, 60 Anm. 142).

7 »Im Sprachgebrauch des 18. Jahrhunderts bedeutete ›aufklären‹ auch ›Begriffe klären‹« (Marti 2009, 149). »Machtwörter bezeichnen [...] einen weitläufigen Begriff durch eine prägnante und nachdrückliche, meist idiomatisch fixe Formulierung. [...] Sie haben die Eigenschaft, als kurze Sätze eine Gesamtbedeutung hervorzurufen, die sich nicht aus der Bedeutung der Einzelwörter erschließen läßt. [...] Die Weitläufigkeit der Umschreibung steht [...] im Gegensatz zur intensiven Bedeutung der Machtwörter« (Simon 1998, 274).

griffe, die damit verknüpfet gewesen, wären unterschlagen worden« (Bodmer, Breitinger 2014, 57). Breitinger regt daher an, die in Vergessenheit geratenen Machtwörter »aus dem Staube hervorzuziehen und in ein Wörterbuch zusammenzutragen« (ebd., 60). Wobei es die Aufgabe des Wörterbuchschreibers wäre – sowohl im Sinne Breitingers als auch im Sinne Grimms –, die an die Machtwörter gekoppelten ›Urbegriffe‹ nicht nur zu konturieren, sondern, nach dem Prinzip »ut pictura poesis« (Horaz 1972, 26, V. 361), auszumalen,[8] um nicht nur dem konkreten »Verlust an älterem Wortgut und Wortgebrauch«, sondern auch dem Verlust an »Sprachmächtigkeit« (Dückert 1985, 81) überhaupt entgegenzuwirken.

a εναργεια

Auf der Ebene der Wortwahl korrespondiert das Qualitätskriterium der Machtwörter dem im ersten Teil der *Critischen Dichtkunst* propagierten Prinzip der ενάργεια. Dichterische Einbildungskraft, so heißt es hier, muss das Imaginierte so naturgemäß vor Augen führen, und die Schilderung muss von so ›lebhafter Deutlichkeit‹ sein, dass der Rezipient dichterischer bzw. bildnerischer Kunst sage:

> In Wahrheit ist es eben das, was ich gesehen, was ich gehöret habe; oder was ich mit meinen Augen sehen, mit meinen Ohren hören würde, wenn mir das Original von dieser Sache vor Augen oder zu Ohren käme. Die alten Kunst-Lehrer haben diese lebhafte Deutlichkeit eben darum ενέργειαν und Evidentiam genennet. (Bodmer, Breitinger 2014, 93)

Griechisch ενάργεια, »quae a Cicerone illustratio & evidentia nominatur« (ebd., 195),[9] wird bei Quintilian dreifach bestimmt:

> Quintilian diskutiert den Begriff ἐνάργεια mit expliziter Nennung insgesamt dreimal [...]: zum einen [...] als Qualität rednerischer *narratio*, die über die Grundanforderungen Klarheit, Deutlichkeit, Kürze und Glaubwürdigkeit hinausgeht, zum anderen [...] als Element des *ornatus*, das durch die Fähigkeit zur Vergegenwärtigung über die *perspicuitas* hinausgeht. Drittens wird Enargeia im Zusammenhang mit den durch eine Rede hervorzubringenden Gefühlswirkungen (*adfecti*) diskutiert. (Singer 2016, 162)

Der »Glanz« oder das »Strahlen«, die »eindrückliche visuelle Präsenz« der *enargeia* löst Gemütsbewegungen aus, aktiviert und dynamisiert die Lesenden bzw. Hörenden (Adler, Gross 2016, 13).

> Die *perspicuitas* ist mit ›Deutlichkeit‹ wiederzugeben, die *evidentia* meint den ›Vor-Schein‹ des Sichtbaren. Die *enargeia* bedeutet wörtlich den Glanz des Sichtbaren. Die *energeia*, die

8 Nach Annabel Falkenhagen besteht die Funktion der Machtwörter darin, »sowohl die Schnelligkeit als auch den Reichtum des visuellen Eindrucks zu imitieren« (Falkenhagen 2012, 60).

9 Zur Evidentia vgl. Kemmann 1996, 33–47; zu Breitingers Rezeption der antiken Evidentia-Lehre Möller 1983, 51–60.

seit der Antike immer wieder gerne mit der *enargeia* in eins gesetzt wird, ist besonders interessant: Sie wird *immer* mit Vor-Augen-Stellen (also als *enargeia*) übersetzt und müßte eigentlich mit *Zeigen-wie-es-am-Werk-ist* (oder *Am-Werk-sein*) wiedergegeben werden. Sie konzeptualisiert schon den operationalen Aspekt der Anschaulichkeit: Je mehr der Rezipient in seiner natürlichen Umgebung mit dem Anschauungsobjekt ›machen‹ kann, desto höher ist der Anschauungsgrad bei der Versprachlichung. (Hambsch 2016, 134)

Wirkungsästhetisch nimmt Breitingers Affektrhetorik eine »eigentümliche Ansteckung und Energieübertragung zwischen Produktions- und Rezeptionsakt« an (Zelle 2009, 29). Carsten Zelle spricht Breitinger demgemäß ein »energetisches Dichtungsverständnis« zu (ebd., 35); Dirk Oschmann zeigt die Schlüsselrolle auf, die den Machtwörtern, als ›energiegeladenen Ausdrücken‹, innerhalb von Breitingers Dichtungsverständnis zukommt:

Nicht zufällig haben ja auch Bodmer und Breitinger für die pathetisch-erhabene als die ›bewegliche‹ Schreibart gefordert, sogenannte ›Machtwörter‹ [...] zu verwenden, welche die Intensität des Ausdrucks steigern. Ihre ›Machtwörter‹ bilden das Korrelat zu Diderots ›energiegeladenen Ausdrücken‹, zu den ›énergiques‹, wobei Diderot diese Ausdrücke für alle Sprachbereiche einklagt, Bodmer und Breitinger die ›Machtwörter‹ hauptsächlich als Bestandteil poetischer Darstellung begreifen. // Doch gibt es noch einen weiteren Unterschied. Die Idee der Machtwörter ist noch ganz als aus der Rhetorik stammendes wirkungspoetologisches Moment gedacht. Diderots energiegeladene Ausdrücke hingegen sollen als in sich dynamisch verstanden werden. (Oschmann 2007, 100)

Es ist dieser aktivierende, mobilisierende und vitalisierende Effekt, ausgelöst nicht zuletzt durch die Verwendung von Machtwörtern, der die »enargeia« und die »evidentia« der Rede zu Synonymen von »Lebhaftigkeit« und »vividness« macht (Adler, Gross 2016, 11).

In der Ekphrasis der Poesie kommt die schöpferische Kraft der visionären Erfindung, der Phantasie, hinzu,[10] um ein nicht etwa real vorhandenes, sondern bloß vorgestelltes Bild mit »Lebhaftigkeit«, »Nachdruck und Klarheit« vor die Augen zu führen.

Im Unterschied zum Maler ist

dem Redner und dem Poeten, der sich statt der Farben der Worte bedienen muß, nicht vergoennet, durch seine Vorstellungen unmittelbar auf die aeusserlichen Sinnen zu wuercken; nichtsdestoweniger ist er geschickt, alle seine Begriffe in der Phantasie anderer Menschen, eben so sinnlich und fuehlbar zu machen, und in ein solches Licht zu stellen, daß sie eben so empfindlich und mit nicht geringerer Macht auf das Gemuethe wuercken, als die Schildereyen der Mahler-Kunst; dergestalt, daß das erregte Gemuethe solche Bilder wegen der gleichmaessigen Kraft ihrer Wuerckung auf das Gemuethe, von den Begriffen, die es von aussen durch den Eingang und die Thuer der Sinnen empfangen hat, nicht leicht unterscheiden kan. Und eben auf diese Gleichheit der Wuerckung gruendet sich ihre Benennung der poetischen Maler-Kunst. Ich nenne dieselbe eine poetische Maler-Kunst, weil dieses lebhafte und herzbewegende Schildern das eigenthuemliche Werck der Dicht-Kunst ist. [...] [Der Poet ist] immer bemühet, die Bilder, die ihm seine glückliche Phantasie lehnet, mit solchem

10 Bereits in der Spätantike wurde die Ekphrasis zum »bevorzugte[n] Verfahren der Erzeugung von enargeia« (Mülder-Bach 1998, 108).

> Nachdruck und Klarheit, solcher Lebhaftigkeit und Empfindlichkeit vorzustellen, daß das Gemuethe dadurch eben so starck entzuecket wird, als durch die sichtbare Vorstellung eines lebhaften Gemähldes. (Breitinger 1966, 31–32)

Dabei hält Breitinger fest, dass »nicht alles, was natuerlich und wahr ist, die Kraft habe, die Sinnen und das Gemuethe auf eine angenehm-ergetzende Weise zu ruehren und einzunehmen, sondern daß diese Gabe alleine dem Neuen, Ungewohnten, Seltsamen, und Ausserordentlichen zukomme« (ebd, 110), denn der »Mensch verwundert sich nur über dasjenige, was er für etwas ausserordentliches hält« (ebd., 132). »Nun aber kan nichts neueres seyn als das Wunderbare, das uns durch das blosse Ansehen entzuecket und mit Verwunderung anfuellet« (ebd., 112).

Allerdings darf sich das Wunderbare »niemahls ueber die Graentzen des Wahrscheinlichen« (ebd., 130) hinaus bewegen, sondern muss als »ein vermummetes Wahrscheinliches« in Erscheinung treten. Wird doch der Mensch »nur durch dasjenige gerueret, was er glaeubt«. Die Aufgabe des Dichters besteht somit darin, das Wunderbare mit der Farbe der Wahrheit und Wahrscheinlichkeit »an[zu]streichen« und »das Wahrscheinliche in die Farbe des Wunderbaren einzukleiden« (ebd., 132).

b θαυμάζειν

Hier ergibt sich eine Schnittstelle zwischen Breitingers Poetik des Wunderbaren (Stahl 1975; Horch, Schulz 1988)[11] und seiner Poetik des Machtworts: Beide erregen – im Sinne der aristotelischen Kunstlehre – Erstaunen (»θαυμάζειν«).[12] Gehören doch sämtliche Beispiele für Machtwörter, die Breitinger anführt, einem archaischen Sprachgebrauch an, der »untergangen [sic]« ist (Bodmer, Breitinger 2014, 57). Ein untergegangenes, nicht mehr gebräuchliches Wort »als ungewohnt« zu verwerfen (ebd., 61), sei aber gerade der Fehler, der zum »Verlust« der Machtwörter führe. Statt die Machtwörter wegen ihrer Ungewohntheit zu tilgen, müsste man sie vielmehr – unter Berufung auf das θαυμάζειν-Prinzip der aristotelischen Rhetorik – propagieren, *weil* sie Verwunderung erregen, aufmerken lassen. Gerade, weil ausgestorbene ›Machtwörter‹ nicht mehr zur sprachlichen ›Wirklichkeit‹ gehören, müssten sie – als das »*mögliche Wahre*« und »poetische Wahre«[13] – in einem um »Repoetisierung« (Bär 1999, 102) bemühten Sprachgebrauch restituiert werden.

---

11 Mit der Aufwertung des Wunderbaren und der Einbildungskraft »ist der Punkt erreicht, von dem aus die Schweizer den Beginn der neueren Dichtungsepoche einleiten. [...] Sobald der Appell an das Herz, an das Wunderbare und Neue, an die eigene Schöpferkraft des Dichters ganz ernst genommen wird, fallen alle überkommenen Bindungen an Regeln und Gattungsformen dahin. Der große Aufbruch der Sturm- und Drang-Generation kann diese Begriffe in Sprengwerkzeuge verwandeln. [...] Hier bahnt sich die neue Ausdruckshaltung an« (Böckmann 1965, 573).

12 »Die zwo Quellen des Ergetzens, das von den Kuensten entspringet, sind nach Aristoteles μανθάνειν und θαυμάζειν, die Erweiterung unserer Erkenntniß und die Verwunderung« (Breitinger 1740, 71).

13 Sowohl die »möglichen« als auch die »würcklichen Dinge«, so Breitinger, würden dem Maler und dem Poeten von der Natur »zur Nachahmung vorgeleget« (Breitinger, *Critische Dichtkunst*, zit. nach Bodmer, Breitinger 2014, 88–89). Entsprechend unterscheidet Breitinger »das *würckliche*« und das »*mögliche Wahre*«, das »historische« bzw. das »poetische Wahre« (ebd., 89).

Was Breitinger im Gebrauch dichterischer Einbildungskraft als Qualitätskriterium begreift, nämlich Erstaunen erregende Neuheit unter »den Bedingungen der Naturwahrheit« (Salzer, Tunk 1986, 175; Herrmann 1970), müsste man demgemäß auf seine Sprachkritik übertragen: Machtwörter sollen zur »Kunst gemeinen Dingen das Ansehen der Neuheit beyzulegen« (Breitinger, *Critische Dichtkunst*, zit. nach Bodmer, Breitinger 2014, 160) beitragen. Dabei liegt der Akzent Breitingers auf einer Erneuerung durch Restaurierung, nicht auf der Einführung von Neologismen, die sich über die »Naturwahrheit« des historischen Sprachgebrauchs hinwegsetzen. Die »Vermehrung der Sprache mit Erfindung und Einführung neuer Wörter von dieser Art«, d. h. von Art der Machtwörter, wird von Breitinger zwar nicht ganz verworfen, gegenüber der Konservierung der historischen Machtwörter aber als latent problematisch eingestuft; Breitinger befiehlt den Erfindern neuer Wörter »Behutsamkeit« an (Bodmer, Breitinger 2014, 62). Gleichwohl: Was Breitinger »im Kapitel über die *Machtwörter* vorbringt«, steht nicht nur »mit der sprachlich-künstlerischen Formgebung des 17. Jahrh.s und den Zentnerworten der schlesischen Hochblüte in Zusammenhang«, sondern kann darüber hinaus »als Vorahnung von der gestaltenden Schöpferkraft der Sprache angesehen werden, wie sie uns in der Geniebewegung begegnen wird« (Newald 1951, 496). Im Vergleich mit der Neologismus-Aversion Gottscheds nimmt Breitinger demgemäß eine moderate Position ein – eine Anti-Bodmer-Polemik von Gottscheds Getreuem Christoph Otto Freiherr von Schönaich aus dem Jahr 1755 wird den Titel *Die ganze Ästhetik in einer Nuß oder Neologisches Wörterbuch* tragen und Beispiele von Klopstock und Bodmer enthalten, während die Kritik an Hagedorn vorsichtig bleiben wird (Newald 1951, 502 sowie Martus 1999, 247 Anm. 238).

Entschieden wurde der Züricher Literaturstreit bekanntlich durch die Frage der Bewertung Klopstocks, den die Züricher propagierten (Meyer 2009), während ihn Gottsched lächerlich machte. Wenn das »Neologische[s] Wörterbuch« des Gottsched-Getreuen Schönaich – der nach Einschätzung Küntzels »der pedantischste Gottschedianer« (Küntzel 1969, 166 Anm. 16) war – gerade die Sprachneuschöpfungen Klopstocks verspottete, so mag hierbei auch und gerade an die restaurative Tendenz des innovativen Schubs zu denken sein, den die Literatur der Aufklärung durch Bodmer und Breitinger erfuhr (Meyer 1980): Bereits 1745 legte Bodmer eine Martin-Opitz-Ausgabe vor (Grimminger 1984, 295), 1748 publizierte er seine *Proben der alten schwäbischen Poesie des Dreyzehnten Jahrhunderts. Aus der Manessischen Sammlung* (vgl. Eggenberger 2009). 1753 folgte Bodmers Teilübersetzung des *Parcival* in Hexametern, 1757 sein Teildruck des 1755 wiederentdeckten *Nibelungenlieds*, 1779 seine Schrift *Kühnheit der altschwäbischen Dichter, die Sprache und die Poesie zu bereichern* (vgl. Debrunner 1996). Entsprechend der durch die Züricher angestrebten innovativen Restauration gilt Bodmer die von ihm edierte mittelhochdeutsche Sprache und Poesie als Bereicherung der Gegenwarts-Sprache, während Gottsched keinen vergleichbaren Zugang zur mittelalterlichen Dichtung hatte.

Analog hierzu kann Breitingers Plädoyer für Machtwörter aus der Epoche von Opitz, die dem Sprachgebrauch seiner Zeit archaisch erscheinen mussten, als eine, wenn auch nur indirekte, Positionierung im Kampf gegen den Literaturdiktator in Leipzig bewertet werden – zumal Bodmer und Breitinger die Ansicht vertraten, »in der Schweiz hätten sich viele und wohlklingende Wörter des Mittelalters erhalten, die im saft- und kraftlosen Sächsisch untergegangen seien« (Döring 2009, 72), während Gottsched den Schweizern eine »grobe, rauhe, mit Archaismen behaftete Sprache« als Zeugnis für eine »zurückgebliebene Entwicklungsstufe der Kultur« zuschrieb (ebd., 77).[14]

Dass Machtwörter – namentlich im Züricher Literaturstreit – zu den gebräuchlichen Waffen des Kampfs der Geister gehörten, deutet ein Gedicht Friedrich von Hagedorns an. Hagedorn stand von 1742 bis 1754 mit Bodmer in brieflichem Kontakt und wurde von diesem immer wieder dazu aufgefordert, Partei zu ergreifen, denn so »wie ein theologischer Lehrsatz entweder richtig oder falsch« sei, könne es im Streit um gute Literatur »nur ein Ja oder Nein geben«. »Allerdings zählt Hagedorn selbst in den Augen der Schweizer zu denjenigen, die nicht recht Farbe bekennen, nicht in aller Öffentlichkeit Gottsched als verdammt erklären« (Döring 2009, 99).[15] In einem Brief vom 8. September 1741 äußert Hagedorn die Ansicht, dass es »billiger und besser« wäre,

> wenn die streitenden Mächte in Leipzig und Zürich einander nicht so lächerlich zu machen suchten. Gottsched hat seine Verdienste; Bodmer und Breitinger haben die ihrigen auch. [...] In diesen gelehrten Zänkereien kann man nicht besser verfahren, als jener Schiedsmann, der nichts weiter von seiner Meinung äußerte, als dieses: »Einige sagen *Ja*, Andre *Nein*; ich sage *Beides*.« (Hagedorn 1997, 70–71)

Denkbar ist, dass sich Hagedorns nachfolgend zitiertes Gedicht gegenüber dem persuasiven Zwang zur Parteilichkeit abgrenzen will:

> Ein Barde hieß, aus frommer Pflicht,
> Ein ganzes Heer von Sylben ringen.
> Ich will nur zwo zur Sprache zwingen,
> Weil doch in Fabeln alles spricht.
> Es sind die, so ich reden lasse,
> Machtwörter von der ersten Classe,
> Die in der Welt was rechtes schreyn,
> Die alten Feinde: Ja und Nein [...].
> (Hagedorn 1968, 55–56)

14 Gottsched hielt Bodmer, Breitinger und ihre Mitstreiter für »Sprachverderber«, »die nicht nur gegen die geforderte Sprachrichtigkeit, sondern auch gegen das Gebot der Deutlichkeit verstößen (Gottsched 1977, 117); seine Aburteilung trifft all jene, die«, so Gottsched, »körnigt, dunkel und miltonisch« schreiben und sich »gedankenschwangerer Machtwörter und Wortriesen« bedienen (ebd., 300–301).

15 Martus bestätigt Hagedorns Zurückhaltung in »öffentlicher Parteinahme« (Martus 1999, 245). Der Hamburger Patrizier, der auch mit Dresden in Verbindung stand, tendierte wohl mehr zu den Schweizern als zu den Leipzigern, wahrte gegenüber Gottsched aber »die Erfordernisse des *decorum*« (ebd., 251) und verbarg die eigene Position hinter einer konzilianten, auf Unparteilichkeit Wert legenden »Oberflächenrhetorik« (ebd., 248). Nach Martus inszenierte sich Hagedorn »als der Weise, dessen Verwandtschaft mit dem Satiriker immer mitzudenken bleibt. Beide, der Satiriker und der Weise, müssen zwei sich widersprechende Aufgaben erfüllen: Sie müssen erkennen und damit die Partei der Vernunft, der Natur oder der Wahrheit ergreifen, sie müssen aber zugleich ihre Neutralität wahren und sich nicht durch ihre Kritik in die Händel der ›Narren‹ involvieren lassen« (ebd., 252).

Diese Verse Hagedorns belegen die Deutlichkeits-Maxime des semantischen Machtwort-Typus. Hinzu kommt eine kämpferische Nuance: Das Machtwort ist nicht nur klar, deutlich und eindringlich, es tritt darüber hinaus energisch für eine Sache ein, kurz: Es bahnt – gut aufklärerisch – den Weg vom Begreifen über das Ergriffen-Ergreifende hin zum ›eingreifenden‹ Denken.[16] Gleichzeitig birgt es, eingesetzt als eine Waffe des öffentlichen Lebens, die Gefahr geltungsbetonter, autoritärer und unausgewogener machtpolitischer Instrumentalisierung.

II.2 Lessing, Nicolai, Mendelssohn: *Briefe, die neueste Literatur betreffend*

Der »erste Schritt«, um sich aus der »wäßrigen, weitschweifigen, nullen Epoche« herauszuretten, als die der junge Goethe – aus der Rückschau des alten Goethe – seine Gegenwart erlebte, könne »nur durch Bestimmtheit, Präzision und Kürze« getan werden. Zu einer solchen Stilhaltung genauer Lakonie sei Lessing, so Goethe in *Dichtung und Wahrheit*, »durch Reflexion« geführt worden, andere Autoren wie Haller und Ramler durch ihr Naturell (Goethe 1994, 269).

Im 39. seiner *Briefe, die neueste Literatur betreffend* (Teil II, 10. Mai 1759), die Lessing gemeinsam mit Friedrich Nicolai und Moses Mendelssohn verfasste, formuliert Lessing eine ähnliche Präferenz, wenn er »Geschwätzigkeit« von einer spruchartigen Poesie absetzt, die »viel zu denken gibt« (Lessing 1973, 113). Breitinger hatte Machtwörter dadurch definiert, dass sie einen »genau ausgemachten Begriff bezeichnen« und »viel gedencken lassen« (Bodmer, Breitinger 2014, 50). Wie sich aus dem nachfolgenden Zitat ablesen lässt, vertrat Lessing Breitingers Lehre der Machtwörter nicht nur in der Theorie, sondern auch in der Praxis.

Im 39. *Literaturbrief* kritisiert er den Schweizer Simon Grynäus, weil dieser eine ausdrucksstarke Prosa-Übersetzung des *Leonidas* durch Herrn Ebert in eine Hexameter-Übersetzung verwandelt und dabei gerade das, was nach Ansicht von Lessing gute Poesie und gute Übersetzungen bzw. Nachdichtungen ausmacht, verwässert habe: Sprachgewalt und Nachdrücklichkeit, wie sie durch »Machtwörter« erreicht würden, seien durch Grynäus' Hexameter-Übersetzung abhanden gekommen.

> Man sollte darauf schwören, der Schweizer [Grynäus] habe die Ebertsche Übersetzung vor sich gehabt, und mit Fleiß alle nachdrückliche [sic] Wörter, alle kürzern und edlern Wendungen verändert, um ein Beispiel von dem Gegenteile dessen, was ich oben von den schweizerischen Übersetzungen überhaupt gerühmt habe, zu geben. [...] von allen den Freiheiten, die man sich [...] in dieser Versart nehmen dürfte, vornehmlich in der Nachahmung fremder Mundarten, in anständigern Versetzungen der Wortfügung, in dem Gebrauche alter Machtwörter, in morgenländischen Metaphern, und andern dergleichen Erhebungen der Sprache, von allen diesen Freiheiten, sage ich, hat unser Übersetzer keine einzige gebraucht. (Lessing 1973, 116–117)

---

16 Brecht schreibt: »Es ist eine Lust unseres Zeitalters, das so viele und mannigfache Veränderungen der Natur bewerkstelligt, alles so zu begreifen, daß wir eingreifen können« (Brecht 1993, 82).

Lessing verwirft Grynäus' Übersetzung, weil sie zu wirkungsschwach ist, und stellt ihr typisch Schweizerische Qualitäten des Übersetzens gegenüber, nämlich »ungemein reich an guten nachdrücklichen Wörtern, an körnichten Redensarten« zu sein (ebd., 113).[17] »Im Deutschen kommen der ›Prägnanz‹ im übertragenen Sinne Wörter aus dem Wortfeld ›Kern‹ und ›Korn‹ semantisch nahe: kernig, kernicht, körnicht, körnig [...]. Der gedrungenen Komplexität des Kerns steht die Weichheit des Fruchtfleisches gegenüber. [...] *Rhetorisch* korrespondiert ihr die brevitas« (Adler 1990, 92). Auch bei Herder finden sich Belege für diese Verwendung der Adjektive ›nachdrücklich‹ und ›körnicht‹: »der gute körnichte Vortrag« (FHA 1, 382), »naiv körnicht Deutsch« (FHA 1, 386); »Überhaupt kleidet [...] eine nachdrucksvolle Schreibart die Deutschen am besten« (FHA 1, 211). Außer durch den ›körnichten Vortrag‹ ist letztere »durch die semantisch verdichteten ›Machtwörter‹ Breitingers« »zu erreichen«; »die ›alte deutsche Kernsprache‹ (FHA 1, 384) bleibt auf diese Weise lebendig« (Gaier 1988, 54).

Der Gebrauch »alter Machtwörter« wird von Lessing zu den »Erhebungen der Sprache« gerechnet. Gleichzeitig gelten die Machtwörter Lessing als ein wichtiges Mittel, um das bereits von Breitinger verfochtene »Stilprinzip der Deutlichkeit« (Fick 2004, 161) zu realisieren.

Die von Breitinger propagierte Einheit aus Gedanke, Bild, Ausdruck und Sache wird im Zeitalter der Empfindsamkeit durch das Gefühl ergänzt. Lessing geht es um eine wechselseitige Beförderung von Affektrhetorik und »Deutlichkeit«, Emotion und Kognition: Gerade durch die »Energie«, »mit der die Seele sich ihrem Gegenstand verbindet« (ebd., 168), soll die Nachdrücklichkeit (δεινότης) des gewählten Ausdrucks, ob Emotionswort[18] oder nicht, gesteigert werden. Allerdings ist die »deutliche Erkenntnis« kein Selbstzweck, sondern soll, gemäß der rhetorischen Funktion des *movere* und der Lehre Christian Wolffs, zum »Bewegungs-Grund« für den »Willen[s]«: zur ›lebendigen Erkenntnis‹ werden. Überwinde der Mensch seine »Passivität« doch nur, wenn er »vom Gegenstand seines Nachdenkens auch gefühlsmäßig berührt werde« (Fick 2004, 168). Aber auch die gefühlsmäßige Erregung ist kein Selbstzweck, sondern muss an das Deutlichkeits-Prinzip einer *cognitio clara* gebunden bleiben. Ansonsten wisse man vor lauter Empfindung nicht, was genau man empfinden solle. »Über ein im *Nordischen Aufseher* veröffentlichtes geistliches Lied, das er fälschlich Klopstock zuschreibt [...], spöttelt Lessing, es stecke so voller Empfindung, daß man nicht mehr wisse, was man empfinden solle [...]. Der Gegenstand der Empfindung muß für ihn durch die rationale Erkenntnis bestimmt sein« (ebd.). Das Feuer des Gedichts bleibe ein »kaltes Feuer, das mit einer Menge Zeichen der Ausrufung und Frage, *bloß in die Augen leuchtet*« (Lessing 1973, 179).

Im 19. *Literaturbrief* kritisiert Lessing Klopstocks Überarbeitungen des *Messias*, da der »Geist der Orthodoxie« poetisch starke Stellen aus religiösen Bedenken »ver-

17 Zum »Körnigen« als Ideal des deutschen Prosastils vgl. Küntzel 1969, 64 sowie 160–168 (den Hinweis auf Küntzel gibt Gaier 1988, 218 Anm. 59).

18 Die linguistische Studie von Monika Schwarz-Friesel untersucht »lexikalische Aspekte des Gefühlswortschatzes, konzeptuelle und semantische Analyse von Emotionswörtern, Emotionspotenzial von Texten« (Schwarz-Friesel 2007, 3).

stümmelt« habe (ebd., 82). Ausdruckskraft stellt für Lessing zweifellos ein hohes wirkungsästhetisches Kriterium dar. Wo Breitinger den Dichtern »Behutsamkeit« bei der Erfindung neuer Machtwörter anbefahl, untersucht Lessing die deutsche Sprache gar auf »expressive Neologismen« (Zieger 1989, 259). Allerdings unter steter Rückkopplung an das kognitiv dimensionierte »Stilprinzip der Deutlichkeit« (Fick 2004, 161).

Das vorrangige Ziel von Lessings *Literaturbriefen* ist die Förderung ›optimaler Wirkungsmöglichkeiten‹ »für die einzelnen Genres« (Zieger 1989, 248). Für die Poetik des Machtworts bedeutet dies, dass Lessing, anders als Breitinger, eine gattungsspezifische Differenzierung vornimmt. Im Drama müsse jede Figur »ihre eigene Denkungsart, also auch ihre eigne Art zu sprechen haben« (Lessing 1973, 184). Figuren, die ein wuchtiges Wort nach dem anderen sprächen, könnten leicht wie »Declamatores« wirken, was die dramatische »Illusion« stören würde (ebd.). Nach Ansicht von Lessing soll die Sprache der Poesie »ungekünstelt« und »wahr« sein (ebd., 105). Passt ein Wort, wäre es auch das »edelste« (ebd., 184), nicht zum Charakter einer Dramenfigur, zur jeweiligen Szene oder zum Fortgang der Handlung, muss der dramatische Dichter darauf verzichten.

> Es ist daher sogar ein großes Kunststück eines tragischen Dichters, wenn er, besonders die erhabensten Gedanken, in die gemeinsten Worte kleidet, und im Affekte nicht das edelste, sondern das nachdrücklichste Wort, wenn es auch schon einen etwas niedrigen Nebenbegriff mit sich führen sollte, ergreifen läßt. (Ebd.)

Als »›Gottschedfresser‹« (Zelle 2009, 37) unterlässt es Lessing nicht zu erwähnen, dass Shakespeare diese Wahl des nachdrücklichsten Wortes gelinge, während Racine an ihr scheitere. Schon im 17. Brief wird als Kriterium der Bevorzugung des englischen gegenüber dem französischen, von Gottsched präferierten und nachgeahmten, Trauerspiels angegeben, dass dieses »besser auf uns wirkt« (Lessing 1973, 71). Das höchste wirkungsästhetische Kriterium bei der Beurteilung eines Trauerspiels ist, dass dieses »den Zweck der Tragödie«: die »Gewalt über unsere Leidenschaften« erreicht, was Shakespeare »fast immer«, »dem Franzose[n]« »fast niemals« gelinge (ebd., 72).

II.3 Herder

Bereits im Untertitel lehnen sich Herders Fragmente *Über die neuere deutsche Literatur* (1767) an Lessings *Briefe, die neueste Literatur betreffend* an (Zieger 1989, 246). Während die ältere Forschung Herder mit dem Sturm und Drang, Lessing mit der Aufklärung gleichsetzte und das Verhältnis beider Autoren und Epochen als antithetisches profilierte, soll es im Folgenden darum gehen, die »Dialektik von Kontinuität und Diskontinuität« in Herders Breitinger- und Lessing-Rezeption sowie im Übergang von der Aufklärung zum Sturm und Drang kenntlich zu machen (ebd., 245).[19]

Am Paradigma der im Grundzug kongruenten Machtwort-Poetiken Breitingers,

19 Adler und Koepke ordnen Herder als einen »Enlightening Enlightener« – rather than as an »irrationalist« – ein (Adler, Koepke 2009, 8). »The phrase ›Herder and the Sturm und Drang‹ often conceals more than it reveals: each of these three areas of debate – Herder, the Sturm und Drang, and the re-

Lessings und Herders lässt sich darlegen, dass alle drei Autoren zur Makroepoche der Aufklärung gehören, und dass die Züricher Aufklärung mehr als ein »Trittbrett für den Aufschwung der deutschen Stürmer und Dränger« gewesen ist (Lütteken, Mahlmann-Bauer 2009, 12).

Allerdings gibt es auch Unterschiede: Wo Breitingers Sprachkritik kulturimmanent bleibt, greift die Sprach- und Kulturkritik Lessings und Herders auf die Hofkritik aus. Beider »Bemühungen waren von Anfang an darauf gerichtet, die der Literatur innewohnenden Wirkungsmöglichkeiten für die bürgerliche Emanzipation, die sie als Befreiung der menschlichen Gattung verstanden wissen wollten, fruchtbar zu machen« und die »Verwandlung der bestehenden Feudalgesellschaft« (Zieger 1989, 248) zu betreiben. Ähnlich wie bei Luther kommt der Volkssprache bei Herder eine sowohl soziale als auch nationale Funktion zu: »Der *Genius* der Sprache ist also auch der Genius von der Literatur einer Nation« (FHA 1, 177), schreibt Herder, und tritt damit »ganz im Sinne Lessings [...] für eine originale, national orientierte Literatur ein« (Zieger 1989, 249). Diese Bestrebung Herders »knüpfte unmittelbar an Lessings Bemühungen um die Schaffung einer deutschen Dichtersprache an. Die Erhöhung der Wirksamkeit dieser poetischen Sprache bildete den übergreifenden Aspekt in Lessings sprachtheoretischem Schaffen, das von Herder als wegweisend empfunden wurde« (ebd., 256). Noch deutlicher wird die sowohl nationale als auch soziale Funktion der Volkssprache, wenn er sie als eine »Stamm- Kern- und Heldensprache« idealisiert und gegen den »beschwerlichen Reichs- und Hofstyl« in Stellung bringt: »Wirf ihn weg, den drückenden Schmuck, du wider deinen eigenen Willen eingezwängte Matrone, und sei, was du seyn kannst und ehemals warest, eine Sprache der Vernunft, der Kraft und Wahrheit« (SWS 17, 318).

Der Impuls, den erdrückenden Ornat höfischer Sprache und Poesie abzuwerfen, führt Herder und andere Kulturkritiker seiner Zeit an den Ursprung der Sprache. Doch nicht »Töne« und »Geberden«,[20] die Sprache »der Leidenschaften und Empfindungen«, die »Sprache des Affekts« und der »ersten Kindheit« (FHA 1, 182) sind das eigentliche Ziel dieser Ursprungssuche, sondern deren innovative Transformation für die Sprache der Gegenwart:[21] Es gilt, das »lallende Wörterbuch der Ammenstube« für den Mund und die Mündigkeit der »Erwachsnen« fruchtbar zu machen (FHA 1, 740). »*Schon als Tier, hat der Mensch Sprache*« (FHA 1, 697). Aber die Humanität des Menschen wird nicht durch eine erneute Tierwerdung befördert, sondern durch die Wiederbelebung des »herrschenden Verstandes« durch die »*ersten Machtelemente*« der Natursprache (FHA 1, 736).

»Der Mensch ist in den Zustand von Besonnenheit gesetzt, der ihm eigen ist, und diese Besonnenheit (Reflexion) zum erstenmal frei würkend, hat Sprache erfunden« (FHA 1, 722): Erst durch die freie, von keinem Instinkt gedrängte »Besonnenheit« im Akt ursprünglicher Namengebung wird Sprache zu humaner Sprache. Dabei darf

---

lationship between Herder and the Sturm und Drang – is considerably more complex than has often been acknowledged« (Koepke 2003, 91).

20 Zur Gebärdensprache als Sprache der Urzeit Fester 1981, 14: »Zweifellos ist unsere Körpersprache der Lautsprache vorausgegangen. Man hat sie in unseren heutigen Verhaltensweisen erst unlängst wiederentdeckt. Sie hat andererseits die Lautsprache stets begleitet«.

21 In der 1. Sammlung der *Fragmente* »unterbreitete Herder [...] Vorschläge, wie man der zeitgenössischen Dichtersprache wieder zu ursprünglicher Wirkungskraft verhelfen könnte« (Zieger 1989, 255).

»Besonnenheit« nicht als Vernunftlastigkeit missverstanden werden. Vielmehr handelt es sich, ähnlich wie bei der platonischen Sophrosyne (Gaier 1988, 102), um eine übergeordnete Fähigkeit zur »*Mäßigung*« »*aller*« menschlichen »*Kräfte*«, die Konzentration und Reflexion ermöglicht, so dass Herder die »Dichotomie von Rationalität und Sinnlichkeit« an dieser Stelle »hinter sich läßt« (Michelsen 1987, 228 Anm. 5).[22] Wenn richtig ist, dass der Mensch nur im Zustand der Besonnenheit zur Erfindung von Sprache befähigt ist, dann gilt auch, dass Sprache als »exklusives *Medium zum Erlernen des Denkens*« (Fürst 1988, 37) angesehen werden muss: Die Menschen, so Herder in seiner Predigt *Über die Göttlichkeit und Gebrauch der Bibel* (1768), »lernen erst durch Sprechen denken«, während Gott »ohne Worte« »denkt« (SWS 31, 102). Im Anfang war der menschliche Geist, und im Anfang war das menschliche Wort. Somit gilt beides: Das Denken des Menschen ist von seiner Sprache abhängig. Gleichzeitig hängt die Sprache des Menschen von seiner Denkkraft ab. Dass »der Gedanke vom Ausdrucke gefesselt« ist (FHA 1, 412), ja »am Ausdruck« »kleben *müsse*[n]« (FHA 1, 394 sowie 407), ist einerseits Beleg für den »Gängelwagen der Sprache« (SWS 16, 11), dem der menschliche Geist nicht zu entkommen vermag. Andererseits besteht die Chance und Aufgabe des menschlichen Geistes gerade darin, die »mehr oder weniger intensiv realisierbar[e]« (Fürst 1988, 39) Verbindung von Gedanke und Ausdruck zur lebendigsten Einheit zu führen, wie es den »Wilden« noch möglich ist, die »den ganzen Gedanken mit dem ganzen Worte« »erfassen« (FHA 2, 473). Gedankenloses Plappern entsteht, wenn »das Zeichen ohne den Begriff des Bezeichneten«, »die Schale ohne Kern« (FHA 2, 303) reproduziert wird, so dass eine »Sprache ohne Sinn« (SWS 4, 451) einem Denken der »Schattenbegriffe« und »Halbideen« Vorschub leistet, kurz: einem »Letternverstand« ohne autochthonen Geist (FHA 2, 472). Erst in einem solchen Fall steckt der Mensch im »Gängelwagen der Sprache« fest, »denn ohne Geist ist jede Form eine Scherbe« (SWS 22, 101), »ein todtes Bild, ein Leichnam« (ebd., 194); »leere Schälle« (SWS 13, 360) und ›taube Worte‹ bringen die Sprache um ihre Potenz, das beste »Mittel zur Bildung der Menschen« zu sein (ebd., 354).

Anders, wenn es dem Denker durch die Kraft der von ihm gewählten Ausdrücke gelingt, »die Stummen sprechen, die Blinden sehen, und die Tauben verstehen zu lehren« (SWS 2, 247), die schlafenden Sinnesorgane des menschlichen Geistes zu erwecken und zu eigenständigem Denken anzuregen. Nur dann kann die von Herder angestrebte »Ratio-Oratio-Einheit« (Fürst 1988, 96) als eine ganzheitliche, von allen geistig-seelischen Kräften des Menschen belebte Einheit gelten entsprechend der Herderschen »Kritik an dem Schematismus und der farblosen Abstraktheit der Begriffe der Aufklärung« (Vietta 2007, 58), einem einseitigen Rationalismus »unverständlichen Wortnebel[s]« (FHA 8, 312): »scheinlogischer Wortwelten, deren verführerische Attraktivität darin liegt, daß sie die komplexe Erfahrungswelt auf Systeme reduzieren, die nicht der Erfahrungswelt

22 Gaier umschreibt die Herdersche Besonnenheit als Fähigkeit zur »Disposition« aller seelischen »Kräfte« (Gaier 1987, 219). Heinz versteht die Herdersche Besonnenheit als die durch »freie Aufmerksamkeit, Abstraktion und Reflexion« (Heinz 2010, 216) ermöglichte Distinktionsfähigkeit, d. h. als die durch einen »freien inneren Sinn« ermöglichte »Bildung einer geistigen Einheit, das Innewerden des Gegenstandes vermittelst eines Merkmals« (ebd., 217), das der sprachlichen Benennung dieses Gegenstandes vorausgeht (vgl. auch Heinz 1994).

abgewonnen sind, sondern die Komplexität einer schematischen Schein-Einfachheit durch falsche Reduktion anbequemen« (Adler 1994, 135). Herder interessiert sich für die »Erzeugung des Bildes aus dem Gedanken, doch nicht so, daß der Gedanke sich ein Herrschafts-Zeichen setzte, in dem das Objekt im Orbit des setzenden oder erkennenden Subjekts verschwindet; vielmehr so, daß das Subjekt im Objekt sich wiedererkennt, gerade weil es dieses nicht überwältigt, sondern in seiner Alterität akzeptiert« (Menges 1994, 159). »Im Zeitalter eines ersten Entfremdungsbewußtseins sah Herder sein Ziel in der Wiederherstellung des *ganzen* Menschen« (Gaier 1988, 5): Herders Psychologie ist eine »holistische« (Hambsch 2014, 110).

In seinen *Regulae ad directionem ingenii* von 1684 schrieb Descartes, wissenschaftliche Erkenntnis müsse »*clare*«, »*evidenter*« (Descartes 1996, 14), »*distincte*« und »*perspicue*«; (ebd., 56)[23] erfolgen. Herder vollzieht den *linguistic turn*, wenn er schreibt, dass distinktes Denken nur im Medium einer deutlichen Sprache möglich sei: »[...] durch die Sprache lernen wir *bestimmt* denken, und bei bestimmten, und lebhaften Gedanken suchen wir *deutliche* und *lebendige* Worte« (FHA 1, 177). Der Herdersche »*Glanz der Deutlichkeit*« (FHA 1, 425), der an die Deutlichkeit des Breitingerschen Machtworts und an Lessings »Stilprinzip der Deutlichkeit« (Fick 2004, 161) anschließt, verleiht dem *siècle des lumières* darüber hinaus eine vitale Energie, die auf jene »Dynamisierung« der Aufklärung verweist, die laut Gerhard Sauder das Charakteristikum der Epoche des Sturm und Drang ausmacht.[24] Drängt es den »lebhaften Gedanken« doch gleichsam instinktiv dazu, sich durch »*deutliche* und *lebendige* Worte« (FHA 1, 177) Ausdruck zu verschaffen. Dass der gefundene Ausdruck trotz der instinktiven Kraft, die ihn aufzufinden half, kein Stammeln aus dem »Wörterbuch der Ammenstube« (FHA 1, 740) sein kann, macht Herders synthetisierende Formel der »bestimmten, und lebhaften Gedanken« deutlich. Andere Stellen der *Fragmente über die neuere deutsche Literatur* stehen, wie bei Herder nicht unüblich, in offenem Widerspruch zu dieser Synthese. So, wenn es über den Dichter heißt, dass er von einem »Überfluß« an »Wörtern und Redensarten« lebe, und dass er auf diesen Überfluss nicht verzichten könne, weil er »nicht Begriffe *deutlich* und *bestimmt*, sondern Begriffe und Empfindungen *rührend* und *reich* ausdrücken will« (FHA 1, 188). In ähnlichem Sinn unterscheidet Herder die »*dichterische[]* Sprache«, deren Stil er Vielseitigkeit, Schönheit und Lebhaftigkeit attestiert, von der »*philosophischen* Sprache«, die »einseitig, richtig und deutlich« sein solle (FHA 1, 187). Trotz dieser Unterschiede ist der »*Glanz der Deutlichkeit*« (FHA 1, 425) als übergeordnete Maxime von Herders poetologischen und philosophischen Schriften zu betrachten. Kein Dichter oder Denker, der »Gewalt über die Worte« hat (FHA 1, 412) und diese zu Abbildern »seines herrschenden Verstandes« zu machen (*poiein*) vermag (FHA 1, 736), wird es an Deutlichkeit fehlen lassen; vielmehr ist Deutlichkeit, wie schon bei Breitinger, den Herder »wahrhaftig Philosophisch[]« nennt (FHA 2, 264), und wie schon bei Lessing, das distinkte Merkmal, das Machtwörter – als words of *power* – vom Vokabular einer prosaisch-trockenen, wirkungsästhetisch kraftlosen Sprache unterscheidet: durch »*Kraft*, die einmal den Worten beiwohnt, durch Kraft, die

23 Zur *perspicuitas*-Maxime der Rhetorik vgl. Asmuth 2003, 814–874.

24 »Wurde in der älteren Literaturgeschichtsschreibung der Gegensatz zwischen Aufklärung und Sturm und Drang betont, so hat sich heute die Anschauung durchgesetzt, Sturm und Drang bedeute Binnenkritik, aber auch Dynamisierung der späten Aufklärung« (Sauder 2001, 399).

zwar durch das Ohr geht, aber unmittelbar auf die Seele wirket. Diese *Kraft* ist das Wesen der Poésie« (SW III, 137).

> Jede Nation lieferte die vortrefflichste [sic] Meisterstücke der Poesie, ehe sich noch die Prose von jener getrennet und zu ihrer Runde ausgebildet hatte. Da die Sprache aus der Wildheit zur politischen Ruhe trat, war sie merklich von der prosaischen unterschieden: die stärksten Machtwörter, die reichste Fruchtbarkeit, kühne Inversionen, einfache Partikeln, der klingendste Rhythmus, die stärkste Deklamation – alles belebte sie, um ihr einen sinnlichen Nachdruck zu geben, um sie zur poetischen zu erheben. Aber da die Prose aufkam, die zuerst, wie Herodot, auch noch ihren Perioden, ohne Schwung und Fülle zerfallen ließe, da sie sich mehr zur *Vollkommenheit* bildete, entfernte sie sich von der sinnlichen Schönheit. Der Deutlichkeit wegen wurden die Machtwörter ausgeschrieben, die Synonyme ausgesucht, bestimmt, ausgemustert, die Idiotismen gemildert. (FHA 1, 185–186)

Zur Funktion der Machtwörter, der Prosaisierung entgegenzuwirken, schreibt Gaier:

> Das Plädoyer für die Muttersprache [...], die Verteidigung des »wahrhaftig philosophischen Breitinger« [SWS 4, 19] mit seiner Theorie und Pflege der »Machtwörter« [...], jener Elemente des energischen, nachdrücklichen, »körnichten« [...] Sprachgebrauchs, die mit ihrer Hauptdenotation eine Menge von »Nebenbegriffen« transportieren, die Anerkennung des sprach-schöpferischen Genies Klopstocks, der im Sinne des Genies der Nation und des Genies der deutschen Sprache belebend wirkt [...] – das sind nicht nur Positionen, die Herder zeitgemäß und Lessing zu Gefallen gegen die Gottsched-Schule bezieht, sondern Entscheidungen für semiotisch reichere Sprache und Sprachzeichen, ganz abgesehen davon, daß mit der bewußt gepflegten Muttersprache die pragmatisch-politische Sphäre der Sprecher emotional und im Sinne jener ersten Phantasien aufgeladen wird und der Prosaisierungstendenz harmonisch entgegenwirkt. (Gaier 1987, 218)

Herder wollte »den Reichtum an Spracheigenheiten, den vor allem die ältere deutsche Sprache aufwies, für die Gegenwartssprache fruchtbar machen« (Zieger 1989, 255). Da es Widerstand gab, wurde seine Kulturkritik, wie zuvor bei Breitinger und Lessing, zu einer Art Kulturkampf. Dementsprechend ist das Wortfeld, innerhalb dessen Herder das signifikante Lexem ›Machtwort‹ positioniert, polar und latent agonal aufgeladen: Poesie, Wildheit, Stärke, Einfachheit, Reichtum, Fruchtbarkeit, Kühnheit und sinnlicher Nachdruck – »δεινότης« (FHA 8, 77) – kontrastieren mit Prosa und Schwunglosigkeit.

Während die Poesie als Erhebung der Sprache aufgewertet wird, ist die abgewertete »politische[n] Ruhe« der »Prose« durch eine Sprache im Zustand der Verflachung und des Zerfalls charakterisiert. Die »*Vollkommenheit*« dieser Sprache ist eine rein formelle, deren Syntax durch Künstelei und deren Wortschatz durch die Einführung von Abstrakta geprägt ist: »Je mehr man am Perioden künstelt, je mehr die Inversionen abschaffet, je mehr bürgerliche und abstrakte Wörter eingeführt werden, je mehr Regeln eine Sprache erhält: desto vollkommener wird sie zwar, aber desto mehr verliert die wahre Poesie« (FHA 8, 183). Da Denken und Sprechen, wie oben ausgeführt, für Herder unauflöslich aneinander ›kleben‹, ergibt sich eine Korrelation: Je abstrakter die Sprache, desto abstrakter wird das Denken. Und je abstrakter das Denken, desto weniger ist der jeweilige Zeitgeist imstande, den »sinnlichen Nachdruck« einer vergangenen Sprachstufe zu verstehen: Bildkräftige Machtwörter wie das von Breitinger ›übersetzte‹ Idiom ›den Feind bestehen‹ müssen erst ausgemalt werden, um in ihrer ganzen Valenz erfassbar zu sein. Möglicherweise zielt Herders Satz »Der Deutlichkeit wegen wurden die Machtwörter ausgeschrieben« auf dieses Verfahren einer explikativen *descriptio* und Paraphrase.[25] In alternativer Lesart geht es beim ›Ausschreiben‹ der Machtwörter um eine Exzerpiertätigkeit[26] mit dem Ziel, die Machtwörter ihrer »Deutlichkeit wegen« entweder – als ein sprachhistorisches Kuriosum – zu archivieren, zu konservieren oder aber zu tilgen. Die letztgenannte Bedeutung liegt insofern nahe, als Synonyme, die der Befürworter der »Prose« für »Überfluß« erklärt (FHA 1, 188), laut Herder »ausgesucht« und »bestimmt« wurden, um »ausgemustert« zu werden. Die Abmilderung der »Idiotismen«, also der mundartlichen, »einer Sprache individuell zugehörige[n] und sie charakterisierende[n] Sprach- und Redeeigentümlichkeiten« (FHA 1, 1044),[27] die Einschränkung des »Eigensinn[s]« der Idiotismen (FHA 1, 184) zeugt von der gleichen Bereinigung oder Modernisierung des Sprachgebrauchs. »*Wortfülle*« (Fürst 1988, 366), »poetische Substantialität und Persönlichkeit« (FHA 2, 485), die sowohl für die Machtwörter als auch für die Idiotismen und Synonyme[28] einer Nationalsprache charakteristisch sind, gehen auf diese Weise verloren und müssen »von den *sinnlichen* Sprachen durch Übersetzungen und Nachdichten« geborgt werden (FHA 1, 187):[29] »Die Originalsprache ist [...] durch kreativ-energische Potenz qualifiziert, der innovatorische Wirkung zukommt, da durch sie der bereits gebildeten und üblich gewordenen Sprache immer wieder neue, ›unverbrauchte‹ Sprache zufließt« (Fürst 1988, 109).

In diesen Zusammenhang gehört die von Ralf Simon aufgezeigte »energetische Modellierung« (Simon 1998, 24) der Wurzelwörter, wonach »in die Worte die Energien ihres Ursprungs eingeschrieben sind«:

> Obwohl diese Wurzeln als solche nicht positiv nachweisbar sind, hat doch ihr energetischer Aspekt gleichsam in eine Sprache hineingestrahlt und deren Skandierung der Wirklichkeit geprägt. So wie der Mnemotechniker den zunächst leeren Merkraum mit affektgeladenen Bildern besetzt, [...] entwirft nach Herder die Sprache in ihrem Diskursraum eine ursprünglich energetische Ordnung von Wurzelwörtern, die die Bahnungen späterer Sprache vorbereiten. (Ebd., 140)

In ihrer Eigenschaft als Merkwörter und nachdrückliche Machtwörter schreiben Wurzelwörter nach Ansicht von Herder »memoria-Pfade in die genetische Struktur der Wahrnehmung qua Aisthesis hinein« (ebd., 25). »Machtelement und Machtwort, Wurzel,

25 In diesem Fall wäre die Etymologie von Ek-phrasis einschlägig: »Zuende-Schreiben, Alles-Aussprechen« (Singer 2016, 162).

26 *Deutsches Wörterbuch* 1, 960, Bedeutung 2.

27 Menges 1994, 164: »wer am Nicht-Allgemeinen und Privaten interessiert war, galt dem Rationalismus der Griechen als idiótās, als Idiot. Gegen diese rationalistische Diffamierung des Individuellen«, »der ›Idiotismen‹, ›Machtwörter‹, etc. als sprachliche[n] Idiosynkrasien« »läuft Herder von Anfang an Sturm«.

28 Nach Herder sind es gerade die Synonyme, die den Reichtum einer Sprache ausmachen (Michelsen 1987, 231).

29 Wo es keine Originalgenies gebe, müssten »Originalschriftsteller« der Antike beerbt werden (FHA 1, 190).

Merkmal, Erinnerungszeichen: diese Konstellation von Begriffen markiert ein Feld von sprachlich-sinnlichen Urbahnungen« (ebd., 65 Anm. 194), das Anlass zu einer onomasiologischen Untersuchung gäbe.

> Herder kombiniert den logischen Begriff Merkmal mit dem Begriffsfeld von Merkzeichen, Denkmal, Merkwort, Machtwort, Wurzelwort. So wird in der *Sprachursprungsschrift* der Terminus ›Merkmal der Besinnung‹ (SWS V, 35) in den des ›innerlichen Merkworts‹ (ebd., 36) und dann in den Begriff des ›Erinnerungszeichens‹ (ebd., 37) überführt: [...]. Die Leibnizsche logische Konzeption weicht bei Herder einer energetischen: In den Wörtern steckt gleichsam noch die Aufladung jener elementaren sinnlichen Sprachakte [...]. Was an den Worten ihre Kraft ist, ist auch das Merk-Mal, vermittels dessen sie memoriert und in die energetisch aufgeladene Semiotik eingeschrieben werden. (Simon 1998, 64–65)

Herder spricht von der »Kraft, die einmal den Worten beiwohnt«, der »Kraft, die zwar durch das Ohr geht, aber unmittelbar auf die Seele wirket. Diese Kraft ist das Wesen der Poésie, nicht aber das Koexistente oder die Sukzession« (SWS 3, 137). »Für Herder ist die Rhetorik in erster Linie *kein* Katalog sprachlicher Phänomene [...], sondern eine Theorie sprachlich verfaßter Seelenkraft. Beredsamkeit als spezifisch wirkungsorientierte Sprachpraxis ist Ausdruck dieser Kraft« (Hambsch 2007, 145).

Nicht nur die Analogie der Machtwörter zu den Merkwörtern und Wurzelwörtern, sondern auch die Analogie der »stärksten Machtwörter« und der »kühne[n] Inversionen« (FHA 1, 186) gäbe Anlass zu einer onomasiologischen Vernetzung der vorliegenden, primär semasiologischen Untersuchung. Ist doch kaum eine Eigentümlichkeit der Volkspoesie von Herder so häufig propagiert worden wie die »kühne[n] Würfe«: »je älter, je volkmäßiger, je lebendiger; desto kühner, desto werfender«, lautet die Formel im *Briefwechsel über Ossian* (FHA 2, 477).[30]

Ebenso wie der Superlativ der »stärksten Machtwörter« zeigen die absoluten Komparative des Ossian-Briefwechsels, dass es Herder um Steigerung überhaupt zu tun ist: um das gesteigerte Wirkungspotential, den »Wallungswert« (Benn 2001, 25) von Sprache in einer Zeit des Sprachverfalls.[31]

Von den Machtwörtern der Volkssprache führt ein Weg zur literaturtheoretischen Diskussion über Naturpoesie (Volkspoesie) und Kunstpoesie, die als konstitutiv für die

---

30 »Zuerst muß ich Ihnen also, wenn es auf Erfahrung und Autorität ankommt, sagen, daß Nichts in der Welt mehr Sprünge und kühne Würfe hat, als Lieder des Volks«. »Nun sagen Sie mir, was kühn geworfner, abgebrochner und doch natürlicher, gemeiner, volksmäßiger sein kann?« (FHA 2, 477). »Alle unsere alten Kirchenlieder sind voll dieser Würfe und Inversionen: keine aber fast mehr und mächtiger, als die von unserm *Luther*« (FHA 2, 490); »daß ich immer wetten will, das kühnste Klopstocksche Lied, voll Sprünge und Inversionen, einem Kinde beigebracht, und von ihm einigemal lebendig gesungen, werde mehr für ihn sein« (FHA 2, 491).

31 Der Dichter muss »die in der Sprache noch vorhandenen semantisch und syntaktisch dichten Ausdrücke benutzen, die Breitinger als ›Machtwörter‹ bezeichnete, [...] oder solche Ausdrücke, wie Klopstock, Hamann, Herder, selbst neu erfinden; dies entspricht der Neubelebung der Einbildungskraft im Programm der Wieder-Einholung der alten Sprachen. Für die Logik des Affekts müssen Inversionen, Betonungen und Hervorhebungen, Tonwechsel zwischen Ausruf, Frage, mitteilender Rede die alte akzentreiche Sprache wieder beleben und der modernen Büchersprache einen Aspekt impliziter Mündlichkeit verleihen« (Gaier 1988, 58).

Kulturkritik und die »semantische[n] Kämpfe«[32] der Goethezeit gelten kann. Hermann Bausinger (1968, 9) spricht von der »Erfindung der ›Volkspoesie‹« und setzt letztere in Anführungszeichen. Die Naturpoesie, so Georg Gottfried Gervinus, Kollege der Brüder Grimm zur Zeit der sogenannten Göttinger Sieben und Beiträger des *Deutschen Wörterbuchs*, sollte den »umsturz der konventionellen dichtung« bewirken (Gervinus 1842, 1) und damit den Ausweg aus einer innerlich absterbenden Literaturepoche weisen.[33] In der »Periode der Originalgenies«, also im Sturm und Drang, vollzieht sich nach Gervinus der »Umsturz der konventionellen Dichtung durch Verjüngung der Naturpoesie«, den Goethe (*Reallexikon* 2003, 542), auch unter anderen Gesichtspunkten, als »deutsche literarische Revolution« bezeichnet (Goethe 1986, 534).

Kapitel 6 der *Fragmente* über die Eigenheit unserer Sprache aus der zweiten Ausgabe der Fragmente Über die neuere deutsche Literatur trägt den Titel »Über die Machtwörter unserer Sprache, und wer aus ihnen unsere Sprache verstärket?« (FHA 1, 546). Hier ist vom Machtwort als einem Klangwort, d. h. als einem »*verbum onomatopoiumenon*« (*Deutsches Wörterbuch* 11, 950), die Rede;[34] es geht um die »Überbleibsel[n]« der »Natursprache«[35]:

> Unsere Klangworte sind oft auch *Machtworte*: an diesen sind wir noch reich und stark; aber reicher und stärker gewesen. Wenn man an den ältesten Überbleibseln der deutschen Schreibart, diese Macht und Herrlichkeit der alten Sprache unmöglich verkennen kann, wie kommt es denn, daß man so wenig darauf gedacht hat, sie wieder zu erobern? Wie kommts, daß ein Gottsched, bei aller Känntnis altdeutscher Schriftsteller von ihrer inneren Stärke so

32 Semantische Kämpfe können sich »in drei verschiedenen Facetten zeigen: als Kampf um angemessene Benennungen, als Kampf um *die* Bedeutung bzw. Bedeutungsaspekte und/oder als Kampf um Sachverhalte, die erst im Hinblick auf Ausdrücke gebildet und genormt, also fixiert werden« (Felder 2006, 1). »Aus analytischer Sicht handelt es sich um einen ›semantischen Kampf‹ in einzelnen Wissensgebieten, um die Vorherrschaft bestimmter Sprachgebrauchsformen mit dem Ziel, spezifische Perspektiven als interessen- und handlungsleitende Denkmuster (Konzepte) durchzusetzen« (ebd., 3).

33 »In der Spätaufklärung wird die *Rhetorik* als eine ›regelfixierte‹ Schulrhetorik immer stärker abgewertet, die *Poesie* aber wegen ihrer ursprünglich ›primitivistischen‹ Bildlichkeit [...] und ihres akustischen Potentials als eine affekthafte ›Natur-Sprache‹ verstanden (für die man dann auch auf theoretische Konzepte der ›cartesianischen Rhetorik‹ zurückgriff), welche einem Konzept der *ars* radikal gegenübersteht. [...] Nicht zufällig fällt in diese Zeit auch die Genese des Begriffs der ›Naturpoesie‹, dessen frühester Beleg sich in Herders Schrift *Vom Geist der ebräischen Poesie* (1782) findet« (Till 2004, 386–387). Naturpoesie ist »›kunst‹-los und damit ›entrhetorisiert‹« (ebd., 440). Bereits Bodmer und Breitinger lehnen »die rhetorische Systematik, wie sie die frühneuzeitliche Schulrhetorik prägte, nachdrücklich ab«. »Eine affektive ›Natur-Rhetorik‹ bzw. ›Natur-Poetik‹« (ebd., 395) wird »gegen die regelhafte Schul-Rhetorik ausgespielt, die Rhetorik als Kunstlehre wertlos gemacht« (ebd., 396).

34 »Das phonetische Moment des Klangworts und das semantische Moment des Machtworts laufen im Ursprung zusammen« (Simon 1998, 209). »Herders Wiederentdeckung des Ohrs kündigt nichts weniger als eine philosophische Wende an, sofern sie der entscheidende erste Schritt von einer traditionell okularen, visuellen (und solipsistischen) Erkenntnistheorie zu einer aurikularen und auditiven – akroamatischen –, schließlich sprachlich-dialogischen Erkenntnistheorie ist« (Trabant 1990, 176). Zur Fortwirkung dieser akroamatischen Wende in der Romantik vgl. Cesare 1997; sowie Utz 1990, 177: »In ihrem Sprachklang macht sich die romantische Dichtung zum Ohrenzeugen ihrer eigenen Aufwertung des Akustischen«.

35 Das Grimmsche Wörterbuch expliziert »Natursprache« wie folgt: »*den naturtönen nachgebildete, tonnachahmende sprache als (vermeintliche) ursprache der menschen*« (ebd., 13, 466).

wenig hat können ergriffen werden, daß er es wenigstens unterlassen hätte, unsere Sprache zu entnerven. Keine Partei hat in diesem Stück, dem wahren Genie der deutschen Sprache so sehr geschadet, als die Gottschedianer«; alles sei bei diesen »wässerich« geworden, man habe die altdeutsche Sprache »entmannet[e] [...].

> Wenn ein Gottsched altdeutsche Stücke in *seine* Sprache übersetzt; wo ist alle riesenmäßige Stärke aus ihnen geblieben? Entkräftet liegen sie da, und zerschlagen: weibisch keuchen sie, wie in ihrer letzten Not. [...] Nur freilich sollte man sich auch mehr Mühe darüber gegeben haben, die Machtwörter dieser Zeit zu zeigen, zu prüfen, und kritisch einzuführen. Die Schweizer sind zu diesem rühmlichen Geschäfte die ersten: sie verstehen diese Wörter mehr als wir, weil sie den Kern der deutschen Sprache mehr unter sich erhalten haben. [...] so ist ihre Sprache auch der alten deutschen Einfalt treuer geblieben. (FHA 1, 580–581)

Wenn Breitingers Plädoyer für Machtwörter aus der Epoche von Opitz – wie oben vorgeschlagen – als indirekte Positionierung im Kampf gegen den Literaturdiktator von Leipzig zu lesen ist, so verwandelt Herder diese indirekte Positionierung in eine offene Polemik. Schon das Vokabular belegt den agonalen Duktus: Herder spricht von der Wieder-›Eroberung‹ der ältesten Machtwörter und zeichnet die »Partei« der »Gottschedianer« als einen Feind, der dem »wahren Genie der deutschen Sprache« »geschadet«, ja, ihn »entmannet[e]« und um seine »riesenmäßige Stärke« gebracht habe. Das Machtwort, als »Phallus des Geistes«, ist in der Schweiz »verwurzelt« (Benn 2001, 24), während Gottscheds Attacke den »Kern der deutschen Sprache« »zerschlagen« und in ›weibische‹ Kraftlosigkeit verwandelt habe. Durch diese Koppelung der Leipziger an die Stereotype des zeitgenössischen Geschlechterdiskurses wird der *finaliter* unterlegenen, also in der weiblich-minderwertigen Position befindlichen Partei Gottscheds der Rest gegeben: Wie ihr Zerstörungswerk, so liegt auch diese Partei, »weibisch« keuchend, am Boden. Bodmer und Breitinger hingegen erscheinen als aufrechte Recken des Geistes,[36] die den Kampf gegen die »Kastration der lebendigen Sprache« (Fürst 1988, 76) mit einer besonders stoßkräftigen Waffe führten: mit den Machtwörtern, die »unserer rüstigen und tüchtigen Sprache ihre alte Baumstärke wiedergeben« (FHA 1, 550) sollen.[37] Herders eigene Position ist klar: Nachdem die »Hitze des Streits verflogen« sei, müssten die von den »Pasquillen«, also Schmähschriften der »Gottschedianer« zu polemischen Zwecken gesammelten »Machtwörter« der Schweizer geprüft und erneut in den Sprachgebrauch eingeführt (ebd, 581) werden. Der Partei Bodmers und Breitingers müsse man, ungeachtet mancher Übertreibungen, »nachfolgen«; wolle man über sie spotten, so bediene man sich am besten eines »Harlekin[s]« (ebd.), den der geschlagene Gottsched vergeblich von der Bühne verbannte; der Seitenhieb ist treffsicher.

Um den Sieg der ›altdeutschen‹ Partei vollends zu untermauern, verwendet Herder, neben dem Männlichkeits-Topos, einen Topos der »Revitalisierung« (Fürst 1988, 110).

36 »Schon das Wort literarischer Kampf bedingte, daß man von Sieg sprach, den Lorbeer auf das kahle Haupt Bodmers setzte und Gottsched als gefallenen Koloß betrachtete, den Lessing dann ganz erledigte« (Newald 1951, 483).

37 Zu Herders Verwendung des Männlichkeits-Topos FHA 2, 490: »sie [die Würfe] sind der ursprünglichen, unentnervten, freien und männlichen Sprache besonders eigen«. Herder propagiert einen »männlichen, starken, festen deutschen Ton« (FHA 2, 494) und preist Ossian dafür, dass er so »kurz, stark, männlich« sei (FHA 2, 448).

Eine kastrierte Sprache ist eine tote Sprache; angesichts der allgemeinen »*Sprachsklerose*« (ebd., 57) will der Prediger Herder seine Leser dazu ›hinreißen‹, »die Quellen unserer Sprache aufzusuchen, und an ihnen Saft und Stärke zu trinken: ein Trank, der unserer ermatteten lächzenden Schreibart gewiß gut tun müßte«. An diesen Quellen könne man lernen, »was wahres Deutsch gewesen ist« (FHA 1, 583).

Herders poetische Reform zielt auf einen »Paradigmenwechsel« (Fürst 1988, 122–123). Das neue »Paradigma der Sprache« ist eine »ursprüngliche Poesie« (ebd., 33), deren Ursprung »letztlich nicht als historischer, sondern als methodischer Begriff gedacht« ist (Michelsen 1987, 236): Wer die »Geheimnisse« der »magischen Kunst« »unserer alten Volkslieder« enthüllt (Bürger 1987, 693) und den »Zauberstab des natürlichen Epos« zückt (ebd., 689), um Naturpoesie im Stil des Nibelungenlieds zu schreiben, hat eine Methode zur Erneuerung der kraftlos gewordenen Literatur der Gegenwart aufgefunden. In die »Heimath« der Muttersprache kann der Mensch »Machtwörter pflanzen, denn er kennet das Land: Hier kann er Blumen pflücken; denn die Erde ist sein; hier kann er in die Tiefe graben, und Gold suchen, und Berge aufführen, und Ströme leiten: denn er ist Hausherr« (FHA 1, 412).

Mit dieser Metaphorik ist indiziert, dass Machtwörter für Herder nicht nur etwas Aufzufindendes und zu Konservierendes, sondern etwas zu Erfindendes sind. Um in der Logik des Bildes zu bleiben: Machtwörter sind ein Samen vom »Phallus des Geistes« (Benn 2001, 24), den der Dichter in die »Erde« der Muttersprache pflanzt, um neue Früchte hervorzubringen.[38] Diese Einheit aus Muttersprache und »Phallus des Geistes«, »Erde« und Samen entspricht Herders historisch-poietischem Sprachverständnis. Beides gehört für ihn untrennbar zusammen, das genealogisch Vorgegebene und das erst zu Erschaffende, ja, die

> *entlastende Funktion der vorgebildeten Sprache* mit ihrem umfassenden Gedankenpotential, Formenreichtum und Begriffsinstrumentarium befreit bei richtigem Gebrauch derselben die sprachbildenden, erfinderischen Kräfte aus der Notwendigkeit, alles selbst erfinden und bilden zu müssen, und setzt sie frei zu neuer sprachbildender Kreativität. (Fürst 1988, 49)

Gleichzeitig droht die ›vorgebildete Sprache‹ die sprachschöpferische Potenz des Menschen zu ersticken. Dass der Mensch »im Gängelwagen der Sprache« (SWS 16, 11) denkt und spricht, hat zwei Seiten: Wer allzu sehr gegängelt ist und die »Anstrengung der Bildung eigener Begriffe« unterlässt, dem »erlahmt« die »innere Kraft, selbst Gedanken zu bilden und ihnen einen Ausdruck zu geben« (Fürst 1988, 53); »sprachliche Außensteuerung« führt in solchem Fall in »denkerische Unselbständigkeit, Unmündigkeit und Fremdbestimmung« (ebd., 60). »Eine bereits gebildete Sprache läßt sprachliche

38 »At issue is [...] the idea of a national and patriotic renewal in which literature, grounded in a common language, is enlisted to support a sense of individual pride and national identity. [...] Literature has thus a unifying function, yet not because of linguistic commonalities but more so because of its ›genius‹, that is, certain unmistakable idiosyncratic traits and particularities. Herder refers to them as *Machtwörter* [...] that give each language and literature its identity and distinction as a national poetic voice. On this basis he consistently defends the particular against the totalizing pull of the universal, a preference that puts him in sharp contrast with Western rationalism at large. [...] Herder makes exactly this point by coming to the defense of aesthetic ›idiotisms‹ and syntactic ›inversions‹, irregular linguistic structures that he considers untranslatable treasures« (Menges 2009, 190–191).

Neubildungen überflüssig erscheinen, ja sie behindert solche und paralysiert die Erfindungskraft der Seele des Menschen« (ebd., 53):

> Mit jedem Wort, was sie lernt, erschweret sie [die menschliche Seele] sich gleichsam das Verständnis der Sache, die es bedeutet: mit jedem Begriff, den sie von andern empfängt, tödtet sie in sich eine Nerve, diesen Begriff selbst zu erfinden, eine Kraft, ihn innig zu verstehen, wie wenn sie ihn erfunden hätte. (FHA 2, 303)[39]

Herders »*selbstdenkende Philosophie*« (SWS 17, 78), insbesondere aber sein aufklärerisches Projekt eines an das Medium der Sprache gebundenen »selbst denken[s]« (FHA 1, 103),[40] eines sprachrelevanten Selbstdenkertums (Fürst 1988, 106) umfasst die »*programmatischen Imperative des Selbstsehens, Selbstfühlens und Selbsthörens*« (Fürst 1988, 104), also der sinnlichen Autonomie. Nicht zuletzt gehört zu diesem Projekt die oben als »Phallus des Geistes« verbildlichte sprachbildende Potenz: Die Philosophie »hat es zum Zweck, daß [...] *wir selbst denken*, und da wir nie ohne Worte denken, *uns ausdrücken* lernen« (FHA 1, 426). »Mein Kind soll jede Todte Sprache lebendig, und jede lebendige so lernen, als wenn sie sich selbst erfände« (SWS 4, 452). Nur dann, wenn ein Kind seine Sprache gleichsam neu erfindet, kann es auch die an das Medium der Sprache gekoppelten Gedanken eigenständig nachvollziehen, denn gerade bei der »Eigenproduktion von Sprache« bilden Gedanke und Ausdruck eine Einheit (Fürst 1988, 101):

> Uns ist dieser ganze Wald [von Sprachmitteln] ein böhmischer Wald: wir verstehen diese ganze Zeichensprache nicht mehr, denn man läßt uns nicht eine Sprache erfinden, sondern lehrt sie uns: man läßt nicht das Tier sich so lange entwickeln, bis es endlich dem Menschen sich von selbst nähert. (FHA 1, 395)

»Alles kömmt auf den Unterschied an; *lernen* wir die *Sprache*, oder *erfinden* wir sie uns selbst. Schriebe ich von dem letztern, wie ohngefähr bei den ersten Erfindern habe der Ausdruck am Gedanken kleben müssen« (FHA 1, 394). Ein Dichter, »dessen Geist nicht durch seine Sprache mächtig geformt ist [...], kann nie ein *Originalschriftsteller* werden, bei dem *Gedanke und Ausdruck* sich zusammen drängen, um ein vollständiges Bild seiner Seele zu sein« (FHA 1, 409).

Im *Journal meiner Reise* geht Herder so weit, *tabula rasa* machen zu wollen, um das vormals Gelernte selbsttätig zu »erfinden« und – in einem prozessualen Sinne – Naturphilosophie zu betreiben: »Wenn werde ich so weit seyn, um alles, was ich gelernt, in mir zu zerstören, und nur selbst zu erfinden, was ich denke und lerne und glaube«, um »aus der Natur zu philosophiren« (SWS 4, 349–350).

Durch die Zerstörung des Angelernten und der durch Konventionen gebundenen Sprache soll »die Freisetzung der dem Menschen gegebenen produktiven Kräfte und

---

39 »Weil der Grund unseres Daseins [...] individuell ist und weil nach Herders Sprachphilosophie die Worte als innere Merkworte ursprünglich das jeweils individuelle Gemenge der Sinne zur dann ebenso individuellen Vernunft konzeptualisieren, ist jede Sprache an diesen individuellen Ursprung gebunden und überhaupt erst in Bezug auf ihn sinnvoll zu verstehen« (Simon 1998, 72).

40 Zum »Selbstdenken« als einem zentralen »Programmbegriff« der Aufklärung vgl. Dierse 2001.

die Hervorbringung des selbstdenkenden und selbstsprechenden und darin experimentier- und risikofreudigen Menschen« gelingen (Fürst 1988, 107). Nicht zuletzt die Schöpfung neuer Machtwörter ist das Ziel der von Herder angestrebten »Stimulierung und Vitalisierung der sprachbildenden Potenz des Menschen« (ebd., 32). Wo Breitinger, ähnlich wie später die Brüder Grimm, alte Machtwörter ausgraben, sammeln und für den zeitgenössischen Sprachgebrauch restituieren wollte, geht Herder also einen Schritt weiter: Er will »Genies [...] wecken« (SWS 2, 280) und diese dazu anregen, wie Klopstock, den er als »Muster nachdrücklicher Prose« preist, »Schöpfersmacht« auszuüben und Machtwörter neu zu erfinden (FHA 1, 582). Auch und gerade in diesem Plädoyer für die Schöpfung neuer Machtwörter macht sich das »Maß der Originalität und auch Innovationskraft Herders« geltend (Vietta 2007, 58).

III Fazit

Die gesteigerte aufklärerische Potenz eines Machtworts basiert auf der hohen Konzentration und Prägnanz seines semantischen Gehalts. Die Deutlichkeits-Maxime der Aufklärung, der »*Glanz der Deutlichkeit*« (FHA 1, 425), den Herder, gleich einem Transcendens, offenbart,[41] fordert spruchartig verdichtete Kürze und Strahlkraft. Bei Herder spielt das Machtwort eine Schlüsselrolle innerhalb seines »›weitstrahlsinnigen‹ Denkens«,[42] insbesondere hinsichtlich seines Ideals einer Ratio-Oratio-Einheit, das im Sinne ganzheitlicher, sensualistisch-rationaler Anthropologie konzipiert wird: Auch das Gefühl und die Sinneswahrnehmungen werden in die geforderte Einheit von Gedanke und Ausdruck integriert. Hinsichtlich der Integration visueller Sinneswahrnehmungen ist das Kriterium der Anschaulichkeit (ενάργεια, *evidentia)* entscheidend, das der ›Urbegriff‹ älterer Sprachstufen des Deutschen, also das von Herder mit dem Macht- und Merkwort analogisierte Wurzelwort, besser erfüllt als die moderne Sprache – hier stimmt Herder mit der Auffassung Jacob Grimms und mit Grundansätzen der Sprachverfall-Theorie überein. Ähnliches gilt für die Integration auditiver Sinneswahrnehmungen in den ›Klangworten‹ (Onomatopoesie) der Volkssprache.

Nicht zuletzt die Integration des durch Machtwörter geweckten Gefühls – die rhetorische Dimension des *pathos* – in die Ratio-Oratio-Einheit lässt die Deutlichkeits-Maxime der Aufklärung mit jener Dynamisierung kongruieren, die das über die Epoche der Aufklärung, über Lessing und Breitinger hinausweisende Charakteristikum des Sturm und Drang bildet. Schon Lessing ist offen für expressive Neologismen. Das neologisti-

---

41 »Die Philosophie des Anschauens und der Evidenz ist unmittelbare Umsetzung des geoffenbarten Lichtes« (Simon 1998, 82 Anm. 220).

42 Irmscher 2009, 7. Der Titel der Studie von Irmscher beruht auf einem Goethe-Zitat. (zum Nachweis desselben vgl. ebd.) Goethes Ausdruck »weitstrahlsinnig« dürfte als Beispiel eines neologistischen Machtworts angesehen werden; als einzigen Nachweis des Wortes nennt das Grimmsche Wörterbuch Goethes auf Herders *Älteste Urkunde des Menschengeschlechts* gemünztes Adjektiv (*Deutsches Wörterbuch* 28, 1315). Zur neologistisch-archaisierenden Doppeltendenz der Machtwörter Düsing 2000, 48: »Die Kontroverse über *Wandrers Sturmlied* [1772] führt auf eine Paradoxie, die sich schon mehrfach ergab, etwa bei den ›Machtwörtern‹, die neu geschaffen werden, aber in die Nähe des Ursprungs zurückführen sollen«.

sche Machtwort lässt aufmerken und erweckt Erstaunen (θαυμάζειν), was seine hohe rhetorische Wirkungskraft verstärkt. Herder geht noch einen Schritt weiter: Ihm ist das Machtwort Sprungbrett für die Selbsterfindung der Sprache, für den Entschluss, sich von ihrem »Gängelwagen« zu befreien, ohne darüber unverständlich zu werden, wie die Romantik, der Futurismus, der Dadaismus und der Surrealismus dies zum Teil bewusst riskieren sollten,[43] denn das Machtwort als »Merkwort, das zunächst in den inneren Dialog mit den anderen schon vorhandenen Merkworten tritt, ist zugleich [...] darauf ausgerichtet, ›Mittheilungswort für Andre‹ [...] [SWS V, 47 / FHA 1, 733] zu werden« (Simon 1998, 180). Insofern ist die Herdersche Konzeption des Machtworts – ganz anders als die Konzeption des Machtworts im Rahmen von Magie und faschistischer Rhetorik – eine eminent kommunikative: sowohl im Hinblick auf die Immanenz des Sprach-Organismus als auch im Hinblick auf den Sprachgebrauch.

Literatur

Adelung, Johann Christoph: *Versuch eines vollständigen grammatisch-kritischen Wörterbuches Der Hochdeutschen Mundart, mit beständiger Vergleichung der übrigen Mundarten, besonders aber der oberdeutschen.* 3. Teil: von L–Scha. Leipzig: Breitkopf, 1777.

Adler, Hans: *Die Prägnanz des Dunklen. Gnoseologie – Ästhetik – Geschichtsphilosophie bei Johann Gottfried Herder.* Hamburg: Meiner, 1990.

Adler, Hans: Herders Ästhetik als Rationalitätstyp, in: Martin Bollacher (Hg.): *Johann Gottfried Herder. Geschichte und Kultur.* Würzburg: Königshausen & Neumann, 1994: 131–139.

Adler, Hans, Sabine Gross: Einleitung, in: Hans Adler, Sabine Gross (Hg.): *Anschauung und Anschaulichkeit. Visualisierung im Wahrnehmen, Lesen und Denken.* Paderborn: Fink, 2016: 7–26.

Adler, Hans, Wulf Koepke: Introduction, in: Hans Adler, Wulf Koepke (Hg.): *A Companion to the Works of Johann Gottfried Herder.* Rochester, New York: Camden House, 2009: 1–13.

Asmuth, Bernhard: Perspicuitas, in: Gert Ueding (Hg.): *Historisches Wörterbuch der Rhetorik.* Bd. 6. Tübingen: Niemeyer, 2003: 814–874.

Bär, Jochen A.: *Sprachreflexion der deutschen Frühromantik. Konzepte zwischen Universalpoesie und Grammatischem Kosmopolitismus.* Berlin, New York: de Gruyter, 1999.

Bausinger, Hermann: *Formen der ›Volkspoesie‹.* Berlin: Schmidt, 1968.

Benn, Gottfried: Probleme der Lyrik, in: Gottfried Benn: *Sämtliche Werke.* Bd. 6: Prosa. 4 [1951–1956]. Hrsg. v. Holger Hof. Stuttgart: Klett-Cotta, 2001.

Bodmer, Johann Jakob, Johann Jakob Breitinger: *Schriften zur Literatur.* Hrsg. v. Volker Meid. Stuttgart: Reclam, 2014.

Böckmann, Paul: *Formgeschichte der deutschen Dichtung.* Erster Band: *Von der Sinnbildsprache zur Ausdruckssprache. Der Wandel der literarischen Formensprache vom Mittelalter zur Neuzeit.* 2. Aufl. Hamburg: Hoffmann und Campe, 1965.

Brecht, Bertolt: Kleines Organon für das Theater, in: Bertolt Brecht: *Werke.* Große kommentierte Berliner und Frankfurter Ausgabe. Hrsg. v. Werner Hecht u. a. Bd. 23: Schriften 3. Berlin, Weimar: Aufbau: Suhrkamp, 1993.

43 Schlegel schreibt: »Wir müssen darauf verzichten, verstanden zu werden« (Schlegel 1967, 199).

Breitinger, Johann Jacob: *Critische Dichtkunst.* Faksimiledruck nach der Ausgabe von 1740. Mit einem Nachwort v. Wolfgang Bender. Bd. 1. Stuttgart: Metzler, 1966.

Breitinger, Johann Jacob: *Fortsetzung der Critischen Dichtkunst. Worinnen die Poetische Mahlerey in Absicht auf den Ausdruck und die Farben abgehandelt wird,* mit einer Vorrede von Johann Jacob Bodmer. Zürich, Leipzig: Orell, Gleditsch, 1740.

Bürger, Gottfried August: Aus Daniel Wunderlichs Buch, in: Gottfried August Bürger: *Sämtliche Werke.* Hrsg. v. Günter Häntzschel, Hiltrud Häntzschel. München, Wien: Hanser, 1987.

Cesare, Donatella di: Friedrich Schlegels akroamatisch-dialogische Wende, in: *Ars Semeiotica* 20 (1997): 333–353.

Dath, Dietmar: *Sämmtliche Gedichte. Roman.* Frankfurt a. M.: Suhrkamp, 2009.

Debrunner, Albert M.: *»Das güldene schwäbische Alter«. Johann Jakob Bodmer und das Mittelalter als Vorbildzeit im 18. Jahrhundert.* Würzburg: Königshausen & Neumann, 1996.

Descartes, René: Regulae ad directionem ingenii [Regeln zur Ausrichtung der Erkenntniskraft], Regula III, in: René Descartes: *Philosophische Schriften in einem Band.* Hamburg: Meiner, 1996: 1–222.

Deutsches Wörterbuch von Jacob und Wilhelm Grimm. München: Deutscher Taschenbuch Verlag, 1999.

Dierse, Ulrich: Selbstdenken, in: Werner Schneiders (Hg.): *Lexikon der Aufklärung. Deutschland und Europa.* München: Beck, 2001: 381–382.

Döring, Detlef: Der Literaturstreit zwischen Leipzig und Zürich in der Mitte des 18. Jahrhunderts. Neue Untersuchungen zu einem alten Thema, in: Anett Lütteken, Barbara Mahlmann-Bauer (Hg.): *Bodmer und Breitinger im Netzwerk der europäischen Aufklärung.* Göttingen: Wallstein, 2009: 60–104.

Dückert, Joachim: »Die Rede unserer Zeit bewegt sich in einem nicht allzugroßen Kreis«, in: *Jacob und Wilhelm Grimm als Sprachwissenschaftler. Geschichtlichkeit und Aktualität ihres Wirkens.* Hrsg. im Auftrage des Direktors des Zentralinstituts für Sprachwissenschaft der Akademie der Wissenschaften der DDR v. Werner Bahner u. a. [Berlin]: Akademie der Wissenschaften der DDR, 1985: 80–95.

Düsing, Wolfgang: Herders Sprachtheorie und die Dichtung des jungen Goethe, in: *Herder-Jahrbuch / Herder Yearbook* 5 (2000): 33–56.

Eggenberger, Christoph: Die Manesse-Liederhandschrift. Das Faksimile avant la lettre von Bodmer und Breitinger, in: Lütteken, Mahlmann-Bauer 2009: 623–637.

Falkenhagen, Annabel: Sinnesempfindung und Gemütsbewegung. Zum Konzept der ›empfindlichen Lust‹ in der Poetik Bodmers und Breitingers mit Blick auf ihr Verhältnis zur Empfindsamkeit, in: Elisabeth Décultot, Gerhard Lauer (Hg.): *Kunst und Empfindung. Zur Genealogie einer kunsttheoretischen Fragestellung in Deutschland und Frankreich im 18. Jahrhundert.* Heidelberg: Winter, 2012: 37–66.

Ekkehard Felder (Hg.): *Semantische Kämpfe. Macht und Sprache in den Wissenschaften.* Berlin, New York: de Gruyter, 2006.

Fester, Richard: *Die Steinzeit liegt vor deiner Tür. Ausflüge in die Vergangenheit.* München: Kösel, 1981.

Fick, Monika: *Lessing-Handbuch. Leben – Werk – Wirkung.* 2. Aufl. Stuttgart, Weimar: Metzler, 2004.

Friedrich, Hugo: *Die Struktur der modernen Lyrik. Von Baudelaire bis zur Gegenwart.* Hamburg: Rowohlt, 1956.

Fürst, Gebhard: *Sprache als metaphorischer Prozeß. J. G. Herders hermeneutische Theorie der Sprache*. Mainz: Grünewald, 1988.

Gaier, Ulrich: *Herders Sprachphilosophie und Erkenntniskritik*. Stuttgart-Bad Cannstatt: Frommann-Holzboog, 1988.

Gaier, Ulrich: Poesie als Metatheorie. Zeichenbegriffe des frühen Herder, in: Gerhard Sauder (Hg.): *Johann Gottfried Herder 1744–1803*. Hamburg: Meiner, 1987: 202–224.

Gervinus, Georg Gottfried: *Geschichte der poetischen National-Literatur der Deutschen*. Bd. 5. Leipzig: Engelmann, 1842.

Gipper, Helmut, Peter Schmitter: *Sprachwissenschaft und Sprachphilosophie im Zeitalter der Romantik. Ein Beitrag zur Historiographie der Linguistik*. Tübingen: Narr, 1979.

Goethe, Johann Wolfgang: Aus meinem Leben. Dichtung und Wahrheit, in: Johann Wolfgang Goethe: *Werke*. Kommentare und Register. Hamburger Ausgabe in 14 Bänden. Hrsg. v. Erich Trunz. Bd. 9: *Autobiographische Schriften. Erster Band*. 12. Aufl. München: Beck, 1994.

Goethe, Johann Wolfgang: Dichtung und Wahrheit, in: Johann Wolfgang Goethe: *Sämtliche Werke*. 40 Bde. Hrsg. v. Friedmar Apel u. a. 1. Abteilung, Bd. 14: *Aus meinem Leben, Dichtung und Wahrheit*. Hrsg. v. Klaus-Detlef Müller. Frankfurt a. M.: Deutscher Klassiker Verlag, 1986.

Gottsched, Johann Christoph: *Versuch einer Critischen Dichtkunst*. Leipzig: Breitkopf, 1751. 4. Aufl. Neudruck Darmstadt: Wissenschaftliche Buchgesellschaft, 1977.

Grimminger, Rolf (Hg.): *Deutsche Aufklärung bis zur Französischen Revolution 1680–1789*. 2. Aufl. München: Deutscher Taschenbuch Verlag, 1984.

Hagedorn, Friedrich von: *Briefe*. Hrsg. v. Horst Gronemeyer. Bd. 1. Berlin, New York: de Gruyter, 1997.

Hagedorn, Friedrich von: *Sämmtliche Poetische Werke*. 2. Teil. Hamburg: Bohn, 1757. Neudruck Bern: Lang, 1968.

Hambsch, Björn: Anschauung oder Anschaulichkeit? Sinntransparenz, Rhetorik und Epistemologie als Bezugsgrößen eines alltagssprachlichen Sinnkonzeptes, in: Adler, Gross 2016: 131–155.

Hambsch, Björn: *›... ganz andre Beredsamkeit‹. Transformationen antiker und moderner Rhetorik bei Johann Gottfried Herder*. Tübingen: Niemeyer, 2007.

Hambsch, Björn: Ideologischer Kampf und religiöser Diskurs im späten 18. Jahrhundert. Die Rhetorikdebatte zwischen Kant und Herder als Streit um die Ideologisierung aufklärerischer Öffentlichkeit, in: *Herder Jahrbuch / Herder Yearbook* XII (2014): 99–123.

Heinz, Marion: *Sensualistischer Idealismus. Untersuchungen zur Erkenntnistheorie und Metaphysik des jungen Herder (1763–1778)*. Hamburg: Meiner, 1994.

Heinz, Marion: Tönende Gedankenbilder. Untersuchungen zur Sprachphilosophie von Herders *Metakritik* im Vergleich zur *Sprachursprungsabhandlung*, in: Sabine Groß (Hg.): *Herausforderung Herder. Herder as Challenge. Ausgewählte Beiträge zur Konferenz der Internationalen Herder-Gesellschaft Madison 2006*. Heidelberg: Synchron, 2010: 215–224.

Herrlich, Maria: *Organismuskonzept und Sprachgeschichtsschreibung. Die »Geschichte der deutschen Sprache« von Jacob Grimm*. Hildesheim u. a.: Olms-Weidmann, 1998.

Herrmann, Hans Peter: *Naturnachahmung und Einbildungskraft. Zur Entwicklung der deutschen Poetik von 1670 bis 1740*. Bad Homburg v. d. H., Berlin, Zürich: Gehlen, 1970.

Horaz: *Ars Poetica / Die Dichtkunst*. Lateinisch / Deutsch. Übers., hrsg. v. Eckart Schäfer. Stuttgart: Reclam, 1972.

Horch, Hans Otto, Georg-Michael Schulz: *Das Wunderbare und die Poetik der Frühaufklärung. Gottsched und die Schweizer*. Darmstadt: Wissenschaftliche Buchgesellschaft, 1988.

Irmscher, Hans Dietrich: *»Weitstrahlsinniges« Denken. Studien zu Johann Gottfried Herder.* Hrsg. v. Marion Heinz, Violetta Stolz. Würzburg: Königshausen & Neumann, 2009.

Kemmann, Ansgar: Evidentia, Evidenz, in: Ueding 1996: 33–47.

Klee, Ernst: *Das Personenlexikon zum Dritten Reich. Wer war was vor und nach 1945.* Frankfurt a.M.: Fischer, 2005.

Koepke, Wulf: Herder and the Sturm and Drang, in: David Hill (Hg.): *Literature of the Sturm und Drang.* Rochester, NY u.a.: Camden House, 2003: 69–93.

Küntzel, Heinrich: *Essay und Aufklärung. Zum Ursprung einer originellen deutschen Prosa im 18. Jahrhundert.* München: Fink, 1969.

Laak, Lothar van: Breitinger, Johann Jakob, in: Monika Schmitz-Emans, Uwe Lindemann, Manfred Schmeling (Hg.): *Poetiken. Autoren – Texte – Begriffe.* Berlin, New York: de Gruyter, 2009: 58–59.

Lakoff, George, Elisabeth Wehling: *Auf leisen Sohlen ins Gehirn. Politische Sprache und ihre heimliche Macht.* Heidelberg: Auer, 2008.

Lessing, Gotthold Ephraim: *Werke.* Hrsg. v. Herbert G. Göpfert. Bd. 5. München: Hanser, 1973.

Lütteken, Anett, Barbara Mahlmann-Bauer (Hg.): *Bodmer und Breitinger im Netzwerk der europäischen Aufklärung.* Göttingen: Wallstein, 2009.

Marti, Hanspeter: Die Schule des richtigen Denkens. Logikunterricht und Disputation an der Zürcher Hohen Schule und der Einfluß Johann Jakob Breitingers, in: Lütteken, Mahlmann-Bauer 2009: 149–171.

Martus, Steffen: *Friedrich von Hagedorn – Konstellationen der Aufklärung.* Berlin, New York: de Gruyter, 1999.

Menges, Karl: »[...] daß der Gedanke am Ausdruck klebe«: Vom Sprechen und Schreiben bei Herder, in: Martin Bollacher (Hg.): *Johann Gottfried Herder. Geschichte und Kultur.* Würzburg: Königshausen & Neumann, 1994: 153–166.

Menges, Karl: Particular Universals: Herder on National Literature, Popular Literature, and World Literature, in: Adler, Koepke 2009: 189–213.

Meyer, Reinhart: Restaurative Innovation. Theologische Tradition und poetische Freiheit in der Poetik Bodmers und Breitingers, in: Christa Bürger, Peter Bürger (Hg.): *Aufklärung und literarische Öffentlichkeit.* Frankfurt a.M.: Suhrkamp, 1980: 39–82.

Meyer, Urs: Der *Messias* in Zürich. Die Klopstock-Rezeption bei Bodmer, Breitinger, Waser, Hess und Lavater im Lichte des zeitgenössischen Literaturmarktes, in: Lütteken, Mahlmann-Bauer 2009: 474–496.

Michelsen, Peter: Regeln für Genies: zu Herders ›Fragmenten‹ *Ueber die neuere Deutsche Litteratur,* in: Sauder 1987: 225–237.

Miller, Norbert: E.T.A. Hoffmann und die Musik, in: Steven Paul Scher (Hg.): *Zu E.T.A. Hoffmann.* Stuttgart: Klett, 1981: 182–198.

Möller, Uwe: *Rhetorische Überlieferung und Dichtungstheorie im frühen 18. Jahrhundert. Studien zu Gottsched, Breitinger und G. Fr. Meier.* München: Fink, 1983.

Mülder-Bach, Inka: *Im Zeichen Pygmalions. Das Modell der Statue und die Entdeckung der »Darstellung« im 18. Jahrhundert.* München: Fink, 1998.

Newald, Richard: *Die deutsche Literatur vom Späthumanismus zur Empfindsamkeit 1570–1750.* 3. Aufl. München: Beck, 1951.

Lobsien, Verena Olejniczak, Eckhard Lobsien: Poetische Anschaulichkeit in der englischen Literatur zwischen dem 16. und 18. Jahrhundert, in: Gyburg Radke-Uhlmann, Arbogast

Schmitt (Hg.): *Anschaulichkeit in Kunst und Literatur. Wege bildlicher Visualisierung in der europäischen Geschichte*. Berlin, Boston: De Gruyter, 2011: 343–385.

Oschmann, Dirk: *Bewegliche Dichtung. Sprachtheorie und Poetik bei Lessing, Schiller und Kleist*. Paderborn: Fink, 2007.

Reallexikon der deutschen Literaturwissenschaft. Neubearbeitung des Reallexikons der deutschen Literaturgeschichte, Bd. 3. Berlin, New York: de Gruyter 2003.

Reichmann, Oskar: Zum Urbegriff in den Bedeutungserläuterungen Jacob Grimms (auch im Unterschied zur Bedeutungsdefinition bei Daniel Sanders), in: Alan Kirkness, Peter Kühn, Herbert Ernst Wiegand (Hg.): *Studien zum Deutschen Wörterbuch von Jacob Grimm und Wilhelm Grimm*. Bd. 1. Tübingen: Niemeyer, 1991: 299–345.

Salzer, Anselm, Eduard von Tunk: *Illustrierte Geschichte der deutschen Literatur in sechs Bänden*. Neubearbeitung und Aktualisierung von Claus Heinrich und Jutta Münster-Holzlar. Bd. 2: *Vom Barockzeitalter bis zum Sturm und Drang*. Köln: Naumann & Göbel, 1986.

Sauder, Gerhard: Sturm und Drang, in: Schneiders 2001: 399–400.

Schlegel, Friedrich: Über die Unverständlichkeit, in: *Kritische Friedrich-Schlegel-Ausgabe*. 1. Abteilung, Bd. 2: *Charakteristiken und Kritiken, 1, 1796–1801*. Hrsg. v. Hans Eichner, Ernst Behler, Jean Jacques Anstett. München: Schöningh, 1967: 363–370.

Schmidt, Horst-Michael: *Sinnlichkeit und Verstand. Zur philosophischen und poetologischen Begründung von Erfahrung und Urteil in der deutschen Aufklärung (Leibniz, Wolff, Gottsched, Bodmer und Breitinger, Baumgarten)*. München: Fink, 1982.

Schwarz-Friesel, Monika: *Sprache und Emotion*. Tübingen, Basel: Francke, 2007.

Simon, Ralf: *Das Gedächtnis der Interpretation. Gedächtnistheorie als Fundament für Hermeneutik, Ästhetik und Interpretation bei Johann Gottfried Herder*. Hamburg: Meiner, 1998.

Singer, Rüdiger: Intermediale Anschaulichkeit: *Enargeia* als rhetorisches Wirkungsideal von Text, Bild und *actio*, in: Adler, Gross 2016: 157–177.

Stahl, Enno: *Anti-Kunst und Abstraktion in der literarischen Moderne (1909–1933). Vom italienischen Futurismus bis zum französischen Surrealismus*. Frankfurt a. M.: Lang, 1997.

Stahl, Karl-Heinz: *Das Wunderbare als Problem und Gegenstand der deutschen Poetik des 17. und 18. Jahrhunderts*. Frankfurt a. M.: Athenaion, 1975.

Till, Dietmar: *Transformationen der Rhetorik. Untersuchungen zum Wandel der Rhetoriktheorie im 17. und 18. Jahrhundert*. Tübingen: Niemeyer, 2004.

Trabant, Jürgen: *Traditionen Humboldts*. Frankfurt a. M.: Suhrkamp, 1990.

Utz, Peter: *Das Auge und das Ohr im Text. Literarische Sinneswahrnehmung in der Goethezeit*. München: Fink, 1990.

Vietta, Silvio: Herder und der Entwurf einer Poetik der Moderne, in: Sabine Groß, Gerhard Sauder (Hg.): *Der frühe und der späte Herder: Kontinuität und/oder Korrektur. Early and Late Herder: Continuity and/or Correction. Beiträge zur Konferenz der Internationalen Herder-Gesellschaft Saarbrücken 2004*. Heidelberg: Synchron, 2007: 55–64.

Weisgerber, Leo: Das Worten der Welt als sprachliche Aufgabe der Menschheit, in: *Sprachforum* 1 (1955): 10–19.

Weisgerber, Leo: *Die sprachliche Gestaltung der Welt*. Düsseldorf: Schwann, 1962.

Zelle, Carsten: »Vernünftige Gedanken von der Beredsamkeit« – Bodmers und Breitingers ästhetische Schriften und Literaturkritik, in: Lütteken, Mahlmann-Bauer 2009: 25–41.

Zieger, Wilfried: Zur Lessing-Rezeption in Herders Fragmenten *Über die neuere deutsche Literatur*, in: *Impulse* 12 (1989): 245–279.

Laura Follesa (Jena)

Notizen über Herders Wirkung in Italien: nur ein ›Anreger‹?[1]

This contribution provides an overview of scholarly reception of Johann Gottfried Herder's works in Italy, from its beginning during the twentieth century with a focus on most recent developments in the latest decades. In comparison with the fortunes of Herder's German contemporaries (e.g. Kant), a fecund interest in Herder's thought appears quite late in Italy. This is surprising given his name was well known in Italy as one of the 'German classists', especially in the field of pedagogy and literature. Between the 1940s and the 1970s, however, significant studies on Herder began to appear together with Italian translations of some of his most important works (Treatise on the Origin of Language, Outlines of a Philosophy of the History of Man). *In this phase, scholars focused primarily on two lines of research: Herder's philosophical thought (his philosophies of history and of language), and understanding his place in the history of German philosophy between the eighteenth and the nineteenth century. Starting in the 1980s, new investigations into Herder's work opened a multiplicity of research perspectives (in aesthetics, anthropology, cultural studies, history of science), thus recognizing in Herder not only an 'instigator', whose importance for the Romantic tradition as well as his role as a 'precursor' of historicism (according to Meinecke's interpretation) are well-known, but establishing him also as an author of complex and far-reaching ideas. Most recently, studies and translations clearly attest to an increasing interest in Italy.*

Johann Gottfried Herder ist in Italien kein Unbekannter: Seinem Namen begegnet man schon in der weiterführenden Schule. Zusammen mit Hamann, Lessing oder Wilhelm von Humboldt wird er als einer der wichtigen Vertreter der deutschen Literatur des 18. und 19. Jahrhunderts eingeführt, die einen bedeutenden Einfluss auf nachfolgenden Autoren hatten. Seit der Veröffentlichung und der späteren italienischen Übersetzung von Friedrich Meineckes *Entstehung des Historismus* (Meinecke 1936; it. Übers. *Origine dello storicismo*, 1954) wurde der Name Herders vor allem im Hinblick auf die Rolle, die seine Philosophie der Geschichte für die spätere Romantik spielte, erwähnt (Venturi 1971, 7). In diesem Sinne könnte man sagen, wie heute zuweilen noch behauptet (Maurer 2014, 12–18), dass Herder in der italienischen Geistesgeschichte eher ein ›Anreger‹ war und, anders als Kant oder Hegel, kein Philosoph, dessen Werke systematisch untersucht wurden. Dennoch existieren in Italien mehrere einschlägige Studien, die Herders Gesamtwerk einer gewissenhaften Untersuchung unterzogen haben und somit eine konkrete Vorstellung von Umfang und Mannigfaltigkeit seiner intellektuellen Produktion befördern. In den letzten Jahrzehnten ist zudem ein gesteigertes und diversifiziertes Interesse an Herders Gedanken und Schriften zu bemerken. Dieser Aufsatz nimmt eine chronologische

1 Dieses Projekt wurde von dem EU-Programm für Forschung und Innovation *Horizon 2020* als Teil der Marie Skłodowska-Curie Actions (Grant agreement No 753540) finanziert.

Ordnung der vorliegenden Studien vor und gliedert die Entwicklung der Herder-Forschung in Italien in drei Phasen: 1) Untersuchungen und italienische Übersetzungen seiner Schriften bis zur Mitte der 1940er Jahre, die allerdings eine noch begrenzte Aufmerksamkeit erkennen lassen; 2) Studien, die seit den 1940er bis in die 1970er Jahre erschienen und eine neue Phase der Herder-Forschung initiierten; in dieser Zeit entstehen zwei große Linien der italienischen Herder-Forschung – Philosophie der Geschichte und Philosophie der Sprache; 3) Forschung seit den 1980er Jahren bis zur Gegenwart, in denen Herders Werke aus vielen verschiedenen und neuen Perspektiven betrachtet werden. Francesca Rizzo hat den Stand der Herder-Forschung in Italien bis zu den 1970er Jahren analysiert und den Beitrag von Benedetto Croce als eine Wende (»qualitativer Sprung«) in der Herder-Forschung bezeichnet (Rizzo 1976, 57–82). Eingehend betrachtet werden hier die neuen Anstöße ab den 1980er Jahren bis heute: Sie zeigen insbesondere, warum Herder nicht mehr als bloßer ›Anreger‹ angesehen wird, und versuchen darüber hinaus, seine Komplexität, Eigenart und Tiefe spezifisch darzulegen.

I Die frühe Rezeption

Herders Werke wurden in Italien erst ein Jahrhundert nach denen Kants umfassend rezipiert. Im Laufe des 19. Jahrhunderts wurde keine einzige von Herders Schriften ins Italienische übersetzt; die einzige Ausnahme stellt eine Auswahl aus den *Ideen zur Philosophie der Geschichte der Menschheit* dar: 1846 brachte der Literat Emilio de Tipaldo diese Übersetzung mit dem Titel *Intorno la Grecia: Pensieri* (Über Griech*enland: Gedanken*) heraus. Charakteristisch für die erste Phase der Herder-Rezeption ist dann 1910 die Veröffentlichung einer Anthologie seiner Schriften als erster Band einer von Giuseppe Lombardo-Radice herausgegebenen Reihe pädagogischer Werke, *Pedagogisti ed educatori antichi e moderni* (*Alte und neuere Pädagogen und Erzieher*).[2] Wie schon Rizzo bemerkte (Rizzo, 1976, 57–82), liegt der Schwerpunkt dieser Sammlung nicht auf Herders Werken, eher lässt sie sich als eine »Wiedergeburt« oder als Reaktion der italienischen Geisteswissenschaften auf die dominante positivistische Kultur des 19. und 20. Jahrhunderts verstehen. Allerdings zeigt dieser erste Entwurf auch eine Tendenz dahingehend, Herders umfangreiche Produktionen anhand von Kriterien zu interpretieren, die von den zeitgenössischen Debatten abweichen. So erklären sich auch die Auswahl und die Anthologisierung seiner Schriften, die Herders Ansichten häufig eher dazu nutzen, eigene Interessen zu vertreten, anstatt sich darum zu bemühen, seine ursprünglichen Gedanken genauer zu verstehen. Die Verschiedenartigkeit und der unsystematische Charakter von Herders Werken erfordern eine deutende Auslegung und erhöhen damit die Schwierigkeit, seine Texte und Thesen in ihrer Komplexität zu erfassen und losgelöst von ihren Kontexten zu lesen.

Ein Beispiel dafür sind die sehr unterschiedlichen Rezeptionen von Herders Auffassungen über den Volks- und Nationsbegriff in den ersten Jahrzehnten des 20.

2 Die gesamte Reihe ist Giovanni Gentile gewidmet, die Herausgeberin der Anthologie ist Gentiles Frau, Gemma Harasim. Vgl. Harasim 1910.

Jahrhunderts. 1908 definiert Arturo Farinelli Herder als einen »sehr umfassenden Kopf«, der ohne stringente Methode unsystematisch arbeitete (Farinelli 1908, 3).[3] Immerhin erkennt er Herders Tiefe, die aus Schriften wie den *Briefen zu Beförderung der Humanität* hervorgehe. Farinelli zieht Herders Humanitätsprinzip als Argument gegen die damals entstehende Rassentheorie heran. Unter einer ganz anderen Perspektive betrachtet ihn Rodolfo Mondolfo, der behauptet, dass Herders Werke als Grundlage einer späten Theorie der deutschen Vorherrschaft benutzt worden seien (Mondolfo 1958, 69). Dieser Missbrauch sei eingetreten, obwohl Herder selbst in seiner Geschichte der Menschheit den »Eroberungsgeist der Europäer« und die These ihrer Vorherrschaft über die anderen Völker entschlossen abgelehnt habe (ebd., 78). Wie auch Meinecke in seiner Studie über den Ursprung des Historismus deutete Mondolfo die Widersprüche in Herders Schriften als Gründe für ein späteres Missverstehen seiner Gedanken, auch im Hinblick auf eine Theorie der deutschen Nation (ebd., 90).

In diesem Sinne war Herder für seine italienischen Rezipienten nicht selten bloß ein Vorwand, um das Thema Rasse oder Nation zu behandeln. Ganz anderen Charakter hingegen haben die Darlegungen von Benedetto Croce über Herders Theorie der Geschichte und der Sprache: Ihnen lässt sich das Verdienst zuschreiben, echtes Interesse an Herders Werken erweckt zu haben. In seinem Werk *Ästhetik als Wissenschaft vom Ausdruck* (Croce 1902, deutsche Übersetzung 1930) konzentriert sich Croce auf zwei Aspekte von Herders Untersuchungen: Poesie und Sprache. Dabei verknüpft er Herders Studien über »die Poesie der primitiven Völker, ferner Ossian und die Gesänge der alten Völker, Shakespeare (1773), die Volkslieder (1778), den Geist der hebräischen Poesie (1772), die orientalische Poesie« mit denen des italienischen Gelehrten Melchiorre Cesarotti, allerdings sei Herder im Vergleich zu diesem »lebendiger und genialer« gewesen (Croce 1930, 259). Wie Cesarotti habe auch Herder bei diesen Studien »einen lebhaften Eindruck vom gefühlsmäßigen Charakter der Poesie gewonnen« (ebd., 259). Eine zweite italienische Persönlichkeit, die Croce zum Vergleich heranzieht, ist Giambattista Vico, den Herder »kannte und schätzte« (ebd., 259): Croce hebt hervor, dass Herder in seinem 59. Brief (*Briefe zu Beförderung der Humanität*) Vicos Werk *La Scienza Nuova* (*Die neue Wissenschaft*) erwähnt – wenngleich nicht bezüglich dessen »Behandlung der Sprache und der Poesie« (ebd., 259). Man kann davon ausgehen, so Croce, dass Vico wenigstens mit der letzten Fassung seiner Ideensammlung Einfluss auf Herder gehabt hat (ebd., 259). Die Ähnlichkeit zwischen den beiden unterstreicht Croce wiederholt, besonders in Bezug auf Herders »Interpretation der Tropen und Metaphern« als »Eigentümlichkeit der primitiven Sprache und Dichtung« (ebd., 453).

Auf eine noch frühere Rezeption von Herders Ästhetik in Italien war Croce schon im 19. Jahrhundert gestoßen: In seiner Ästhesiographie benutzt Antonio Tari Herders Naturmetaphern und bezeichnet das Pflanzenleben »als einen Traum« (ebd., 401).[4] Croce zufolge wiederholt Tari »das schöne Wort Herders: die Pflanze sei das neugeborne Kind, das an den Brüsten der Mutter Natur hängend saugt« (ebd., 401). Diese Rezeption scheint jedoch nur ein isoliertes Beispiel für Herders Wirkung im Italien des 19. Jahrhundert zu sein, weshalb sie auch kein systematisches Studium des Gesamtwerks Herders auslöste.

---

3 Deutsche Übersetzungen der italienischen Zitate durch die Autorin, sofern nicht anders angegeben.

4 Antonio Tari (1809–1884), Philosoph und Professor der Ästhetik in Neapel.

Weiterhin hebt Croce die Originalität von Herders Theorie der Sprache hervor: Es sei ein gemeinsames Verdienst Herders und Hamanns, »in die Studien der Sprachphilosophie einen Hauch frischer Luft gebracht zu haben« (ebd., 264). In seiner »begeisterten und phantasievollen« Schrift über den Ursprung der Sprache habe Herder die Sprache als »Reflexion« oder »Besonnenheit« des Menschen und »nicht mehr [als] etwas Mechanisches oder Willkürliches« oder als »Erfindung« identifizieren wollen (ebd., 264–265). Der Sprache sei »eine schöpferische Aktivität und eine erste Behauptung der geistigen Aktivität des Menschen« zuzuschreiben (ebd., 266).

1935 publiziert Croce eine Arbeit, in der er das ästhetische mit dem historischen Urteil sowie mit der Rolle der Poesie bei Herder in Verbindung setzt und Gemeinsamkeiten herausarbeitet. In der Geschichte sehe Herder immer eine Einheit, die Croce zufolge notwendig ist, um die Irrationalität zu bekämpfen und die Schönheit zu entdecken: Eine solche Einheit verbinde die verschiedenen Zeiten, Sitten und Völker miteinander. In wenigen Zügen stürzt Croce Herders Gegenposition zur aufklärerischen Auffassung der Geschichte um, wenngleich er Herder dadurch nicht zu einem Vertreter des Irrationalismus macht. In diesem Sinne lässt sich sagen, dass dank Croce in Italien ein neues Interesse an Herder in Bezug auf Ästhetik und Poetik, Geschichte und Kultur geweckt wurde.

II Geschichte und Sprache

In den 1940er und 1950er Jahren richtet sich das Augenmerk italienischer Studien auf Herders Philosophie der Geschichte und Theorie der Sprache. Begleitet von bedeutsamen Übersetzungen wird so ein neuer Forschungszweig eröffnet: Die erste italienische Übersetzung einer philosophischen Schrift Herders ist *Ancora una filosofia della storia per l'educazione dell'umanità* (*Auch eine Philosophie der Geschichte zur Bildung der Menschheit*) von Franco Venturi aus dem Jahr 1951. Sie stellt eine wahre Wende im Rahmen der Studien zum Historismus und zu Herders Kritik der Aufklärung in Italien dar. Gleichzeitig vermittelt die Veröffentlichung von Friedrich Meineckes *Die Entstehung des Historismus* (1936) und deren spätere italienische Ausgabe (1954) das Bild Herders als Vorläufer des Historismus und trägt dazu bei, die Aufmerksamkeit für seine Schriften zur Philosophie der Geschichte zu schärfen. Betont wird dabei die Individualität jeder Kultur und ihrer Zeit, die sich nicht mit einer anderen vergleichen lasse, da es in der Geschichte der Menschheit keine lineare Entwicklung gebe und jede individuelle Kulturform ihren Wert in sich selbst habe. Schon 1950 gibt Giovanni Necco drei Studien über Herder heraus (*Tre saggi su Herder*), 1954 folgt die Übersetzung der *Abhandlung über den Ursprung der Sprache* (*Saggio sull'origine del linguaggio*). Die spezifische Relevanz einer historisch-genetischen Theorie der Sprache begründet Necco zufolge die Originalität von Herders Auffassung und seinen Unterschied zu Philosophen wie Kant, die dem Verhältnis zwischen der Sprache und der Entwicklung der menschlichen Vernunft wenig Aufmerksamkeit geschenkt hätten.

Seit diesen ersten Übersetzungen konzentriert sich die Herder-Forschung in Italien auf zwei spezifische Aspekte: Geschichte und Sprache, die zwischen den 1940er und 1970er Jahren die entsprechenden Studien prägten. Vor allem Valerio Verra, der in den

1950er Jahren in Heidelberg bei Hans-Georg Gadamer studiert hatte und sich in seinen Forschungen zu den klassischen deutschen Philosophen anfänglich hauptsächlich Jacobi und Herder widmete, zeichnet sich in dieser Zeit aus. Verra ist der Erste in Italien, der Herders Denken in seiner Komplexität zu erfassen sucht und die innere philosophische Kohärenz in dessen Werk aufzeigt. Er bemüht sich, Herders Terminologie genau zu erklären und seine Bedeutung in den Kontext der deutschen Philosophie zu stellen. Die vier Hauptthemen in Verras Forschung sind: 1) die Philosophie der Geschichte; 2) die Verbindung zwischen Vernunft und Sprache, auch im Vergleich mit Kant; 3) die Wichtigkeit des Mythos und der Mythologie; 4) Natur als Offenbarung in Herders Denken. Verras Beitrag zur italienischen Herder-Forschung ist und bleibt hochrelevant; noch heute setzen sich Forscher mit Verras Arbeiten auseinander. Einen neueren Essay mit dem Titel *Sprache als Organ der Vernunft* (*Il linguaggio come organo della ragione*) beschließt Verra mit dem Gedanken, dass es der Mühe wert ist, sich mit Herders Werken zu beschäftigen, nicht nur um »die romantische und vorromantische Zeit« zu verstehen, sondern um ein »weiteres und lebhafteres Bewußtsein der Grenzen und Möglichkeiten des Menschen« zu gewinnen (Verra 2006, 102).

1971 gibt Verra eine Übersetzung der *Ideen zu einer Philosophie der Geschichte der Menschheit* (*Idee per una filosofia della storia dell'umanità*) heraus, in der er die thematische Vielfalt der Perspektiven, die sich in Herders Werk verbergen, unterstreicht. Verra bemerkt Herders genauen Blick für das »genetische« Prinzip, für vergleichende Studien, für den Humanitätsbegriff und für die Rolle der Erziehung in der Geschichte der Menschheit. Diese Übersetzung hat der Herder-Forschung in Italien neue Impulse gegeben, obwohl Verra – wie schon Max Rouché fast ein Jahrzehnt zuvor in seiner französischen Übersetzung der *Ideen* – einige Kapitel und Abschnitte ausgelassen und zusammengefasst hatte, ohne die Kriterien seiner Auswahl explizit zu definieren: Im ersten (1784) und zweiten (1785) Teil der *Ideen* wurden viele Kapitel übergangen, die die Erdgeschichte, die organische Form der verschiedenen Völker sowie ihre Abhängigkeit von klimatischen und geographischen Bedingungen behandeln. Auch die fehlenden Kapitel aus den Büchern der Teile drei und vier (1787 und 1791) zeigen, dass Verra sich eher auf die Philosophie der Geschichte als auf die Naturgeschichte konzentriert hat.

Hierin zeigt sich eine weitere Tendenz der italienischen Herder-Übersetzungen: Die Auswahl der Schriften und Werkteile hängt stark von thematischen und theoretischen Aspekten ab. Diese Neigung charakterisiert auch die späteren Übersetzungen, die zwischen den 1970er und 1990er Jahren erscheinen. Zudem werden in dieser Zeit Anthologien zusammengestellt, die neben Herders Schriften auch Beiträge anderer Verfasser enthalten, um einen thematisch orientierten Vergleich zwischen verschiedenen Autoren zu ermöglichen oder Herders Positionierung in der Ideengeschichte zu definieren. In diese Richtung gehen vor allem zwei Sammlungen: 1973 veröffentlichen Nicolao Merker und Lia Formigari ihre Arbeit *Herder-Monboddo: Linguaggio e società* (*Herder-Monboddo: Sprache und Gesellschaft*), und 1976 gibt Massimo Mori *La filosofia della storia da Herder a Hegel* (*Die Philosophie der Geschichte von Herder bis Hegel*) heraus. Erneut lassen sich darin die beiden Schwerpunkte erkennen, die lange Zeit die Themen der Herder-Studien in Italien bestimmt hatten: Philosophie der Geschichte und Philosophie der Sprache. Erst später, in den 1980er Jahren, erscheinen neue Übersetzungen: 1984 *Giornale di viaggio 1769* (*Journal meiner Reise im Jahr 1769*) von

Mario Guzzi und im selben Jahr eine Sammlung von Schriften über die Freimaurerei, *La pietra grezza: I dialoghi per massoni di Lessing e Herder* (*Der rohe Stein: Lessing und Herders Gespräche für Freimaurer*) von Teresa Zamella, 2014 neu ediert vom Freimaurer Moreno Neri. Obwohl diese Übersetzungen in Italien auf wenig Resonanz gestoßen sind, kennzeichnen sie doch den Beginn einer neuen Phase der Herder-Rezeption.

III Neue Forschungslinien

Im Laufe der 1980er und 1990er Jahre wurden einige Aspekte der Herder-Forschung weiterentwickelt, gleichzeitig traten ganz neue Perspektiven in anthropologischer, physiologischer und ästhetischer Richtung hinzu. In einem Aufsatz über Herders mythologisches und anthropologisches Denken beschreibt Michele Cometa Herder als Autor der »Wiederentdeckung des Mythos in der Zeit der vollendeten Säkularisierung« und als den Ersten, der »das anthropologische Potential der Mythologie« auf die Vorromantik übertrug (Cometa 2000, 5). Nach Herder, so Cometa weiter, »half jede Mythologie mit, ein wesentliches Moment der Kultur der Menschheit zu offenbaren«, weshalb sein Wert »als Form der prä-rationalistischen Rationalität«, als »prä-philosophische Besinnung« und »Teil der menschlichen Kultur« anerkannt werden müsse. Mythologien, so schließt Cometa mit Herders Worten, seien »Ausdruck einer menschlichen Notwendigkeit, eine unverzichtbare Erfahrung des Menschen auf seinem unendlichen Weg der Bildung« (ebd., 5).[5]

1987 beschäftigt sich Andrea Orsucci eingehend mit der Aufklärungsdebatte und versucht Herders Ansichten zu neuen intellektuellen Tendenzen und den Stil seiner Epoche zu verstehen. Insbesondere erwähnt er Herders Kritik an der Sprache der »Büchergelehrten«, die »die Büchermotten verstehen mögen, aber nicht er, der statt Büchern unter Menschen wandelt« (SWS 1, 390) und seinen Aufruf, die Sprache des »gemeinen Mannes« zu sprechen (Orsucci 1987, 172). Orsucci verweilt beim Thema »bildliche Sprache« und unterstreicht Herders Verwendung der Metapher des Labyrinths: Die Menschheitsgeschichte folge keiner geraden Entwicklungslinie, vielmehr führe eine Reihe von Versuchen und Irrtümern – genau wie in einem Labyrinth – zur Entdeckung künstlerischer Produkte und zur Entwicklung menschlicher Kulturen. »Durch fallen lernen wir gehen, durch verspielen lernen wir gewinnen«, so stellte Herder schon 1765 fest (SWS, Bd. 1, 15; Orsucci 1987, 175). Und 1766 schrieb er: »Alle Werke des Genies sind nicht durch Regelmäßigkeit entstanden«, sondern durch »vorläufige Versuche«; viele Ergebnisse seien häufig rein zufällig (SWS, Bd. 32, 102; Orsucci 1987, 174). Eine systematische Ansicht sei also nur *a posteriori* möglich, überdies sei sie nur eine »Täuschung, ein optischer Betrug«, der – so Orsucci – sich nur aus dem Rückblick ergebe. Aus dieser Perspektive heraus wird Herders Kritik der »kalten Abstraktionsgabe der Philosophen« und seine spätere Kritik an Kant deutlich (SWS, Bd. 32, 90; Orsucci 1987, 175).

5 Vgl. Cometa 2000. Bitte die Angabe im Literaturverzeichnis aufnehmen: Cometa *Mitocritica*, in *Studi culturali*, <http://www.studiculturali.it/dizionario/lemmi/mitocritica.html> , 2000, 1–15, (24.04.18).

Neue Aspekte der Herderschen philosophischen Reflexion charakterisieren die italienische Herder-Forschung in den 1990er Jahren. Zahlreiche Wissenschaftler beschäftigen sich nun mit ihm (Maria Cecilia Barbetta, Ilaria Tani, Vittorio Morfino, Cinzia Ferrini), dabei wird insbesondere die Auseinandersetzung Herders mit anderen Philosophen der Neuzeit wie Spinoza und Leibniz, Condillac oder Hemsterhuis und natürlich Kant untersucht. Gleichzeitig erscheinen zwei neue Übersetzungen: *Gott: Einige Gespräche* (*Dio: Dialoghi sulla filosofia di Spinoza*), von Maria Cecilia Barbetta und Irene Perini Bianchi (1992), und die *Metakritik* (*Metacritica*, eine Teilübersetzung), 1993 von Ilaria Tani und Italo Cubeddu vorgelegt. Diese letzte Schrift ist bekanntlich das Resultat der Polemik zwischen Herder und Kant; allerdings wird hierin nicht nur die Beziehung zwischen Herder und seinem »Lehrer« aufs Neue erforscht, sondern auch Herders eigene Vernunftlehre.

Die Gegenüberstellung mit Kant ist vielleicht einer der interessantesten Aspekte für die kritische italienische Rezeption der jüngsten Zeit. Insbesondere das Verhältnis zwischen Sprache und Vernunft, das schon Verra analysiert hatte, wurde 2000 von einer italienischen Forscherin, Tani, erneut diskutiert. Nun aber bedient sie sich neuer theoretischer Instrumente und Methoden, die aus dem Bereich der Philosophie der Sprache und der *Philosophy of Mind* hervorgegangen sind. Das Risiko, die historische Dimension und die historische Distanz zu den Texten zu verlieren, ist Tani dabei bewusst. In ihrer Monographie *L'albero della mente* (*Der Baum des Geistes*) behauptet sie jedoch, es seien »zulässige« Theorien, Begriffe und Methoden der Gegenwart zu nutzen, um »die Vergangenheit zu lesen« (Tani 2000, 13). Tanis Ansatz erscheint insofern nicht philologisch oder historiographisch, sondern theoretisch. Um Herders Philosophie der Sprache zu verstehen, betont sie die spekulative Relevanz der Metakritik, insbesondere Herders Kritik der kantischen Schematismuslehre. Dazu zeigt sie, dass und inwiefern die *Metakritik* ihre notwendigen Voraussetzungen in Herders vorausgehenden Schriften über Psychologie und Ästhetik sowie in seinem anthropologischen Denken hat (ebd.). Mit dieser Interpretation versucht Tani Herders mythisch-religiöse Aspekte beiseitezulegen und eine reine Erkenntnis- und Sprachtheorie zu isolieren; gleichzeitig erkennt Tani Herders »dynamische[n] Begriff der Natur« an. Da kein Gegensatz, sondern eine Kontinuität zwischen Natur und Kultur, zwischen Geschichte der Natur und Geschichte der Menschheit bestünde, spielt die Herdersche Naturphilosophie Tani zufolge eine bedeutende Rolle für seine Philosophie der Geschichte und der Sprache. So bezeichnet die Forscherin Herders »pflanzlich-biologische Metapher des wachsenden Baums« als »den emblematischsten Ausdruck« seines Werks und seiner *Philosophy of Mind* (ebd., 38).

Auch in der Interpretation von Silvia Caianiello ist das Thema »Natur und Kultur« entscheidend und zwar im Kapitel »Epoca e processo in Herder« (»Epoche und Prozess bei Herder«) ihrer Monographie *Scienza e tempo alle origini dello storicismo tedesco* (*Wissenschaft und Zeit am Anfang des deutschen Historismus*, Caianiello 2005, 163–204). Wie schon Tani nimmt Caianiello die Studien von Nisbet als wichtigen Ausgangspunkt, weil diese detaillierte Analysen von Herders Interesse an Wissenschaftsgeschichte bieten. Mario Marino attestiert Nisbet: »Die genaue, gründliche und gelehrte Untersuchung von Hugh Barr Nisbet [ist] immer noch als das zuverlässigste und vollständigste Werk über Herders wissenschaftliche Interessen anzusehen« (Marino 2008, 88).

Caianiello konzentriert sich in ihrer Analyse auf die ersten Bücher der *Ideen zur Philosophie der Geschichte der Menschheit* und stellt den Begriff des Organismus ins Zentrum ihrer Diskussion. Das Begriffspaar Kräfte-Formen sei der Schlüssel, um den organischen wie auch wie den historischen Prozess bei Herder zu verstehen. In den *Ideen* zeige sich eine Kontinuität zwischen natürlichem und historischem Prozess, zwischen Individualität der lebendigen Formen und Individualität der historischen oder kulturellen Formen, die sich mit dem Prinzip einer ›Ökonomie‹ der Kräfte, welche die verschiedenen Prozesse regelt, vereinbaren lasse (Caianiello 2005, 182–184). Interessanterweise hebt Caianiello eine quasi paradoxe Differenzierung zwischen Natur und Geschichte hervor, die auf den Begriff der *Evolution* gegründet ist: Die verschiedenen Formen der Natur entwickelten sich nicht im Sinne einer »Evolution« auseinander, die menschliche Welt sei hingegen dadurch charakterisiert: »Die Kulturen bauen nämlich aufeinander auf« (ebd., 196). Bei Herder existierten »Erblichkeit« und »Evolution« wohl in der (menschlichen) Geschichte in Form von Tradition, in der Natur gebe es sie aber nicht. Mit Nisbet behauptet Caianiello, dass Herder definitiv kein Vorläufer des Darwinismus ist: »In der Natur gibt es weder eine Entwicklung im engeren Sinne, noch eine Genealogie der Formen« (ebd., 196).

Wer Herders Theorie der Natur- und Kulturgeschichte und seine Stellung innerhalb der Diskussion des 18. und 19. Jahrhunderts in Deutschland erwähnt, zitiert üblicherweise seine *Ideen zur Philosophie der Geschichte der Menschheit.* Die Bedeutung dieses Werks hat Stefano Poggi in seinem Beitrag hervorgehoben, um die Relevanz der Herderschen Überlegungen für die neuen Lebenswissenschaften evident zu machen. In Herders Naturansicht gebe es ein inneres Element, durch das sich die Natur nach präzisen Regeln organisiere. Dieses lebendige Element wirke als »individueller und unwiederholbarer Trieb« und als Fundament »der Entstehung von immer neuen Lebensformen« (Poggi 2006, 32). Individualitätsbegriff, Mannigfaltigkeit und Unwiederholbarkeit der Lebensformen sowie Selbstorganisation der Natur nach einem innerlichen Prinzip sind nach Poggi die Hauptbegriffe von Herders Naturansicht. Herder stehe zwischen Leibniz und der sich entfaltenden Biologie der Romantik, auf die sein Beitrag und sein »weiteres Echo« mittels Goethe eine starke Wirkung ausübten. Die Vermittlung von Herders Denken durch Goethe sei für die Entwicklung einer Lebenswissenschaft in Deutschland um 1800 einer der entscheidenden Aspekte. Die Fokussierung auf Chemie und auf Physiognomik, die Wiederaufnahme des Begriffs der Weltseele und des Verhältnisses von Makro- und Mikrokosmos stächen sowohl bei Herder als auch bei Goethe heraus und spiegelten sich in der romantischen Wissenschaft. Einen Widerhall von Herders *Ideen* finden wir bei Schelling, Carl Friedrich Kielmeyer und Gottfried Reinhold Treviranus – Autoren, die Poggi als »Avantgarde« einer neuen biologischen Wissenschaft oder Philosophie der lebendigen Natur im Deutschland der letzten beiden Jahrhunderte ansieht (ebd., 35–37).

Auch in seiner detaillierten Monographie *Il genio e l'unità della Natura* (*Das Genie und die Einheit der Natur*) hebt Poggi vielfach die Wichtigkeit von Herders *Ideen* für die romantische Reflexion über die Wissenschaften hervor und definiert ihn nicht nur als »direkten Anreger« (Poggi 2000, 25) von Goethe bis Kielmeyer, Baader, Schelling, Görres und Treviranus, sondern auch als unabdingbares Moment der Entstehung des neuen biologischen Denkens.[6] In ähnlicher Weise bezieht sich Giampiero Moretti auf den Einfluss Herders auf die Romantiker in Heidelberg: Die Vermittlung seiner Ansichten zur Natur und Geschichte hätten den Übergang zum neuen romantischen Natur- und Geistesbegriff begründet. Bei Görres spiele Herders Gedanke, dass »die Geschichte Entwicklungsgesetze in der Natur hat«, eine unverzichtbare Rolle; dort werde die Anerkennung eines »religiösen Aspektes innerhalb des Lebens der Natur« wieder aufgenommen (Moretti 2003, 18). Herders Verständnis der Natur und ihr Verhältnis zum Geist ist bei allen Differenzen von großer Bedeutung sowohl für die Jenaer als auch für die Heidelberger Romantik. Moretti betont einen Unterschied zwischen den beiden Ausprägungen: Für die Heidelberger Kreise – zu denen Görres gehörte – sei der Geist *Teil der* Natur, für die Jenaer Romantiker und Idealisten offenbare er sich *in der* Natur (ebd., 23).

In den letzten Jahren sind weitere Beiträge im Rahmen der philosophischen Anthropologie erschienen, auch in Bezug auf die Biologie. Mario Marino untersuchte die Deutung von Herders Anthropologie durch die Gründer der philosophischen Anthropologie zu Beginn des 20. Jahrhunderts in Deutschland. In dieser Arbeit zeigt er, wie Herders Weltanschauung erst in der Gegenwart voll verständlich wird und wie Autoren wie Theodor Litt seine Position gegen Kants kritische Philosophie rehabilitiert haben. Viele Missverständnisse von Herders Werk sowie das Faktum, dass die Nachwelt zahlreiche Widersprüche in seinem Denken entdeckt hat, werden so erklärt: Es sind Widersprüche, die zu jener Epoche gehören und für Herder unauflösbar waren (Marino 2008, 63–64). Eine solche Rehabilitation von Herders Ideen gilt es auch für die Diskussion über seinen vermeintlichen Darwinismus und die Missdeutung seiner Schriften im Rahmen des deutschen Nationalsozialismus fruchtbar zu machen.[7] Die philosophische Anthropologie des 20. Jahrhunderts, besonders Arnold Gehlen, betrachtet Herder als ihren Vorläufer und stellt seine Beiträge zu sprachlichen und anthropologischen Debatten in den Vordergrund (ebd., 398).

Seit dem Ende der 1980er Jahre wird in Herders Gedanken eine Kontinuität zwischen der philosophischen Anthropologie des 20. Jahrhunderts und ihren ästhetischen Wurzeln im Deutschland des 18. Jahrhunderts festgestellt, was auch Helmuth Plessner in seiner »Ästhesiologie des Geistes« erkannt hatte (Cometa 2008, 161–174). Im Jahr 2009 sammelt die Online-Zeitschrift *Aesthesis* neue Herder-Studien, insbesondere Schriften über seine *Ästhesiologie*, Ästhetik und Physiologie, einschließlich seiner Erkenntnistheorie. In derselben Publikation erscheinen auch neue Übersetzungen: 2009 findet sich hier der erste Teil der Abhandlung *Vom Erkennen und Empfinden der menschlichen Seele* (*Sul conoscere e sentire dell'anima umana*, übersetzt von Francesca Marelli) und die Schrift *Liebe und Selbstheit* (*Amore ed egoità*, von Salvatore Tedesco), 2010 eine neue Ausgabe der Übersetzung der *Plastik*, die schon 1994 (übersetzt von Giorgio Maragliano) erschienen

6 Poggi 2000, 129–145 (Kielmeyer); 187 (Baader); 244–254 (Schelling); 331–332 (Görres); 440 (Treviranus).

7 In Bezug auf Herders mutmaßlichen Darwinismus und die nationalsozialistische Instrumentalisierung seiner Gedanken erwähnt Marino die Diskussion zwischen 1876 und 1932 erstmals in Deutschland und später auch außerhalb der deutschen Grenzen. Schon Rouché hat diese Debatte in verschiedenen Phasen zusammengefasst (Marino 2008, 87; Rouché 1940).

war. Hier sind nochmals zwei unterschiedliche Aspekte zu beachten: Erstens stellen diese Übersetzungen nur einen kleinen Teil der großen Herderschen Produktion dar, insbesondere was seine philosophischen Untersuchungen betrifft. Zweitens haben seine zahlreichen Schriften über Literatur (z. B. die *Briefe zu Beförderung der Humanität*) oder Religion (wie etwa Älteste Urkunde des Menschengeschlechts) bisher noch keine Übersetzung ins Italienische erfahren, weshalb sie in Italien weniger rezipiert worden sind als die philosophischen Schriften.

Das neue Interesse italienischer Forscher an Herders Ästhetik sowie an seinen Betrachtungen über Mythos, Sprache und Poesie ist nicht zufällig. Herder betont die Rolle der Sinnlichkeit, der Einbildungskraft und der Sprache ebenso wie der *bildlichen* Formen des Denkens gegen (oder besser: *neben*) eine(r) kalte(n) und abstrakte(n) Rationalität. Seine Auffassungen bieten heute nicht nur ein umfassendes Spektrum von Anregungen, sondern immer offensichtlicher auch ein Panorama von theoretischen Denkanstößen: Die Frage nach dem Menschen als komplexe Einheit, in der verschiedene Kräfte (Sinnlichkeit, Einbildungskraft, Sprache, Rationalität) nebeneinander wirken, als Individualität und gleichzeitig als Teil eines kulturellen Ganzen sind heute besonders aktuell. In diesem Sinne ist Herder mit seiner erstaunlichen Intuition und seinem geschichtlichen und allumfassenden Denken nicht nur als ein »Vorläufer« (z. B. der Romantik) und nicht nur im Gegensatz zu anderen Autoren wie z. B. Kant zu verstehen. Vielmehr ist er (auch) eine unerschöpfliche Quelle tiefer und eigenständiger Gedanken, ein Autor, mit dem wir uns heute aufs Neue und näher auseinandersetzen müssen.

Literatur

1 Italienische Übersetzungen von Herders Werken

Amore ed egoità, in: *Aesthesis: Pratiche, linguaggi e saperi dell'estetico*, II (2009), 1: 81–93.

Ancora una filosofia della storia per l'educazione dell'umanità: Contributo a molti contributi del secolo, Übers. von Franco Venturi. Torino: Einaudi, 1951, Nachdruck: 1971.

Sul conoscere e sentire dell'anima umana: Osservazioni e sogni, Übers. von Francesca Marelli, in: *Aesthesis: Pratiche, linguaggi e saperi dell'estetico*, II (2009), 1: 99–129.

Dio: Dialoghi sulla filosofia di Spinoza, hrsg. von Maria Cecilia Barbetta, Übers. von Irene Perini Bianchi. Milano: FrancoAngeli, 1992.

Giornale di viaggio 1769, Übers. von Marco Guzzi, Milano: Spirali, 1984.

Idee per la filosofia della storia dell'umanità, Übers. von Valerio Verra, Bologna: Zanichelli, 1971, Nachdruck: Roma: Laterza, 1992.

Intorno la Grecia: Pensieri. Venezia: Antonelli, 1846.

Metacritica: Passi scelti, Übers. von L. Formigari und I. Tani. Roma: Editori Riuniti, 1993.

Plastica, Übers. von G. Maragliano. Palermo: Aesthetica, 1994; Nachdruck: 2010.

Scritti pedagogici, Übers. von Gemma Harasim. Milano: Sandron, [1910].

Saggio sull'origine del linguaggio, Übers. von Giovanni Necco. Mazara-Roma: Ses, 1954, Nachdruck: Roma: Editoriale B.M. italiana, 1987.

Saggio sull'origine del linguaggio, neue Übers. von A. Paola Amicone, Parma: Pratiche, 1995.

2 Anthologien mit einer Auswahl von Herders Schriften

Herder-Monboddo: Linguaggio e società, hrsg. von Nicolao Merker und Lia Formigari. Roma-Bari: Laterza, 1973.
La filosofia della storia da Herder a Hegel, hrsg. von Massimo Mori. Torino: Einaudi, 1976.
La pietra grezza: I dialoghi per massoni di Lessing e Herder, Übers. von Teresa Zemella. Milano: Cisalpino Goliardica, 1984.
Lessing-Herder: Dialoghi per massoni, hrsg. von Moreno Neri. Milano: Bompiani, 2014.

3 Studien

Antoni, Carlo: Momenti della storia della storiografia: Johann Gottfried Herder, in: *La lotta contro la ragione*. Firenze: Sansoni, 1942: 151–179.
Baccolo, Giuseppe: *La pedagogia di Giovanni G. Herder*. Torino: Vogliotti, 1948.
Barbetta, Maria Cecilia: Dalla ›sostanza unica‹ spinoziana alla ›forza organica‹: una lettura del Gott di Herder, in: *Quaderni di lingue e letterature* 16 (1991): 25–40.
Caianiello, Silvia: Epoca e processo in Herder, in: Caianiello, Silvia: *Scienza e tempo alle origini dello storicismo tedesco*. Napoli: Liguori, 2005: 163–204.
Cometa, Michele: Nemesi-Adrastea: Sulla cultura visuale di Herder e Hölderlin, in: Coglitore, Roberta (Hg.): *Lo sguardo reciproco: Letteratura e immagini tra Settecento e Novecento*. Pisa: ETS, 2007: 17–53.
Cometa, Michele: Palingenesi: Figure della ›Verjüngung‹ in Johann Gottfried Herder, in: Cottone, Margherita (Hg.): *Figure del Romanticismo*. Venezia: Marsilio, 1987: 25–59.
Cometa, Michele: Il paradigma estetico dell'antropologia di Johann Gottfried Herder, in: *Percorsi verso la singolarità: Studi in onore di Epifania Giambalvo*. Pisa: ETS, 2008: 161–174.
Cometa, Michele: ›Um also zu träumen, seyd nüchtern‹: Mitologie della ragione in J. G. Herder, in: Cometa, Michele (Hg.): *Mitologie della ragione: Letterature e miti dal romanticismo al moderno*. Pordenone: Edizioni Studi Tesi, 1989: 31–93.
Conte, Pietro: ›Quand'anche l'errore sia stato smascherato…‹: La genesi estetica della filosofia della storia in J. G. Herder«, in: *Aisthesis* 2, 1 (2009): 161–176.
Croce, Benedetto: *Ästhetik als Wissenschaft vom Ausdruck und allgemeine Sprachwissenschaft: Theorie und Geschichte*, nach der sechsten erweiterten italienischen Auflagen übertragen von Hans Feist und Richard Peters. Tübingen: J.C.B. Mohr, P. Siebeck, 1930.
Croce, Benedetto: Filosofia e linguaggio in Herder, in: *Estetica come scienza dell'espressione e linguistica generale: Teoria e storia*. Palermo: R. Sandron, 1902.
Croce, Benedetto: La teoria del giudizio estetico come giudizio storico, in: *La critica* 33, 1 (1935): 209–217.
D'Alonzo, Jacopo: ›Natura è sviluppo‹: J. G. Herder sullo statuto storico-naturale dell'uomo e la nascita della sensibilità storica moderna, in: *Syzetesis* 3, 1 (2016), 1: 43–55.
Farinelli, Arturo: L'›umanità‹ di Herder e il concetto di ›razza‹ nella storia dello spirito, in: *Studi di Filologia moderna* 1, 1–2 (1908): 4–53.
Ferrini, Cinzia: La lettura herderiana dell'Essai di Condillac nella Abhandlung über den Ursprung der Sprache, in: *Archivio filosofico* 31, 1–3 (1991): 37–63.
Fichera, Giuseppe: Umanità e linguaggio nel pensiero di Herder. Padova: Cedam, 1964. Ha-

rasim, Gemma: Introduzione a Herder, in: Herder, Johann Gottfried, *Scritti pedagogici.* Milano, Palermo: Sandron, [1910].

Maggiore, Valeria: Il corpo come strumento della sensibilità: Riflessioni sul conoscere e il sentire fra estetica e fisiologia, in: *Rivista di studi di estetica* 44, 5 (2016): 85–105.

Marelli, Francesca: Nota al saggio di Herder Sul conoscere e il sentire dell'anima umana, in: *Aisthesis* 2, 1 (2009): 95–97.

Marino, Mario: *Da Gehlen a Herder: Origine del linguaggio e ricezione di Herder nel pensiero antropologico tedesco.* Bologna: Il Mulino, 2008.

Marino, Mario: Una nuova edizione degli scritti di Valerio Verra su Herder, in: *Archivio di Storia della Cultura* 20 (2007): 267–280.

Marino, Mario: Vita dell'animale e antropologia in Reimarus e Herder: Con un corollario sulla questione dell'essere carente, in: Frigo, Gian Franco (Hg.): *Bios e Anthropos: Filosofia, biologia e antropologia.* Milano: Guerini, 2007: 51–82.

Maurer, Michael: Herder und seine Wirkung: Überblick und Problemaufriß, in: Maurer, Michael (Hg.): *Herder und seine Wirkung – Herder and His Impact.* Heidelberg: Synchron, 2014: 13–48.

Meinecke, Friedrich, *Die Entstehung des Historismus.* 2 Bde. München, Berlin: Oldenbourg, 1936; it. Übers. *Le origini dello storicismo.* Firenze: Sansoni, 1954.

Mondolfo, Rodolfo: Il primo assertore della missione germanica: Herder, in: *Rivista delle nazioni latine* 2 (1918): 158–168.

Mondolfo, Rodolfo: Umanesimo e nazionalismo in Herder (1944), in: Mondolfo, Rodolfo: *Filosofi tedeschi: Saggi critici.* Bologna: Cappelli, 1958: 65–94.

Morfino, Vittorio: Spinoza tra Herder e Goethe, in: Viganò, Francesca (Hg.): *La natura osservata e compresa: Saggi in memoria di Francesco Moiso.* Milano: Guerini, 2005: 228–243.

Necco, Giovanni, Tre saggi su Herder, in: *Studi Urbinati* 24, 1–2 (1950): 85–125.

Orsucci, Andrea: Il labirinto come metafora del tempo: Herder, Lessing e Thomas Abbt, in: Lupi, Walter (Hg.): *Scritti in onore di Eugenio Garin.* Pisa: Scuola Normale Superiore, 1987: 167–192.

Pinotti, Andrea: Guardare o toccare? Un'incertezza herderiana, in: *Aisthesis* 2, 1 (2009): 177–191.

Poggi, Stefano: Il genio e l'unità della natura: La scienza della Germania romantica (1790–1830). Bologna: Il Mulino, 2000.

Rizzo, Francesca: Note sulla fortuna di Herder in Italia, in: *Accademia Pontaniana. Atti* 21 (1976): 57–82.

Rouché, Max, *Herder précurseur de Darwin? Histoire d'un mythe*, Paris: Les belles Lettres, 1940.

Tani, Ilaria: *L'albero della mente: Sensi, pensiero, linguaggio in Herder.* Roma: Carocci, 2000.

Tani, Ilaria: Ars inveniendi – ingenium – genius: Creatività e linguaggio in Herder, in: Gensini, Stefano, Arturo Martone (Hg.): *Ingenium, propria hominis natura: Atti del Convegno di studi*, Istituto Universitario Orientale di Napoli – Istituto per gli Studi Filosofici, Napoli 22–24 maggio 1997. Napoli: Liguori, 2002: 149–162.

Tani, Ilaria: ›Eins in Vielen‹: Motivi leibniziani nella filosofia del linguaggio di Herder, in: Gensini, Stefano (Hg.): *Linguaggio, mente, conoscenza intorno a Leibniz.* Roma: Carocci: 2005: 121–154.

Tani, Ilaria: Espressione, rappresentazione, giudizio: Osservazioni sul concetto di Besonnenheit in Herder, in: *Aisthesis* 2, 1 (2009): 141–159.

Tani, Ilaria: Linguistica herderiana: La teoria del linguaggio di Herder e la sua attualità, in: *Cultura Tedesca* 24 (2003): 107–118.

Tani, Ilaria: Il mare della sensibilità interna: Immaginazione e linguaggio in Herder, in: Formigari, Lia, Giovanni Casertano, Italo Cubeddu (Hg.): *Imago in phantasia depicta*. Roma: Carocci, 1999: 287–302.

Tani, Ilaria: Mente e linguaggio nella tradizione empirista da Gassendi a Herder, in: Gensini, Stefano, Antonio Rainone (Hg.): *La mente: Tradizioni filosofiche, prospettive scientifiche, paradigmi contemporanei*. Roma: Carocci, 2008: 107–124.

Tani, Ilaria: Note a margine: Sull'attualità di Herder, in: *Bollettino filosofico dell'Università della Calabria* 16 (2000): 143–148.

Tani, Ilaria: Il problema della somiglianza nell'›origine del linguaggio‹: Sulzer, Tetens, Herder, in: *Beiträge zur Geschichte der Sprachwissenschaft* 11 (2001): 239–276.

Tani, Ilaria: Psicologismo e antipsicologismo nello studio del linguaggio: Il caso Herder, in: Gensini, Sefano, Arturo Martone (Hg.): *Il linguaggio: Teoria e storia delle teorie in onore di Lia Formigari*. Napoli: Liguori, 2006: 149–162.

Tani, Ilaria: Significato ed esperienza in Herder, in: *Paradigmi* 64–5 (2004): 179–193.

Tedesco, Salvatore: Economia del desiderio: Piacere e conoscenza nella prima estetica di Herder, in: *Aisthesis* 2, 1 (2009): 131–140.

Tedesco, Salvatore: Herder e la questione dell'Einfuhlung: Estetica e teoria della conoscenza fra Mitfühlen e Familiengefühl, in: *Rivista di Estetica* 51 (2011): 203–215.

Venturi, Franco: Introduzione zu J. G. Herder, *Ancora una filosofia della storia per l'educazione dell'umanità: Contributo a molti contributi del Secolo*. Torino: Einaudi, 1951, Nachdr. 1971: 7–28.

Verra, Valerio: *Herder e il linguaggio come organo della ragione*. Torino: Edizioni di Filosofia, 1957. Nachdruck in: *Linguaggio Mito e Storia*. Pisa: Edizioni della Normale, 2006: 1–102.

Verra, Valerio: Linguaggio, storia e umanità in Vico e in Herder, in: *Omaggio a Vico*. Hrsg. v. Pietro Piovani, Napoli: A. Morano, 1968: 333–362.

Verra, Valerio: *Mito, rivelazione e filosofia in J. G. Herder e nel suo tempo*. Milano: Marzorati, 1966. Nachdruck in: *Linguaggio Mito e Storia*: 119–184.

Verra, Valerio: I Provinzialblätter di Herder, in: *Demitizzazione e morale: Atti del Convegno (Roma, 1–2 gennaio 1965)*. Padova: Cedam, 1965: 415–428. Nachdruck in: *Linguaggio Mito e Storia*: 103–118.

Verra, Valerio: Ragione, linguaggio e filosofia in Herder, in: *Filosofia* 9 (1958): 221–259.

Verra, Valerio: Vita del linguaggio e senso della storia in G. Vico e J. G. Herder, in: *Quaderni contemporanei* 2 (1969): 185–204. Nachdruck in: *Linguaggio Mito e Storia*: 285–302.

Catherine Girardin (Paris and Frankfurt a. M.)

The North in the Young Herder's Play *Ein Skaldengesang* (Nachlass XIX 2: a, c, e, g, h)

Dieser Artikel reflektiert Herders Behandlung des Nordens als literarischer Topos. Die Autorin analysiert Manuskripte des von Herder vermutlich zwischen 1765 und 1766 entworfenen Schauspiels Ein Skaldengesang. *Das Schauspiel, zur Zeit des Übergangs vom Heidentum zum Christentum angesiedelt, bietet die Geschichte von Drottar, einem Kriegsherrn, der von seinem Volk aufgefordert wird, Odin ein Opfer zu bringen. Drottar zögert, da er nicht mehr an Götzen glaubt, doch plagen ihn Zweifel, zumal die Hungersnot in dem Moment begann, als er die heidnischen Götter verleugnete. Dieser Artikel untersucht die Genese des Stücks, indem er mögliche historische und literarische Inspirationsquellen Herders erforscht. Es wird gezeigt, wie Herder auf andere Wissensgebiete wie nordische Geschichte und Mythologie zurückgreift.* Ein Skaldengesang *ist neben Gerstenbergs Schauspiel* Gedicht eines Skalden *einer der ersten Versuche in Deutschland, ein Theaterstück mit skaldischem Kontext zu verfassen. Die beibehaltenen Elemente der verschiedenen Quellen offenbaren Herders Wahrnehmung des Nordens, die sowohl in seinem Jahrhundert verwurzelt ist – weil sie die nordischen Völker als tapfer und patriotisch darstellt –, als auch originell in Hinsicht auf Herders produktive Aufwertung der Rolle der ›barbarischen‹ Völker für die europäische Geschichte. Dieser Artikel impliziert, dass Herder Mitte der 1760er Jahre die Poesie, Mythologie und Sitten der nordischen Völker sowie deren angebliche Verwandtschaft mit den Deutschen auf ihren Wert für die deutsche Poesie prüfte. Das Nordische mit seinem vorgeblichen Charakter von ›Primitivität‹ und Freiheit schien ihm geeignet zu sein für sein Projekt der Neudefinition der eigenen Literatur.*

I Introduction

The major works that testify to Herder's interest for the North are the *Volkslieder* (1774, 1778, 1779), as well as his essays *Iduna, oder der Apfel der Verjüngung* (1796) and *Zutritt der nordischen Mythologie zur neuern Dichtkunst* (1804). However, Wilhelm Grohmann states that Herder made contact with the North as early as 1760 through Sebastian Friedrich Trescho's personal library (Grohmann 1899, 11). Herder then made no difference between the different "Nordic" peoples, which he all considered to be German ancestors, what Ulrich Gaier terms "*kulturelle Einheit*" (FHA 1, 934, antn. on 63, 16–18). In his early writings on the ode (1764), Herder drafts a history of the *Lieder* of the "Celten, Druiden" (ibid., 61), and "Skaldrer" (ibid., 63). The term "Skaldrer" refers to the skalds, the Scandinavian poets—at first Norwegian, and after the age of colonization of Iceland, almost all Icelandic—, who were active in the majority of the North European courts, as well as in the English and Swedish islands at the times of the Vikings (Dalin 1756, 186; See 2011, 52–53). This term is part of the title of one of Herder's manuscripts dated from Riga (XIX 2: c) "Ein Skaldengesang", written and crossed out by Herder's hand. The manuscripts XIX 2: a, e, g, h are fragments of the same theatrical text (Adler, Irmscher 1979, 153). The name of one of the characters in the manuscripts XIX 2: g, h is "Skaldr". The note "Zu Riga 1765 / 6" on the top right corner of the manuscript XIX 2: a is not of Herder's hand, but maybe of Carl Redlich's, although he does not mention this play in his foreword to Herder's *Dramatische und epische Dichtungen*, the fourth volume of Herder's *Poetische Werke* and twenty-eighth volume of Herder's *Sämmtliche Werke* (SWS 28, vii-xii). This note helps to situate more precisely the date of writing of the manuscript, but does not allow to assert with certainty that all the other manuscripts have also been written between 1765 and 1766. In his thesis entitled *Herders dramatische Dichtungen (mit Benutzung ungedruckter Quellen)* (1915), Amand Treutler only transcribes the manuscripts XIX 2: a, g, h (Treutler 1915, 189–192)[1].

The reason why Treutler did not transcribe the manuscript XIX 2: c is unknown—did he have access to it, and if so, why did he not transcribe it alongside the others?—, but the result is that the most consistent fragment of the play remains untitled: "Unbenanntes Fragment der Rigaer Zeit" (ibid., 189). Treutler claims that he is neither able to explain the "Stoffkreis" of the play, nor the sources used by Herder, all the more because he cannot find any mention of this play in Herder's correspondence (ibid., 47). Yet many elements in the play allow one to determine the Nordic context and content of Herder's text. In the fragment "Von der Verschiedenheit der Odengegenstände", included in *Fragmente einer Abhandlung über die Ode*—mentioned in a letter from Johann Georg Hamann to Herder dated from 18 May 1765 (Gaier in FHA 1, 928; Hamann 1956, 331)—, Herder writes: "Shakespears Schriften und die nordische Edda, der Barden und Skaldrer Gesänge müssen unsere Poesie bestimmen" (FHA 1, 86). The idea expressed in this quote foreruns the spirit of Herder's well-known metaphor of the "Rüstkammer", which appears in his review of Paul-Henri Mallet's *Geschichte von Dänemark*, published approximately three months later, on 12 August1765, in the *Königsbergsche gelehrte und politische Zeitung* (64th Stück) (SWS 1, 74–75). What is the contribution of *Ein Skaldengesang*, as a discourse and as a theatrical work involving the North, to this project of a redefinition of German poetry? This is the question this article sets out to answer.

II Sources

Grohmann states that Herder could have been acquainted with the works of Ole Worm, Thomas Bartholin (The Young), and Johann Peringer de Peringskiöld on Nordic mythology in Riga (Grohmann 1899, 26, 12). However, Gunter E. Grimm and Gaier think that Herder became familiar with the North, in particular the *Edda*[2], through his reading of the first part

1 My transcripts, Treutler's, as well as my interpretation of the manuscript XIX 2: a can be found in the appendices.

2 With the term "*Edda*", I refer to both *Eddas*, that is the *Codex regius* and the *Snorri's Edda*. When needed, I use the specific titles, *Codex regius* and *Snorri's Edda*. Wolfgang Proß thinks that Herder must not have read much of the *Snorri's Edda* and of the *Codex regius* published in 1665 by Peder

of Mallet's *Geschichte von Dänemark* (1765) (cf. Grimm in FHA 2, 1137; Gaier in FHA 1, 1103)[3]. His review of Mallet's work drove him to enthusiastically share his thoughts about the *Edda* to Hamann in a letter dated from mid-February 1765, where he quotes extracts of the *Hávamál* (Herder 1984, 37–40). In his review, Herder speaks about Gottfried Schütze as being the first to introduce the *Edda* in Germany (SWS 1, 74), probably referring to the first edition of the *Schützschriften* (3 vol., 1746–1747) and to *Der Lehrbegriff der alten Deutschen und nordischen Völker von dem Zustande der Seelen nach dem Tode überhaupt, und von dem Himmel und der Hölle insbesondere* (1750). To what extent Herder studied the *Edda* through Schütze before doing so through Mallet is uncertain, but Schütze's *Lehrbegriff* is listed in the *Bibliotheca Herderiana* (cf. entry 3318). Again in his review, Herder states that Mallet's work is as important as that of the Swedish historian Olof Dalin, author of *Svea rikes historia* (4 parts, 1747–1762), of which a German edition of the third part (1763) is also listed in the *Bibliotheca Herderiana* (ibid. entry 3051). He also praises Dalin's work in his letter to Hamann dated from mid-February 1765 (Herder 1984, 38). According to Herder, Mallet would surpass the Danish historian Ludvig Holberg, author of *Dannemarks Riges Historie* (3 vols.; 1732–1735) (cf. SWS 1, 73). Following Grohmann, Mallet, Schütze, Dalin and Holberg are all authors whom Herder was familiar with as early as 1765 (Grohmann 1899, 17). The name of Daniel Georg Morhof can be added to the list, the first to introduce the *Edda* and the skaldic poetry in Germany according to Richard Batka (Batka 1896, 4). Wolfgang Proß thinks that Morhof's *Unterricht von der teutschen Sprache und Poesie* (1682) (*Bibliotheca Herderiana* entry 5152; the *Bibliotheca* lists the second edition of 1702 with a different, shortened title) represents Herder's first contact with the North (HWP 1, 826, antn. on 483, 1). Herder refers to it in an outline for a poetics elaborated in Königsberg / Riga written before *Ein Skaldengesang* and, as Gaier notes, in the fourteenth Fragment of the first Collection of the *Fragmente*, when he borrows Morhof's words—without explicitly quoting him—to compare the Greek and the skaldic verses (FHA 1, 230, 1069, antn. on 230, 23).

As for the literary sources on the North, Herder could have read about the acquaintance seen by Gotthold Ephraim Lessing between Johann Wilhelm Ludwig Gleim's *Lieder*

Hansen Resen, since only one sheet of notes dated from 1774 is left in the author's manuscripts. This sheet contains a translation of some strophes of the *Völuspá* and the beginning of an excerpt from the *Isländisches Wörterbuch* (1683) edited by Gudmund Andreä and Resen (Nachlass: XIV: 13) (HWP 1, 826, antn. on 483, 1). Herder refers directly to the *Codex regius* only in 1777 in *Von Ähnlichkeit der mittlern englischen und deutschen Dichtkunst, nebst verschiednem, das daraus folget* (FHA 2, 553).

3 The first part of *Geschichte von Dänemark* is the translation of three works of Paul-Henri Mallet initially published in French under the titles *Introduction à l'histoire de Dannemarc, où l'on traite de la religion, des loix, des mœurs & usages des Anciens Danois* (1755), *Monumens de la mythologie et de la poésie des Celtes. Et particulièrement des anciens Scandinaves: pour servir de supplément et de preuves à l'Introduction à l'histoire de Dannemarc* (1756), and *Histoire de Dannemarc* (1758) (only the first four books of the first volume of the latter are translated). The first volume of *Histoire de Dannemarc* starts with the times of "Heldenthum" (Mallet 1765, 203) and the fourth book ends with the reign of Margaret I of Denmark (1353–1412). *Monumens de la mythologie et de la poésie des Celtes* is a commented and partial translation of the *Snorri's Edda.* This translation contains a summary of the prologue of the *Snorri's Edda*; the entire *Gylfaginning*; a summary of the *Skáldskaparmál*; a very brief summary of the *Háttatal*; three poems from the *Codex regius*: the *Völuspá*, the *Hávamál*, and the *Runic Chapter* (*das runische Capitul*); and four other poems: "Ode des Königes Regner Lodbrog" (partial and revised), "Ode Haralds des Tapfern", "Lob des Haquin, eine Ode", and "Geschichte der Könige in Schweden, Carl und Grym, und des Hialmar, eines Sohnes vom Harec, König von Biarmien".

and the bardic and skaldic songs in his foreword to Gleim's *Kriegslieder*, since he refers to Gleim's *Lieder* in "Von der Ode" (FHA 1, 75). Heinrich Wilhelm von Gerstenberg's *Gedicht eines Skalden* is published in 1766, a lyrical play that tells the story of the skald Thorlogur Himintung, who wakes up following a millennial sleep to find himself after the *ragnarök*, in a Christianized world. This play borrows openly from the Nordic mythology. Inspired by Friedrich von Hagedorn's poem "Der Wein" (1729)—which already included names borrowed from the Nordic mythology—, Gerstenberg's play can be integrated in an already existing literary tradition that explores the medieval Nordic world—one only needs to think of Hans Sachs' *Hagwart und Signe* (1556), based on the chronicles of Albert Krantz. Nevertheless, this play is considered to be the first one dealing with the skaldic theme in Germany, as well as the initiator of the "bardic" fashion (Tieghem 1973, 160; Fischer 1995, 133; FHA 3, 1068, antn. on 234, 8). It is likely that Herder read Gerstenberg's play as soon as it was published, since he refers to it when speaking of Gerstenberg's "Genie" and of his avant-gardism in the eighth and fifteenth Fragments of the first Collection of the *Fragmente* (FHA 1, 204, 232, 1072 antn. on 232, 25). He will even later give Gerstenberg the nickname "Skalde" (FHA 2, 522). It is possible that Herder read Gerstenberg's play before writing *Ein Skaldengesang*, but neither the characters nor the fable reference those in *Gedicht eines Skalden*. However, if Herder wrote his play—in whole or in part—in 1765, it would then have to be considered, alongside *Gedicht eines Skalden*, as one of the first attempts at writing a theatrical play on the skaldic theme in the history of German literature. Herder also knows about Gerstenberg's *Briefe über die Merkwürdigkeiten der Litteratur* (1766–1767)—of which the 8th, 11th, 19th and 21st Letters address the Nordic mythology—and even describes this publication as beneficial for Germany's "Bildung" in a letter to Johann Georg Scheffner dated from 23 September / 4 October 1766, where he adds: "so lass diese Skaldrer u. Barden hervorbringen; wir sinds zufrieden. Ihr Styl ist *Moserisch*, und ihre Denkart *Nordisch*!" (Herder 1984, 65). Finally, the interest of reading Saxo Grammaticus, more particularly his *Gesta Danorum* (ca 1200), could have been awakened by the reference made by Gerstenberg to the Danish historian in his 11th Letter as early as 1766 (Gerstenberg 1890, 67), or even earlier, through Hamann, whose readings, among which Grammaticus is listed, Herder enumerates in a letter to Johann Gotthelf Lindner dated from 31 October 1764 (Herder 1984, 34).

III The Manuscripts[4]

III.1 Manuscripts XIX 2: g, h

The manuscripts XIX 2: g, h in prose are the most substantial, with eight lines, distributed into two scenes. Scene 1 is a dialogue and includes the first seven lines. Scene 2, constituted by the eighth line, is a monologue. The manuscripts XIX 2: g, h present two characters, Skaldr and Drottar. The first line (1), even though not attributed to

4 I own thanks to Heinrich Clairmont, whose acute reading I benefited for the analysis of the manuscripts, especially manuscript XIX 2: a.

any character, seems to be Skaldr's, according to the dialogue that follows. He implores, in the name of a "we", the one he calls "Priester" and "unser Vater" to save his people from famine, this "Furie des Hungers", which rages since three years (2). Drottar arrives in ceremonial clothes, ready for a sacrifice, but the "Wüste" that his motherland has become saddens him. He does not know what to do to soothe the gods' anger, because he has, without success, implored the gods and made Odin sacrifices. He wishes his tears would transform into "Gießbäche des Himmels" to make the soil fertile again (3). Skaldr explains that Odin has not heard their complaints. He invokes a passed battle, where Odin had, through Drottar, defeated their enemies, the Finns. He asks Drottar to be, once again, a "held" for his motherland, "nicht durchs Schwert, sondern durch Gebete" (4). Drottar doubts whether a second victory is possible, since Odin is now on the side of the enemies, who enjoy their triumph in opulence. Drottar implores Odin, he asks him why he did not let him die on the battlefield like his father. If he had done so, the passer-by would now walk by his burial mound and admire it as that of the motherland's savior (5). Skaldr deplores the fact that the enemies did not get to endure what his people endures now: death by famine and plague. He accuses Drottar of not having given them a glorious death (6). Drottar is discouraged by the fact that his heroic deed, that is, to save his people from death, has transformed into a bane, his people having now to face a shameful death. He decides to make a sacrifice to Odin and calls the priest to ask him for advice (7). Skaldr agrees with this decision, enlivened by the idea that Drottar will save his people for a second time (8). Drottar is alone, torn apart on one side by the suffering of his people, and on the other, by his recent conversion to Christian religion, which prevents him from making sacrifices to idols. Even though he is convinced by his new faith, he is troubled by the fact that famine began exactly when he disavowed Odin and the pagan gods. This last line is a confession. Drottar, alone, in a monologue, tells the spectator a new and secret fact, unknown to Skaldr. The last sentence of the line, where Drottar admits a doubt regarding his Christian faith, is preceded by a line break. The confession then takes a deeper tone, as if the spectator entered in the character's conscience. It is for the end of the line, even of the play, what the question mark is for the end of a sentence: it carries the spectator into Drottar's faith crisis. The numerous evocations of Drottar's doubt and indecision during the play (XIX 2: g: [2]; h: [6], [8]) progressively bring the spectator to this final sentence, which is the expression of the character's "tragic" dilemma; Treutler uses the term "Tragödie" (Treutler 1915, 47).

III.2 Manuscript XIX 2: a

The manuscript XIX 2: a, in verses, does not add anything to the narrative in itself. It only includes two lines, which are not attributed to any character. According to the manuscripts XIX 2: g, h, the first line is Skaldr's, and the second, Drottar's. Skaldr's line in XIX 2: a condenses the account of the events distributed among multiple lines in the manuscripts XIX 2: g, h. With the repetition of different versions of the motif of deliverance "durch Schwert nicht durch Gebete" in his transcript, Treutler suggests Herder's possible intention of inserting a chorus in this versified version. As for the sole line of Drottar, it seems to correspond, only with slight modifications, to the beginning of Drottar's second line in the manuscripts XIX 2: g, h.

The "draft" status (Adler, Irmscher 1979, 153) of the manuscript allows only to make hypotheses as to what final form Herder would have wished for his text. The rhythmic scheme (flat rhyme: a-a-b-b) and structure (two thirteen-syllable free verses, followed by two alexandrines) chosen by Herder for the first four verses, which most probably constitute a quatrain, guide my interpretation (cf. appendix: Interpretation of Manuscript XIX 2: a). Verse 3, as it appears in the manuscript, includes twenty-two syllables; it is most probable that Herder did not want to leave it in this form. The first part of this verse, before the comma, only includes ten syllables. The second part includes twelve syllables. To abide by the rhythmic structure, Treutler will probably have chosen to make an alexandrine in itself with the second part of the verse. By adding "die Lenden" at the end of verse 6, Treutler probably thought that Herder omitted to write these words for efficiency reasons. However, this decision seems to not make sense neither rhythmically, because the verse in Treutler's transcription has eleven syllables, nor semantically, because verse 7 refers to verse 5 ("Händen") in the manuscript. Verse 6 is most probably an abandoned verse, although not crossed out. This is why it does not appear in my interpretation of the manuscript. The words "und unsre Zunge starrt" above verse 9 possibly stand for the beginning of an abandoned verse. They can also constitue, just like the words "O flehe du für uns", the beginning of verse 9. Since Herder has not crossed out neither the first nor the second group of words, since the number of syllables stay the same, and since both abide by the rhythmic structure and are coherent semantically, there is still a doubt concerning Herder's choice for the beginning of that verse. Verses 10 to 13 are bound by a large curly brace in the left margin of the manuscript, they seem to correspond to Herder's attempts at verse construction. The large curly brace would signify the exclusion of verses 10 to 13, which do not correspond to Herder's metrical and semantical requirements. From a metrical point of view, verses 10 to 13—except verse 10 which includes thirteen syllables and which is reformulated in verse 15—do not include enough syllables for the chosen rhythmic structure. From a semantical point of view, verse 14 is the direct continuation of verse 9: the possessive pronoun in "seinen Thron" at the beginning of verse 14 refers to Odin at the end of verse 9.

III.3 XXI 2: c

The manuscript XIX 2: c is also written in verses. It only includes one line, which can be attributed to Skaldr according to the manuscripts XIX 2: g, h. Like the manuscript XIX 2: a, the manuscript XIX 2: c starts with a thirteen-syllable free verse; just like the following verse, if the crossed out terms are excluded. Verse 3 can represent Herder's attempt at including a third verse in the outlined rhythmic structure. It could be the same as in the manuscript XIX 2: a, that is two thirteen-syllables free verses, followed by two alexandrines, so one alexandrine. It could also be an abandoned verse, thus the brackets. The brackets can also possibly give the verse 3 another status, like that of the stage direction. In that case, the corporal injuries would be all the more vivacious and material, the hands injured by famine and plague being shown on stage. Both hypotheses are supported by the fact that the verse 3 does not rhyme with the verses that precede and follow it and that, left as it is, it would break the crossed rhyme scheme (a-b-a-b).

III.4 XIX 2: e

The manuscript XIX 2: e, in rhymed verses, only includes two lines, which are not attributed, but could be attributed respectively to Skaldr and Drottar, according to the manuscripts XIX 2: g, h. The first quatrain suggests that Herder attempts at a similar metrical construction as in the other versified manuscripts. Verse 1 can include either the adjective "abgenagten" or "mattgerungnen". In both cases, it has fourteen syllables and thus fails at the thirteen-syllable free verse or at the alexandrine construction. However, verse 2 can include twelve syllables, since it is possible that Herder shows, by underlining the words "sieh uns an", that he has chosen the latter in favor of "hör uns flehn". Verse 3 includes thirteen syllables and verse 4 as well, excluding what is crossed out. The first quatrain abides by the crossed rhyme scheme, the second seems to fail, since the final of verse 8, "landes", does not rhyme with "Götter" in verse 5. Nevertheless, Herder seems to aim at this rhythmic scheme, since, in verse 8, the bracketed words combined to the words preceding the semicolon could constitue a twelve or thirteen-syllable verse in itself (depending on the exclusion of the crossed out "mals" in "nochmals"), ending with "Retter", rhyming with "Götter".

IV Famine, Sacrifices and Plague

The coexistence of Drottar's Christian faith and of the paganism of his people indicate that the Christianization has recently taken place. In the Danish setting, it is possible to situate the historical context of the play around 1000, at the end of the pagan "Abnahme", in Mallet's words (Mallet 1765, 233). Herder will probably have chosen this context of tension to set Drottar's "tragic" dilemma, that is, the incompatibility between his own convictions and the destiny of his people. This dilemma comes from and depends entirely on the change of the religious paradigm. In all the manuscripts, the play opens with Skaldr's imploring Drottar to save his people from the famine. The latter is, with plague, the principal motivation of the dialogue and the source of Drottar's dilemma, rushed to proceed to a sacrifice against his new faith. The most important passage concerning famine in Mallet's work appears under the reign of Olaf I of Denmark (ca 1050–1095):

> Eine so starke und so lange dauernde Hungersnoth in einem Lande, das von Natur fruchtbar ist, entsteht ohne Zweifel viel eher aus einem Fehler des Volks und der Regierung, als aus einer Unordnung der Witterung. Ein Volk, das den Ackerbau und die Handlung verachtet und auf nichts als den Krieg denkt, daß die Vortheile der friedsamen Künste und einer guten Policen verachtet, muß einem solchen Elende nothwendig häufig unterworfen seyn. Unsere Zeiten sehen kaum zwey oder drey schwache Beyspiele davon in einem Jahrhundert. Wenn wir unser glück recht fühlen wollen, dürfen wir unser Blicke nur auf diese entfernten Zeiten werfen, die wir aus Eigensinn oder Unwissenheit oft beneiden. (Ibid., 295–296)

Mallet's historical considerations tinted by morality and philosophy at the end of this passage reflects his "Philosophischpragmatisch" approach praised by Herder (SWS 1, 73). It would even be possible to consider that Herder, having read this passage and having chosen the famine context for his play, wanted to share via the means of theater the same reflection with the audience. For Grammaticus, this famine would be the divine punishment of King Olaf for his so-called participation in the murder of his brother Canute IV of Denmark (ca 1040–1086) (Grammaticus 2015, 865). Mallet and Holberg quote the episode told by Grammaticus, where, during a Christmas banquet, King Olaf, ashamed of not being able to feed his guests, would have implored God to punish him and spare his people (Mallet 1765, 296). For Mallet, the people, the government, as well as the seasons are all equally responsible of the famine (cf. quote above: ibid., 295–296); the latter is, in a way, the punishment of the "barbarous" peoples. The difference between Drottar and King Olaf is that the first is forced to think of his condemnation by Skaldr, whereas the second thinks of it by himself. In any case, an atmosphere of punishment and sacrifice surrounds both the play and the historiographical works of Mallet and Grammaticus. The latter's description of the king, who wants "to atone for their [his people] sins in his own person", even recalls the figure of Christ (Grammaticus 2015, 871). It is also a trait of the post-Christian sagas which Herder could have read, where the superiority of the new God over the ancient pagan gods is put forth (See 2011, 59–60). Skaldr's plead for a sacrifice and Drottar's feeling of guilt and responsibility only make sense when considered in the light of the historical context of Nordic paganism in which such practices were common, practices about which Herder could have read in Dalin's work, for example (Dalin 1756, 132). As in the quote concerning famine (cf. quote above: Mallet 1765, 295–296), Mallet adds his reflections on the human in general at the end of his explanation. They are based on a certain conception of history, which grants an epistemological value to the recurrence of events: a way of analyzing the protagonists' mentality, the pagan Danes, and to actualize their beliefs in the form of a moral precept.

In Dalin's work, Herder could have read a detailed description of the human sacrifices among the pagan Swedes—even about the kings' sacrifices (Dalin 1756, 129–130, 131–132)—and a pre-Christian example of a sacrifice, not of a king, but made by a king, Aun the Old (ca 520–610), to put an end to famine:

> Ganz Europa hatte um die Zeit [570 A.D.] seine Plagen von Unglück und Elend auszustehen. Ansteckende Seuchen, Erdbeben, Gewitterschaden und Wasserfluten verheerten *Frankreich* und andere Länder, daher man sich nicht wundern darf, wenn *Norden* unter Mißwachs und Hunger seufzete. Ane sahe sich dadurch wieder genöthiget, ein grosses Blutopfer anzustellen, und seines eigenen Kindes nicht zu schonen. Daß er aber so viele Söhne schlachten lassen, bloß in der Absicht ein hohes Alter zu erreichen, ist ein Zusatz der *Skalden* und Historienschreiber. (Ibid., 285; cf. also Schütze 1750, 93–94n2)

Gerstenberg says that human sacrifices were a common practice (Gerstenberg 1890, 248–249), and Schütze, that they were Odin's favorite sacrifices (Schütze 1750, 285). Régis Boyer states that the Scandinavian kings were held responsible for the climate and, thus, for the agricultural output. If the output was bad, as Skaldr and Drottar describe it, it was common to sacrifice them:

> [S]ince they [the kings] were acquainted with the cosmic elements, it was expected that their reign coincides with excellent seasons. They were enthroned as kings [...] for a fruitful year and for peace. If it was not the case, if natural and political catastrophes succeeded their enthronement, they were sacrificed. (Boyer 1992, 18)[5]

This conception of the sacrifice echoes Herder's contemporary writings on pagan religions in general. He explains, for example, in *Hume: natürliche Geschichte der Religion* (1766) and in *Versuch einer Geschichte der lyrischen Dichtkunst* (1764), that man invented gods to generate an image of fearful invisible forces, in order to dominate the latter by way of practices such as prayers and sacrifices (SWS 32, 193, 106). Following Herder, the primitive peoples—that is, superstitious and pre-Christian—do not reflect on the concept of "god" through a rational process of observation of the world, nor through the development of a philosophical perspective on the order of things, but through the confrontation with unexpected and unpredictable events, which they attribute to the moods and actions of the gods (ibid., 193). Herder uses this scheme in his play in two ways: with Skaldr's implorations, motivated by the idea that if Odin joins his people again, the famine and the plague will end; and with Drottar's faith crisis, who asks himself what is the role of the gods in his people's misfortune.

As for the plague invoked by Skaldr, it only acquires such importance in Denmark in Mallet's and Holberg's historical narratives far after Christianization (Mallet 1765, 385, 392; Holberg 1743, 473), but Schütze describes the illness as a recurring event at that period (Schütze 1750, 343n8). Herder would have chosen this context for his play—not too extraordinary, but alarming enough—to trigger a dramatic situation. In his 11th Letter, Gerstenberg sketches five major themes of the Danish medieval narratives, including the people's distress (Gerstenberg 1890, 68). Herder could have chosen this theme with the will of abiding not by history *stricto sensu*, but by the norms of the Nordic literary history, as laid out by Gerstenberg.

V "Die neue Edda, oder Gylfs zweyte Reise"

If Herder wrote *Ein Skaldengesang* in 1766, it is most probable that he got inspired by Gerstenberg's 19th Letter published in 1766, in which figures his translation of an excerpt of the revized *Gylfaginning*, published in the Danish edition of the *New Edda* by Frederik Sneedorf (Gerstenberg 1890, 180–187). This excerpt is entitled "Die neue Edda, oder Gylfs zweyte Reise". It is the account of Gylf (named after Gylfi in the *Gylfaginning*), who, unsatisfied with his first trip to the Asgard (in the *Gylfaginning*), leaves for another trip, this time to the celestial kingdom of the Alfader. The situation that motivates Gylf to leave is similar to that of Drottar. Gerstenberg writes:

5 "[P]uisqu'ils [les rois] étaient de connivence avec les éléments cosmiques, il était normal que leur règne coïncidât avec d'excellentes saisons. Ils étaient rois [...] pour une année féconde et pour la paix. S'il n'en était rien, si les catastrophes naturelles et politiques suivaient leur intronisation, on les sacrifiait rituellement" (my translation).

> Das Jahr darauf hatten wir eine große Dürre; jedermann weissagte theure Zeiten, und gab nach alter Gewohnheit der Regierung die Schuld. [...] Sie glaubten, ich hätte die Götter erzürnt, und da eben damals die Religions-Meynungen in Norden getheilt waren, sahen einige es für eine Strafe der alten Götter an, weil ich die neuen *Runen* eingeführt, und andere für eine Rache der neuen, weil ich die Zauberey verjagt hatte. [...] Die Klagen meines Volks vermehrten meinen Kummer. Was aber sollte ich thun? Der Natur konnte ich nicht gebieten, und Zufälle waren nicht in meiner Gewalt. [...] Ich fing selbst an, es für eine Strafe zu halten: aber zu welchen Göttern sollte ich mich mit meinem Gebete hinwenden, sie abzukehren? Ich beschloß, mich zu dem *Höchsten* zu wenden, zu dem, den unsre Väter in ihrer Einfalt verehrten, zu dem, den *Har* selbst nicht läugnen durfte. [...] Erhabenster unter den Göttern, betete ich, mit welchem Namen soll ich dich nennen? *Odin*? *Thor*? *This*?—Nein, *Alfader* ist dein Name. Unter diesem Namen beteten meine Väter dich an, ehe die Asiaten sie fremden Göttern huldigen lehrten; dich allein beteten sie an, der du *den Himmel und die Erde aus dem Abgrunde hervorzusteigen gebothest, der du immer lebst, und regierest Alles in deinem großen Reiche, das Kleinste und das Größte*. Dich beteten sie an, *wer du auch seyst*. Bey dir allein, o du, der du *von dem bebenden Throne die ganze Welt überschauest*, bey dir allein will ich Weisheit und Rath suchen. (Ibid., 182–183)

The plot of *Ein Skaldengesang* is almost entirely contained in this quote: the "Dürre" that weakens the people; the latter who holds the king for responsible; the latter who rejects his old beliefs ("Zauberey") and interprets the drought as a divine punishment. Gylf expresses his sadness and trouble by using the interrogative form ("Was aber sollte ich thun?") as does Drottar (XIX 2: a: verse 20; g: [2]; h: [8]), and starts to believe that he is the victim of a real divine punishment, but does not know what god pray to. In the midst of this faith crisis reminiscent of Drottar's, he finally turns to Alfader, the figure of a monotheist religion: "*dich allein* [emphasis added] beteten sie an"; "Bey dir *allein* [emphasis added]". Gylf's words imply that his ancestors worshipped Alfader before the arrival of Odin's religion in Sweden. Gerstenberg explains in his 21st Letter—published only in 1767—that the Germans believed in one single god, "Alfadur", evicted by the Nordic polytheist religious system (ibid., 256–257). In the *Snorri's Edda*, "Alfadr" is one of the numerous names for Odin (Sturluson 1995, 13–17, 27, 28, 30, 33, 66). However, the High, the Asgard king who is the first to mention that name in the *Snorri's Edda*, does not associate it to Odin (ibid., 8–9). Gerstenberg refers most probably to this first occurrence in the *Snorri's Edda*, since his words: "[*du, Alfader,*] *regierest Alles in deinem großen Reiche, das Kleinste und das Größte*" (Gerstenberg 1890, 183) remind those of Snorri Sturluson: "He [All-father] lives throughout all ages and rules all his kingdom and governs all things great and small" (ibid., 9)

VI Mythology

In *Ein Skaldengesang*, Odin is considered as an idol (XIX 2: h: [8]) or as a god: sacrifices are made for him (XIX 2: g: [2]); Drottar "conjures" him (XIX 2: h: [6]), and an altar is dedicated to him (XIX 2: h: [8]). Herder also mentions his "Thron" (XIX 2: a, verse 11; g: [3]), maybe as a conscious reference to Odin's *Hlidskjálf* in the *Snorri's Edda*: the throne from which Odin can see everything (Sturluson 1995, 13, 20, 31, 51, 69).

His strong influence in the battle outcome—the loss of Drottar's people (XIX 2: g: [3])—echoes the divine function attributed to him by Schütze: "Er [Odin] selbst, der algemeine Feldherr der Welt, ist bei allen blutige Treffen gegenwärtig. Seine Vorsehung bestimmet der einen Parthei den Sieg, und macht die Helden von der andern Seite zu Candidaten des Himmels" (Schütze 1750, 285). Herder does not stage multiples gods like Gerstenberg in *Gedicht eines Skalden*, but only one, the "archetype" of Nordic mythology according to Bernd Roling, and hence, the archetype of the divine presence in the play: "Odin, als stellvertretend für alle Mythologeme der altnordischen Literatur, zu einem Universalgott des Lichtes erhoben, zum Archetyp aller antiken Gottheiten" (Roling 2016, 569). In the prologue of the *Snorri's Edda*, Odin is also described as a Trojan king who founded a new dynasty in Sweden, at the head of which he placed twelve chiefs (Sturluson 1995, 3–4). Herder agrees with the hypothesis of Odin as a Trojan king—at least, (still) in 1766[6]—in the second Collection of the *Fragmente*: "Die Religion der Skalder, die Odin aus den Morgenländern brachte; wie sehr veränderte sie sich auf dem rauhen skandinavischen Grund und Boden?" (FHA 1, 283). His philosophical-historical statements on pagan religions in *Hume: natürlicher Geschichte der Religion* are in the same vein: one only needs to think of his explanation of the worship of natural forces as primitive religious practice and the transformation of heroes and benefactors into gods by the people (SWS 32, 194). In this perspective, Herder's approach reminds of Sturluson's naturalist interpretation of the arrival of Odin's religion in the North in the prologue of the *Snorri's Edda* (Sturluson 1995, 2): they share the same interest for the way historical events give birth to myths.

Herder also borrows some linguistic elements from the Nordic mythology. Skaldr's description suggests that the sufferings of his people were spared to the enemies (XIX 2: h: [5]). Skaldr bemoans the fact that the "Thau des Himmels" does not cover the corpses, which he compares to "Aeser". In the *Edda*, the dew is considered as a symbol of renewal, a sort of guarantee of the divine protection: that protection which Odin did not grant to Skaldr's people (XIX 2: g: [4]). More precisely, in the chapter 53 of the *Gylfaginning*, the dew ensures that Life and Leifhtrasir, who survived the *ragnarök*, start a new life cycle:

> And in a place called Hoddmimir's holt two people will lie hid during Surt's fire called Life and Leifhtrasir, and their food will be the dews of morning. And from these people there will be descended such a great progeny that all the world will be inhabited. As it says here: "Life and Leifthrasir, and they shall lie hid in Hoddmimir's holt. Dews of morning they shall have as their food, and from them shall grow mankind". (Sturluson 1995, 57)

Schütze uses the same terms as Herder when referring to this episode, that is, "Thau des Himmels" (Schütze 1750, 209). The dew also covers the ash tree Yggdrasil, symbol of the universe (Sturluson 1995, 17), including the celestial sphere, as it is said in the *Volüspá*. The latter can be found in the *Codex regius* and summarized in prose in the *Snorri's Edda*: "it says here: 'I know an ash—its name is Yggdrasil, high tree, holy—drenched

6 The second Collection of the *Fragmente* is published in 1766, although officially dated 1767 (Gaier in FHA 1, 1008).

with white mud. From it come the dews that fall in the valleys. It stands forever green above Weird's well'" (ibid., 19). Herder still refers to the Yggdrasil in 1774 in *Auch eine Philosophie* (FHA 4, 84).

Herder's non-poetical writings show that the author is interested in the supernatural aspect of Eddic poetry. He describes, for example, in *Von den ältesten Nationalgesängen* (1764) and in the third Fragment of the second Collection of the *Fragmente*, some "magical" elements (*Zauberei*) from the Nordic mythology, such as the Bifröst, the giants, and the wolf Fenrir (SWS 32, 150; FHA 1, 283). However, these magical elements do not figure in *Ein Skaldengesang*: even though Odin's mysterious force turned against the Finnish enemies is divine, the play cannot be characterized as supernatural. Herder does not mention the Valhalla either, even though this warriors' paradise is one of the main motivations for the glorious death (cf. VIII The Nordic Values).

VII The Names and Functions of the Characters

The title "*Ein Skaldengesang*" and the name "Skaldr" are the most probative elements in favor of the thesis of the Nordic medieval context. Because Herder uses the common noun "skald" as a proper noun for Skaldr, the character is designated as a general skald and not a skald in particular. According to his way of addressing Drottar, it seems that Skaldr has a close relationship with the chief and acts as his advisor, a characteristic of the skalds (See 2011, 52–53; Holberg 1743, 160no, 736n*, 737; Morhof 1700, 369; Gerstenberg 1890, 67). In the manuscripts XIX 2: g, h, Skaldr's tone is admonishing (XIX 2: h: [5]), corresponding to Klaus von See's interpretation of the "magic" or performative character of the skaldic speech:

> Vielleicht ist sogar in der Schmähung die wortmagische Fähigkeit des Skalden ursprünglich am stärksten empfunden worden, denn es scheint, daß der Skald von dorther seinen Namen bezogen hat, daß *skáld* also mit nhd. *Schelte* etymologisch verwandt ist, zunächst "Schelte, Schmähung" bedeutete und dann auch—durch sog. Metonymie—den "Scheltdichter". (See 2011, 37)

Skaldr's lines are performatively efficient, since they convince Drottar to proceed to a sacrifice. They are also the most eager to be put into the chorus form, echoing the magic incantation, with the repetition of the injunction "komm" (XIX 2 a: verses 1, 5; c: verse 1; e: verse 1), as well as with formulations such as "durchs Schwert nicht, durch Gebete / durch Schwert nicht durch Gebete" (XIX 2 a: verses 10, 15; g: [3]) and "Nur Du findst Odins Thron / Du nur findst Odins Thron" (XIX 2: a: verses 11, 14), according to Treutler's transcript. Treutler's transcript of the manuscript XIX 2: a even consists in an attempt at building strophes. The repetitive character of Skaldr's implorations recalls the function of the poet, more precisely of the "magical" character of his speech. Since the versified manuscripts only contain the beginning of the play, it is impossible to say whether the form of Drottar's verses was thought to be repetitive or not. The content of Skaldr's lines also confirms his function as a skald. He is able to tell in details the conduct of the last battle against the Finns (XIX 2: g: [3]). Dalin, Morhof and Schütze all insist on the fact that the skald accompanied the war chief during the battles to immortalize his great deeds through poetry and singing (Dalin 1756, 187; Morhof 1700, 365; Schütze 1750, 22). Lessing says that the skalds were so important to the chiefs that they were surrounded by the most valorous warriors on the battlefield to prevent them from dying and allow them to tell the course of the battle in their poems afterwards (Lessing 1971, xxix).

The figure of the skald bears the historical function of poetry. Herder explains that national songs are built in such a way as to transverse history and to activate the most vivid memories among the future generations (SWS 32, 151). In the same perspective, Lessing writes that the skaldic songs are somehow eternal: "Welcher Held von ihnen bemerkt zu werden das Glück hatte, dessen Name war unsterblich, als die Schande des Feindes, den sie fliehen sahen" (Lessing 1971, xxix). Herder uses the conditional form to tell about the unrealized erection of Drottar's burial mound and the memory of his ancestors (XIX 2: g: [4]). Drottar is highly conscious of how his deeds could have made history, he even personifies a hypothetic visitor of his grave (XIX 2: g: [4]). Herder could have read about burial mounds in Mallet's (Mallet 1765, 126) or in Dalin's work, where the trophies are also mentioned (Dalin 1756, 144, 147, respectively). According to Bartholin's interpretation of the *Hávamál*, this funerary rite was instituted by Odin himself (in Roling 2016, 589) and, according to Mallet, disappeared with the Christianization (Mallet 1765, 127nD). Schütze explains, on the contrary, that before Odin's arrival, Nordic peoples used to bury the dead and that it was Odin who instigated the practice of cremation (Schütze 1750, 152). It is probable that Herder preferred to keep the motif of the burial mound to make Drottar's projection in a hypothetical future possible, instead of trying to be historically faithful to the funerary rites commonly practiced at the time when the play is set. In the skaldic context, poetry is intertwined with history. Gerstenberg writes in "Die neue Edda, oder Gylfs zweyte Reise": "ich hatte die besten *Skalden* (Dichter) an meiner Tafel; sie folgten mir in den Rath wie ins Gefecht; ich wollte, daß sie schreiben sollten, *was sie selbst sähen, nicht was sie von andern hörten*" (Gerstenberg 1890, 180). Holberg, referring to Sturluson and Grammaticus, also speaks about the skald's impartiality (Holberg 1743, 737). Sergej Liamin states that Gerstenberg, by putting forth the principles of good will and honesty in historiography, opened up the field to subjectivity. He describes this penetration of sensibility into history as "poetische Historiographie" (Liamin 2017, 40–41). This "poetische Historiographie" is already announced in Lessing's foreword to Gleim's *Kriegslieder* (1757), when he describes the poetic task of the skald as objective, "wahre" and the historiographical one, as "feurige", ascribing the latter a high sensibility: "Sie [the skalds] waren Dichter und Geschichtsschreiber zugleich; wahre Dichter, feurige Geschichtsschreiber" (Lessing 1971, xxix).

It is probable that Herder borrowed a vocabulary term from "Geschichte der Könige in Schweden, Carl und Grym, und des Hialmar, eines Sohnes vom Harec, König von Biarmien": a poem, according to Mallet, possibly Danish and dating from before the tenth century, and which he includes in his non-eddic poems in *Monumens* (cf. Mallet 1765, 118–127; cf. also footnote 3 above). In *Ein Skaldengesang,* the enemy threat is compared to a "cloud": "wie eine dicke Pestilenzialische Wolke kamen sie, u<u>nd</u> trugen den Tod im busen; aber du auf den Streich deines Schwertes zerfuhr die Wolke, u<u>nd</u> der Tod griff selbst in ihren busen, den sie uns brachten" (XIX 2: g: [3]). This term is used in "Geschichte der Könige in Schweden" to describe the battle between Grund and Grym: "Sogleich siehet man ihre Waffen sich wie eine schwarze Wolke erheben" (Mallet 1765, 125). This "cloud" which invades Skaldr's people echoes the Finnish attack strategy, as Grammaticus describes it:

> The Finns have always travelled by gliding swiftly on smooth boards and have complete control of their speed as they race along, so that men say they can be there and gone in a flash, just as they please. As soon as they have done damage to their enemy, they shoot away in the same lightning fashion as they flew to the scene. The nimbleness of their skis and bodies combined gives them a practised ease in attacking and retreating. (Grammaticus 2015, 651)

The "cloud" image can relate to the Finns' magical character (ibid., 343; Boyer 2016, 126–127), more precisely to the traps they set in the form of optical illusions (Grammaticus 2015, 341–343). The Finns are usually perceived as a pacific people, for example in Dalin's work (Dalin 1756, 216), and not enemies, as in Herder's play. However, one of them, Egtherus the Finn, committed acts of piracy against the Swedes; and the Finns were, with the Biarmians, the only people resisting the Danish authority (Grammaticus 2015, 343). Herder's play is more faithful to historiography when Skaldr describes their arrows (XIX 2: g: [3]), echoing Grammaticus' words: "No others are more agile in launching the javelin. The arrows they [the Finns] shoot are large and broad" (Grammaticus 2015, 343); or Schütze's, who says that the Laplanders—often mistaken with the Finns—were buried with their bows and arrows (Schütze 1750, 160n11). Another similarity between Herder's narrative and historiography is found in Drottar mentioning that the Finns live on "Waßerfelsen" (XIX 2: g: [4]), reminding of Dalin's description: "Felsenrücken von Lappland" (Dalin 1756, 68).

Dalin notes that the Swedish *drottar* were the equivalent of the Celtic and Gallic druids (ibid., 76np, 92na). He adds that they were in charge of the law and ethics in their community, as well as of the sacrifices (ibid., 76, 93na). The role of the war chief given to Drottar is in accordance with the *Edda* and the medieval Nordic historiography available at Herder's epoch. By giving Drottar this name, Herder emphasizes his function and represents his character as an archetype more than as an individual, just like he does for the skald Skaldr. In "Die neue Edda, oder Gylfs zweyte Reise", Gerstenberg mentions the "drotts": the name given to the twelve chiefs chosen by Odin at his arrival in the North (Gerstenberg 1890, 180). The designation of Drottar as a "Priester" (XIX 2: g: [1]) and his particular relationship with the gods (XIX 2: e: verse 5; c: verse 1; a: verse 1), especially with Odin (XIX 2: c: verse 4; a: verses 2, 14), are also coherent with Dalin's work. According to him, Nordic kings and princes sometimes accomplished the rituals themselves, sometimes left that responsibility to the priests, named "drottar":

> In den ersten Zeiten waren zwar die Könige, Fürsten und vornehmsten Hausväter nichts anders als Opferpriester oder Opferherren, [...]; Nach *Odens* Tod verrichteten auch bisweilen die Könige selbst die vornehmsten Geschäffte beym Opfern, wenn sie zugegen waren; Aber man hatte doch beym Gottesdienst gewisse dazu verordnete Priester, die erstgebornen Söhne ehrwürdiger Eltern, welche nahe beym Tempel wohnten, die Opfer schlachteten, und den Willen der Götter erklären. Sie wurden *Drottar*, *Djar*, *Wisende-män*, *Godar* oder *Sudgar*, und ihr Amt *Godord* genannt. (Dalin 1756, 136)

Still in 1774, in *Wie die deutschen Bischöfe Lansdtände wurden*, Herder notes that, following Tacitus, the priests among the barbarous peoples had an influential social position and were present on the battlefields (SWS 5, 680). Herder also says about the pagan peoples in general that the kings were assigned the task of praying in the name of their people and that they were, just like priests, mediators between their subjects and the gods (SWS 32, 106). Drottar acts as such a mediator in his prayer-like monologue and in his direct address to Odin (XIX 2: g: [4]). However, it seems like Herder divides the function of the *drottar* between two characters, since Drottar calls on a priest for advice and for help to prepare the sacrifice (XIX 2: h: [6]).

Another priest is mentioned in the play, Audin, a Christian priest, the one who has convinced Drottar to convert (XIX 2: h: [8]). The possible paths of explanation for the name "Audin" lead back again to the *Edda* and Odin himself. Considering Herder's knowledge in Old Norse at the time of writing, which Grohmann qualifies as "psychological" (Grohmann 1899, 42), it would be difficult to prove that he chose this name in reference to the etymological root "aud / oden / od" (Roling 2016, 593), common to the names "Odin" and "Audin". However, Boyer (Boyer 1992, 15) and Dalin both state that one of the multiple names of Odin is "audhna":

> Einen einigen allmächtigen Gott betete unsre älteste Schwedische Welt unter dem Namen von *Oden* an, und legte ihm solche Namen und Eigenschaften bey, daß es billig eine Verwunderung bey uns erwecken muß. Man nannte ihn *aller Dinge Vater* und *Urheber* [...] und Verwüstenden. (Dalin 1756, 94–95)

He specifies in the footnote that "*Audun*" means "Verwüster" (ibid., 95nr). If intentional on the part of Herder, this affiliation between the two priests—one pagan, the other, Christian—draws a parallel between the two religions: Drottar would have disavowed Odin to turn to, in the end, his equivalent, Audin. The Christian religion would not worth much more than paganism. Through this affiliation, and most of all with Drottar's faith crisis, Herder deviates from the most common discourses he could have read in the historiographical works of his time.

Drottar is similar to Gylf in "Die neue Edda, oder Gylfs zweyte Reise", skeptical towards both his former and new religion (Gerstenberg 1890, 182). Contrarily to *Gedicht eines Skalden*, which can be interpreted as the history of the emergence of Christian religion, *Ein Skaldengesang* presents a character on the threshold of a new religion, neither in the old, nor in the new world. Herder's explanation of the arrival of Odin as a Trojan king in the North paralleled with his presentation of the character of Odin as a god in the play shows his interest for the variability of the status of gods and heroes in mythology, and their passage from history to myth. Does Herder state that the movement from paganism to Christendom is irreversible and positive? Whereas *Gedicht eines Skalden* puts Christian religion into question in a more abrasive manner with his "critical" description, according to Bernd Fischer, of the Christian era as being "unerfüllte" and "sinnarme" (Fischer 1995, 133), *Ein Skaldengesang* stays more ambiguous than most of the eighteenth-century works on the medieval North, whose authors meticulously include remarks to justify their research topic and comply with Christian religion. Indeed, Schütze or Mallet specify, as a warning to their readers, that the Christian religion has saved the barbarous peoples from darkness and superstition (Schütze 1750, 272; Mallet 1765, 5). Following See, the Germanic ancestors are seen until the end of the eighteenth century in Germany as barbarous peoples, whom only Christian religion could save through a civilization process; and if some authors, pushed by some sentimental impetus, chose to study the barbarous peoples, the implicit condition was that they keep their distance with their object of study (See 1970, 32). Herder's movement of immersion in the Nordic past does not follow this tendency.

VIII The Nordic Values

The complaints of Drottar's people show that death by famine and plague is shameful (XIX 2: a: verse 3; h: [5]). Drottar and his people would have wished to die on the battlefield (XIX 2: g: [4]; h: [5]), the most honorable death for the Celts, according to Mallet:

> *Valerius Maximus* [...] uns lehret, daß die Celten einen geruhigen Tod, wie ein schändliches und elendes Ende ansähen, und bey der Annäherung eines Streits, der ihnen Gelegenheit gäbe mit den Waffen in der Hand zu sterben, für Freuden sprüngen. (Mallet 1765, 98nD)

Schütze also explains that death by aging or illness was called "Weiber-Tod" among the Nordic and Germanic peoples (Schütze 1750, 241n2). Herder could have read in Schütze's work about kings Harald Hyldevant's and Balder's will to die, two examples of historical figures that Schütze borrowed from Grammaticus (ibid., 242n2). The significance of the death on the battlefield goes beyond issues of glory and pride, and touches upon the notion of destiny or "Vorsicht", as Mallet explains:

> Die Celten sahen den Krieg als eine vorzüglich heilige Beschäftigung an. Es gab derselbe, nach ihrer Meynung, Gelegenheit, seinen Muth zu zeigen, die Absichten der Vorsicht zu erfüllen, welche wären, uns hier auf Erden gleichsam auf ein Schlachtfeld zu stellen, und nichts, als der Macht und der Tapferkeit Gehör zu geben. (Mallet 1765, 48nA).

Schütze, See, and Boyer insist on the importance of destiny in the heroic sagas and the *Edda*, where the protagonists do not resist their destiny, but seek to accomplish it (Schütze 1750, 87, 92; See 1981, 167; Boyer 1992, 20, 39). They see this process that brings man closer to the sacred realm as "heilige", as Mallet would say (Boyer 1992, 16; See 1981, 167). Death outside the battlefield is problematic not only because it is shameful, but because it precludes man from his destiny and prevents him from reaching transcendence. In a purely pagan world, one can suppose that Drottar would not have hesitated to sacrifice himself for his people (See 1981, 167) and that this dilemma would not have been the central point of the narrative:

> The German has not chosen to be as he is. He has to: 1) know what he is, 2) accept it without hesitation, 3) embrace it. This series of verbs expresses the epic magnitude of the German or

> Nordic heroic universe. A grandiose notion, with an obvious tragic character. What makes a man great is not his revolt, romantic and vain, against destiny, but the lucid, voluntary and conscious craftsmanship of his own destiny. (Boyer 1992, 21)[7]

Here the "tragic" dilemma is individual, and moreover, enclosed in a monologue, which constitutes a scene by itself. On one side, Drottar has converted and does not believe in the idols anymore, but does not dare to reveal it to his people; and on the other side, he acknowledges that the famine has started right at the moment when he converted, a phenomenon he interprets as the manifestation of the pagan gods' anger. This tragic potential takes form in a dilemma that has to do: first, with religion, because Drottar experiences a faith crisis; and second, with history, because it is triggered by the confrontation of two faith systems, paganism and Christendom, in the difficult transition between them, embodied in the character's conscience. Even though interior, this dilemma does not cut him off from the world, on the contrary. As Holberg explains, the glorious death is one of the fundaments of Odin's religion, and hence, a way of belonging to the community:

> Er wird gemeiniglich *Odin Vallfaudr*, das ist ein Vater des Krieges und der Niederlage, genennet, und seine Religion, welche er im Norden gestiftet, lief meist dahin aus, das Volk streitbar zu machen. Daher bildete er ihnen ein, daß Niemand nach dem Tode in die glükseligen Wohnungen kommen könnte, es sey denn, daß er im Streit und in der Schlacht wieder die Feinde stürbe. In der Absicht sol er sich auch selbst einen Stich haben geben lassen, da er gemerket, daß seine Todesstunde verhanden wäre, damit er nicht eines Strohtodes sterben, und die Nachkommen durch sein Beispiel möchten ermuntert werden, auch gern durchs Schwert vor ihren Feinden zu sterben. Diese Grundsatz der Religion ist die Ursache aller unglaublichen Thaten, die man von den alten nordischen Völkern lieset. (Holberg 1743, 45)

Drottar alone, confronted with himself and, at the same time, haunted by the legacy of a founding myth, embodied by the divine character represented by the "archetype" Odin, bears the burden of tradition. Herder puts forth at the same time: first, the Nordic motif of the univocal accomplishment of destiny, "without hesitation", since Drottar would have preferred to die like his father and have a burial mound; and second, the "romantic" doubt, in Boyer's words, initiated by a religious paradigmatic change (Boyer 1992, 21). The latter puts into question his destiny and the path itself that leads to it: a confrontation between two faith systems, indeed, but also, and consequently, of two notions of destiny and theater. If, in *Fragment einer Abhandlung über die Ode* (1765), Herder speaks about the "kalten Tugend" proper to the German sensibility contrarily to that of the Greeks and Romans (FHA 1, 84), and if, in the third Fragment of the second Collection of the *Fragmente*, he invokes the influence of the climate on the "rau-

7 "Le Germain n'a pas choisi d'être tel qu'il est. Mais il lui appartient: 1) de connaître ce qu'il est, 2) de l'accepter sans barguigner, 3) de l'assumer. Dans cette série de verbes tient toute la grandeur épique de l'univers héroïque germanique ou nordique. Notion grandiose d'un caractère tragique évident. Ce qui fait la grandeur de l'homme, ce n'est pas une révolte, romantique et vaine, contre le sort: c'est de s'en faire l'artisan volontaire, lucide, conscient" (my translation).

hen" Nordic religion (ibid., 283), his play presents nonetheless a more nuanced image of the Nordic temper, embodied in the hesitating Drottar. Hans Peter Herrmann says that Herder's poem "An den Genius von Deutschland" (1770) tends to humanize and materialize the concept of "motherland", contrarily to Friedrich Gottlieb Klopstock's *Hermanns Schlacht* (1769) (Herrmann 1998, 104). His thesis could already be applied to *Ein Skaldengesang*. Herder may have been permeable to the most common ideas on the Nordic peoples, for example their courage in front of death, or their stoic indifference, represented by the motif of the *ridens moriar* (Liamin 2017, 70). The story of Regnar Lodbrog, the figure *par excellence* of this motif, can be found in Mallet's *Geschichte von Dänemark* (Mallet 1765, 112–113; cf. also Schütze 1750, 239). However, Herder chose not to invest his character with these characteristics, but favored the model of the Greek hero, for the good of the melodramatic quality of his play.

Ein Skaldengesang is also imbued with a strong sense of patriotism, expressed principally through analogies. They initiate an identification process between the individual and the collective bodies, or the motherland. The first analogy can be found in the manuscript XIX 2: a: "Land" and "Lenden" sound alike and they are in the same state, suffering from hunger (XIX 2: a: verses 6, 7). Treutler, by repeating "die Lenden" in verse 6, reinforces this analogy. The second analogy can be found in the manuscript XIX 2: e. The terms "Wangen" and "Land" are associated with a common adjective: "welk / verwelket" (XIX 2: e: verses 4, 5). Finally, the third analogy can be found in the manuscripts XIX 2: g, h. The sentence that ends those manuscripts does not contain the word "Herz", but since Drottar's heart has been compared three times to the "Wüste" in the play (XIX 2: a: verse 20; g, [2]; h, [6]), the analogy is somehow present, expected. This imperfect analogy is all the more effective since it retrospectively calls on the preceding analogies "Wüste" / "Herz" and closes the play (at least the fragment or scene). What do these analogies reveal? According to Batka, the Nordic medieval world is not familiar with the notion of patriotism, more precisely, heroism is more of a "Selbstzweck" (Batka 1896, 27). Patriotism, in the sense of a devotion to the community, of a fusion of the individual in a group with which he identifies, would be, as Batka states, the projection of the German eighteenth century, for which the ideal hero dedicates his life to "einen großen Zweck, einen großen Gedanken oder eine heilige Sache" (ibid., 27). Eighteenth-century texts on the medieval North often include the terms "motherland" and "patriotism", for example: "Rechtschafne Patrioten, welche sich durch ihre Tapferkeit um das Vaterland verdient gemacht, sahen der Belohnung ihrer Verdienste in der Valhalla entgegen" (Schütze 1750, 146). Batka thinks that Frederick the Great's accomplishments during the Seven Years' War awakened the heroic spirit in German poetry (Batka 1896, 27). Herder's writings are not indifferent to that spirit, one only needs to think of his poems and odes dedicated to Frederick the Great: Untitled poem, dated 22 June 1763 (SWS 29, 5–6); "Weihnachtlied. An die Eltern" (Mohrungen, Königsberg, Riga, ibid., 226–227); "Ode auf Friedrich den Großen" (Königsberg, Nachlass XX 188: 98–99), and "Gedichts auf Friedrich den Großen" (Königsberg, Nachlass XX 188: 132, 144–145, 163–167). It is possible to see *Ein Skaldengesang* as the persistence of this "kollektive Einfühlung seiner [der Dichter] Nation" (Hartwich 2000, 23), leading him to unite the Nordic and German peoples in a pan-Germanism, be this unity faithful or not to the Scandinavian medieval history and literature.

IX Conclusion

The numerous drafts, in prose and in verses, testify to Herder's efforts in creating this theatrical play, of which the final form is still uncertain. Yet Treutler suggests that the prose version is more likely to be the final one because of its more finished state (Treutler 1915, 47). The possible references in the play to sources that Herder could have read help to define more clearly the context and content of the work, but most importantly, to see how Herder's treatment of the past reflects his own epoch's concerns. The subject of famine and the focus on the people's distress in the play correspond with the shift in political thinking in the Enlightenment and its critic of Machiavellism. Synonymous with the "Wildheit" (FHA 1, 185) of the language in its primitive form (ibid., 217), the figure of speech of the inversion is "sinnlich" (ibid., 189). Its disappearance in modern German is the sign of the passage from the age of poetry to that of prose (ibid., 183–184), a movement of civilization and politicization, which seals the Enlightenment. Herder's reflections on the inversion, mostly developed in the first Collection of the *Fragmente*, is put into practice in *Ein Skaldengesang*:

- "Wie unsre Wüste ist mein Herz" (XIX 2: a: verse 20);
- "der ganze Leib Skelett, entstellt das Angesicht" (XIX 2: a: verse 8): The two descriptive terms—the substantive "Skelett" and the adjective "entstellt"—follow each other directly, in such a way as to reinforce the sound of another inversion, which lies in their finals, respectively "lett" and "tellt";
- "denn uns hört Odin nicht!" (XIX 2: a: verse 9): Treutler modifies the inversion to return the words to their expected grammatical order;
- "des Vaterlandes Retter" (XIX 2: a: verse 2; c: verse 4);
- "des Hungers Furie" (XIX 2: c: verse 7; e: verse 3);
- "Uns hörtt Odin nicht mehr" (XIX 2: e: verse 8);
- "traurig ist mein Herz" (XIX 2: g: [2]).

The inversions in the play can be read as traces of Herder's will not only to delay this ineluctable coming age of prose, but more specifically, to regain a lost liberty, as a response to the French cultural domination (FHA 1, 234). Herder, like Schütze, criticizes Roman barbarism, too often concealed behind the condemnation of the so-called "barbarous" peoples (ibid., 374–376; Schütze 1750, 29–30, 270n3). Herder shares with Montesquieu the idea that the Nordic peoples are bearers of "liberty" (FHA 1, 374; Montesquieu 1951, 528, 603) and not a threat to, but a part of the world order, which goes beyond the interests of the empires. Jordanes' motif of the North as the "origin of the human kind" borrowed by Montesquieu in *De l'Esprit des lois* (ibid., 528) and by Herder in his *Journal meiner Reise im Jahr 1769* (FHA 9/2, 17–18) emphasizes on the productive role of the Nordic peoples in the mechanics of history and in the construction of modern Europe:

> Wer es also beklagen möchte, daß keine solche morgenländische Invasion nicht auch bei uns den Samen poetischer Fabeln gestreut; dem rate ich, diese dichterische Schweißtropfen der Kultur seines Bodens zu widmen. Er durchreise als ein Prophet in Ziegenfellen, die Mythologien der alten Skalder und Barden sowohl, als seiner eignen ehrlichen Landsleute. (FHA 1, 284–285)

Appendix

Transcripts

Staatsbibliothek zu Berlin / Preußischer Kulturbesitz, Handschriftenabteilung, Nachlass Johann Gottfried Herder, XIX, 2: a, c, e, g, h

Author's Interpretation: Manuscript XIX 2: a

Verse Number	Verse	Rhyme	Number of Syllables
	[Skaldr:]		
[1]	Komm! unser Vater! Komm! Vertrautester der Gö**tter**	a	13
[2]	Du Liebling des Odins, des Vaterlandes Re**tter**	a	13
[3]	Du der des Schimpfes Tod schon einmal von uns b**og**	b	12
[4]	Und uns mit Ruhm umkränzt, der Feinde Wut entz**og** –	b	12
[5]	O komm; wir flehen dir, mit blaß zerrungnen H**änden**;	a	13
[6]	Vom Hunger abgenagt, sind sie – entmarkt die L**enden**!; –	a	13
[7]	Der ganze Leib Skelett, entstellt das Anges**icht** –	b	12
[8]	O flehe du für uns – denn uns hört Odin n**icht**! –	b	12
[or] [8]	Und unsre Zunge starrt – denn uns hört Odin n**icht**! –	b	12
[9]	Nur du findst seinen Thron, auf faße dich und töd**te** –	a	13
[10]	Sei Held zum zweitenmal, durch Schwert nicht durch Gebe**te**,	a	13
[11]	Ertödte die Furie, die ihre [or „uns ihre"] Zähne b**leckt**,	b	12
[12]	Und seinen Rachen schon 3 Jahr mit Blute f**leckt**. –	b	12
[13]	O Vatter rette uns! –		
	[Drottar:]		
	Ja Kinder! ich sch**eine**	a	13
[14]	Zwar in des Festes Schmuck, von außen; doch ich w**eine** –	a	13
[15]	Wie unsre Wüste ist mein Herz; – was soll ich t**hun**? –	b	12
[16]	Wem feiren wir dies fest; wenn unsre Götter r**uhn**?	b	12

Transcripts: Manuscript XIX 2: a

Author's Transcription	Treutler's Transcription (Treutler 1915, 191-192)
[1] Komm! unser Vater! Komm! Vertrautester der Götter	Komm! unser Vater! Komm! Vertrautester der Götter
[2] du ~~un~~ Liebling des Odins, des Vaterlandes Retter	Du Liebling des Odins, des Vaterlandes Retter
[3] du der [top: uns] einmal schon den Tod zurück bog, du der des Schimpfes Tod schon einmal von uns bog	Du der des Schimpfes Todt schon einmal von uns bog
[4] und uns mit Ruhm umkränzt, der ~~Feinde~~ [top: sich] Wut entzog –	Und uns mit Ruhm umkränzt der Feinde Wuth entzog –
[5] o komm; wir flehen dir [top: warten den], mit blaß zerrungnen Händen;	O komm, wir warten Dein mit blassgerrungnen Händen.
[6] der Hunger quält das Land, entmarkt	1. Der Hunger quält das Land, entmarkt die Lenden
[7] vom Hunger abgenagt, sind sie – entmarkt die lenden;! –	2. Vom Hunger abgenagt sind sie, entmarkt die Lenden
[8] der ganze Leib Skelett, entstellt das Angesicht –	1, 2. Der ganze Leib Skelett, entstellt das Angesicht
[9] O flehe du für uns [top: und unsre Zunge starrt] – denn uns hört Odin nicht! –	1. O flehe Du für uns – denn Odin hört uns nicht. 2. Und unsre Zunge starrt, denn Odin hört uns nicht.
[10] ~~{O se~~ Zum andern mal sey held, durchs Schwert nicht, durch Gebete	1. Zum andern Mal sey Held, durch Schwert nicht durch Gebete
[11] {du nur findst Odins Thron; dem [...] und tödte	2. Nur Du findst Odins Thron auf fasse dich und tödte. 1. Du nur findst Odins Thron, drum tödte 2. Sei Held zum zweiten Mal, durch Schwert nicht durch Gebete.

[12] {~~Erto~~ die Furie, die uns ~~schon 3 Jahr~~ die Zähne bleckt,	1. Die Furie, die uns die Zähne bleckt 2. Ertödt das Ungeheuer, das uns die Zähne bleckt.
[13] {und	
[14] Nur du findst seinen Thron, auf faße dich und tödte –	2. Und seinen Rachen schon 3 Jahr mit Blute fleckt
[15] Sei held zum zweitenmal, durch Schwert nicht durch Gebete,	
[16] Ertödte die Furie [top: Hunger], die ihre [top: uns die] Zähne bleckt,	
[17] ~~in dessen Rachen~~ und seinen Rachen schon 3 Jahr mit ~~leckt uns~~ blute fleckt. –	
[18] ~~O fle~~ O Vatter rette uns! – Ja Kinder! ich erscheine }	1. 2. O Vater rette uns! Ja, Kinder ich erscheine
[19] zwar in des Festes Schmuck, von außen; doch ich weine – }	Zwar in des Festes Schmuck, von aussen; doch ich weine
[20] Wie unsre Wüste ist mein Herz; – was soll ich thun? – }	Wie unsre Wüste ist mein Herz; – was soll ich thun?
[21] Wem feiren wir dies fest; wenn unsre Götter ruhn? }	Wenn feiern wir dies Fest; wenn unsre Götter ruhn?

Transcripts: Manuscript XIX 2: c

~~Ein Skaldengesang~~

[1] {Komm, unser Vater! Komm! Vertrauter! Freud der Götter!

[2] {~~des Liebling rett uns aus~~ deine Kinder ~~aus der~~ Noth! – Sieh! über all herrscht bläßer Tod!

[3] {(Mit blaszerrungnen händen)

[4] {Sey, liebling des odins, des Vaterlandes Retter;

[5] {sieh o hör's; es seufzt im Schlund der Noth.

[6] {~~Wir warten~~ [top: Dem] *Sieh* [top: vor] *unsre abgenagte* hände;

[7] {des Hungers furie hat sie zernagt

Transcripts: Manuscript XIX 2: e

Author's Transcription

[1] Komm! unser Vater o komm! mit abgenagten [top: mattgerungnen] händen

[2] flehen wir dir längst entgegen, o *sieh uns an*! hör uns flehn

[3] des hungers Furie nagt das Mark aus unsern lenden

[4] sieh! ~~unsre Wangen welk~~; uns ~~wie~~ [top: verwelket] ~~Schatten~~ [top: wie blumen] ~~im~~ auf Felsen gehn;

[5] so ist das land verwelkt; und *du Vertraute~~r~~* [top: hebst du nicht] de~~s~~r Götter

[6] ~~heb deine hände empor~~

[7] Vertrauter! hebest du nicht mit Macht dein Arm empor;

[8] Uns hörtt Odin nicht mehr; (sey du noch~~mals~~ der Retter) nicht mehr des ganzes landes

[9] des Vaterlandes und such mit Flehen Odins Ohr;

[10] Mit dir seufzt

[11] bitteres Eleu! nicht [top: er hört mehr] ~~in~~ der ~~entkräfteten~~ [top: matten] brust

[12] sterbende Seufzer –

O Kinder! seht! ich komme!

[13] ~~zwar~~ im Opfer schmücke zwar

Transcripts: Manuscript XIX 2: g, h

Author's Transcription

XIX 2: g

[1] O komme, Priester! du unser Vater~~la~~! und lezte hoffnung [top: einzige]! Mit blaß zerrungnen händen ringen wir dir entgegen: o rette uns! ~~Zieh~~ Rett uns aus dem Rachen der Furie des Hungers; verstopfe ihren gierigen Schlund, der schon drei Jahre unsre Glieder zernagt, und die Zähne gebleckt. –

Treutler's Transcription (Treutler 1915, 189-191)

XIX 2: g

O komme, Priester! Du unser Vater! und lezte Hoffnung! Mit blass zerrungenen Händen ringen wir Dir entgegen: o rette uns! Rett uns aus dem Rachen der Furie des Hungers; verstopfe ihren gierigen Schlund, der schon drei Jahre unser Glieder zernagt, und die Zähne gebleckt.

[2] Drott: Ja meine Kinder! ich komme zum fest, zwar im Festschmucke des Opfers aber traurig ist mein herz, wie [erasure] die Wüste unseres Vaterlandes. Was soll ich thun? Womit soll ich die erzürnten Götter stillen: seht! zweimal ward dies große, selbst dies höchste fest des Odins vergebens gefeiert: umsonst stimmten wir lieder des Traurens an; umsonst suchte ich seine liebsten Opfer aus; nannte ihn bei seinen liebsten Namen, beschwur ihn bei allen Diensten und Opfern, die wir ihm brächten; beschwur bei meinem ganzen redlichen herzen, und bei allen den frühen und Mitternachtsseufzern, die dieses redliche herz – o meine Kinder! Könnten meine Trähnen Gießbäche des Himmels werden, unser armes felsichtes land ~~zu~~ fruchtbar zu machen; –

Drottar: Ja meine Kinder! Ich komme zum Fest, zwar im Festschmucke des Opfers aber traurig ist mein Herz, wie die Wüste unsres Vaterlandes. Was soll ich thun? Womit soll ich die erzürnten Götter stillen: Seht zweimal ward dies große, selbst dies höchste Fest des Odins vergebens gefeiert: Umsonst stimmten wir Lieder des Traurens an; umsonst suchte ich seine liebsten Opfer aus; nannte ihn bei seinem liebsten Namen, beschwur ihn bei allen Diensten und Opfern, die wir ihm brächten; beschwur bei meinem ganzen redlichen Herzen, und bei allen den frühen und Mitternachtsseufzern, die dieses redliche Herz o meine Kinder! Könnten meine Trähnen Giessbäche des Himmels werden, unser armes felsichtes Land fruchtbar zu machen;..........

[3] *Skaldr*. O ~~k~~wären alle die Seufzer, womit wir den himmel stürmen, Pfeile das Herz Odins mit Mitleiden zu durchboren; aber sie finden nicht den Thron Odins. Ein Wirbelwind des Zorns hat sich dazwischengelegt, und treibt sie zurück, wie in der lezten Schlacht Odin – o damals war er der gütige Odin! – die Pfeile auf unsre Feinde ~~zurücktr~~, die Finnen, zurück; o damals halfest du uns, Vater! als held für das Vaterland, ~~au~~ vom Schwerte der Finnen; wie eine dicke Pestilenzialische Wolke kamen sie, und trugen den Tod im busen; aber du auf den Streich deines Schwertes zerfuhr die Wolke,

Skaldr.: O wären alle die Seufzer, womit wir den Himmel stürmen, Pfeile das Herz Odins mit Mitleiden zu durchboren; aber sie finden nicht den Thron Odins. Ein Wirbelwind des Zorns hat sich dazwischen gelegt, und treibt sie zurück, wie in der letzten Schlacht Odin! – o damals war er der gütige Odin! – Die Pfeile auf unsre Feinde, die Finnen, zurück; o damals halfest Du uns, Vater! als Held für das Vaterland, vom Schwerte der Finnen; wie eine dicke pestilenzialische Wolke kamen sie, und trugen den Tod im Busen; aber auf dem Streich Deines Schwertes zerfuhr die Wolke, und der Tod griff selbst in ihren Busen, den und der Tod griff selbst in ihren busen, den sie uns brachten – o ~~sey~~ [top: willst du nicht] zum zweiten mal ein held nicht durchs Schwert, sondern durch Gebete –

sie uns brachten. – Willst Du nicht zum zweiten mal ein Held nicht durchs Schwert, sondern durch Gebete.....

[4] *Drott*; kann ichs seyn! Odin ist von uns gegangen über die Spitzen der Waßerfelsen in das land der Feinde, die im Ueberfluß leben, die über uns triumphiren. O warum ließest du mich Odin! nicht fallen im Kriege, wie mein Vater fiel; ~~ich~~ als held wäre ich gestorben, und auf meinem Grabe ~~wüchsen ein~~ [top: rauschten] immergrünende bäume: alsdenn hätte der Wandrer auf meinen Grabhügel, die Trophäe ~~bäume~~! meines Ruhms: gezeugt „siehe! da liegt der Erretter des Vaterlandes.

Drottar: Kann ichs seyn! Odin ist von uns gegangen über die Spitzen der Wasserfelsen in das Land der Feinde, die im Überfluss leben, die über uns triumphiren. O warum liessest Du mich, Odin! nicht fallen im Kriege, wie mein Vater fiel. als Held wäre ich gestorben, und auf meinem Grabe rauschten immergrünende Bäume: Alsdenn hätte der Wandrer auf meinem Grabhügel, die Trophäe meines Ruhms gezeugt „Siehe! Da liegt der Erretter des Vaterlandes."

XIX 2: h

XIX 2: h

[5] *Skaldr.* Aber jetzt frolocken deine Feinde: siehe! er errettete sie unehrlich in den Zähnen des hungers zu sterben, und auf dem felde, wie Aeser zu liegen, selbst nicht vom Thau des himmels bedeckt – Siehe! die Pest hat schon ihre schwarze, Gifthauchende Flügel ausgebreitet; o warum ließest du uns nicht sterben im Felde des Ruhms –

Skaldr.: Aber jetzt frohlocken Deine Feinde: Siehe! Er errettete sie unehrlich. In den Zähnen des Hungers zu sterben, und auf dem Felde, wie Aeser zu liegen, selbst nicht vom Thau des Himmels bedeckt – Siehe! Die Pest hat schon ihre schwarzen, gifthauchende Flügel ausgebreitet; o warum liessest Du uns nicht sterben im Felde des Ruhms.

[6] *Drott.* Ihr durchbort mein herz; so wird mein Verdienst selbst eine Mißethat: laßt mich, ich will alles thun! den Göttern flehn, Odin beschwören, opfren; o entfernt euch! rufft die Priester, daß sie mit mir ihre

Drottar: Ihr durchbort mein Herz! So wird mein Verdienst selbst eine Missethat: Laßt mich, ich will alles thun! den Göttern flehn, Odin beschwören, opfren; o entfernt euch! rufft die Priester, daß sie mit mir ihre

Rathschläge theilen, mein herz ist dürre von Entschlüßen, wie die Wüste unsres Landes –	Rathschläge theilen, mein Herz ist dürre von Entschlüssen, wie die Wüste unsres Landes.
[7] *Skaldr.* Thue es! und dich hören die Götter! so wird das land dich zum zweitenmal als seinen Vater verehren.	Skaldr.: Thue es! und dich hören die Götter! so wird das Land Dich zum zweiten Mal als seinen Retter verehren.
2t. Auftr.	2. Auftritt: Drottar allein.
Drottar allein.	
[8] Was soll ich thun – Mein herz will zerreißen: mich jammert die Noth des Volks! – Soll ich hier hinknien, und Odin, soll ich einen Götzen anruffen, der mich ~~hör~~ nicht hört! Nein! Audin, du Diener des wahren Gottes, ein Priester einer Religion, die *die* Ehre des menschlichen Verstandes, die die Gabe der Götter – doch gibts Götter! – nein Audin, ich erinnere mich an deine Honigsüße Worte: da du vor mir sassest, wie ein Gott, und deine lippen flossen mit himmlischer Weisheit über; da du meinen lehrbegierigen Geist über die Altäre der Götzen hinüber, zu dem Tempel des höchsten führtest, (da ich dir am heiligen Altar des herrn schwur, da ich meine Hand auf den leib des lamms auf den göttlichen leichnam) – nein! ich kann nicht meine Knie vor den Gözzen beugen – die Opfer, die ich bringe, ich thue es zwar vor dem Volk, als wenn ich sie ihren Göttern aufopferte; aber mein Herz speit diese Opfer an, ich seufze – nur freilich bin ich so	Was soll ich thun – Mein Herz will zerreißen, mich jammert die Not des Volks! Soll ich hier hinknien, und Odin, soll ich einen Götzen anruffen, der mich nicht hört! Nein Audin, Du Diener des wahren Gottes, ein Priester einer Religion, die die Ehre des menschlichen Verstandes, die Gabe der Götter! – Doch gibts Götter! Nein Audin, ich erinnere mich an Deine honigsüsse Worte: Da Du vor mir sassest wie ein Gott, und Deine Lippen flossen mit himmlischer Weisheit über; da Du meinen lehrbegierigen Geist über die Altäre der Götzen hinüber, zu dem Tempel des Höchsten führtest, (da ich Dir am heiligen Altar des Herrn schwur, da ich meine Hand auf den Leib des Lamms, auf den göttlichen Leichnam) – nein ich kann nicht meine Knie vor den Gözzen beugen – Die Opfer, die ich bringe, ich thue es zwar vor dem Volk, als wenn ich sie ihren Göttern aufopferte; aber mein Herz speit diese Opfer an, ich seufze – nur freilich bin ich so

schwach, ~~es~~ die Seufzer auszustoßen, ich seufze zu Gott – – Aber wie seitdem ich den Altar Odins verlaßen, ist mein land ein Plaz der Verwüstung	schwach, die Seufzer auszustossen – ich seufze zu Gott........ Aber wie seitdem ich den Altar Odins verlassen, ist mein Land ein Platz der Verwüstung..........

References

Adler, Emil, Hans Dietrich Irmscher: *Der handschriftliche Nachlass Johann Gottfried Herders: Katalog*. Wiesbaden: Harrassowitz, 1979.

Batka, Richard: Altnordische Stoffe und Studien in Deutschland 1. Von Gottfried Schütze bis Klopstock, in: *Euphorion*, zweites Ergänzungsheft (1896): 1–70.

Bibliotheca Herderiana. Weimar: Böhlau, 1804.

Boyer, Régis (Trans., ed.): *L'Edda poétique*. Paris: Fayard, 1992.

Boyer, Régis: *En lisant Saxo Grammaticus. Le passé légendaire du Danemark*. Paris: Les Belles Lettres, 2016.

Dalin, Olof: *Olof Dalins Geschichte des Reiches Schweden*. Trans. Johann Carl Dähnert, Johan Benzelstierna. Greifswald: Struck, 1756.

Fischer, Bernd: *Das Eigene und das Eigentliche. Klopstock, Herder, Fichte, Kleist. Episoden aus der Konstruktionsgeschichte nationaler Intentionalitäten*. Berlin: Schmidt, 1995.

Gerstenberg, Heinrich Wilhelm von: *Briefe über die Merkwürdigkeiten der Litteratur*. Stuttgart: Göschen, 1890.

Gleim, Johann Wilhelm Ludwig: *Sämmtliche Werke*. Vol. 4: *Kriegslieder*. Ed. by Wilhelm Körte. Halberstadt: Büreau für Literatur und Kunst, 1811. Reprint Hildesheim: Olms, 1971.

Grammaticus, Saxo: *Gesta Danorum. The History of the Danes*. Transl. by Peter Fisher, ed. by Karsten Friis-Jensen. Oxford: Clarendon, 2015.

Grohmann, Wilhelm: *Herders nordische Studien*. Leipzig: Süsserott, 1899.

Hamann, Johann Georg: *Briefwechsel*. Vol. 2 (1760–1769). Ed. by Walther Ziesemer, Arthur Henkel. Wiesbaden: Insel, 1956.

Hartwich, Wolf-Daniel: *"Deutsche Mythologie": die Erfindung einer nationalen Kunstreligion*. Berlin: Philo, 2000.

Herder, John Gottfried: Nachlass: XIX, 2: a, c, e, g, h. Staatsbibliothek zu Berlin / Preußischer Kulturbesitz, Handschriftenabteilung, Nachlass Johann Gottfried Herder:

a *Komm! unser Vater! komm! Vertrautester der Götter*, Entw. z. e. szenischen Ged. "Ein Skaldengesang", Riga, D

c *Komm, unser Vater! komm! Vertrauter! Freund der Götter (Ein Skaldengesang)*, Gedichtenentw., Riga, D

e *Komm! unser Vater o komm! mit mattgerungnen Händen*, Entw. z. d. szenischen Ged. "Ein Skaldengesang", Riga, D

g, h *O komme, Priester! du unser Vater! und einzige Hoffnung*, Prosaentw. z. d. Ged. "Ein Skaldengesang", Riga, D

Herrmann, Hans Peter: "Mutter Vaterland". Herders Historisierung des Germanenmythos und die Widersprüchlichkeit des Vaterlandsdiskurses im 18. Jahrhundert, in: *Herder Jahrbuch/Herder Yearbook* 4 (1998): 97–122.

Holberg, Ludvig: *Dänische Reichs-Historie*. Vol. 1. Flensburg: Korte, 1743.

Lessing, Gotthold Ephraim: Vorbericht, in: Gleim, 1971: xxi–xxxii.

Liamin, Sergej: *Mythen der Edda in der deutschen Dichtung. Gerstenberg, Klopstock, Günderrode, Heine*. Heidelberg: Winter, 2017.

Mallet, Paul-Henri: *Geschichte von Dänemark*. Rostock, Greifswald: Anton Ferdinand Röse, 1765.

Montesquieu, Charles Louis de Secondat, baron de la Brède et de: De l'Esprit des lois, in: Montesquieu: *Œuvres complètes*. Ed. by Roger Caillois. Vol. 2. Paris: Gallimard, 1951: 227–995.

Morhof, Daniel Georg: *Unterricht von der teutschen Sprache und Poesie*. Lübeck: Wiedemeyer, 1700.

Roling, Bernd: Odin, Apoll des Nordens. Der europäische Antiquiarismusdiskurs und die Erschließung nationaler Traditionen in der Frühen Neuzeit, in: Herbert Jaumann, Gideon Stiening (eds.): *Neue Diskurse der Gelehrtenkultur in der Frühen Neuzeit: ein Handbuch*. Berlin: De Gruyter, 2016: 565–634.

Schütze, Gottfried: *Der Lehrbegriff der alten Deutschen und Nordischen Völker von dem Zustande der Selen nach dem tode überhaupt und von dem Himmel und der Hölle insbesondre*. Leipzig: Langenheim, 1750.

See, Klaus von: *Deutsche Germanen-Ideologie. Von Humanismus bis zur Gegenwart*. Frankfurt a. M.: Athenäum, 1970.

See, Klaus von: *Germanische Heldensage. Stoffe, Probleme, Methoden*. Wiesbaden: Athenaion, 1981.

See, Klaus von: *Skalden. Isländische Dichter des Mittelalters*. Heidelberg: Winter, 2011.

Sturluson, Snorri: *Edda*. Trans., ed. by Anthony Faulkes. London: Everyman, 1995.

Tieghem, Paul van: *Le Préromantisme. Études d'histoire littéraire européenne*. Geneva: Slatkine, 1973.

Treutler, Amand: *Herders dramatische Dichtungen (mit Benutzung ungedruckter Quellen)*. Stuttgart: Metzler, 1915.

Arne Klawitter (Tokio)

Michael Hißmanns Rezension von Herders kunsttheoretischer Schrift *Plastik*. Eine Nachlese zur Wirkungsgeschichte[1]

According to Bernhard Schweitzer, it took a long time that Herders Plastik *(1778) finally began to have an impact on the theory of art in Germany. Even recent research assumes that its reception effectively did not begin before the second half of the 20th century. So far, only one review, which was published in 1779 has been noticed by Herder scholars. However, as the following article demonstrates, at least three other reviews on Herder's texts appeared in contemporary journals. This contribution, then, focuses on two of these hitherto neglected texts. The first was anonymously published in the* Gothaische gelehrte Zeitungen *whereas for the second, published in the* Auserlesene Bibliothek der neuesten deutschen Litteratur, *the author can be identified as Michael Hißmann (1752–1784). The subsequent sketch of his intellectual biography aims at introducing this relatively unknown materialist philosopher to Herder scholars and discusses his psychological approach to aesthetics. The contribution concludes with the transcript of Hißmann's review.*

I Herders Ansatz zu einer Philosophie des Gefühls

Im Jahr 1778 erschien ohne Angabe des Verfassers bei Hartknoch in Riga Johann Gottfried Herders Schrift *Plastik. Einige Wahrnehmungen über Form und Gestalt aus Pygmalions bildendem Traume*, die, im Wesentlichen bereits zwischen 1768 und 1770 abgefasst,[2] dann aber längere Zeit liegen blieb und erst im März 1778, nachdem *Vom Erkennen und Empfinden der menschlichen Seele* beendet war, in den Druck gegeben wurde. Unter Berufung auf Baumgartens Ästhetik, Winckelmanns Arbeiten zur griechischen Skulptur und Lessings Grenzziehung zwischen den Künsten, doch dann aber auch im Gegensatz zu ihnen, entwirft Herder, jetzt ausgehend vom Tastsinn, eine Theorie der sinnlichen Erfahrung der plastischen Künste, wobei deren rationale Erkenntnis primär auf die körperliche Wahrnehmung der zuvor betrachteten Gegenstände zurückgeführt wird, und er entwickelt in diesem Kontext zugleich ein neues ästhetisches Programm. Entgegen der traditionellen Hierarchie der Sinne, die dem

1 Der vorliegende Beitrag greift auf Forschungsergebnisse zurück, die ich erstmals in meiner Antrittsvorlesung an der Waseda Universität Tokyo, gehalten am 21. September 2013, präsentierte und danach in Auszügen (über Jakob Mauvillon und Ludwig August Unzer) publizierte (vgl. Klawitter 2014). Dank eines »Stipendiums für Aufklärungsforschung« konnten meine Recherchen dann im Sommer 2014 am IZEA in Halle fortgesetzt und dort im Dezember 2015 vorgestellt werden.

2 Vgl. FHA 4, 243–326. Herders Interesse an der Ästhetik geht zurück auf das *Vierte kritische Wäldchen* (I, 2–5), das zwar schon im Mai 1769 abgeschlossen wurde, jedoch erst 1846 posthum erschien. Irmscher vermutet, dass Herder, nachdem er das Manuskript der *Plastik* fertig gestellt hatte, das *Vierte kritische Wäldchen* für überholt hielt; vgl. Irmscher 2001, 82.

Gesichtssinn das Primat einräumt, betont er die dominierende Rolle des Tastsinns in Bezug auf die Wahrnehmung der plastischen Kunst (vgl. Zeuch 2000): Während die Malerei Flächen gestalte und dem Auge Farbe, Proportionen, Symmetrie, Licht und Schatten darbiete, beruhe die Rezeption der räumlichen Bildhauerkunst, so Herder, vorrangig auf dem Gefühlten: der Gesichtssinn zeige uns »*nur Gestalten*« (FHA 4, 247); und nur das tastende Gefühl sei vermögend, unserem Bewusstsein Körperlichkeit vorzustellen. Die optische Wahrnehmung ist für Herder lediglich »*eine verkürzte Formel des Gefühls* [...]. Im Gesicht ist Traum, im Gefühl *Wahrheit*« (ebd., 250). Möge auch der Gesichtssinn der »philosophischste« sein, so bleibe er dennoch in der Hauptsache eindimensional, denn »er spielt und gleitet nur auf der Oberfläche mit Bild und Farbe umher« (ebd., 253); eine schöne plastische Form aber könne man keineswegs allein vom Sehen her bestimmen:

> Lasset ein Geschöpf ganz Auge, ja einen Argus mit hundert Augen hundert Jahr eine Bildsäule besehen und von allen Seiten betrachten: ist er nicht ein Geschöpf, das Hand hat, das einst tasten und wenigstens sich selbst betasten konnte; ein Vogelauge, ganz Schnabel, ganz Blick, ganz Fittig und Klaue, wird nie von diesem Dinge als Vogelansicht haben. Raum, Winkel, Form, Rundung lerne ich als solche in leibhafter Wahrheit nicht durchs *Gesicht* erkennen; geschweige das Wesen dieser Kunst, *schöne* Form, *schöne* Bildung, die nicht Farbe, nicht Spiel der Proportion, der Symmetrie, des Lichtes und Schattens, sondern *dargestellte, tastbare Wahrheit* ist. (Ebd.)

Die greifbare Wahrheit der plastischen Form sieht Herder dem Traumbild (vgl. FHA 4, 257)[3] der Malerei entgegengesetzt. Doch um ihrer teilhaftig zu werden, müsse der Betrachter eine Art von Selbsttäuschung vollziehen und den toten Marmor für sich beleben, das heißt die »platte Figur in eine runde *lebende Gestalt* [...] *verwandeln*« (ebd., 281). Ein Körper ist für Herder grundsätzlich etwas Bewegtes und Lebendiges, das sich nur mit der Hand erfassen und erfühlen lässt, so dass beim Betrachten einer griechischen Skulptur das Auge in einer umgekehrten Sinnesfunktion gleichsam den Körper ertastet; ein Vorgang, dem Herder im dritten Abschnitt seiner Abhandlung lange und eindrückliche Beschreibungen widmet (vgl. ebd., 289–296).

Während Lessings *Laokoon* und Winckelmanns ästhetische Schriften rasch eine größere Breitenwirkung entfalteten, in ihrer Zeit Maßstäbe setzten und vielfach rezipiert wurden, fand Herders *Plastik* über einen langen Zeitraum hinweg nur wenig Beachtung. 1948 fasste Bernhard Schweitzer die späte Wirkung dieser für die Kunsttheorie nun alles andere als unerheblichen Schrift in zwei lapidaren Sätzen zusammen: »Die Abhandlung hat lange gebraucht, bis sie aktuell wurde. Ihr eigenes Zeitalter blieb ihr die Resonanz schuldig« (Schweitzer 1948, 10). Jürgen Brummack und Martin Bollacher andererseits weisen im Kommentar der von ihnen edierten Ausgabe von Herders Werken, allerdings ohne die Quellen zu benennen (mit Ausnahme eines Briefes von Goethe an Herder), darauf hin, dass die *Plastik* sehr wohl von Goethe, Heinse, Novalis, A.W. Schlegel und Humboldt zur Kenntnis genommen worden sei und dass sie alle, »jeweils produktiv, im Rahmen

3 Hier heißt es, dass das »Werk der Malerei [...] eine Bildertafel [sei], auf der die Schöpfung des Künstlers wie Traum da steh[e]«.

eigener Ansätze« (FHA 4, 1012) auf sie reagiert hätten. Von zeitgenössischen Urteilen wird in der Sekundärliteratur nur die Besprechung in der *Allgemeinen deutschen Bibliothek* (37/2 (1779), 503–510) angeführt, deren Verfasser, der Göttinger Mathematiker Abraham Gotthelf Kästner (vgl. Parthey 1842, 44), obwohl der Forschung bekannt, aber nicht genannt wird. Weitere Rezensionen, so heißt es im Kommentar der Werkausgabe, habe es wohl nicht gegeben (vgl. FHA 4, 1014).[4] Christina Dongowski zog daraus den Schluss, dass die Bedeutung von Herders *Plastik* »in einigem Gegensatz zur zeitgenössischen Rezeption« stehe, denn es fehle (mit Ausnahme der »einzig[] bekannte[n] Rezension« in der *Allgemeinen deutschen Bibliothek*) »jede wirkliche zeitgenössische Auseinandersetzung mit dem Text« (Dongowski 2001, 128). Hinzu kommt, dass Kästner Herders Schrift äußerst kritisch beurteilte: »Eine Optik wie diese Plastik möchte man wohl verbitten«, heißt es in seiner Besprechung: »Will der Herr Verf. so über das Sehen schreiben: so gebe er dem Dinge einen Nahmen wie er will, nur nicht den Nahmen einer mathematischen Wissenschaft, bey dem man an Verständlichkeit, Gründlichkeit und Brauchbarkeit zu denken gewohnt ist« (Bd. 37/2 (1779), 510).[5]

Doch war, wie im Folgenden gezeigt werden wird, die Besprechung in der *Allgemeinen deutschen Bibliothek* keineswegs die einzige Reaktion auf Herders *Plastik*, und dem entsprechend muss nun auch das Diktum Schweitzers korrigiert werden, dem die Kommentatoren der Frankfurter Werkausgabe trotz ihrer Einwände »im ganzen« (vgl. Kommentar, FHA 4, 1013) zugestimmt haben. Denn sowohl in der Lemgoer *Auserlesenen Bibliothek der neuesten deutschen Litteratur* als auch in den *Gothaischen gelehrten Zeitungen* gibt es eine ausführliche Besprechung bzw. eine Anzeige und inhaltliche Zusammenfassung von Herders Buch, was ein völlig neues Licht auf die zeitgenössische Rezeption seiner kunsttheoretischen Überlegungen wirft. Eine immerhin dritte, aber dann doch wesentlich kürzere Anzeige von Herders *Plastik* (zusammen mit *Vom Erkennen und Empfinden der menschlichen Seele*) findet sich zudem in den von Johann Georg Peter Möller (1729–1807) herausgegebenen Greifswalder *Neuesten Critischen Nachrichten* (4 (1778), 343-344). In unserem Kontext ist besonders die Rezension in der zuerst genannten *Auserlesenen Bibliothek* allein schon wegen ihrer Sorgfalt und Gewissenhaftigkeit sowie der positiven Beurteilung von Herders Schrift für die Wirkungsgeschichte von erheblicher Bedeutung.

II Die Lemgoer *Auserlesene Bibliothek* und ihr Mitarbeiter Michael Hißmann

Die *Auserlesene Bibliothek der neuesten deutschen Litteratur* wurde von Karl Renatus Hausen (1740–1805) und Jakob Mauvillon (1743–1794) in direkter Konkurrenz zu Nicolais *Allgemeiner deutschen Bibliothek* konzipiert, von Christian Friedrich Helwing (1725–1800) verlegt und zur Ostermesse 1772 das erste Mal ausgeliefert. Bis 1781 erschienen in halbjährigen Abständen insgesamt zwanzig Bände mit jeweils weit über

4 Schon bei Jördens, über den dann hinauszugehen sich offenbar niemand die Mühe gemacht hat, wird lediglich die Rezension in der AdB erwähnt, vgl. Jördens 1807, 379.

5 Die Rezension ist mit der Sigle Lb. [= Kästner] unterzeichnet.

hundert Rezensionen, denen regelmäßig zwei »Anhänge« folgten, wobei der erste, die sogenannten »Jahrbücher der Gelehrten in Deutschland«, die Leser über Todesfälle, Beförderungen, Veränderungen und Projekte in der gelehrten Welt informierte, und im zweiten verschiedene Mitarbeiter über den Zustand einer Wissenschaftsdisziplin berichteten, für die sie sich besonders kompetent fühlten.

Zu den Lesern der Zeitschrift gehörten Herder und Kant, und noch viele Jahre später notierte Jean Paul, der auch die beiden Rezensionen Hißmanns zu Herders *Plastik* und *Vom Erkennen und Empfinden der menschlichen Seele* exzerpierte (vgl. Müller 1988, 73), in seinen Exzerptheften ihn interessierende Passagen aus mehreren Beiträgen. In der *Auserlesenen Bibliothek* finden sich besonders in den Sparten der ›schönen Wissenschaften‹ und der ›Weltweisheit‹ zahlreiche, auch heute noch höchst lesenswerte Besprechungen, unter anderem zu Goethe, Lessing, Wieland, Klopstock sowie Lenz und anderen Stürmern und Drängern. Dennoch ist erstaunlicherweise dieser Zeitschrift in der Forschung bislang so gut wie keine Beachtung geschenkt worden,[6] was erklären mag, warum die dort publizierten Herder-Rezensionen im Kommentar der Frankfurter Werkausgabe überhaupt nicht erwähnt werden.

An kompetenten Rezensenten scheint es den Initiatoren der *Lemgoer Bibliothek* von Anfang an nicht gefehlt zu haben, vor allem wohl, weil ihr Verleger Helwing angelegentlich bemüht war, auswärtige Fachexperten anzuwerben, und zudem eine Reihe seiner Hausautoren zur Mitarbeit überreden konnte, denn bereits im »Vorbericht« des ersten Bandes wird erklärt, dass das Journal keiner zusätzlichen Beiträger mehr bedürfe: »Da der Verleger viele der gelehrtesten und angesehensten Männer in Deutschland zu Mitarbeitern dieser Schrift erhalten hat, von welchen jeder sein eignes Fach gehörig besorget, so verbittet er alle Einsendungen von Recensionen und Anzeigen«. Und weiter heißt es, dass diese »berühmten Männer« es »zwar gegenwärtig nicht für gut [befänden,] sich zu nennen«, was aber »alle Augenblicke geschehen [könne], wenn der Nutzen des Publikums hierbey gewin[ne]« (*Auserlesene Bibliothek* 1 (1772–1781), XV). Bis zum letzten Band der Zeitschrift war der Verleger dennoch bestrebt, die Namen seiner Mitarbeiter geheim zu halten. Lediglich in den in ihr veröffentlichten Todesanzeigen wird mitunter die Mitwirkung der Verstorbenen an der *Lemgoer Bibliothek* erwähnt.[7]

Da aber – ganz im Gegensatz zu den *Gothaischen gelehrten Zeitungen* – die Beiträge in der *Auserlesenen Bibliothek* vom fünften Bande an mit Siglen, das heißt vor allem mit Nummern unterzeichnet waren, bestand hier die Möglichkeit, neben vielen anderen Mitarbeitern auch den Verfasser der Herder-Rezension namhaft zu machen, wobei die Nummer 53, mit der die Rezension über Herders *Plastik* unterzeichnet ist, sich erstmals im elften Band (1777) findet, und von Johann Georg Meusel (1743–1820) nicht lange darauf dem Göttinger Philosophen Michael Hißmann (1752–1784) zugeschrieben wurde (vgl. Meusel 1786, 76; 79).

Der aus Hermannstadt, heute Sibiu, in Siebenbürgen stammende Hißmann bezog im März 1773 nach Abschluss der dortigen Gymnasialschule die Universität Erlangen

6 Lediglich Thomas Habel erwähnt sie beiläufig als eine unter insgesamt 85 deutschsprachigen Rezensionszeitschriften des 18. Jahrhunderts, ohne allerdings dabei näher auf Inhaltliches einzugehen oder die Mitarbeiter zu nennen (vgl. Habel 2007, 436).

7 Zu den Mitarbeitern der *Auserlesenen Bibliothek* vgl. Klawitter 2014.

und wechselte im Frühjahr 1774 nach Göttingen, um dort zunächst Theologie zu studieren, doch die Bekanntschaft mit so prominenten Professoren wie Abraham Gotthelf Kästner (1719–1800), Johann Georg Heinrich Feder (1740–1821) und Christoph Meiners (1747–1810) bewog ihn dazu, sich vor allem dem Studium der Philosophie zuzuwenden. Er erlernte die englische, französische und italienische Sprache, um sprachphilosophisch und erkenntnistheoretisch bedeutsame Werke der Zeit wie Charles de Brosses *Traité de la formation mécanique des langues et des principes physiques de l'étymologie* (2 Bde., 1765), dt. *Über Sprache und Schrift* (1777), und Étienne Bonnot de Condillacs *Essai sur l'origine des connaissances humaines* (1746), dt. *Versuch über den Ursprung der menschlichen Erkenntnis* (1780) zu übersetzen. Im Mai 1776 wurde er aufgrund der Dissertation *De infinito* zum Magister der Philosophie promoviert und erhielt noch im selben Jahr die Lehrbefugnis. Seine 1778 auf der Grundlage der von ihm veröffentlichten *Anleitung zur Kenntniß der auserlesenen Litteratur in allen Theilen der Philosophie* gehaltenen Vorlesungen fanden großen Beifall (vgl. Trausch 1870, 166). Dieser Zustimmung und dem Erfolg seiner gedruckten Schriften war es zu verdanken, dass er im Mai 1781 an der Universität Göttingen zum außerordentlichen Professor der Philosophie ernannt wurde. Gleichwohl war diese akademische Ehre keineswegs mit einem lukrativen Gehalt verbunden, weshalb die schriftstellerische Brotarbeit nach wie vor für Hißmann eine *conditio sine qua non* blieb.

Bereits im Frühjahr 1776 war er auf Betreiben Kästners in die Königlich Deutsche Gesellschaft zu Göttingen aufgenommen worden. In seiner Antrittsrede vom 24. Februar 1776 »Vom Flor Siebenbürgens unter Theresien und Joseph« unterstreicht er die Verbundenheit mit seiner Heimat Siebenbürgen. Auf den jungen Philosophen aus Hermannstadt durch dessen zunehmendes Renommee dann einmal aufmerksam geworden, sah sich Kaiser Joseph II. im Juli 1784 veranlasst, Gottfried Freiherrn van Swieten (1733–1803) damit zu beauftragen, Hißmann (obwohl dieser Protestant war) einen Lehrstuhl an der Universität Pest (heute Teil von Budapest) mit einem jährlichen Gehalt von 1200 Gulden anzubieten. Bereits kurz zuvor hatte auch die Hannover'sche Regierung versucht, ihn mit einer Gehaltserhöhung von 200 Gulden und der Aussicht auf eine ordentliche Professur an Göttingen zu binden. Hißmann aber entschied sich, das Angebot des Kaisers anzunehmen, doch starb er bereits am 14. August 1784 im Alter von nicht einmal 32 Jahren in Göttingen an der Schwindsucht.

Als Hißmanns Hauptwerk dürfen wohl seine *Psychologischen Versuche* (1777) gelten, die er seinem Freund Christian Konrad Wilhelm Dohm, der damals Professor am Carolinum in Kassel war, widmete. Darin versucht er unter anderem die Unsterblichkeit der Seele auf dem Wege materialistischer Psychologie zu begründen. Bereits in seinem ersten philosophisch bedeutsamen Werk, der *Geschichte der Lehre von der Association der Ideen* (1776), in dem er es unternommen hatte, den Lockeschen Empirismus mit dem französischen Sensualismus zu verbinden, hatte er sich als materialistischer Denker gezeigt. Seine beiden 1778 publizierten Schriften, die gegen Christian Wolff (1679–1754) gerichteten *Briefe über Gegenstände der Philosophie* und die schon erwähnte *Anleitung zur Kenntniß der auserlesenen Litteratur in allen Theilen der Philosophie*, sprachen ein breiteres Publikum an und trugen ihm den Ruf eines materialistischen Popularphilosophen ein. Sein erstes Werk zur politischen Philosophie waren dann die *Untersuchungen über den Stand der Natur* (1780). Im Verlag der Meyerschen Buchhandlung fungierte er als

Herausgeber der ersten sechs Bände des *Magazins für die Philosophie und ihre Geschichte* (1778–83), in dem er dem heimischen Publikum Auszüge aus Werken von ihm übersetzter französischer und englischer Philosophen und Naturwissenschaftler, unter anderem von Maupertius, de Guignes und Priestley in deutscher Sprache zugänglich machte. Trotz seines sich immer mehr verschlechternden Gesundheitszustandes publizierte er noch 1783 eine Biographie des Philosophen Gottfried Wilhelm Leibniz unter dem Titel *Versuch über das Leben des Freyherrn von Leibnitz*, die hauptsächlich auf der von Johann Georg von Eckhart abgefassten *Lebensbeschreibung* basiert, die Christoph Gottlieb von Murr 1779 in seinem *Journal zur Kunstgeschichte und zur allgemeinen Litteratur* hatte abdrucken lassen (7 (1779), 123–210).[8]

Aber auch Hißmanns größere Aufsätze und Beiträge, die er für verschiedene Zeitschriften und Magazine lieferte, verdienen Erwähnung. In einer Abhandlung über die dramatische Dichtung, die er in das von Boie und Dohm herausgegebene *Deutsche Museum* (1777) einrücken ließ,[9] versuchte er beispielsweise zu beweisen, dass nicht die moralische Wirkung der Hauptzweck des Theaters sei, sondern die Darstellung lebenswahrer und glaubhafter Charaktere. Im *Hannoverischen Magazin* veröffentlichte er einen Aufsatz »Ueber den Ursprung der Sprache« (*Hannoverisches Magazin* 14 (1776), 1145–1200), in dem er sich intensiv mit Herders berühmter Preisschrift auseinandersetzt, und eine Abhandlung »Ueber die Eleusinischen Geheimnisse« (*Hannoverisches Magazin* 14 (1776), 865–890), das heißt über die sogenannten Mysterien von Eleusis und die damit verbundenen Initiations- und Weiheriten zu Ehren der Gottheiten Demeter und Kore. Interessiert zeigte sich Hißmann auch an der indischen Sprache und Kultur, was sich in den Aufsätzen »Bemerkungen über die alte Geschichte von Indien« (*Hannoverisches Magazin* 15 (1777), 1169–1216) und »Ueber die Shanscrita« (*Göttingisches Magazin der Wissenschaften und Litteratur* 1 (1780), 269–293) niederschlug. Darüber hinaus veröffentlichte er zahlreiche Beiträge und Rezensionen in den *Göttingischen Gelehrten Anzeigen* sowie Abhandlungen für das *Hannoverische Magazin* und das *Göttingische Magazin der Wissenschaften und Litteratur*. In den Jahren 1776 und 1777 war er überdies Mitarbeiter an den *Frankfurter gelehrten Anzeigen*.

Den Auftakt seiner Mitarbeit an der Lemgoer *Auserlesenen Bibliothek* bildeten zunächst einmal einige wenige kurze und nicht sonderlich bemerkenswerte Rezensionen im Bereich der ›Weltweisheit‹, wie zum Beispiel zu Nicolas Malebranche und Ernst Platner. Dabei blieb es aber nicht, denn schon bald folgten ausführlichere Besprechungen unter anderem zu Tralles' *Gedanken über das Daseyn der menschlichen Seele* (1776), zu Basedows *Praktischer Philosophie für alle Stände* (2 Bde., 2. Aufl., 1777) und zu Tetens *Philosophischen Versuchen über die menschliche Natur* (1777), ferner zu August Hennings *Über die Vernunft* (1778), zu Ernst Adolph Webers *Versuch über die Aehnlichkeit mit Gott* (1778), zu Bayles historisch-kritischem Wörterbuch (in dt. Übers., 1779) und zu vielem anderen mehr, und schnell wurde er zum federführenden Rezensenten der *Lemgoer Bibliothek* in der Rubrik ›Weltweisheit‹. Doch nicht genug damit: Kontinuierlich erweiterte Hißmann das Spektrum der von ihm behandelten Themen, das die

8 Zur Biographie Hißmanns und zur Einführung in sein Werk vgl. Roth, Stiening 2013.
9 »Ueber den Hauptzweck der dramatischen Poesie«, in: *Deutsches Museum* 2 (1777), 553–564.

Psychologie wie J. E. Mayers *Ueber den Vernunftschluss* (2 Bde., 1777/1779) und die ›Gottesgelahrtheit‹, unter anderem Kleukers *Zend-Avesta. Zoroasters lebendiges Wort* (3 Bde., 1776/1777), die Rechtsgelehrsamkeit wie den *Entwurf der allgemeinen Grundsätze der Gesetzgebung* (1777) und die Politik, so den *Grundriss der wahren und falschen Staatskunst* (1778), mit einbezog und selbst Fragen der Ästhetik tangierte, wie zum Beispiel die Auseinandersetzung mit dem Grotesk-Komischen in der Besprechung von Justus Mösers *Harlekin* (1777). Im 18. Band finden sich dann darüber hinaus auch noch zahlreiche Rezensionen, die schönen Wissenschaften betreffend.[10] Für den 16. und 17. Band verfasste er sogar die Eingangsrezensionen, die sonst vorrangig theologischen Themen vorbehalten waren und gewöhnlich besonders renommierten, doch ungenannt bleibenden Mitarbeitern zugeteilt wurden.[11]

III Hißmanns nähere Beschäftigung mit Herder

Die eingangs erwähnte Rezension zu Herders *Plastik* in den *Gothaischen gelehrten Zeitungen* erschien bereits im Juni 1778 (25. St., 411–415), also schon kurz nach der Veröffentlichung des Buches. Zwar war Hißmann nachweislich auch Mitarbeiter an diesem Journal (vgl. Wessels 1979, 438), doch sind die Beiträge hier allesamt nicht unterzeichnet, so dass im besagten Fall eine Verfasserschaft Hißmanns lediglich angenommen werden kann, denn möglich ist auch, dass die Rezension von Schack Hermann Ewald (1745–1822) stammt, der die *Gothaischen gelehrten Zeitungen* von 1778 bis 1804 herausgab und dort seinerseits für zahlreiche philosophische Kritiken verantwortlich zeichnete. Die beiden genannten Besprechungen in der *Auserlesenen Bibliothek* und in den *Gothaischen gelehrten Zeitungen* unterscheiden sich zudem stilistisch, was jedoch auf die unterschiedlichen Programme der Zeitschriften zurückzuführen sein mag. Wollten die *Gothaischen gelehrten Zeitungen* die rezensierten Werke lediglich anzeigen und eine Zusammenfassung für die Leser geben (wobei sie sich auch häufig gänzlich eines eigenen Urteils enthalten), so drangen die Besprechungen der *Auserlesenen Bibliothek der neuesten deutschen Litteratur* gewöhnlich viel tiefer in die Materie ein. Sie sind weitaus gründlicher, und auch die Bewertung ist erheblich pointierter. Bemerkenswert ist vor allem die Ausführlichkeit, mit der Herders *Plastik* in der *Auserlesenen Bibliothek* besprochen wird. Hißmann fasst präzis die zentralen Gedanken zusammen, zitiert fleißig und fällt abschließend ein anerkennendes Urteil. Die Hauptidee der Schrift sieht er in dem Satz konzentriert, »daß das Gesicht uns nur Gestalten, das Gefühl allein Körper zeige; dass alles, was Form ist, nur durchs tastende Gefühl, durchs Gesicht nur Fläche und zwar nicht körperliche, sondern nur sichtliche Lichtfläche erkant werde« (*Auserlesene Bibliothek* 16 (1779), 582). Herders Überlegungen zur Theorie der bildenden Künste und der Schönheit überhaupt seien, »um so viel schätzbarer, da sie von der Beschaffenheit

10 So zu Friedrich Gottlieb Klopstocks *Über Sprache und Dichtkunst* (1779) und zu den *Schriften* von Helfrich Peter Sturz (Erste Sammlung, 1779).

11 Es handelt sich um die Besprechung von Leonard Meisters *Ueber die Einbildungskraft* (1778) und von Johann Georg Heinrich Feders *Untersuchung über den menschlichen Willen* (1, (1779); vgl. *Auserlesene Bibliothek* 16 (1779), 1–28 und *Auserlesene Bibliothek* 17 (1780), 1–25).

der schönen Kunstwerke selbst abgezogen sind, zu deren Fassung unser V[erfasser] mehr Organ hat, als die meisten, die das Studium der Antike getrieben haben und noch treiben« (ebd., 596). Schließlich stellt Hißmann Herders Theorie des plastischen Sinns den ästhetischen Schriften Winckelmanns an die Seite, womit er bereits in weiser Voraussicht einer künftigen Rezeption den Weg weist.

Hißmann selbst vertrat – ganz im Gegensatz zu Herder – eine materialistisch fundierte[12] Ästhetik und machte gleich zu Beginn seiner *Psychologischen Versuche* (1777) deutlich, dass er die neuere Entwicklung der Philosophie begrüße, da man endlich »die Chimäre der Anima sensitiva der Alten aus der Psychologie hinausgeworfen ha[be]« (Hißmann 1777, 25). Seiner Ansicht nach nehmen die Sinnesorgane über die Nerven aufgrund einer mechanischen Reizung die Eindrücke von außen auf, wobei er jedoch nicht klären konnte, wie die unterschiedlichen, von den einzelnen Sinnen aufgenommenen Eindrücke einem einheitlichen Gegenstand zugeschrieben werden können. Auf dieser wahrnehmungsphysiologischen Grundlage versuchte er dennoch, eine allgemeine Theorie des Schönen auszuarbeiten und diese an eine Theorie der Funktion der Gehirnfibern anzuschließen (vgl. Hißmann 1777, 166–167 und 170–171).[13]

Auch wenn letztlich die eigentliche Bewertung recht knapp ausfällt, stellen die beiden Rezensionen über Herders *Plastik* in der *Auserlesenen Bibliothek* und in den *Gothaischen gelehrten Zeitungen* insofern einen wichtigen Fund dar, als sie eine Lücke in der Wirkungsgeschichte dieser Schrift schließen und sich nunmehr aufzeigen lässt, dass es bereits unmittelbar nach ihrer Publikation eine erste intensive Auseinandersetzung mit den dort entwickelten ästhetischen Überlegungen gab. Hinzu kommt, dass Hißmann nicht nur Herders *Plastik* rezensierte, sondern auch die gleichzeitig publizierte Abhandlung *Vom Erkennen und Empfinden der menschlichen Seele* sowie die *Dissertation sur l'influence des Sciences sur le Gouvernement et du Gouvernement sur les Sciences* (1780),[14] die zwar einen französischen Titel trägt, aber auf Deutsch abgefasst ist.[15]

12 Zum Materialismus in Hißmanns Denken vgl. Thiel 2013.

13 In den *Psychologischen Versuchen*, die bereits vor dem Erscheinen von Herders *Plastik* fertig gestellt und publiziert wurden, geht Hißmann auch auf Herders *Abhandlung über den Ursprung der Sprache* (1772) ein (vgl. Hißmann 1777, 184–185).

14 Vgl. *Auserlesene Bibliothek* 16, 1779, 564–581, *Gothaische gelehrte Zeitungen* 54. St. (1778), 444–447 sowie *Auserlesene Bibliothek* 20 (1781), 248–263.

15 Eine kommentierte Edition sämtlicher Rezensionen Michael Hißmanns, die er für die *Auserlesene Bibliothek der neuesten deutschen Litteratur* verfasst hat, wird derzeit von mir vorbereitet.

Anhang

Auserlesene Bibliothek der neuesten deutschen Litteratur, 16 (1779), 581–596.[16]

Plastik. Einige Wahrnehmungen über Form und Gestalt aus Pygmalions bildendem Traume.
Τι καλλος; ερωτημα τυφλου.
Riga, bei J. Friedrich Hartknoch. 1778. 148 Seiten, gros Oktav.

Eine vortrefliche Schrift, deren Verfasser gleichfals nicht verkant werden kan. Hier ist es, wo ihm sein lebendiger Ausdruk und seine bilderreiche und begeisterte Sprache diejenigen Dienste leisteten, die von den wenigsten Schriftstellern erreicht werden können. Als Schilderer hat Hr. *Herder* wirklich große Vorzüge. Wir haben in dieser kleinen Schrift mehr als eine Schilderung vorgefunden, die wir als Muster bewunderten. – Hier sind einige der vorzüglichsten Gedanken.

Die Hauptidee, die die Basis aller Bemerkungen ausmacht, und die hinwiederum durch alle angeführte Beobachtungen Bestätigung erhalten sol, ist diese: »*Daß das Gesicht uns nur Gestalten, das Gefühl allein Körper zeige; daß alles, was Form ist, nur durchs tastende Gefühl, durch Gesicht nur Fläche und zwar nicht körperliche, sondern nur sichtliche Lichtfläche erkant werde.*« Was kan das Licht in unser Auge mahlen? Was sich mahlen läst, *Bilder*. Wie auf der weißen Wand der dunkeln Kammer: so fält auf die Nezhaut des Auges ein Stralenpinsel von allem, was vor ihm steht, und kan nichts, als was da steht, eine Fläche, ein Nebeneinander aller und der verschiedensten sichtbaren Gegenstände zeichnen. Dinge *hinter* einander, oder solide, massive Dinge als solche dem Auge zu geben, ist ganz unmöglich. Der Ophthamit mit tausend Augen, ohne Gefühl, ohne tastende Hand bliebe Zeitlebens in Platons Höle, und hätte von keiner einzigen Körpereigenschaft, als solcher, eigentlichen *Begrif*. Denn alle Eigenschaften der Körper, was sind sie, als Beziehungen derselben auf unsern Körper, auf unser Gefühl? Was Undurchdringlichkeit, Härte, Weichheit, Glätte, Form, Gestalt, Rundheit sei, davon kan mir so wenig mein Auge durchs Licht, als meine Sele durch selbstständiges Denken, einen leibhaften, lebendigen Begrif geben. Der Vogel, das Pferd, der Fisch hat ihn nicht; der Mensch hat ihn, weil er nebst seiner Vernunft auch die umfassende, tastende Hand hat. Der Körper, den das Auge sieht, ist folglich nur Fläche; die Fläche, die die Hand tastet, ist Körper. Nur da wir von Kindheit auf unsre Sinne in Gemeinschaft und Verbindung brauchen; so verschlingen und gatten sich alle, insonderheit der gründlichste und deutlichste der Sinne, *Gefühl* und *Gesicht*. Die schweren Begriffe, die wir uns langsam und mit Mühe ertappen, werden von *Ideen* des Gesichts begleitet. Dies klärt uns auf, was wir dort nur dunkel fasseten, und so wird uns endlich geläufig, das mit einem Bild weg zu haben, was wir uns anfangs langsam ertasten *musten*. Als der Körper unsrer Hand vorkam, ward zugleich das Bild desselben in unser Auge geworfen; die Sele verband beide, und die Idee des schnellen Sehens läuft nachher dem Begrif des langsamen Tastens vor. Wir glauben zu sehn, wo wir nur fühlen und fühlen solten. Wir sehn endlich so viel und so schnel, daß wir nichts mehr fühlen und fühlen

16 Die im Original vorgenommenen Hervorhebungen und in Antiqua gesetzte Wörter werden *kursiviert* wiedergegeben.

können, da doch dieser Sin unaufhörlich die Grundveste und der Gewährsman des vorigen sein mus. In allen diesen Fällen ist das Gesicht nur eine verkürzte Formel des Gefühls. Die volle Form ist Figur, die Bildsäule ein flaches Kupferstich worden. Im Gesicht ist Traum, im Gefühl Wahrheit. Daß dem so sei, sehen wir in Fällen, wo sich beide Sinne scheiden und ein neu Medium, oder eine neue Formel eintrit, nach der sie sich gatten solten. Wenn der Stab im Wasser gebrochen scheint und man greift darnach an unrechter Stelle: so ist wol hier von keinem Trug der Sinne die Frage. Denn nach einem Stralenbilde, als solchem, mus ich nicht *greifen*. Was ich also sah, war wahr, wirkliches Bild auf wirklicher Fläche; nur wornach ich grif, war nicht mehr; denn wer wird nach einem Bilde auf einer Fläche fassen? Weil nun aber unser Gesicht und Gefühl als Schwestern zusammen erzogen wurden, und von Jugend auf eine der andern die Arbeit tragen half, oder sie gar allein übernahm: so geschah es auch hier und Schwester verfehlte die Schwester. Sie hatten sich sonst auf der Erde versucht, nun ist der Fal im Wasser, einem andern Element der Stralenbrechung, wo sie sich nicht gegen einander geübt hatten. Ein Wasserman würd's besser getroffen haben. Der Triumph des Malers ist, daß durch seinen Zaubertrug Gesicht – Gefühl werden sol, so wie bei ihm das Gefühl – Gesicht ward.

Das Gesicht ist der künstlichste, philosophischste Sin. Es wird durch die feinsten Uebungen, Schlüsse, Vergleichungen gefeilt und berichtigt. Aber dieser Sin wirkt flach. Er spielt und gleitet auf der Oberfläche mit Bild und Farbe umher, überdem hat er so vieles und so zusammengeseztes vor sich, daß man mit ihm wol nie auf den Grund kommen wird. Er borgt von andern und bauet auf andre Sinne; ihre Hülfsbegriffe müssen ihm Grundlage sein, die er nur mit Licht umglänzet. Dringe ich nun nicht in diese Begriffe andrer Sinne; suche ich nicht Gestalt und Form, stat zu *ersehen* ursprünglich zu erfassen: so schwebe ich mit meiner Theorie des Schönen und Wahren aus dem Gesichte ewig in der Luft und schwimme mit Seifenblasen. Eine Theorie schöner *Formen* aus Gesetzen der *Optik* ist so viel als eine Theorie der *Musik* aus dem *Geschmak*. Und gerade das sind viele Abhandlungen der Aesthetik aus andern in andre Sinne, daß man zulezt nicht weis, wo, oder wie man dran ist?

Man klassifizirt die schönen Künste ordentlich unter zwei Hauptsinne, *Gesicht* und *Gehör*; und dem ersten Hauptmanne giebt man alles, was man wil, aber er nicht fodert, *Flächen*, *Formen*, *Farben*, *Gestalten*, *Bildsäulen*, *Bretter*, *Sprünge*, *Kleider*. Daß man Bildsäulen sehn kan, daran hat niemand gezweifelt; ob aber aus dem Gesicht sich ursprünglich bestimmen lasse, was schöne Form ist? ob dieser Begrif den Sin des Gesichts für seinen Ursprung und Oberrichter erkenne? Das läst sich nicht blos bezweifeln, sondern gerade verneinen. Lasset ein Geschöpf ganz Auge, ja einen Argus mit hundert Augen hundert Jahre eine Bildsäule besehn und von allen Seiten betrachten: ist er nicht ein Geschöpf, das Hand hat, das einst tasten und wenigstens sich selbst betasten konte; ein Vogelauge, ganz Schnabel, ganz Blik, ganz Fittich und Klaue, wird nie von diesem Dinge, als Vogelansicht, haben. Raum, Winkel, Form, Rundung lerne ich als solche in leibhafter Warheit nicht durchs Gesicht erkennen; geschweige das Wesen dieser Kunst, *schöne* Form, *schöne* Bildung, die nicht Farbe, nicht Spiel der Proportion, der Symmetrie, des Lichtes und Schattens, sondern *dargestelte, tastbare Warheit ist*. Die schöne Linie, die hier immer ihre Bahn verändert, sie, die nie gewaltsam unterbrochen, nie widrig vertrieben sich mit Pracht und Schöne um den Körper wälzt, und nimmer ruhend und immer fortschwebend in ihm den Gus, die Fülle, das sanft verblasene entzückende *Leibhafte* bildet, das nie von Fläche, nie von der Ecke oder Winkel weis; diese Linie kan so wenig Gesichtsfläche, so wenig Tafel und Kupferstich werden, daß gerade mit diesen Alles an ihr hin ist. Das Gesicht zerstört die schöne Bildsäule, stat daß es sie schaffe; es verwandelt sie in Ecken und Flächen, bei denen es viel ist, wenn sie nicht das schönste Wesen ihrer Innigkeit, Fülle und Runde in lauter Spiegelecken verwandle. Unmöglich kans also *Mutter dieser Kunst* sein.

Einen Sin haben wir, der Theile *außer sich neben einander*, einen andern, der sie *nach einander*, einen dritten, der sie in *einander* erfasset. *Gesicht*, *Gehör* und *Gefühl*. Theile neben einander geben eine *Fläche*; Theile *nach einander* am reinsten und einfachsten sind Töne; Theile auf einmal *in*, *neben bei einander*, *Körper* oder *Formen*. Es giebt also in uns einen Sin für Flächen, Töne, Formen; und wens dabei aufs Schöne ankomt, drei *Gattungen der Schönheit*, die unterschieden sein müssen, wie *Fläche*, *Ton*, *Körper*. Und wens Künste giebt, wo jede in einer dieser Gattungen arbeitet: so kennen wir auch *ihr Gebiet* von außen und innen, *Fläche*, *Ton*, *Körper*, wie *Gesicht*, *Gehör*, *Gefühl*.

In folgenden Stücken liegt demnach das Verhältnis der Bildnerei und der Malerei im Ganzen. Ist die leztere die Kunst fürs Auge, und ist's wahr, daß das Auge nur *Fläche* und *alles* wie Fläche, wie Bild empfindet: so ist das Werk der Malerei *tabula*, eine Bildertafel, auf der die Schöpfung des Künstlers wie Traum dasteht, in der alles also auf dem *Anschein*, auf dem *Nebeneinandersein* beruhet. Die Bildnerei hingegen arbeitet *in einander*, *ein* lebendes, ein *Werk* vol Sele, das *da sei* und daure. Schatten und Morgenroth, Bliz und Donner, Bach und Flamme kan sie nicht bilden, so wenig das die tastende Hand greifen kan. Bildnerei schaft *schöne Formen*; sie *drängt in einander* und *stelt dar*; Nothwendig mus sie also schaffen, was ihre Darstellung verdient und was *für sich da steht*. Sie kan nicht durch das *Nebeneinander* gewinnen, daß Eins dem andern helfe und doch also alles so schlecht nicht sei. Denn in ihr ist *Eins* alles und *Alles* nur *Eins*. Ist dies unwürdig, leblos, schlecht, nichtssagend; Schade um Meißel und Marmor! Endlich die Bildnerei ist *Wahrheit*; die Malerei *Traum*. Jene ganz *Darstellung*, diese erzählender *Zauber*, welch ein Unterschied! und wie wenig stehn sie auf einem Grunde! Eine Bildsäule kan mich umfassen, daß ich vor ihr knie, ihr Freund und Gespiele werde; sie ist *gegenwärtig*; sie ist da. Die schönste Malerei ist Roman, Traum eines Traumes.

Im zweiten Abschnit untersucht der V. zuerst die Frage: Bildhauerkunst und Malerei, warum bekleiden sie nicht mit einem Glücke, nicht auf einerlei Art? *Antwort*. Weil die Bildnerei eigentlich gar nicht bekleiden kan und die Malerei immer bekleidet. Die Bildnerei verhüllet gleich unter dem Kleide; es ist nicht mehr ein menschlicher Körper, sondern ein lang gekleideter Blok. Kleid als Kleid kan sie nicht bilden; denn dies ist kein Solidum, kein Völliges, Rundes. Es ist nur Hülle unsers Körpers der Nothwendigkeit wegen, eine Wolke gleichsam, die uns umgiebt, ein Schatte, ein Schleier. Je mehr es in der Natur selbst drückend wird und dem Körper Wuchs, Gestalt, Gang, Kraft nimt; desto mehr fühlen wir die fremde, unwesentliche Last. Und nun in der Kunst ist ein Gewand von Stein, Erz, Holz ja im höchsten Grad *drückend*. Es ist kein Schatte, kein Schleier, gar kein Gewand mehr; es ist ein Fels vol Erhöhung und Vertiefung; ein herabhangender Klumpe. Die Griechen bekleideten daher nur Philosophen, Cybelen, hundertjährige Matronen, auch wo es Gottesdienst und Zwek und Eindruk der Bildsäule forderte oder ertrug. Und auch wenn sie *bekleideten, verhülten* sie doch nicht. Sie brachten Gewand an, und der Körper behielt doch seinen Wuchs, seine schöne runde Fülle; er *schien durch*. Dies sind der Griechen *nasse Gewänder*. Dies war die *einzige Auskunft*, den tastenden Finger und das Auge, das jezt nur als Finger tastet, zu betrügen; ihm ein Kleid zu geben, das doch nur gleichsam ein Kleid sei; nasses Gewand gab er ihm, das der Finger durchfühle. – – Auf der andern Seite ist die Malerei hingegen nichts als Kleid, schöne Hüllen, *Zauberei mit Licht und Farben zur schönen Aussicht*. Sie wirkt auf Fläche und kan nichts als *Oberfläche* geben; zu der gehören auch Kleider. Für unser Auge sind diese die täglichen *Erscheinungen* der Wahrheit, des Ueblichen, der Pracht, der Zierde. Eben der Farbe, des Putzes, des schönen *Anscheins* wegen, werden sie oft gewählt und gemustert, sind der *schauenden* schönen Welt so viel mehr als Bedürfnis; warum solten sie's nicht auch der schauenden schönen *Kunst* sein? Malerei kan Kleid als das edelste, was es ist, bearbeiten, als ein gebrochenes Licht, ein Zauberduft fürs Auge, der alles erhöhet, als Nebel und schöne Farbe; warum solte sie's also nicht thun? Warum müste sie den Vorzug ihres Sinnes dem Mangel eines fremden Sinnes aufopfern, mit dem sie nichts gemein hat? Würde unter den Händen des Bildners ein Kleid das, was es unter ihren Händen, unter dem Zauberfinger des Lichts ist: so wär er Thor, wenn er's nicht brauchte.

Eine andre Frage: Warum wird die Bildsäule durch Färbung nach der Natur und ähnliche Anwürfe nicht schön, sondern häslich, da doch in der Malerei Farbe so große Wirkung thut? *Antwort.* Weil Farbe nicht Form ist, weil sie also dem verschlossenen Auge und tastenden Sinne nicht merkbar wird, oder merkbar sogleich die schöne Form hindert. Sie ist Sandkorn, Tünche, fremder Anwuchs, worauf wir stoßen, und der uns vom reinen Gefühl dessen, was die Natur sein solte, wegzeucht. Also *Myrons* Kuh mit Haren bekleidet ist für die Kunst gar nicht mehr Kuh, sondern ein ausgestopfter Harbalg. Schleus das Auge zu und fühle, da ist weder Form noch Gestalt mehr, geschweige schöne Form, schöne Gestalt. Die Tünche widerstehn dem Gefühl, weil sie dem *tastenden Sin* keine *ununterbrochene schöne Form* sind. Für die Malerei hingegen ist dies alles anders. Ist fürs Auge und spricht fürs Auge. Denn Farbe ist nur der getheilte Lichtstral, die Augensprache.

Eine neue Untersuchung: Wie weit kan die Bildnerei Häslichkeiten bilden, und die Malerei Häslichkeiten malen? *Antwort.* So weit jeder Kunst es ihr Sin erlaubet, das Gesicht dem Gemälde, dem Bilde das Gefühl. Beide aber stehn mit nichten auf einem Grunde. *Aristoteles* entschuldigt häsliche Vorstellungen in der Kunst durch die Neigung unsrer Sele sich Ideen zu erwecken und an der Nachahmung zu vergnügen. Wo beides geschehn *kan*, und wo das Vergnügen dieser Ideenerwerbung das Gefühl der Häslichkeit übergeht, mag die Entschuldigung gelten. Nun aber wissen wir alle, das *Gefühl ist* zu dieser betrachtenden Kontemplation und Ideenweckung der dunkelste, langsamste, trägste Sin; da er doch im Empfinden der schönen Form der *Erste* und *Richter* sein mus. Er, Ideen und Nachahmung vergessend, fühlt nur, was er *fühlt*; dies regt seine innere Sympathie dunkel, aber um so tiefer. Eine zerstörte, häsliche, misgebildete Gestalt, der zerfleischte *Itis*, ein *Hippolytus* auf *Euripides* Bühne, *Medea* in allen Verzerrungen ihrer

Wuth, Philoktet in den ärgsten Verzuckungen seiner Krankheit, gar ein Sterbender im Todeskampf, ein Verwesender im Kampf mit den Würmen – grausende Objekte für die langsame fühlende Hand, die stat Ideen Abscheu, und stat Nachahmung dessen, was ist, schrekliche Zerrüttung dessen, was *nicht mehr ist*, wahrnimt. Grausame Kunst, gebildete Misbildung. Einige neue ekle Herren haben zu Häslichkeiten gezählt, was weder Gott noch Menschen dafür erkennen, was ihnen in ihrer Vornehmheit nur diesmal so dünkte. Löwe und Tiger, Schlange und Eidexe, Nilpferd und Krokodil, sind sie deswegen *häslich*, weil sie *schreklich* sind, weil sie uns Grausen oder Furcht erregen? Solche Geschöpfe sind freilich nicht das Hauptwerk der Kunst. Aber als Beigeräth, als Nebenwerk, als Fusschemel, welcher Thor darf da verbieten und untersagen, weil das Geschöpf Gottes ihm häslich dünkt und er sich für der Spinne fürchtet? Wo die Alten Häslichkeit vermieden, war, wo sie vermieden werden mus, in *menschlichen*, zumal *götlichen Körpern*. Auf die Malerei kan dies nicht ausgedehnt werden. Im Gemälde ist keine einzelne Person Alles. Sind sie nun alle gleich schön: so ist keine mehr schön. Es wird ein mattes Einerlei langschenklichter, geradnäsiger, sogenanter griechischen Figuren, die alle dastehn und paradiren, an der Handlung so wenig Antheil nehmen als möglich, und uns in wenigen Tagen und Stunden so leer sind, daß man in Jahren keine Larven der Art sehn mag. Ich gebe es gern zu, daß es besser sei, wenn Gott die Hauptperson oder Hauptpersonen des Gemäldes schön, als wenn er sie häslich gemacht hat; aber nun auch *jede Nebenperson*? jeden Engel, der im Winkel oder hinter der Thür stekt? Und nun, wenn diese Lüge von Schönheit sogleich der ganzen Vorstellung, der Geschichte, dem Charakter der Handlung Hohn spricht, und diese jene offenbar als Lüge zeihet? Da wird ein *Miston*, ein *Unleidliches* vom *Ganzen* im Gemälde, das zwar der Antikenarre nicht gewahr wird; aber der Freund der Antike um so weher fühlt. Und endlich wird uns ja *unsre Zeit*, die fruchtbarsten Sujets der *Geschichte*, die *lebendigsten Charaktere*, alles Gefühl von einzelner *Wahrheit* und *Bestimtheit* hinwegantikisiret.

Die lezte Frage: Wie weit sind die Formen der Skulptur oder die Gestalten der Malerei einförmig und ewig, oder den Modebegriffen verschiedener Zeiten und Völker unterworfen und mit ihnen wandelnd? *Antwort*: die Formen der Skulptur sind so einförmig und ewig, als die einfache reine Menschennatur; die Gestalten der Malerei, die eine Tafel der Zeit sind, wechseln ab mit Geschichte, Menschenart und Zeiten.

Im dritten Abschnit prüft der V. zuerst *Hogarths* Linie der Schönheit. Wahr sind seine Bemerkungen. Diese Linie, heist es, sagt mit allem, was daraus folgt, nichts; wenn sie nicht in *Formen* und also dem Gefühl erscheint. Kritzelt auf die Fläche zehntausend Reiz und Schönheitslinien hin; sind sie an keiner Form und also in keiner Bedeutung: so thun sie dem Auge um ein klein wenig mehr wol, als jedes Kindergewirre. Und wenn sie auch nur an Schnürbrust oder Topf erschienen: so erscheinen sie doch an *Etwas*; also einem andern Sinne, also ursprünglich nicht dem Auge. Alle Reiz und Schönheitslinien sind nicht *selbstständig*, sondern an *lebendigen Körpern*; da sind sie her, da wollen sie hin. Was für ein Wagstük also, eine flache Linie hinzumalen und auf sie Dinge zu bauen, die eigentlich nur aus dem treuesten Genus und Gefühl und Innewerden des leibhaften *Körpers* entspringen können? Vorausgesezt, daß diese Linie *treu* ist, (und wie schwer es sei einen *Körper* zur *Fläche*, ein *ganzes Lebende* in die Figur einer *Linie* zu bringen, weis jeder der's versucht hat,) gehört nun nicht noch immer der *plastische Sin* dazu, die Linie wieder in *Körper*, die platte Figur in eine runde *lebende Gestalt* zu *verwandeln*? Und, wie wenige das können, mag Gott und die Physiognomik wissen! Wir müssen uns das, was die Silhouette, Sbozzo, bloßer Umris, gleichsam ein gezeichnetes Nichts sagt, körperlich machen können, daß die Silhouette als Büste da steht, daß sie lebe. Da dies aber so schwer ist; da die Silhouetten so schreklich untreu, nachläßig und unwissend gezeichnet werden, da nicht jedes Gesicht im Profil gleich *redend* ist, um eine gute Silhouette, d.i. genug Glieder der Verhältnis zu geben, aus denen die ganze lebende Form erhelle; da eine bestochene, fliegende oder feindselige Phantasie im schwarzen oder weißen Flek eines Schattenbildes eben so viel Spielraum findet, alles hinein zu schreiben, was ihr gefält: so ist wol nächst Gott und dem Gelde im lezten Lustrum unsers Jahrhunderts nichts, womit so viel Misbrauch, Abgötterei, Verläumdung, Betrug und Thorheit gespielt wird, als mit den Schattenbildern menschlicher Köpfe.

In eben diesem Abschnit steht die unvergleichliche, herliche Schilderung der Form eines menschlichen Körpers. S. 67–89. Mehr ausgesuchte wahre Physiognomik, als in ganzen dicken Bänden. Nur eine kurze Stelle können wir abschreiben. »Wie auf der Stirn *Gesinnung* herschte: so birgt die *Brust* die *edlern Eingeweide* und ist ihr Zeuge. Ein Mensch von freier Brust wird in aller Welt für frei und edel gehalten. Man traut ihm etwa zu: er kan doch *athmen*. Das *pectus hirsutum*, der eherne Panzer um die Sele ist allen Nationen und Sprachen Sprüchwort; dagegen die eingebogene, zusammengeklemte, keuchende, schon von Natur sich verbergende Thersitesbrust auch ein natürliches Omen ist, von eingeschlossenem, zusammengekrümtem, kriechendem Muthe. Oft hat der dennoch edle Man vieles durch Grundsätze überwunden. Gott hat ihm, wie der Koran sagt, *Raum in der Brust gemacht* und Luft verschaft vor seinen Drängern. Noch öfter aber wird Muth *simulirt* und politische Klugheit sol ersetzen, was uns an ihm unersezlich fehlt. Da bekant ist, daß nichts hiezu so sehr beiträgt, als das liebe Sizleben, das arbeitende Kriechen auf der Brust und nicht einmal auf dem Bauche: so haben's auch alle Barbaren, d.i. alle Nationen, die noch in freier Natur lebten, erkant, was dies Leben auf Körper und Geist wirke. Es verdumpft die Stimme und stumpft das Auge, noch mehr aber Sin und Sele. Zagend schwebt das Herz in seiner engen verdrükten Höle, glaubt jeden Augenblik zertreten zu werden und kriecht nach Speise und Verläumdung. Welcher Freund, der sein Haupt an diese Brust lehnen und sagen könte: du bist mein Fels! Welcher Hülflose und Unterdrükte, der sich an ihr aufrichten könte und sagen: hier wohnt Zuflucht! Desto weiser aber sind wir im Haupt und geschäftig mit Mund und Fingern. – – Dem Weibe gab die Natur nicht Brust sondern *Busen*, schlang also, da hier Quellen der Nothdurft und Liebe für den zarten Säugling sein solten, den Gürtel des Liebreitzes um sie und machte, wie's ihre mütterliche Art ist, aus Nothdurft, Wollust. Des Mannes Brust ist einförmiger, stärker, edler, volkommen. Der Busen des Weibes ward zarter, völliger, gewaschen mit Milch der Unschuld und gekrönt mit der Rose der Liebe. So lange diese ein Knöspchen blühet und der unreife Hügel zur Erndte wächst, schlang die Grazie der Jungfrauschaft ihren Gürtel um dieselbe, in der, nach der Beschreibung jenes Dichters, Liebe und Verlangen wohnen. Wenn der Trank der Unschuld bereitet ist und der Unmündige an den Quellen der ersten Mutter und Kindesfreude hängt, und seine kleine Hand sich an sie schwinget und tappet und genug hat, und Mutter und Kind sich eins fühlen am Baume des süßen Lebens; welcher Unmensch der hier nicht fühle und ein verlornes Paradies der Unschuld ahnde!«

Die beiden lezten Abschnitte, nemlich der vierte und fünfte, sind gleichfals vol von wichtigen Bemerkungen zur Theorie der Bildnerei und der Schönheit überhaupt. Sie sind um so viel schäzbarer, da sie von der Beschaffenheit der schönen Kunstwerke selbst abgezogen sind, zu deren Fassung unser V. mehr Organ hat, als die meisten, die das Studium der Antike getrieben haben und noch treiben. Dies starke, lebhafte Gefühl des Schönen wird man auch an *Winkelmann* noch lange bewundern müssen; wenn man auch, von der Hand der wahren Geschichte geleitet, seine historischen Angaben berichtigt und das Schwankende seiner Kunstgeschichte, besonders der Künstlerepochen, fester fixirt haben wird.

Literatur

Allgemeine deutsche Bibliothek. 117 Bde. Berlin, Stettin: Nicolai, 1765–1791 (1793-1806 fortgesetzt als *Neue allgemeine deutsche Bibliothek*).

Auserlesene Bibliothek der neuesten deutschen Litteratur. 20 Bde. Lemgo: Meyer, 1772–1781.

Dongowski, Christina: Menschwerdung. Herders *Plastik* als Schöpfungsgeschichte, in: Caroline Welsh, Christina Dongowski, Susanna Lulé (Hg.): *Sinne und Verstand. Ästhetische Modellierungen der Wahrnehmung um 1800.* Würzburg: Königshausen & Neumann, 2001: 127–150.

Gothaische gelehrte Zeitungen. Gotha: Ettinger, 1774–1804.

Habel, Thomas: *Gelehrte Journale und Zeitungen der Aufklärung.* Bremen: Edition lumière, 2007.

Hannoverisches Magazin. 28. Bde. Hannover: Schlüter, 1763-1790 (1791-1814 fortgesetzt als *Neues hannoverisches Magazin*).

[Hißmann, Michael:] *Psychologische Versuche. Ein Beytrag zur esoterischen Logik.* Frankfurt, Leipzig, [d. i. Hannover, Göttingen: Helwing] 1777.

Irmscher, Hans Dietrich: *Johann Gottfried Herder.* Stuttgart: Reclam, 2001.

Jördens, Karl Heinrich (Hg.): *Lexikon deutscher Dichter und Prosaisten.* Bd. 2. Leipzig: Weidmann, 1807.

Klawitter, Arne: Vom Allgemeinen zum Auserlesenen. Die Lemgoer *Auserlesene Bibliothek der neuesten deutsche Litteratur* (1772–1781) als »gefährliche Nebenbuhlerin« der Berliner *Allgemeinen Deutschen Bibliothek*, in: *Waseda Blätter* 21 (2014): 7–27.

Meusel, Johann Georg: *Bibliotheca Historica.* Bd. 2, Teil 2. Leipzig: Weidmann und Reich, 1786.

Müller, Götz: *Jean Pauls Exzerpte.* Würzburg: Königshausen & Neumann, 1988.

Neueste Critische Nachrichten. 30 Bde. Greifswald: [o. V.], 1775–1804.

Parthey, Gustav Friedrich Constantin: *Die Mitarbeiter an Friedrich Nicolai's* Allgemeiner Deutscher Bibliothek *nach ihren Namen und Zeichen in zwei Registern geordnet. Ein Beitrag zur deutschen Literaturgeschichte.* Berlin: Nicolaische Buchhandlung, 1842.

Roth, Udo, Gideon Stiening: Zur Einführung: »Die mehresten Menschen bleiben immer Materialisten.« Michael Hißmann – Materialismus und Aufklärung, in: Michael Hißmann: *Ausgewählte Schriften.* Hrsg. von Udo Roth, Gideon Stiening. Berlin: Akademie, 2013: 11–22.

Schweitzer, Bernhard: *J. G. Herders »Plastik« und die Entstehung der neuern Kunstwissenschaft. Eine Einführung und Würdigung.* Leipzig: Seemann, 1948.

Thiel, Udo: Hißmann und der Materialismus, in: Heiner F. Klemme, Gideon Stiening, Falk Wunderlich (Hg.): *Michael Hißmann (1752–1784). Ein materialistischer Philosoph der deutschen Aufklärung.* Berlin: Akademie, 2013: 25–41.

Trausch, Joseph (Hg.): *Schriftsteller-Lexikon oder biographisch-literärische Denk-Blätter der Siebenbürger Deutschen.* Bd. 2. Kronstadt: Gött, 1870.

Wessels, Hans-Friedrich: *Lessings »Nathan der Weise«. Seine Wirkungsgeschichte bis zum Ende der Goethezeit.* Königstein: Athenäum, 1979.

Zeuch, Ulrike: *Umkehr der Sinneshierarchie. Herder und die Aufwertung des Tastsinns seit der frühen Neuzeit.* Tübingen: Niemeyer, 2000.

Günter Arnold † (Weimar)

Kleinere Nachträge zu Kommentaren in der *Herder-Briefausgabe* [DA] und Herders *Werken* [FHA]

Nachträge zu Kommentaren in der *Herder-Briefausgabe* [DA]

Zu DA 1, 61, 64 (Brief Nr. 25) und DA 9, 46, 64 (Brief Nr. 25). *Kohlgärten*: Als sein ebenfalls zurückgetretener Mitkaiser (seit 286) Maximian den Exkaiser Diokletian im November 308 zur Rückkehr an die Regierung überreden wollte, antwortete dieser: »wenn er Maximian die Kohlköpfe zeigen könne, die er in Salona (Kaiserpalast und Gärten Diokletians in Dalmatien) mit eigner Hand gezogen habe, so würde er ihm nicht länger zumuten, dem Genuß des Glücks für die Jagd nach der Macht zu entsagen« (nach Sextus Aurelius Victor, *Historiae Romanae breviarum*, Utrecht 1696), vgl. Edward Gibbon, *Verfall und Untergang des römischen Imperiums. Bis zum Ende des Reiches im Westen.* Aus dem Englischen von Michael Walter, Bd. 2. München: Deutscher Taschenbuch Verlag, 2003, 54 [*The History of the Decline and Fall of the Roman Empire,* London 1776–1788].

Zu DA 1, 87, 16 (Brief Nr. 38). *stolzen Griechischen Ohr*: z. B. Hofmann von Hofmannswaldau, »An Melinden«: »Ich rede nur mit steinen. / Dein stoltzes ohre hört mich nicht« (Christian Hofmann von Hofmannswaldau: *Herrn von Hofmannswaldau und andrer Deutschen auserlesener und bißher ungedruckter Gedichte. Erster Teil.* Hrsg. v. Benjamin Neukirch. Leipzig: Fritsch, 1697, 415.)

Zu DA 6, 251, 7 (Brief Nr. 167). *der Eckstein*: Bibelspruch: Psalm 118:22: »Der Stein, den die Bauleute verworfen haben, ist zum Eckstein geworden«.

Zu DA 7, 95, 22–23 (Brief Nr. 79). *Philemons Sprüche* (vgl. SWS 17, 191–195) vgl. das Motto von *Gott. Einige Gespräche*: Αν γνως τί έστι Θεός, ήδίων έση (SWS 16, 401). »Wenn du weißt, was Gott ist, freue dich« (so Hemsterhuis; vgl. Klaus Hammacher, Herders Stellung im Spinozastreit, in: *Herder und die Philosophie des deutschen Idealismus.* Hrsg. v. Marion Heinz. Amsterdam, Atlanta: Rodopi, 1997, 166–188, 181 Anm. 30. Herder übersetzt Philemon wörtlich: »Erkenne was der Mensch ist, und du wirst doch glücklich seyn« (SWS 17, 193). Danach Clemens Alexandrinus, *Paedagogus* III 1: »Unter allen Wissenschaften ist daher die herrlichste und wichtigste die Selbsterkenntnis, denn wenn einer sich selbst kennt, so wird er auch Gott erkennen« (Ludwig Feuerbach: *Das Wesen des Christentums.* Neu hrsg. und eingel. von Dieter Bergner. Leipzig: Reclam, 1957, 73 Anm.).

Zu DA 15, 505, 6–7 (Brief Nr. 398a). *Winckelmanns erste Schrift über die Nachahmung im Manuskript*: ältere Fassungen (eine kürzere A und eine längere B) in Sankt Petersburg, Staatliche öffentliche Bibliothek, vorhanden; nach Akzessionsbericht 1851 von dem Frankfurter Autographenhändler Anton Baer an die Bibliothek verkauft. Wie Becker am 15. Oktober 1809 in Dresden an Böttiger schrieb, hatte er das Manuskript nach Herders Tod nicht zurückerhalten, und seine Briefe an Karoline von Herder blieben unbeantwortet (H: Dresden, SLUB). Die falsche telefonische Auskunft bezüglich des Manuskripts 2012 ist unerklärlich aufgrund folgender Daten: 1992 veranstaltete Igor Nikolajewitsch Kusnezow in Moskau einen Privatdruck. Darüber berichtete er auf dem Petersburger Winckelmann-Kolloquium 1994. Schließlich wurde das Manuskript in dem Buch von Konstantin J. Lappo-Danilevskij, *Gefühl für das Schöne. Winckelmanns Einfluß auf Literatur und ästhetisches Denken in Rußland.* Köln, Weimar, Wien: Böhlau, 2007, 33 erwähnt. Alle diese Angaben stammen aus: Johann Joachim Winckelmann: *Schriften und Nachlaß.* Bd. 9 / 1: *Vermischte Schriften zur Kunst, Kunsttheorie und Geschichte. Dresdner* Schriften. Hrsg. v. Adolf Heinrich Borbein, Max Kunze und Axel Rügler. Darmstadt: Philipp von Zabern, 2016, XV-XVI, vgl. auch ebd., 268.

Ein Nachtrag zu einem Kommentar der Frankfurter Herder Ausgabe [FHA]

Zu FHA 10, 640, 16–18. *Ein Jüdischer Dichter* (über jüdische Musik, von Christen gestohlen): nicht ermittelt (ebd., S. 1299–1300). Es handelt sich hier um Immanuel von Rom (ben Solomon ben Jekuthiel von Rome, auch Immanuel ben Zifroni von Rome, Immanuel Romano oder Manoello Giudeo; 1261–1328?), der Verfasser einer Sammlung von Makamen (Hebräische Gedichte in Italienisch), auch *Machberoth Immanuel* genannt (vgl. *Meyers Großes Konversationslexikon.* 6. Aufl. Bd. 10. Leipzig, Wien: Bibliographisches Institut, 1905, 348).

Herder-Bibliographie 2016 / 2017
(mit Nachträgen)

Bearbeitet in der Herzogin Anna Amalia Bibliothek zu Weimar
auf der Grundlage von »Klassik online – Internationale Bibliographie
zur deutschen Klassik 1750–1850«

<http://opac.ub.uni-weimar.de/LNG=DU/DB=4.2/>

von

WOLFRAM WOJTECKI (Weimar)
unter Mitarbeit von IMANISHI KENJI (Gera)

Datenaufbereitung:
BRIGITTE BECKER-EBENAU

(Redaktionsschluss: 15.03.2018)

Eine bibliographische Dokumentation zu Leben, Werk und Wirkung Johann Gottfried Herders wird in der Herzogin Anna Amalia Bibliothek Weimar seit vielen Jahren betrieben. Bereits von ihrer Vorgängerinstitution – der Zentralbibliothek der Deutschen Klassik – wurden seit den 1970er Jahren umfassende Verzeichnisse der internationalen Herder-Literatur erarbeitet und publiziert. Seit 1996 erscheint eine fortlaufende Herder-Bibliographie im Rahmen dieses *Herder Jahrbuchs* (bisher 10 Folgen mit der Berichtszeit 1993–2015).

In den beiden letzten Folgen (2012 / 2013 und 2014 / 2015) konnten erstmalig zahlreiche Publikationen in japanischer Sprache nachgewiesen werden. Dafür zu danken ist Herrn Imanishi Kenji, Promovend der Friedrich-Schiller-Universität zu Jena. Wie zuvor bereits für den Zeitraum von 1980 bis 2015, hat er neben der aktuellen japanischen Herder-Rezeption dieses Mal insbesondere die der 1960er und 1970er Jahre dokumentiert. Er hat mehr als 50 Titel aus dieser Zeit transkribiert und übersetzt, sofern weder ein Abstract noch eine Titelfassung in einer europäischen Sprache vorlag. Es soll damit einmal mehr die intensive japanische Herder-Rezeption aufgezeigt werden, zumal es darüber in Europa wenig Kenntnis gibt und kaum einer dieser Titel bis heute in einer deutschen Bibliothek nachgewiesen werden kann.

Wolfram Wojtecki und Imanishi Kenji
Weimar und Gera, 31. März 2018

Teil I – Primärliteratur

I.1 Gesamtausgaben und umfangreiche Auswahlausgaben

kein Eintrag

I.2 Teilsammlungen

kein Eintrag

I.3 Gedichte

kein Eintrag

I.4 Briefe

Umfangreiche Briefausgaben

001
Briefe : Gesamtausgabe 1763 - 1803 / Johann Gottfried Herder. Hrsg. v. der Klassik-Stiftung Weimar (Goethe- und Schiller-Archiv). – Bd. 18: Sachregister / bearb. v. Günter Arnold. - Weimar : Böhlau, 2016. - IX, 455 S.

Brief-Teilausgaben

kein Eintrag

Briefe an einzelne Empfänger, Briefwechsel mit einzelnen Adressaten

002
Salatowsky, Sascha: »Was muß das für ein trockenes gramatisch-metaphysisches Geschwätz seyn« : drei Briefe des Prinzen August von Sachsen-Gotha-Altenburg an Herder / Sascha Salatowsky. - In: Deutsche Zeitschrift für Philosophie. - Berlin [u. a.] : De Gruyter. - Bd. 65.2017, 3, S. 520–534

I.5 Einzelne Werke

003
Herder, Johann Gottfried von: Abhandlung über den Ursprung der Sprache/Johann Gottfried Herder. - Hrsg. v. Hans Dietrich Irmscher. - Bibliographisch ergänzte Ausgabe 2015. - Stuttgart: Reclam, 2015. - 175 Seiten. - (Reclams Universal-Bibliothek; Nr. 8729)

004
Herder, Johann Gottfried: Die Natur/Johann Gottfried Herder; Friederike von Hellermann. - Auflage: 20 Exemplare. - Halle: Friederike von Hellermann, 2015. - Leporello (17fach gefaltet): Ill., Buchkunst. - (Romantikbuch; 7)

I.6 Autor als Herausgeber, Mitarbeiter, Übersetzer

kein Eintrag

I.7 Übersetzungen

Übersetzungen. Gesamtausgaben und umfangreiche Auswahlausgaben

kein Eintrag

Übersetzungen. Teilsammlungen

kein Eintrag

Übersetzungen. Gedichte

kein Eintrag

Übersetzungen. Briefe

kein Eintrag

Übersetzungen. Einzelne Werke

005
Herder, Johann Gottfried von: [Abhandlung über den Ursprung der Sprache] Rasprava o poreklu jezika/Jochan Gotfrid Cherder; prevela s nemačkog Olga Kostrešević. -

Novi Sad ; Sremski Karlovci : Izdavačka knjižarnica zorana stojanovića ; Нови Сад ; Сремски Карловци : Издавачка књижарница зорана стојановића, 2012. - 215 S. - (Biblioteka Elementi ; 4)

006
Herder, Johann Gottfried von: From »Alte Volkslieder / ancient folk songs« / Johann Gottfried Herder. Translated by Philip V. Bohlman. - In: Song loves the masses : Herder on music and nationalism. - Oakland, California : Univ. of California Press. - 2017, S. 26–43

007
Herder, Johann Gottfried von: From »Briefwechsel über Ossian und die Lieder alter Völker« / »Correspondence about Ossian and the songs of ancient peoples« / Johann Gottfried Herder, translated by Philip V. Bohlman. - In: Song loves the masses : Herder on music and nationalism. - Oakland, California : Univ. of California Press. - (2017), S. 140–167 : Notenbeispiele

008
Herder, Johann Gottfried von: From »Der Cid« / »The Cid« : the story of Don Ruy Diaz, count of Bivar, according to Spanish »Romances« / Johann Gottfried Herder, translated by Philip V. Bohlman. - In: Song loves the masses : Herder on music and nationalism. - Oakland, California : Univ. of California Press. - 2017, S. 228–245

009
Herder, Johann Gottfried von: [Fragmente zur deutschen Literatur] Doitsu bungaku rekishi to kansho. - Shigeru Yoshijima ; Shuichi Inoue ; Toshio Suzuki ; Hiroshi Arai ; Rikiya Nishiyama (Hg., Übers.). - Tokyo : Asahi shuppansha, - 1973, 380 S. : Ill. - In japan. Schr.
Darin u. a.: »Ein wahrer Dichter muss in seiner Sprache schreiben« aus der dritten Sammlung »Fragmente« (Teilübers.), »Die ewige Bürde« aus der Sammlung »Palmblätter«, »Der afrikanische Rechtspruch« aus »Nachdichtungen morgenländischer Literatur« mit Kommentar der Übersetzer auf S. 53–59

010
Herder, Johann Gottfried von: [Von Ähnlichkeit der mittlern englischen und deutschen Dichtkunst] Chusei ei doku shi geijyutu no ruijisei, narabini soko kara shojiru shomondai ni tsuite / Johann Gottfried von Herder. - In: Mugen he no jyokei / Sehnsucht nach dem Unendlichen - doitsu romanha no shiso to geijyutsu [Gedanke und Kunst der deutschen Romanik] / Hrsg. v. Shigeru Fukami (Übers. v. Muneto Sonoda). - Tokyo: Kokusho kankokai, 1984. - S. 9–30. - In japan. Schr.

011
Herder, Johann Gottfried von: »Homer und Ossian« / »Homer and Ossian« / Johann Gottfried Herder, translated by Philip V. Bohlman. - In: Song loves the masses : Herder on music and nationalism. - Oakland, California : Univ. of California Press. - 2017, S. 172–185

012
Cherder, Jochan Gotfrid: [Ideen zur Philosophie der Geschichte der Menscheit] Ideje za filozofiju povesti čovečanstva / Jochan Gotfrid Cherder ; prevela s nemačkog Olga Kostrešević. - Novi Sad ; Sremski Karlovci : Izdavačka knjižarnica zorana stojanovića ; Нови Сад ; Сремски Карловци : Издавачка књижарница зорана стојановића, 2012. - 340 S. - (Bibliošeka Levijatan ; 168). - In kyrillischer Schr., serbisch

013
Herder, Johann Gottfried von: [Über den Tastsinn] Shokkaku to iu kankakuni tsuite / Johann Gottfried von Herder (Übers., Komm. u. Erl. v. Yoichiro Shimada). - In: Shiso. - Tokyo: Iwanami shoten. - 1105 (2016), S. 171–187 : - In japan. Schr.

014
Herder, Johann Gottfried von: [Volkslieder] Appendix B = From the folk song texts / Johann Gottfried Herder, translated by Philip V. Bohlman. - In: Song loves the masses : Herder on music and nationalism. - Oakland, California : Univ. of California Press. - (2017), S. 74–104 : Notenbeisp., graph. Darst.

015
Herder, Johann Gottfried von: From »Volkslieder« and »Stimmen der Völker in Liedern / folk songs and voices of the people in song« / Johann Gottfried Herder. Translated by Philip V. Bohlman. - In: Song loves the masses : Herder on music and nationalism. - Oakland, California : Univ. of California Press. - 2017, S. 50–70

016
Herder, Johann Gottfried von: From »Wirkung der Dichtkunst auf die Sitten neuerer Zeiten« / »The influence of poetry on the customs of modernity« / Johann Gottfried Herder, translated by Philip V. Bohlman. - In: Song loves the masses : Herder on music and nationalism. - Oakland, California : Univ. of California Press. - 2017, S. 205–220

017
Herder, Johann Gottfried von: »Von Musik« / »On Music« : from »Kalligone« (1800), Part. 2: »Von Kunst und Kunstrichterei« / »On Art and Artistic Judgment« / Johann Gottfried Herder, translated by Philip V. Bohlman. - In: Song loves the masses : Herder on music and nationalism. - Oakland, California : Univ. of California Press. - 2017, S. 249–259

018
Herder, Johann Gottfried von: [Zerstreute Blätter] Imeeji ni tsuite / Johann Gottfried von Herder (Übers., Komm. u. Erl. v. Makoto Hamada). - In: Shiso. - Tokyo : Iwanami shoten. - 1105 (2016), S. 158–170. - In japan. Schr.
Darin aus der Vorrede sowie dem ersten Stück (»Über Bild, Dichtung und Fabel«) der dritten Sammlung der »Zerstreuten Blätter«, S. 77–81 mit Kommentar des Übersetzers (S. 158–162, 168–170)

019
Sawada, Akio: Genten ni yoru rekishigaku nyumon [Einführung in die Geschichtswissenschaft auf Grundlage von Quellenmaterial]. - Kentaro Hayashi ; Akio Sawada (Hg.). - Tokyo : Asahi shuppansha, 1973. - 380 S. : Ill. - In japan. Schr.
Darin u. a. eine japanische Teilübersetzung der »Ideen zur Philosophie der Geschichte der Menschheit« mit Kommentar des Übersetzers auf S. 431–445

I.8 Rezensionen

020
Kant, Immanuel: Recensión de las »Ideas para la filosofía de la historia de la humanidad« de Johann Gottfried Herder (1785) / Immanuel Kant (Übers. Javier Alcoriza). - In: Kant, Immanuel: En defensa de la Ilustración. - Barcelona : Alba minus. - 2017, S. 113–142

Teil II – Sekundärliteratur

II.1 Allgemeine Grundlagen und Hilfsmittel; Gesellschaften, Jahrbücher, Zeitschriften, Grundlagenwerke, Bibliographie, Literaturberichte und Forschungsberichte

021
Herder Jahrbuch = Herder Yearbook / hrsg. v. / ed. by Rainer Godel und Johannes Schmidt. - Heidelberg : Synchron. - Bd. 13 (2016). - 270 S.

022
Herder-Studien = Herudā Kenkyū / hrsg. v. Teruaki Takahashi und der Herder-Gesellschaft Japan. - Tokyo: Herder-Ges. Japan c / o Rikkyo Univ. - (Herder-Studien). - Bd. 21 (2015). - 193 S. - Bd. 22 (2016). - 247 S.

023
»**Herder** and religion« : contributions from the 2010 Conference of the International Herder Society at the University of Notre Dame, South Bend, Indiana / ed. by Staffan Bengtsson ; Robert E. Norton ; Johannes Schmidt ; Ulrike Wagner. - Conference »Herder and religion« ; (South Bend, Ind.) : 2010.09.30–10.02. - Heidelberg : Synchron, 2016. - 260 S. - Beiträge teilweise deutsch, teilweise englisch

024
Herder und die klassische deutsche Philosophie : Festschrift für Marion Heinz / Dieter Hüning ; Gideon Stiening ; Violetta Stolz (Hg.). - Stuttgart-Bad Cannstatt : Frommann-Holzboog, [2016]. - 377 S. - (Problemata ; 157)

025
Herder: philosophy and anthropology / ed. by Anik Waldow; Nigel DeSouza. - Oxford : Oxford Univ. Press, 2017. - xiv, 266 S.

026
J.G. Herder: From cognition to cultural science = Von der Erkenntnis zur Kulturwissenschaft : contributions based on the 2014 Conference of the International Herder Society at Purdue University, West Lafayette, Indiana / ed. by Beate Allert. - Kongress: Conference of the International Herder Society at Purdue University ; (West Lafayette, Indiana) : 2014. - Heidelberg : Synchron, 2016. - 459 S. : Ill.

027
Lüdde, Marie-Elisabeth: Johann Gottfried Herder : Licht - Liebe - Leben / Marie-Elisabeth Lüdde. - [Wiesbaden] : Weimarer Verlagsgesellschaft in der Verlagshaus Römerweg GmbH, [2016]. - 176 S. : Ill.

028
Shiso [Das Denken]. Tokushū = J. G. Herudā : kindai no shiteki shiko [Sonderausgabe = J. G. Herder : das poetische Denken der Neuzeit]. - Tokyo: Iwanami shoten. - 1105 (2016). - In japan. Schr.

029
Wojtecki, Wolfram Alexander: Herder-Bibliographie 2014/2015 (mit Nachträgen) / bearbeitet in der Herzogin Anna Amalia Bibliothek zu Weimar auf der Grundlage von »Klassik online - Internationale Bibliographie zur deutschen Klassik 1750–1850« v. Wolfram Wojtecki unter Mitarbeit v. Kenji Imanishi. Datenaufbereitung: Brigitte Becker-Ebenau. - In: Herder Jahrbuch 13 (2016), S. 167–247. - Mit Register auf S. 243–247

II.2 Über Leben, Werk und Wirkung

Zur Biographie, über Amt und Beruf, Beziehungen zu Zeitgenossen

030
Arndt, Andreas: Zwischen Vernunft und Natur : Anmerkungen zum kantischen Geschichtsverständnis im Blick auf Herder und Friedrich Schlegel / Andreas Arndt. - In: Herder und die klassische deutsche Philosophie : Festschrift für Marion Heinz. - Stuttgart-Bad Cannstatt : Frommann-Holzboog. - 2016, S. 97–113

031
Bellmann, Tina: Die Interdependenz von Selbst- und Gotteserkenntnis : Herders Rigaer Predigten / Tina Bellmann. - In: J.G. Herder: From cognition to cultural science : contributions based on the 2014 Conference of the International Herder Society at Purdue University, West Lafayette, Indiana. - Heidelberg : Synchron. - 2016, S. 49–62

032
Bens, Jürgen: Herderplatz und Stadtkirche St. Peter und Paul : Cranach, Herder, der Hanfried und viele Skelette / Jürgen Bens. - In: Bens, Jürgen: Der Stadtverführer : mit Anekdoten und Geschichten durch Weimar : ein Stadtrundgang der besonderen Art. - Weimar : Tourist. - (2017), S. 183–192 : Ill.

033
Binkelmann, Christoph: Über Gott (und die Welt) : ein mögliches Gespräch zwischen Herder und Schelling / Christoph Binkelmann. - In: Herder und die klassische deutsche Philosophie : Festschrift für Marion Heinz. - Stuttgart-Bad Cannstatt : Frommann-Holzboog. - 2016, S. 205–234

034
Bragantini, Attilio: »Une histoire de l'humanité dans le tout de sa destination« : Kant contre Herder / Attilio Bragantini. - In: L'année 1784, Kant : droit et philosophie de l'histoire. - 2017, S. 247–255

035
Concha Emmrich, Susanne: »Diese pompöse Schule« : biografische Erkundungen in Sankt Petersburg / Susanne Concha Emmrich. - Wien : Letter P, [2015]. - 279 S. : Ill.
Darin: »So bin ich Türkischer Mufti« - Johann Gottfried Herder, S. 67–105

036
Fiebig, Hans-Peter: Liebesbriefe : Briefwechsel zwischen Johann Gottfried Herder und seiner Braut Caroline / Hans-Peter Fiebig. - In: Schaumburg-Lippische Heimatblätter. - Lindhorst : Schaumburg-Lippischer Heimatverein. - Bd. 68 / 92.2017, 4, S. 28–39

037
Graczyk, Annette: Die Hieroglyphe im 18. Jahrhundert : Theorien zwischen Aufklärung und Esoterik / Annette Graczyk. - Berlin ; München ; Boston : De Gruyter, [2015]. - IX, 324 S. : Ill. - (Hallesche Beiträge zur Europäischen Aufklärung ; 51)
Darin u. a.: Die Esoterik in Herders Hieroglyphentheorie, S. 102–108. - Herder als Geistlicher und als Wissenschaftler, S. 108–110

038
Greif, Stefan: »Ich bin nicht G(oethe)« : J.G. Herders Italienreise 1788/89 / Stefan Greif. - Kassel : AQUINarte, [2016]. - 30 S. : Ill. - (Schriften der Goethe-Gesellschaft Kassel ; 2016)

039
»groß, und verschnitzelt, unbewohnbar« : Herder in Weimar. - In: Plachta, Bodo: Dichterhäuser. - Darmstadt : Theiss. - (2017), S. 66–69 : Ill.

040
Hallstein, Christian W.: The Human Mind, Heart and Soul in the Homiletics of Johann Gottfried Herder / Christian W. Hallstein. - In: J.G. Herder: From cognition to cultural science : contributions based on the 2014 Conference of the International Herder Society at Purdue University, West Lafayette, Indiana. - Heidelberg : Synchron, 2016, S. 39–48

041
Hallstein, Christian W.: Johann Gottfried Herder's publishing and preaching / Christian W. Hallstein. - In: Herder and religion : contributions from the 2010 Conference of the International Herder Society at the University of Notre Dame, South Bend, Indiana. - Heidelberg : Synchron, 2016, S. 143–150

042
Humanität ist der Charakter unseres Geschlechts : Johann Gottfried Herder in Weimar / Herausgeber: Klassik Stiftung Weimar, Referat Forschung und Bildung. Texte: Ann Luise Kynast. - 2016. - 23 S. : Ill. - (Materialien für Lehrerinnen und Lehrer ; 5)

043
Kessler, Martin: Johann Gottfried Herders Kirchenamt in Sachsen-Weimar / Martin Kessler. - In: Jahrbuch der Akademie der Wissenschaften zu Göttingen (2007(2008)), S. 228–236 - [Volltext:] http://hdl.handle.net/11858/00–001S-0000–0007–374F-6

044
Katada, Takeshi: Heruda to hegeru [Herder und Hegel] : doitsu seishinshi no shinso he [tiefgründige Betrachtung der deutschen Geistesgeschichte] / Takeshi Katada. - In: Shiso. - Tokyo: Iwanami shoten. - 664 (1979), S. 96–113. - In japan. Schr.

045
Lüdde, Marie-Elisabeth: Mehr als ein Prediger und Liedersammler : Gespräch mit Marie-Elisabeth Lüdde über ihre Herder-Biografie. - In: Palmbaum : literarisches Journal aus Thüringen. - Bucha b. Jena : Quartus. - Bd. 24.2016, 1=62, S. 187–191

046
Marti, Hanspeter: Der junge Herder - ein Schulphilosoph? / Hanspeter Marti. - In: Kulturaustausch : baltisches Echo auf Gelehrte in der Schweiz und in Deutschland ; Freundesgabe für Arvo Tering. - Köln [u. a.] : Böhlau. - 2014, S. 213–226

047
Martus, Steffen: Aufklärung : das deutsche 18. Jahrhundert - ein Epochenbild / Steffen Martus. - 2. Auflage. - Berlin : Rowohlt, Dezember 2015. - 1033 S. : Ill.
Darin: »Hans Affe ist des Nachruhms werth«: Kant gegen Herder, S. 863–872

048
Martus, Steffen: Aufklärung : das deutsche 18. Jahrhundert - ein Epochenbild / Steffen Martus. - Lizenzausgabe für die Wissenschaftliche Buchgesellschaft. - [Darmstadt] : WBG. - 1033 S. : Ill.
Darin: »Hans Affe ist des Nachruhms werth«: Kant gegen Herder, S. 863–872

049
Miwa, Shingo: Herder in Italien / Shingo Miwa. - In: Journal of the College of Industrial Technology. - Nihon Univ. - 9,1 (1976), S. 55–66. - In japan. Schr. mit dt. Zusammenfassung. S. 55
Darin u. a. über Herders Briefwechsel mit Caroline

050
Müller, Adelheid: Reliquienkult : Herder auf der ›Spur‹ Winckelmanns / Adelheid Müller. - In: Die Erfindung des Klassischen : Winckelmann-Lektüren in Weimar. - Göttingen : Wallstein. - (2017), S. 117–140 : Ill.

051
Pénisson, Pierre: Herder et le paysage italien / Pierre Pénisson. - In: Revue germanique internationale : RGI. - Paris : CNRS. - Bd. 7.1997, S. 93–99. - [Volltext:] http://rgi.revues.org/612

052
Pénisson, Pierre: Kant et Herder : »le recul d'effroi de la raison« / Pierre Pénisson. - In: Revue germanique internationale : RGI. - Paris : CNRS. - Bd. 6.1996, S. 63–74. - [Volltext:] http://rgi.revues.org/579

053
Roth, Ludger: »Es gibt keinen so interessanten Gegenstand, als die Philosophie der Geschichte« : Überlegungen zu den philosophischen Konzeptionen Johann Gottfried Herders und Wilhelm von Humboldts / Ludger Roth. - In: Herder und die klassische deutsche Philosophie : Festschrift für Marion Heinz. - Stuttgart-Bad Cannstatt : Frommann-Holzboog. - 2016, S. 51–68

054
Salatowsky, Sascha: »Was muß das für ein trockenes gramatisch-metaphysisches Geschwätz seyn« : drei Briefe des Prinzen August von Sachsen-Gotha-Altenburg an Herder / Sascha Salatowsky. - In: Deutsche Zeitschrift für Philosophie. - Berlin [u. a.] : De Gruyter. - Bd. 65.2017, 3, S. 520–534

055
Shimada, Yoichiro: Heruda to ha nanika [Wer ist Herder?] / Yoichiro Shimada. - In: Shiso. -Tokyo : Iwanami shoten. - 1105 (2016), S. 7–18. - In japan. Schr.

056
Schippan, Michael: Nikolaj Karamzins Begegnungen mit dem deutschen Geistesleben / Michael Schippan. - In: Deutsch-russische kulturelle und wissenschaftliche Wahrnehmungen und Wechselseitigkeiten vom 18. zum 20. Jahrhundert. - Aachen : Shaker. - (2016), S. 69–98 : Ill.
Darin: Nikolaj Karamzin bei Wieland und Herder, S. 93–95.

057
Stolz, Violetta: Eine weitere »gräuliche Posaune« Reinholds : Herder - Reinhold - Kant über Geschichtsphilosophie / Violetta Stolz. - In: Herder und die klassische deutsche Philosophie : Festschrift für Marion Heinz. - Stuttgart-Bad Cannstatt : Frommann-Holzboog. - 2016, S. 69–96

058
Uhlig, Ludwig: Herder and Georg Forster on converging trajectories / Ludwig Uhlig. - In: Herder and religion : contributions from the 2010 Conference of the International Herder Society at the University of Notre Dame, South Bend, Indiana. - Heidelberg : Synchron. - 2016, S. 231–247

059
Wieland und Herder in Jena. - In: Der Schnapphans : Jenaer Heimatbrief, [Wechselnde Erscheinungsorte] : Heimatkreis Jena. - Bd. 109.2015, S. 58

Geistige und geschichtlich-kulturelle Einflüsse und Beziehungen; wissenschaftliches und künstlerisches Werk

060
Adler, Hans: Was ist »Vergleichen« bei Herder? / Hans Adler. - In: J.G. Herder: From cognition to cultural science : contributions based on the 2014 Conference of the International Herder Society at Purdue University, West Lafayette, Indiana. - Heidelberg : Synchron. - 2016, S. 23–37

061
Aisawa, Nobuyuki: Die Natur des Menschen in J.G. v. Herders Denken : Gemeinschaft, Gesellschaft, Regierung, Schadloshaltung und Erziehung / Nobuyuki Aisawa. - In: Herder-Studien. - Tokyo : Herder-Ges. Japan. - Bd. 21 (2015), S. 1–33. - In japan. Schr. mit dt. Zusammenfassung S. 34–36.
Darin u. a. über Herders »Ideen zur Philosophie der Geschichte der Menschheit«

062
Allert, Beate : Herder's mental imprinting : cognition und »Gestalt« formation / Beate Allert. - In: J.G. Herder: From cognition to cultural science : contributions based on the 2014 Conference of the International Herder Society at Purdue University, West Lafayette, Indiana. - Heidelberg : Synchron. - 2016, S. 105–119

063
Almog, Yael: Cognition and the biblical God : Herder's response to Leibniz / Yael Almog. - In: J.G. Herder: From cognition to cultural science : contributions based on the 2014 Conference of the International Herder Society at Purdue University, West Lafayette, Indiana. - Heidelberg : Synchron. - 2016, S. 183–196

064
Arndt, Andreas: Zwischen Vernunft und Natur : Anmerkungen zum kantischen Geschichtsverständnis im Blick auf Herder und Friedrich Schlegel / Andreas Arndt. - In: Herder und die klassische deutsche Philosophie : Festschrift für Marion Heinz. - Stuttgart-Bad Cannstatt : Frommann-Holzboog. - 2016, S. 97–113

065
Arnold, Günter : Funktionen der Leibniz-Rezeption in Herders Spätwerk / Günter Arnold. - In: Leibniz in Philosophie und Literatur um 1800. - Hildesheim : Georg Olm. - 2016, S. 9–36

066
Arnold, Günter: Iogann Gotfrid Gerder / Gjunter Arnol'd, perevod s nemeckogo D. Borisenko pri učastii E. Dmitrievoj. - In: Istorija nemeckoj literatury : novoe i novejšee vremja. - Moskva : RGGU. - 2014, S. 234–242

067
Baillot, Anne: Le chant des bardes : la poésie populaire chez Herder, entre théorie et pratique / Anne Baillot. - In: Un siècle sans poésie? : le lyrisme des Lumières entre sociabilité, galanterie et savoir. - Paris : Honoré Champion Éditeur. - 2016, S. 109–137

068
Bank, Jörg Hartwig: »Ich gab Vernunft den Blöden und des Geistes Kraft« : Ursprungsdenken und Prometheusmythen in der Aufklärung / Jörg Hartwig Bank. - Würzburg : Königshausen & Neumann, [2016]. - 240 S. : Ill. - (Epistemata : Reihe Literaturwissenschaft ; Band 84)
Darin: Johann Gottfried Herders erlöster Erlöser, S. 185–217

069
Bassy, Karl-Heinz: Von Herder zu Duhm : Psalmenforschung im 19. Jahrhundert : Studien zur Forschungsgeschichte der Weisheitspsalmen / Karl-Heinz Bassy. - Frankfurt am Main : Lang, [2015]. - 523 S.

070
Baum, Manfred: Zu Herders Spinoza-Rezeption / Manfred Baum. - In: Herder und die klassische deutsche Philosophie : Festschrift für Marion Heinz. - Stuttgart-Bad Cannstatt : Frommann-Holzboog. - 2016, S. 187–204

071
Baumstark, Moritz: Vom »Esperit des Lois« zum »Geist der Zeiten« : Herders Auseinandersetzung mit Montesquieu als Grundlegung seiner Geschichtsphilosophie / Moritz Baumstark. - In: Sattelzeit : Historiographiegeschichtliche Revisionen. - Berlin : De Gruyter. - 2016, S. 54–82

072
Beiser, Frederick C.: Herder and the Jewish question / Frederick C. Beiser. - In: Herder: philosophy and anthropology. Oxford : Oxford Univ. Press, 2017, S. 240–255

073
Bellmann, Tina: Die Interdependenz von Selbst- und Gotteserkenntnis : Herders Rigaer Predigten / Tina Bellmann. - In: J.G. Herder: From cognition to cultural science : contributions based on the 2014 Conference of the International Herder Society at Purdue University, West Lafayette, Indiana. - Heidelberg : Synchron. - 2016, S. 49–62

074
Bernhardt, Oliver: Gestalt und Geschichte Savonarolas in der deutschsprachigen Literatur : von der Frühen Neuzeit bis zur Gegenwart / Oliver Bernhardt. - Würzburg : Königshausen & Neumann, [2016]. - 469 S.
Darin u. a.: Auf der Suche nach Freiheit - ein geschichtsphilosophisches Savonarola-Denkmal von Johann Gottfried Herder (1777), S. 80–87

075
Binkelmann, Christoph: Über Gott (und die Welt) : ein mögliches Gespräch zwischen Herder und Schelling / Christoph Binkelmann. - In: Herder und die klassische deutsche Philosophie : Festschrift für Marion Heinz. - Stuttgart-Bad Cannstatt : Frommann-Holzboog. - 2016, S. 205–234

076
Biti, Vladimir: Tracing global democracy : literature, theory, and the politics of trauma / Vladimir Biti. - Berlin ; Boston : De Gruyter, [2016]. - IX, 394 S. - (Culture & conflict ; Volume 7) Literaturverzeichnis: Seite 357–384
Darin: Who voices universal history? Kant's »mankind« and/or Herder's »nature«, S. 99–132

077
Bojda, Martin: Herderova filosofie kultury : Herder a německé osvícenství / Martin Bojda. - Vydání první. - Praha : Togga, 2015. - 923 S.

078
Bojda, Martin: Hölderlin und Heidegger : Wege und Irrwege / Martin Bojda. - Originalausgabe. - Freiburg ; München : Karl Alber, [2016]. - 424 S. - (Alber-Reihe Thesen ; Band 67)
Darin u. a.: Kreatur und Kreation. Die semantisch-ästhetische Immanenz nach Hölderlin und Herder, S. 64–95

079
Bollacher, Martin: Individualism and universalism in Herder's conception of the philosophy of history / Martin Bollacher. - In: Herder: philosophy and anthropology. Oxford : Oxford Univ. Press, 2017, S. 203–223

080
Bollacher, Martin: Interkulturelle Vermittlung oder Herrschaft des Universellen? : Überlegungen zu Herders China-Bild / Martin Bollacher. - In: J.G. Herder: From cognition to cultural science : contributions based on the 2014 Conference of the International Herder Society at Purdue University, West Lafayette, Indiana. - Heidelberg : Synchron. - 2016, S. 381–396

081
Bondeli, Martin: Über Herders Spinoza-Verteidigung in der Schrift »Gott« / Martin Bondeli. - In: Herder und die klassische deutsche Philosophie : Festschrift für Marion Heinz. - Stuttgart-Bad Cannstatt : Frommann-Holzboog. - 2016, S. 167–186

082
Bragantini, Attilio: »Une histoire de l'humanité dans le tout de sa destination« : Kant contre Herder / Attilio Bragantini. - In: L'année 1784, Kant : droit et philosophie de l'histoire. - 2017, S. 247–255

083
Briese, Olaf: Aufklärerischer Anarchismus : die verdrängte Tradition des 18. Jahrhunderts / Olaf Briese. - In: Internationales Archiv für Sozialgeschichte der deutschen Literatur : IASL. - Berlin : De Gruyter. - Bd. 41.2016, 1, S. 41–91
Darin: Staat als begrenzter Kulturzustand: Herder, Ascher, Hebenstreit, S. 61–71

84
Buchenau, Stefanie: Herder: Physiology and philosophical anthropology / Stefanie Buchenau. - In: Herder: philosophy and anthropology. Oxford : Oxford Univ. Press, 2017, S. 72–93

085
Buike, Bruno Antonio: Zu den Quellen der Asanaginica bei Herder und Goethe : mit Asanaginica-Bibliographie / Bruno Antonio Buike. - Neuss : Buike, 2010. - 62 S.

086
Bullock, Marcus ; **Gross**, Sabine: Historiography, theology, and »Erkenntnis« : empathy in Herder and Benjamin / Marcus Bullock, Sabine Gross. - In: J.G. Herder: From cognition to cultural science : contributions based on the 2014 Conference of the International Herder Society at Purdue University, West Lafayette, Indiana. - Heidelberg : Synchron. - 2016, S. 159–181

087
Décultot, Elisabeth: L'historiographie de l'art et la question des peuples entre Winckelmann et Herder / Elisabeth Décultot. - In: Poetik und Politik des Geschichtsdiskurses: Deutschland und Frankreich im langen 19. Jahrhundert. - Heidelberg : Universitätsverlag Winter. - 2017, S. 45–67

088
DeSouza, Nigel: Deux périodes et métaphysiques de l'»Aufklärung« : Herder et sa critique de Woff / Nigel DeSouza (Université d'Ottawa). - In: Les métaphysiques des Lumières. - Paris : Classiques Garnier. - 2016, S. 191–205

089
DeSouza, Nigel: On the relation between Herder's idealism and his theory of the soul-body relationship / Nigel DeSouza. - In: Herder und die klassische deutsche Philosophie : Festschrift für Marion Heinz. - Stuttgart-Bad Cannstatt : Frommann-Holzboog. - 2016, S. 281–304

090
DeSouza, Nigel: The metaphysical and epistemological foundations of Herder's philosophical anthropology / Nigel DeSouza. - In: Herder: philosophy and anthropology. Oxford : Oxford Univ. Press, 2017, S. 52–71

091
Eckel, Winfried: Ut musica poesis : die Literatur der Moderne aus dem Geist der Musik : ein Beitrag zur Poetik der Figuration / Winfried Eckel. - Paderborn : Fink, 2015. - 453 S.
Darin: Die Idee der Lyrik als Restitution der verlorenen Einheit von Sprache und Musik: Herders Verklärung des Volkslieds, S. 70–73

092
Eggers, Michael: Vergleichendes Erkennen : zur Wissenschaftsgeschichte und Epistemologie des Vergleichs und zur Genealogie der Komparatistik / Michael Eggers. - Heidelberg : Winter, [2016]. - 448 S. : Faks. - (Germanisch-romanische Monatsschrift : GRM-Beiheft ; 68)
Darin u. a.: Johann Gottfried Herder: die Unvermeidlichkeit des Vergleichens, S. 179–230

093
Emura, Hiroshi: Herder und Shakespeare / Hiroshi Emura. - In: Etudes de Littératures Comparées, Société de Littératures Comparées, Université de Tokyo. - 15 (1969), S. 16–54. - In japan. Schr. mit dt. Zusammenfassung S. 2–3

094
Formigari, Lia: Herder entre universalisme et singularité / Lia Formigari (Übers. v. Mathilde Anquetil). - In: Revue germanique internationale : RGI. - Paris : CNRS Éd. - Bd. 20.2003, S. 133–143. - [Volltext:] http://rgi.revues.org/979

095
Forster, Michael N.: Herder and human rights / Michael N. Forster. - In: Herder: philosophy and anthropology. Oxford : Oxford Univ. Press, 2017, S. 224–239

096
Fuhrmann, Wolfgang: Schwingung und Stimmung bei Johann Gottfried Herder / Wolfgang Fuhrmann. - In: Stimmungen und Vielstimmigkeit der Aufklärung. - Göttingen : Wallstein. - 2017, S. 96–114

097
Gabrielov, Amina: The notion of »conceptosphere« and possibilities of a cognitive approach to cultural studies from Herder to Likhachev / Amina Gabrielov. - In: J.G. Herder: From cognition to cultural science : contributions based on the 2014 Conference of the International Herder Society at Purdue University, West Lafayette, Indiana. - Heidelberg : Synchron. - 2016, S. 259–273

098
Gaier, Ulrich: Metaschematisieren? : Hieroglyphe und Periodus / Ulrich Gaier. - In: Zwischen Bild und Begriff : Kant und Herder zum Schema. - München [u. a.] : Fink. - 2010, S. 19–54

099
Gaier, Ulrich: »Nous sommes un sensorium commune pensant«: l'aspect anthropologique de la langue chez Herder / Ulrich Gaier (Übers. v. Ole Hansen-Löve). - In: Revue germanique internationale : RGI. - Paris : CNRS Éd. - Bd. 20.2003, S. 29–45. - [Volltext:] http://rgi.revues.org/967
Darin zu Genese und Entwicklung des Schemabegriffs bei Herder

100
Gasperoni, Lidia: Sinnliche Gestaltung : Kritik und Erweiterung des Kantischen Schematismus bei Herder und Plessner / Lidia Gasperoni. - In: Schemata. - Würzburg : Königshausen & Neumann. - 2017, S. 91–102

101
Gaukroger, Stephen: The role of aesthetics in Herder's anthropology / Stephen Gaukroger. - In: Herder: philosophy and anthropology. Oxford : Oxford Univ. Press, 2017, S. 94–105

102
Gjesdal, Kristin: Herder's hermeneutics : history, poetry, enlightenment / Kristin Gjesdal. - Cambridge : Cambridge Univ. Press, 2017. - xiv, 231 S.

103
Gjesdal, Kristin: Human nature and human science: Herder and the anthropological turn in hermeneutics / Kristin Gjesdal. - In: Herder: philosophy and anthropology. Oxford : Oxford Univ. Press, 2017, S. 166–184

104
Godel, Rainer: »Prae omnibus veritas colenda, urgenda, intime amanda« : Herder's concept of truth / Rainer Godel. - In: Herder and religion : contributions from the 2010 Conference of the International Herder Society at the University of Notre Dame, South Bend, Indiana. - Heidelberg : Synchron. - 2016, S. 25–40

105
Gottschlich, Max: Das Problem von Sprache und Weltansicht bei Hamann, Herder und Humboldt / Max Gottschlich. - In: Allgemeine Zeitschrift für Philosophie : AZP. - Stuttgart : Frommann-Holzboog. - Bd. 42.2017, 2, S. 261–278

106
Graczyk, Annette: Die Hieroglyphe im 18. Jahrhundert : Theorien zwischen Aufklärung und Esoterik / Annette Graczyk. - Berlin ; München ; Boston : De Gruyter, [2015]. - IX, 324 S. : Ill. - (Hallesche Beiträge zur Europäischen Aufklärung ; 51)
Darin u. a.: Die Esoterik in Herders Hieroglyphentheorie, S. 102–108. - Herder als Geistlicher und als Wissenschaftler, S. 108–110

107
Grawert, Rolf: Herders Einheit der Nation / Rolf Grawert. - In: Verfassungsvoraussetzungen : Gedächtnisschrift für Winfried Brugger. - Tübingen : Mohr Siebeck. - 2013, S. 283–313

108
Greif, Stefan: »das Mährchen ist die einschmeichelnd-geselligste Fama« / Herders Philosophie des Lebens in poetologischer Perspektive / Stefan Greif (Kassel). - In: Herder Jahrbuch 13 (2016), S. 85–102

109
Greif, Stefan: Das »Principium der Individuation« : zum Selbstgefühl bei Johann Gottfried Herder / Stefan Greif. - In: Herder und die klassische deutsche Philosophie : Festschrift für Marion Heinz. - Stuttgart-Bad Cannstatt : Frommann-Holzboog. - 2016, S. 265–280

110
Große Philosophen zu Fragen der Politik und Gesellschaft des 21. Jahrhunderts : Aristoteles, Thomas, Machiavelli, Herder, Hegel, Simmel, Scheler, Heidegger, Spaemann: zur Ordnung der Gesellschaft, zu Krieg und Frieden, zur gemischten Verfassung, zum Dämonischen, zu den Verbänden und NGOs, zur Freiheit, zur sozialen Nervosität, zu … : für Unterricht, Lehre und den Alltag / Jürgen Bellers, Markus Porsche-Ludwig (Hg.). - Nordhausen : Traugott Bautz, 2017. - 86 S.

111
Hahmann, Andree: »Was hat Zeit mit dem Wesen der Substanz und dem Unwesen der Erscheinung zu tun?« : Herders »Metakritik« im Spiegel seiner Substanzkonzeption / Andree Hahmann. - In: Herder und die klassische deutsche Philosophie : Festschrift für Marion Heinz. - Stuttgart-Bad Cannstatt : Frommann-Holzboog. - 2016, S. 235–261

112
Hallberg, Peter: Johann Gottfried Herder on European ethnographic representation / Peter Hallberg. - In: Intellectual history review. - Abingdon : Routledge, Taylor & Francis. - Bd. 26.2016, 4, S. 497–517

113
Hallstein, Christian: The Human Mind, Heart and Soul in the Homiletics of Johann Gottfried Herder / Christian W. Hallstein. - In: J.G. Herder: From cognition to cultural science : contributions based on the 2014 Conference of the International Herder Society at Purdue University, West Lafayette, Indiana. - Heidelberg : Synchron. - 2016, S. 39–48

114
Hamada, Makoto: Heruda ni okeru hakkenjyutsu to kigojyutsu [Heuristik und Mnemonik bei Herder] : koten retorikku to no kankei wo chushin ni [im Zusammenhang mit der klassischen Rhetorik] / Makoto Hamada. - In: Shiso. - Tokyo : Iwanami shoten. - 1105 (2016), S. 19–35. - In japan. Schr.

115
Hamanaka, Haru: Erkenntnis und Bild : Wissenschaftsgeschichte der Lichtenbergischen Figuren um 1800 / Haru Hamanaka. - Göttingen : Wallstein, 2015. - 222 S. : Ill., Katalog. - (Lichtenberg-Studien ; 16)
Darin u. a.: Herders Hieroglyphentheorie, S. 169–170

116
Hanasaki, Kohei: Die Gedanken der deutschen Aufklärung und die Philosophie Herders / Kohei Hanasaki. - In: The Annual reports on cultural science (Hokkaido University). - 14 (2), 1966, S. 1–101. - In japan. Schr.
Darin hauptsächlich über Herders »Metakritik zur Kritik der reinen Vernunft« und »Kalligone«

117
Harich, Wolfgang: Heft 1: Notizen zur Geschichte der Philosophie / Wolfgang Harich. - In: Harich, Wolfgang: Schriften aus dem Nachlass Wolfgang Harichs ; Band 1,2: Von der »Täglichen Rundschau« zu Herder. - Marburg : Tectum. - 2016, S. 927–985

118
Harich, Wolfgang: Heft 2: Herder und die Geschichtsphilosophie, Notizen / Wolfgang Harich. - In: Harich, Wolfgang: Schriften aus dem Nachlass Wolfgang Harichs ; Band 1,2: Von der »Täglichen Rundschau« zu Herder. - Marburg : Tectum. - 2016, S. 986–990

119
Harich, Wolfgang: Herder und die bürgerliche Geisteswissenschaft / Wolfgang Harich. - In: Harich, Wolfgang: Schriften aus dem Nachlass Wolfgang Harichs ; Band 1,2: Von der »Täglichen Rundschau« zu Herder. - Marburg : Tectum. - 2016, S. 657–919. - Dissertation von 1951

120
Heinrich, Tobias: Leben lesen : zur Theorie der Biographie um 1800 / Tobias Heinrich. - Wien ; Köln ; Weimar : Böhlau, 2016. - 199 S. : Ill. - (Schriftenreihe der Österreichischen Gesellschaft zur Erforschung des 18. Jahrhunderts ; Band 18)
Darin: Herder: Biographische Unsterblichkeit, S. 149–157

121
Heinz, Marion: Anthropology and the critique of metaphysics in the early Herder / Marion Heinz. - In: Herder: philosophy and anthropology. Oxford : Oxford Univ. Press, 2017, S. 32–51

122
Helbig, Daniela; **Nassar,** Dalia: The metaphor of epigenesis : Kant, Blumenbach and Herder / Daniela Helbig, Dalia Nassar ; Amsterdam : NE. - 2016, 107 S.

123
Herder - Raynal - Merkel : Transformationen der Antikolonialismusdebatte in der europäischen Aufklärung / hrsg. v. York-Gothart Mix ; Hinrich Ahrend ; Kristina Kandler. Kongress: Herder - Raynal - Merkel: Transformationen der Antikolonialismusdebatte in der europäischen Aufklärung ; (Marburg) : 2014.12.18–19. - Heidelberg : Winter, [2017]. - 298 S. : Ill. - (Germanisch-romanische Monatsschrift : Beiheft ; 79)
Darin: Kolonialismuskritik aus dem Geist der Geschichtsphilosophie: Raynal, Herder, Dobrizhoffer und der Fall Paraguay. - Johann Gottfried Herder und die außereuropäische Welt – Anthropologie und Antikolonialismusdebatte. - Herders Kolonialismuskritik im Zeichen einer Neuen Mythologie. - »Ausweg zu Liedern fremder Völker«. Antikoloniale Perspektiven in Herders Volksliedprojekt

124
Hien, Markus: Mascovisch richtig oder voltairisch schön? : Herders ›idiotische Geschichtsschreibung‹ im Wettkampf der Nationen / Markus Hien. - In: Sattelzeit : Historiographiegeschichtliche Revisionen. - Berlin : De Gruyter. - 2016, S. 83–101

125
Hlobil, Tomáš: The reception of the »enquiry« in the second half of the eighteenth century : August Gottlieb Meißner and Johann Gottfried Herder / Tomáš Hlobil. - In: The reception of Edmund Burke in Europe. - London : Bloomsbury Academic. - 2017, S. 279–296

126
Hölzing, Philipp: Ein Laboratorium der Moderne : politisches Denken in Deutschland 1789–1820 / Philipp Hölzing. - Wiesbaden : Springer , [2015]. - 244 S.
Darin u. a.: Herder, S. 80–89

127
Hoffmann, Torsten: Körperpoetiken : zur Funktion des Körpers in der Dichtungstheorie des 18. Jahrhunderts / Torsten Hoffmann. - Paderborn : Fink, [2015]. - 399 S.
Darin: Dichtung als Kleidung oder Haut? Ein Metaphernstreit zwischen Meier, Abbt und Herder, S. 76–81. - Ästhetik als Körperkunde. Sieben poetologische Funktionen des Körpers bei Herder, S. 167–221

128
Holtzhauer, Helmut: Der Humanismus Herders / Helmut Holtzhauer. - In: Holtzhauer, Helmut: Literarische Revolution : Aufsätze zur Literatur der deutschen Klassik. - Hamburg : tredition. - 2017, S. 139–149
Vortrag zur Eröffnung des Herder-Museums in Morag (Mohrungen), Olstyn (Allenstein), 26. September 1964. - Zuerst erschienen in: Przeglad humanistyczny. Rok 9 (1), 67–75. Warszawa 1969.

129
Hüning, Dieter: Zur Einführung - Herder und die Klassische Deutsche Philosophie / Dieter Hüning ; Gideon Stiening ; Violetta Stolz. - In: Herder und die klassische deutsche Philosophie : Festschrift für Marion Heinz. - Stuttgart-Bad Cannstatt : Frommann-Holzboog. - 2016, S. 11–22

130
Humanität ist der Charakter unseres Geschlechts : Johann Gottfried Herder in Weimar / Herausgeber: Klassik Stiftung Weimar, Referat Forschung und Bildung, Texte: Ann Luise Kynast. - 2016. - 23 S. : Ill. - (Materialien für Lehrerinnen und Lehrer ; 5)

131
Imaizumi, Fumiko: Ruso kara doitsu romanha he [Von Rousseau bis zur deutschen Romantik] : sono »naiteki jyuyo wo megutte« [über die »innere Rezeption«] / Fumiko Imaizumi. - In: Gendai shiso/Revue de la pensée d'aujourd'hui. - Tokyo : Seidosha. - Bd.16 (1979), S.194–204. - In japan. Schr.
Darin u. a. über die Rousseau-Rezeption bei Herder

132
Jurt, Joseph: Sprache, Literatur und nationale Identität : die Debatten über das Universelle und das Partikuläre in Frankreich und Deutschland / Joseph Jurt. - Berlin ; Boston : De Gruyter, [2017]. - IX, 306 S. - (Mimesis ; Band 58)
Darin: Herder: der Eigenwert jeder partikulären Tradition, S. 115–118

133
Kaneda, Tamio: Herders aesthetical thought : on Volkslied / Tamio Kaneda. - In: Bigaku Aesthetics. - The Japanese Society for Aesthetics. - 11,3 (1960), S. 11–13. - In japan. Schr. mit engl. Abstract

134
Kaneda, Tamio: Herdua no bigaku shiso ni okeru shizen, minzoku, genjitsu no gainen ni tsuite [Zu dem Begriffen Natur, Volk und Wirklichkeit in Herders Gedanken über die Ästhetik] / Tamio Kaneko. - Doshisha-Bigaku : Ges. für Ästhetik der Doshisha Univ. - 7 (1961), S. 7–16. - In japan. Schr.

135
Kang, Taran: Herder's idea of historical childhood / Taran Kang. - In: German studies review. - Baltimore, Md : Johns Hopkins Univ. Press. - Bd. 40 (2017), 1, S. 23–40

136
Katada, Takeshi: Heruda to hegeru [Herder und Hegel] : doitsu seishinshi no shinso he [tiefgründige Betrachtung der deutschen Geistesgeschichte] / Takeshi Katada. - In: Shiso. - Tokyo: Iwanami shoten. - 664 (1979), S. 96–113. - In japan. Schr.

137
Klinger, Cornelia: ›schön denken …‹ : Herders Plan zu einer Frauenzimmerästhetik / Cornelia Klinger. - In: Herder und die klassische deutsche Philosophie : Festschrift für Marion Heinz. - Stuttgart-Bad Cannstatt : Frommann-Holzboog. - 2016, S. 349–373

138
Kohlmayer, Rainer: »Das Ohr vernimmts gleich und hasst den hinkenden Boten« (Herder) : kritische Anmerkungen zu Schleiermachers Übersetzungstheorie und -praxis / Rainer Kohlmayer. - In: Friedrich Schleiermacher and the question of translation. - Berlin : De Gruyter. - 2015, S. 107–126
Darin: Poetische Form und Empathie bei Herder und Schleiermacher, S. 108–109. - Zur Theorie des literarischen Textes und der Übersetzung bei Herder, A.W. Schlegel und Novalis, S. 113–117

139
Kawamura, Jiro: Heruda no dannen [Herders Entsagung] : bungaku no ne he no toi 1 [Frage nach der Wurzel der Literatur (1)] / Jiro Kawamura. - In: Bungei. - Tokyo: Kawade shobo shinsha. - Bd.12.1973 (1), S. 272–282. - In japan. Schr.
Darin u. a.: Herders »Auszug aus einem Briefwechsel über Ossian und die Lieder alter Völker«

140
Kawamura, Jiro: Kaiko no toposu [Topos der Nostalgie] / Jiro Kawamura. - Tokyo: Kawade shobo shinsha, 1975. - 230 S. - In japan. Schr
Darin u. a.: Heruda no dannen [Herders Entsagung] : bungaku no ne he no toi 1 [Frage nach der Wurzel der Literatur (1)], S. 5–25.

141
Krebs, Roland: Le dialogue critique de Herder avec Diderot et Helvétius / Roland Krebs. - In: Revue germanique internationale : RGI. - Paris : CNRS Éd. - Bd. 20.2003, S. 75–87. - [Volltext:] http://rgi.revues.org/972
Darin: Founders and foundations: literary-philosophical basics of the concept since 1770 [u. a. über Herder], S. 57–62

142
Kremer, Arndt: Transitions of a myth? : the idea of a language-defined »Kulturnation« in Germany / Arndt Kremer. - In: New German review : NGR. - Los Angeles, Calif : UCLA. - Bd. 27.2016, 1, S. 53–75. - [Volltext:] http://escholarship.org/uc/item/38h3c5hs

143
Kreutzer, Leo: Herders und Goethes Dialektischer Humanismus und die Kultur(en) der globalisierten Welt / Leo Kreutzer. - In: Der neue Weltengarten : Jahrbuch für Literatur und Interkulturalität (2016), S. 49–77

144
Krijnen, Christian: Der Begriff als das Eine aus dem alles andere ist : Gedanken zu Herder, Kant und Hegel im Ausgang von Marion Heinz / Christian Krijnen. - In: Herder und die klassische deutsche Philosophie : Festschrift für Marion Heinz. - Stuttgart-Bad Cannstatt : Frommann-Holzboog. - 2016, S. 139–166

145
Krippner, Friederike: Spielräume der Alten Welt : die Pluralität des Altertums in Dramentheorie, Theaterpraxis und Dramatik (1790–1870) / Friederike Krippner. - Berlin ; Boston : De Gruyter, [2017]. - VI, 328 S. : Ill. - (Transformationen der Antike ; Band 40)
Darin: Kālidāsa und Shakespeare. Die Bedeutung der »Sakuntala« für Johann Gottfried Herders gattungstheoretische Überlegungen, S. 69–84

146
Kuhn, Kristina: »an der Anmut Kette« : Allegorie und Gemälde als Medien in Johann Gottfried Herders historiographischer Epistemologie und Poetologie / Kristina Kuhn. - In: J.G. Herder: From cognition to cultural science : contributions based on the 2014 Conference of the International Herder Society at Purdue University, West Lafayette, Indiana. - Heidelberg : Synchron. - 2016, S. 333–344

147
Lambrecht, Lars: Karl Nauwerck - ein »bekannter patentirter Revolutionär« : Herkunft und Jugend - von der Aufklärung zum Aufbegehren : nebst Anhängen mit Archivalien und Dokumenten von und zu Ludwig und Karl Nauwerck sowie mit Exkursen / Lars Lambrecht. - Frankfurt am Main [u. a.] : Lang, [2016]. - 599 S. : Ill. - (Forschungen zum Junghegelianismus ; Band 22)
Darin: Zur historischen Typologie von ›Patriotismus‹, S. 424–488 [mit einem Kap. »Herder« auf S. 437–441]

148
Lange, Stella: Gefühle »schwarz auf weiß« : Implizieren, Beschreiben und Benennen von Emotionen im empfindsamen Briefroman um 1800 / Stella Lange. - Heidelberg : Winter, [2016]. - 425 S. : Ill., Diagr. - (Germanisch-romanische Monatsschrift : Beiheft ; 77)
Darin: Ästhetische Betrachtungen zur Herausbildung einer natürlichen Schreibweise am Beispiel von Baumgarten, Breitinger und Herder, S. 62–69

149
Lehmann, Roland M.: Herder - Luther : das Erbe der Reformation in der Weimarer Klassik / Roland M. Lehmann. - In: Zeitschrift für thüringische Geschichte. - Neustadt, Aisch : Schmidt. - Bd. 71.2017, S. 337–342

150
Le Rider, Jacques: L'autobiographie en question : Herder, juge des »Confessions« de Rousseau / Jacques Le Rider. - In: Revue germanique internationale : RGI. - Paris : CNRS Éd. - Bd. 20.2003, S. 89–100

151
Leventhal, Robert Scott: ›Eins und Alles‹ : Herders Spinoza-Aneignung in »Gott, einige Gespräche« / Robert S. Leventhal. - In: Publications of the English Goethe Society : PEGS. - [Oxford] : Routledge, Taylor & Francis. - Bd. 86.2017, 2, S. 67–89

152
Levy, Ze'ev: Hay-yahădût bi-tĕmûnat ʿôlāmām šel Hâmân, Herder wĕ-Gētē - [Das Judentum im Weltbild von Hamann, Herder und Goethe / Judaism in the worldview of J. G. Hamann, J. G. Herder and W. v. Goethe] / Zeʾĕv Lēwî. - Yerûšalāyim : Môsad Byâlîq [u. a.], 1994. - 333 S. : Ill. - In hebr. Schr.

153
Lohwasser, Diana: Ästhetische Bildung als Ästhesiologie : Sprache, Kultur, Sinne und Ästhetik als Modi einer ganzheitlichen Erfahrung bei Johann Gottfried Herder / Diana Lohwasser. - In: Geschichte der ästhetischen Bildung ; Band 3, Teilband 2: Klassik und Romantik. - Paderborn : Ferdinand Schöningh. - 2016, S. 59–71

154
Lyanda-Geller, Olga: Herder's philosophy of language and its influence on the concept of »Inner Form« in German and Russian thought / Olga Lyanda-Geller. - In: J.G. Herder: From cognition to cultural science : contributions based on the 2014 Conference of the International Herder Society at Purdue University, West Lafayette, Indiana. - Heidelberg : Synchron. - 2016, S. 275–289

155
Marazka, Ibrahim: Das Spannungsfeld zwischen Herders Geschichtsphilosophie und Kants Vernunft-Architektonik hinsichtlich der Frage nach einer Grundlegung der neuen Wissenschaften : eine Rekonstruktion / Ibrahim Marazka. - In: J.G. Herder: From

cognition to cultural science : contributions based on the 2014 Conference of the International Herder Society at Purdue University, West Lafayette, Indiana. - Heidelberg : Synchron. - 2016, S. 237–248

156
Marti, Hanspeter: Der junge Herder - ein Schulphilosoph? / Hanspeter Marti. - In: Kulturaustausch : baltisches Echo auf Gelehrte in der Schweiz und in Deutschland ; Freundesgabe für Arvo Tering. - Köln [u. a.] : Böhlau. - 2014, S. 213–226

157
Martus, Steffen: Aufklärung : das deutsche 18. Jahrhundert - ein Epochenbild / Steffen Martus. - Lizenzausgabe für die Wissenschaftliche Buchgesellschaft. - [Darmstadt] : WBG, 2016. - 1033 S. : Ill.
Darin: »Hans Affe ist des Nachruhms werth«: Kant gegen Herder, S. 863–872

158
Martus, Steffen: Aufklärung : das deutsche 18. Jahrhundert - ein Epochenbild / Steffen Martus. - 2. Auflage. - Berlin : Rowohlt, 2015. - 1033 S. : Ill.
Darin: »Hans Affe ist des Nachruhms werth«: Kant gegen Herder, S. 863–872

159
Maurer, Michael: Johann Gottfried Herder und die Reformation / Michael Maurer. - In: Luther als Vorkämpfer? : Reformation, Volksaufklärung und Erinnerungskultur um 1800. - Köln : Böhlau. - 2016, S. 209–219

160
Menze, Ernest A.: Herder's relation to American transcendentalism : the case of Frederic Henry Hedge in the context of cognition theory and cultural studies / Ernest A. Menze. - In: J.G. Herder: From cognition to cultural science : contributions based on the 2014 Conference of the International Herder Society at Purdue University, West Lafayette, Indiana. - Heidelberg : Synchron. - 2016, S. 197–207

161
Miyajima, Ayako: Franz Joseph Stalders Schweizerisches Idiotikon (1806/1812) vor dem Hintergrund von Herders Aufwertung des Dialekts / Ayako Miyajima. - In: Beiträge zur Dialektologie : Akten des 43. Linguisten-Seminars, Kyoto 2015. - München : iudicium. - 2016, S. 43–57

162
Naragon, Steve: Herder's student notes from Kant's metaphysics lectures / Steve Naragon. - In: J.G. Herder: From cognition to cultural science : contributions based on the 2014 Conference of the International Herder Society at Purdue University, West Lafayette, Indiana. - Heidelberg : Synchron. - 2016, S. 249–258

163
Nassar, Dalia: Understanding as explanation: The significance of Herder's and Goethe's science of describing / Dalia Nassar. - In: Herder: philosophy and anthropology. Oxford : Oxford Univ. Press, 2017, S. 106–124

164
Nemoto, Michiya: Die Aufnahme Shakespeares in Deutschland (III) 1769–1771 / Michiya Nemoto. - In: Studien zur deutschen und französischen Literatur. - Kyushu Univ. - Bd. 25 (1975), S. 51–62. - In japan. Schr.
Darin u a. über Herders Shakespeare-Rezeption

165
Nemoto, Michiya: Die Aufnahme Shakespeares in Deutschland (IV) 1772–1773 / Michiya Nemoto. - In: Studien zur deutschen und französischen Literatur. - Kyushu Univ. - Bd. 27 (1977), S. 123–140. - In japan. Schr.
Darin u a. über Herders Shakespeare-Rezeption

166
Neubauer, John: The persistence of voice : instrumental music and romantic orality / by John Neubauer. - Leiden ; Boston : Brill, [2017]. - VII, 290 S. - (National cultivation of culture ; Volume 14)
Darin: Herder on Ossian, S. 200–202

167
Niekerk, Carl: The problem of China: Asia and enlightenment anthropology (Buffon, de Pauw, Blumenbach, Herder) / Carl Niekerk. - In: China in the German Enlightenment. - Toronto : Univ. of Toronto Press. - 2016, S. 97–117

168
Nishiyama, Kinji: Kant gegen Herder : oder Philosophie gegen Geschichte / Kinji Nishiyama. - In: Momoies of Tachibana Women's College. - Kyoto. - 4 (1976), S. 64–75. - In japan. Schr.

169
Noyes, John K.: Herder's unsettling of the distinction between fact and fiction / John Kenneth Noyes. - In: Fact and fiction : literary and scientific cultures in Germany and Britain. - Toronto : Univ. of Toronto Press. - 2016, S. 155–174

170
Nuzzo, Angelica: »After all, can anyone say what tones mean to express?« : Herder's »Aesthetics of hearing« / Angelica Nuzzo. - In: Herder und die klassische deutsche Philosophie : Festschrift für Marion Heinz. - Stuttgart-Bad Cannstatt : Frommann-Holzboog. - 2016, S. 305–327

171
Oguri, Hiroshi: Kindai doitsu bungaku ronshu [Aufsätze zur Neueren Deutschen Literatur] / Hiroshi Oguri. - Tokyo: Toyo-shuppan. - 1982, 384 S. - In japan. Schr.
Darin u. a.: »Literaturgeschichte und Literaturkritik bei Herder«, S. 5–16

172
Otabe, Tanehisa: »Sei no geijyutsu« to shite no geijyutsu [Kunstwissenschaft als »Kunst des Lebens«] : bannen no beruda no bigakuteki shiko no kisuu [die Tendenz des ästhetischen Denkens beim späten Herder] / Tanehisa Otabe. - In: Shiso. - Tokyo : Iwanami shoten - 1105 (2016), S. 36–54. - In japan. Schr.
Darin u a. über Herders »Kalligone«

173
Pang, Wenwei: Herders Sprachdenken / Wenwei Pang. - In: Vielfalt und Interkulturalität der internationalen Germanistik : Beiträge des Humboldt-Kollegs Shanghai (25.05. - 28.05.2014) ; Festgabe für Siegfried Grosse zum 90. Geburtstag. - Tübingen : Stauffenburg. - 2014, S. 111–119

174
Paulsen, Adam: Monadischer Holismus : zur Genese und Rezeption von Herders Kulturtheorie / Adam Paulsen. - In: J.G. Herder: From cognition to cultural science : contributions based on the 2014 Conference of the International Herder Society at Purdue University, West Lafayette, Indiana. - Heidelberg : Synchron. - 2016, S. 317–332

175
Payne, Charlton: The epic imaginary : political power and its legitimations in eighteenth-century German literature / Charlton Payne. - Berlin [u. a.] : De Gruyter, 2012. - VIII, 215 S. - (Studien zur deutschen Literatur ; 197) - Zugl.: Los Angeles, Univ. of Califonia, Diss., 2007
Darin u. a.: Herder: »Genealogie älterer Meister«, S. 40–45

176
Pénisson, Pierre: Kant et Herder : »le recul d'effroi de la raison« / Pierre Pénisson. - In: Revue germanique internationale : RGI. - Paris : CNRS Éd. - Bd. 6.1996, S. 63–74

177
Pénisson, Pierre: Le »Traité sur l'origine de la langue« et Rousseau / Pierre Pénisson. - In: Revue germanique internationale : RGI. - Paris : CNRS Éd. - Bd. 20.2003, S. 101–108

178
Pénisson, Pierre: Trieb et énergie chez Herder / Pierre Pénisson. - In: Revue germanique internationale : RGI. - Paris : CNRS Éd. - Bd. 18.2002, S. 45–52

179
Podro, Michael: Les limites de la peinture : Diderot et Herder / Michael Podro ; traduction de l'anglais par Marie-Thérèse Weal. - In: Revue germanique internationale : RGI. - Paris : CNRS Éd. - Bd. 13.2000, S. 87–96

180
Posselt, Gerald: Sprachphilosophie : eine Einführung / Gerald Posselt ; Matthias Flatscher - Wien : Facultas, [2016]. - 268 S. : Diagr. - (UTB ; 4126)
Darin: Sprache als Medium der Welterschließung: Herder und Humboldt, S. 63–81

181
Previšić, Boris: »Es heiszt aber ganz Europa ...« : Imperiale Vermächtnisse von Herder bis Handke / Boris Previšić. - Berlin : Kulturverlag Kadmos, [2017]. - 274 S. - (Kaleidogramme ; Band 158)

182
Proß, Wolfgang: Diversité des faits et unité de vue : Herder et la construction de la philosophie de l'histoire au siècle des Lumières / Wolfgang Proß. - In: Revue germanique internationale : RGI. - Paris : CNRS Éd. - Bd. 20.2003, S. 47–71

183
Renner, Kaspar ; **Wagner,** Ulrike: Herder und die Philologie : fünf Thesen zu einer produktiven Beziehung : am Beispiel des Volksliedprojekts / Kaspar Renner, Ulrike Wagner (Berlin). - In: Herder Jahrbuch 13 (2016), S. 13–41

184
Robertson, Ritchie: Varieties of antisemitism from Herder to Fassbinder / Ritchie Robertson. - In: The German-Jewish dilemma : from the enlightenment to the Shoah. - Lewiston, NY [u. a.] : Edwin Mellen Press. - 1999, S. 113–121

185
Roth, Ludger: »Es gibt keinen so interessanten Gegenstand, als die Philosophie der Geschichte« : Überlegungen zu den philosophischen Konzeptionen Johann Gottfried Herders und Wilhelm von Humboldts / Ludger Roth. - In: Herder und die klassische deutsche Philosophie : Festschrift für Marion Heinz. - Stuttgart-Bad Cannstatt : Frommann-Holzboog. - 2016, S. 51–68

186
Salatowsky, Sascha: »Was muß das für ein trockenes gramatisch-metaphysisches Geschwätz seyn« : drei Briefe des Prinzen August von Sachsen-Gotha-Altenburg an Herder / Sascha Salatowsky. - In: Deutsche Zeitschrift für Philosophie. - Berlin [u. a.] : De Gruyter. - Bd. 65.2017, 3, S. 520–534

187
Saltzwedel, Johannes: Tragik des Verstehens : der Universaldenker Johann Gottfried Herder sah die Probleme des Zeitalters genau / Johannes Saltzwedel. - In: Die Aufklärung : das Drama der Vernunft vom 18. Jahrhundert bis heute. - Hamburg : Deutsche Verlags-Anstalt. - (2017), S. 229–238 : Ill.

188
Sauder, Gerhard: Sinnliche Erkenntnis : der Kontext von Herders Abhandlung »Vom Erkennen und Empfinden der menschlichen Seele« (1778) / Gerhard Sauder. - In: J.G. Herder: From cognition to cultural science : contributions based on the 2014 Conference of the International Herder Society at Purdue University, West Lafayette, Indiana. - Heidelberg : Synchron. - 2016, S. 137–155

189
Shichiji, Yoshinori: Das Wesen der Kunst des Altertums bei Winckelmann, Herder und Goethe / Yoshinori Shichiji. - In: Goethe : Komparatistische Studien ; Festschrift für Prof. Dr. Kikuchi Eiichi zu seinem 60. Geburtstag am 17. August 1963. - Tokyo : Ikubundo. - 1964, S. 117–131. - In japan. Schr.

190
Shimada, Yoichiro: Heruda ni okeru honyaku no riron to jissen [Die Übersetzungstheorie und -praxis bei Herder] / Yoichiro Shimada. - In: Shiso. - Tokyo : Iwanami shoten. - 1105 (2016), S. 55–71. - In japan. Schr.
Darin u. a. über Herders »Volkslieder«

191
Schings, Hans-Jürgen: Klassik in Zeiten der Revolution / Hans-Jürgen Schings. - Würzburg : Königshausen & Neumann, [2017]. - 270 S. : Ill.
Darin: Das Lächeln des Marats. Weimarer Ästhethik und revolutionäre Kunst, S. 9–72. - Regeneration. Humanität und Revolution im Denken Herders, S. 155–205

192
Schmoll, Friedemann: Johann Gottfried Herder und die Volkskunde : Facetten einer Beziehungsgeschichte / Friedemann Schmoll. - In: TVV-Mitteilungen. - Erfurt : Museum für Thüringische Volkskunde. - Bd. 23.2015, 2 (Dez.), S. 25–36

193
Simon, Ralf: Herders Begriff der Erhabenheit zwischen theologischem und ästhetischem Diskurs / Ralf Simon. - In: Herder and religion : contributions from the 2010 Conference of the International Herder Society at the University of Notre Dame, South Bend, Indiana. - Heidelberg : Synchron. - 2016, S. 103–115

194
Simon, Ralf: Jean Paul und die Gnosis : mit einem Setenblick auf Wieland, Lessing und Herder / Ralf Simon. - In: Jahrbuch der Jean-Paul-Gesellschaft 51 (2016), S. 5–58
Darin u. a.: Herder: Bilderwelt der Gnosis, S. 23–27

195
Solanki, Tanvi: Rhythmus gegen den Fluss: Herder, die Oralität der Griechen und das »Meer der Gelehrsamkeit« / Tanvi Solanki (Princeton). - In: Materialitätsdiskurse der Aufklärung : Bücher - Dinge - Praxen. - Halle an der Saale : Universitätsverlag Halle-Wittenberg. - 2016, S. 81–92

196
Steinby, Liisa: Gattungsbegriffe in Herders Schriften zur Literatur und ihre epistemologische Grundlegung / Liisa Steinby. - In: J.G. Herder: From cognition to cultural science : contributions based on the 2014 Conference of the International Herder Society at Purdue University, West Lafayette, Indiana. - Heidelberg : Synchron. - 2016, S. 345–363

197
Steinby, Liisa: Zur »Wissenschaftlichkeit« von Herders Methode : Begriff, Bild, Analyse und Synthese / Liisa Steinby (Turku). - In: Herder Jahrbuch 13 (2016), S. 103–128

198
Stiening, Gideon: »Der Naturstand des Menschen ist der Stand der Gesellschaft« : Herders Naturrechts- und Staatsverständnis / Gideon Stiening. - In: Herder und die klassische deutsche Philosophie : Festschrift für Marion Heinz. - Stuttgart-Bad Cannstatt : Frommann-Holzboog. - 2016, S. 115–135

199
Stollberg, Arne: »Strom der Empfindung«, vom Maß des Auges begrenzt : Rhythmus und Form in der Ästhetik Johann Gottfried Herders / Arne Stollberg. - In: Geteilte Zeit : zur Kritik des Rhythmus in den Künsten. - Schliengen : Ed. Argus. - 2005, S. 178–192

200
Stolz, Violetta: Eine weitere »gräuliche Posaune« Reinholds : Herder - Reinhold - Kant über Geschichtsphilosophie / Violetta Stolz. - In: Herder und die klassische deutsche Philosophie : Festschrift für Marion Heinz. - Stuttgart-Bad Cannstatt : Frommann-Holzboog. - 2016, S. 69–96

201
Tausch, Harald: Palmyra in Wissenschaft und Literatur um 1800: Winckelmann, Herder, Hölderlin und Goethe / Harald Tausch (Giessen). - In: Germanisch-romanische Monatsschrift : GRM N. F. 66 (2016), 3, S. 269–293 : Ill.

202
Taylor, Charles: Philosophy as philosophical anthropology: An interview with Charles Taylor / Charles Taylor. - In: Herder: philosophy and anthropology. Oxford : Oxford Univ. Press, 2017, S. 13–29

203
Torra-Mattenklott, Caroline: Metaphorologie der Rührung : ästhetische Theorie und Mechanik im 18. Jahrhundert / Caroline Torra-Mattenklott. - München : Fink, 2002. - 384 S. - (Theorie und Geschichte der Literatur und der schönen Künste ; 104) - Zugl.: Konstanz, Univ., Diss., 1999
Darin u. a.: Zur historischen Mechanik des Gefühls: Johann Gottfried Herder, S. 295–346

204
Torra-Mattenklott, Caroline: Musik als Sprache der Leidenschaften : Literatur und Musikästhetik zwischen 1740 und 1800 / Caroline Torra-Mattenklott. - In: Handbuch Literatur & Musik. - Berlin : De Gruyter. - 2017, S. 324–337
Darin: Herder, S. 331–333

205
Torra-Mattenklott, Caroline: Poetik der Figur : zwischen Geometrie und Rhetorik: Modelle der Textkomposition von Lessing bis Valéry / Caroline Torra-Mattenklott. - Paderborn : Fink, 2016. - 442 S. : Ill.
Darin: Die Fabel als Figur: Christian Wolffs geometrische Fabeltheorie und ihre kreative Aneignung bei Lessing und Herder, S. 63–94. - Schematismus, Metaschematismus, Typos: Figuralität in Kants »Kritik der reinen Vernunft« und in den Metakritiken Hamanns und Herders, S. 95–124

206
Uhlig, Ludwig: Herder and Georg Forster on converging trajectories / Ludwig Uhlig. - In: Herder and religion : contributions from the 2010 Conference of the International Herder Society at the University of Notre Dame, South Bend, Indiana. - Heidelberg : Synchron. - 2016, S. 231–247

207
Vial, Theodore M.: Modern religion, modern race / Theodore Vial. - New York, NY : Oxford Univ. Press, [2016]. - xiii, 277 S. : Ill.
Darin: Herder and Schleiermacher as unfamiliar sources of racism, S. 155–187

208
Waldow, Anik: Between history and nature: Herder's human being and the naturalization of reason / Anik Waldow. - In: Herder: philosophy and anthropology. Oxford : Oxford Univ. Press, 2017, S. 147–165

209
Waldow, Anik: The artifice of human nature : Rousseau and Herder / Anik Waldow. - In: Intellectual history review. - Abingdon : Routledge, Taylor & Francis. - Bd. 25.2015, 3, S. 343–356

210
Waldow, Anik: The artifice of human nature: Rousseau and Herder / Anik Waldow. - In: Sensibility in the early modern era : from living machines to affective morality. - London : Routledge, Taylor & Francis Group. - 2016, S. 89–102

211
Was ist Aufklärung? : Thesen und Definitionen / Immanuel Kant. - Hrsg. v. Ehrhard Bahr. - Bibliogr. erg. Ausg. - Stuttgart : Reclam, 2008. - 87 S. - (Reclams Universal-Bibliothek ; Nr. 9714)
Darin: Johann Gottfried Herder: Wort und Begriff der Humanität, S. 37–42

212
Waszek, Norbert: Ossian et Hume : deux références écossaises dans le »Traité sur l'origine de la langue« / Norbert Waszek. - In: Revue germanique internationale : RGI. - Paris : CNRS Éd. - Bd. 19.2003, S. 109–119

213
Weatherby, Leif: Transplanting the metaphysical organ : German Romanticism between Leibniz and Marx / Leif Weatherby. - First edition. - New York : Fordham Univ. Press, 2016. - V, 462 S. - (Forms of living)
Darin: The epigenesis of reason: force and organ in Kant and Herder, S. 72–107

214
Wolff, Tristram: Arbitrary, natural, other : J.G. Herder and the ideologies of linguistic will / Tristram Wolff. - In: European romantic review. - Abingdon : Routledge. - Bd. 27.2016, 2, S. 259–280

215
Yoshitake, Natsuo: The theory of human nature at the transition period (II) : with special reference to neo-humanism and Herder / Natsuo Yoshitake. - In: Konan Women's College researches. - 15 (1978), S. 99–122. - In japan. Schr.
Darin u a. über »Auch eine Philosophie der Geschichte zur Bildung der Menschheit«

216
Zammito, John H.: Herder and naturalism : the view of Wolfgang Pross examined / John H. Zammito. - In: Herder and religion : contributions from the 2010 Conference of the International Herder Society at the University of Notre Dame, South Bend, Indiana. - Heidelberg : Synchron. - 2016, S. 13–24

217
Zammito, John H.: Herder between Reimarus and Tetens: The problem of an animal-human boundary / John H. Zammito. - In: Herder: philosophy and anthropology. Oxford : Oxford Univ. Press, 2017, S. 127–146

218
Zimmermann, Christian von: Ästhetische Meerfahrt : Erkundungen zur Beziehung von Literatur und Natur in der Neuzeit / Christian von Zimmermann. - Hildesheim ; Zürich ; New York : Olms, 2015. - 309, XVI S. : Ill., Kart.
Darin: Philosoph auf dem Schiff (Herder), S. 120–125

219
Zöller, Günter: »[D]er Name Confucius ist mir ein großer Name« : Herders politisch-geschichtsphilosophische China-Deutung zwischen Montesquieu und Hegel / Günter Zöller. - In: Herder und die klassische deutsche Philosophie : Festschrift für Marion Heinz. - Stuttgart-Bad Cannstatt : Frommann-Holzboog. - 2016, S. 25–49

Zum literarischen Werk

220
Adler, Hans: Was ist »Vergleichen« bei Herder? / Hans Adler. - In: J.G. Herder: From cognition to cultural science : contributions based on the 2014 Conference of the International Herder Society at Purdue University, West Lafayette, Indiana. - Heidelberg : Synchron. - 2016, S. 23–37

221
Allert, Beate: Herder's ›Sonnenspiegel‹ and ›Sonnensiegel‹: Metaphors of Visuality in three poems by Herder 1767–1772 / Beate Allert. - In: Herder and religion : contributions from the 2010 Conference of the International Herder Society at the University of Notre Dame, South Bend, Indiana. - Heidelberg : Synchron. - 2016, S. 75–102

222
Anderegg, Johannes: Lorbeerkranz und Palmenzweig : Streifzüge im Gebiet des poetischen Lobs / Johannes Anderegg ; mit einem Beitrag v. Konrad Schmid. - Bielefeld : Aisthesis, 2015. - 295 S. : Ill.
Darin u. a.: Provokativ: Johann Gottfried Herder, S. 178–185. - Nachbemerkung: Balde und Herder, S. 247–251

223
Aidzu, Shin: Johann Gottfried Herder als Hamlet-Übersetzter / Shin Aidzu. - In: The Annual Reports of the Faculty of Arts and Letters. - Tohoku Univ. - 16 (1965), S. 1–38.
Darin u. a. über Herders Nachlass zur Hamlet-Übersetzung

224
Dahlstrom, Daniel O.: The aesthetic holism of Hamann, Herder, and Schiller / Daniel O. Dahlstrom. - In: The Cambridge companion to German idealism. - Cambridge [u. a.] : Cambridge Univ. Press. - 2005, S. 76–94

225
Fiebig, Hans-Peter: Liebesbriefe : Briefwechsel zwischen Johann Gottfried Herder und seiner Braut Caroline / Hans-Peter Fiebig. - In: Schaumburg-Lippische Heimatblätter. - Lindhorst : Schaumburg-Lippischer Heimatverein. - Bd. 68 / 92.2017, 4, S. 28–39

226
Lange, Stella: Gefühle »schwarz auf weiß« : Implizieren, Beschreiben und Benennen von Emotionen im empfindsamen Briefroman um 1800 / Stella Lange. - Heidelberg :

Universitätsverlag Winter, [2016]. - 425 S. : Ill., Diagr. - (Germanisch-romanische Monatsschrift : Beiheft ; 77)
Darin: Ästhetische Betrachtungen zur Herausbildung einer natürlichen Schreibweise am Beispiel von Baumgarten, Breitinger und Herder, S. 62–69

227
Möller, Reinhard M.: Zum Zusammenhang von Neuheit und Wiederholung in der Ästhetik des späten 18. Jahrhunderts (Kant - Garve - Herder) / Reinhard M. Möller. - In: Prinzip »Wiederholung« : zur Ästhetik von System- und Sinnbildung in Literatur, Kunst und Kultur aus interdisziplinärer Sicht. - Bielefeld : Aisthesis. - 2015, S. 131–148

228
Miyashita, Keizo: Herder und sein Blankvers / Keizo Miyashita. - In: Reports of the Keio Institute of Cultural and Linguistic Studies. - Keio Univ. - 9 (1977), S.19–37. - In japan. Schr. mit dt. Zusammenfassung S. 37
Darin u. a. über Herders »Shakespeare« sowie seine Shakespeare-Übersetzungen

229
Noyes, John K.: What does cognition have to do with imperialism? : Reading the essay »On Being« with »On Diligence« / John K. Noyes. - In: J.G. Herder: From cognition to cultural science : contributions based on the 2014 Conference of the International Herder Society at Purdue University, West Lafayette, Indiana. - Heidelberg : Synchron. - 2016, S. 365–379

230
Payne, Charlton: The epic imaginary : political power and its legitimations in eighteenth-century German literature / Charlton Payne. - Berlin [u. a.] : De Gruyter, 2012. - VIII, 215 S. - (Studien zur deutschen Literatur ; 197) - Zugl.: Los Angeles, Univ. of Califonia, Diss., 2007
Darin u. a.: Herder: »Genealogie älterer Meister«, S. 40–45

231
Pénisson, Pierre: Herder et le paysage italien / Pierre Pénisson. - In: Revue germanique internationale : RGI. - Paris : CNRS Éd. - Bd. 7.1997, S. 93–99

232
Renner, Kaspar ; **Wagner,** Ulrike: Herder und die Philologie : fünf Thesen zu einer produktiven Beziehung : am Beispiel des Volksliedprojekts / Kaspar Renner, Ulrike Wagner (Berlin). - In: Herder Jahrbuch 13 (2016), S. 13–41

233
Renner, Kaspar: »Der Zauberspiegel des Aesthetikers« : Herders Odenfragmente zwischen Kognition und Kulturwissenschaft / Kaspar Renner. - In: J.G. Herder: From cognition to cultural science : contributions based on the 2014 Conference of the International Herder Society at Purdue University, West Lafayette, Indiana. - Heidelberg : Synchron. - 2016, S. 293–315

234
Schmidt, Johannes: Herder's religious anthropology in his later writings / Johannes Schmidt. - In: Herder: philosophy and anthropology. Oxford : Oxford Univ. Press, 2017, S. 185–202

235
Schmidt, Johannes: Light of nature / light of reason : Herder's and Kant's »Religion essays« / Johannes Schmidt. - In: Herder and religion : contributions from the 2010 Conference of the International Herder Society at the University of Notre Dame, South Bend, Indiana. - Heidelberg : Synchron. - 2016, S. 153–166

236
Simon, Frank-Joachim: Der Schrei des Laokoon : sein Echo im Briefwechsel Hamanns mit Herder / Frank-Joachim Simon. - In: Hamanns Briefwechsel : Acta des Zehnten Internationalen Hamann-Kolloquiums an der Martin Luther-Universität Halle-Wittenberg 2010. - Göttingen : V&R unipress. - 2016, S. 201–216

237
Specht, Benjamin: Poesie der Schwerkraft : Newtons Gravitationstheorie und ihre literarische Aktualität im späten 18.Jahrhundert (Herder, Schiller, Novalis) / Benjamin Specht. - In: Poetische Welt(en) : Ludwig Stockinger zum 65. Geburtstag zugeeignet. - Leipzig : Leipziger Universitätsverlag. - 2011, S. 85–102

238
Tausch, Harald: Palmyra in Wissenschaft und Literatur um 1800: Winckelmann, Herder, Hölderlin und Goethe / Harald Tausch (Giessen). - In: Germanisch-romanische Monatsschrift : GRM. - Heidelberg : Winter. - N. F. Bd. 66 (2016), 3, S. 269–293 : Ill.

239
Torra-Mattenklott, Caroline: Poetik der Figur : zwischen Geometrie und Rhetorik: Modelle der Textkomposition von Lessing bis Valéry / Caroline Torra-Mattenklott. - Paderborn : Fink, 2016. - 442 S. : Ill.
Darin: Die Fabel als Figur: Christian Wolffs geometrische Fabeltheorie und ihre kreative Aneignung bei Lessing und Herder, S. 63–94. - Schematismus, Metaschematismus, Typos: Figuralität in Kants »Kritik der reinen Vernunft« und in den Metakritiken Hamanns und Herders, S. 95–124

240
Zimmermann, Christian von: Ästhetische Meerfahrt : Erkundungen zur Beziehung von Literatur und Natur in der Neuzeit / Christian von Zimmermann. - Hildesheim ; Zürich ; New York : Olms, 2015. - 309, XVI Seiten. : Ill., Kart.
Darin: Philosoph auf dem Schiff (Herder), S. 120–125

Zu einzelnen Werken

Abhandlung über den Ursprung der Sprache

241
Bellmann, Tina: Fragmentarische Annäherungen an das Menschsein : Herders »Sprachursprungsschrift« und seine Auslegung von Genesis 1–3 / Tina Bellmann (Göttingen). - In: Herder Jahrbuch 13 (2016), S. 43–61

242
Mondot, Jean: Herder et les matins du monde, l'anthropologie des origines dans le »Traité sur l'origine du langage« / Jean Mondot. - In: Revue germanique internationale : RGI. - Paris : CNRS Éd. - Bd. 20.2003, S. 17–28

243
Pang, Wenwei: Zur chinesischen Übersetzung einiger Begriffe in der »Abhandlung über den Ursprung der Sprache« von Johann Gottfried Herder / Wenwei Pang. - In: Literaturstraße : chinesisch-deutsche Zeitschrift für Sprach- und Literaturwissenschaft. - Würzburg : Königshausen & Neumann. - Bd. 16.2015, S. 443–450

244
Pénisson, Pierre: Le »Traité sur l'origine de la langue« et Rousseau / Pierre Pénisson. - In: Revue germanique internationale : RGI. - Paris : CNRS Éd. - Bd. 20.2003, S. 101–108

245
Waszek, Norbert: Ossian et Hume : deux références écossaises dans le »Traité sur l'origine de la langue« / Norbert Waszek. - In: Revue germanique internationale : RGI. - Paris : CNRS Éd. - Bd. 19.2003, S. 109–119

Adrastea

246
Schmidt, Johannes: Herder's philosophy of history revisited : relative and universal judgment of nations in the »Adrastea« / Johannes Schmidt. - In: J.G. Herder: From cognition to cultural science : contributions based on the 2014 Conference of the International Herder Society at Purdue University, West Lafayette, Indiana. - Heidelberg : Synchron. - 2016, S. 95–104

Älteste Urkunde des Menschengeschlechts

247
Sakamoto, Takashi: Fuhenteki shizenshi no kochiku [Die Konstruktion der universalen Naturgeschichte] : kirucha to heruda no »kodaishingaku« [»die antike Theologie« bei

Kircher und Herder] / Takashi Sakamoto. - In: Shiso. - Tokyo : Iwanami shoten. - 1105 (2016), S. 94–113. - In japan. Schr.
Darin u. a. über Herders »Älteste Urkunde des Menschengeschlechts« sowie seinen »Ideen zur Philosophie der Geschichte der Menschheit«

248
Takahashi, Teruaki: »Baberu no to« wo yomitoku [Deutung des »Turms zu Babel«] : ichigenshugi kara haamann heruda no dabunkashugi he [vom Monismus zum Multikulturalismus bei Hamann und Herder] / Teruaki Takahashi. - In: Shiso. - Tokyo : Iwanami shoten. - 1105 (2016), S. 73–93. - In japan. Schr.
Darin u. a. über Herders »Älteste Urkunde des Menschengeschlechts«

Auch eine Philosophie der Geschichte zur Bildung der Menschheit

249
Binoche, Bertrand: Herder in 1774: an inclompete philosophy of history / Bertrand Binoche ; translated from the French by Robert Sparling. - In: A companion to Enlightenment historiography. - Leiden [u. a.] : Brill. - 2013, S. 189–216

250
Crépon, Marc: Mémoires d'Europe (note sur »Une autre philosophie de l'histoire« de Herder) / Marc Crépon. - In: Revue germanique internationale : RGI. - Paris : CNRS Éd. - Bd. 20.2003, S. 145–152

251
Yoshitake, Natsuo: The theory of human nature at the transition period (II) : with special reference to neo-humanism and Herder / Natsuo Yoshitake. - In: Konan Women's College researches. - 15 (1978), S. 99–122. - In japan. Schr.
Darin u a. über »Auch eine Philosophie der Geschichte zur Bildung der Menschheit«

Auszug aus einem Briefwechsel über Ossian und die Lieder alter Völker

252
Bohlman, Philip Vilas: The Nation and its fragments : essay on »Briefwechsel über Ossian und die Lieder alter Völker« (1773) / Philip V. Bohlman. - In: Herder, Johann Gottfried : Song loves the masses : Herder on music and nationalism. - Oakland, California : Univ. of California Press. - 2017, S. 135–139

253
Kawamura, Jiro: Heruda no dannen [Herders Entsagung] : bungaku no ne he no toi 1 [Frage nach der Wurzel der Literatur (1)] / Jiro Kawamura. - In: Bungei. - Tokyo: Kawade shobo shinsha. - Bd.12.1973 (1), S. 272–282. - In japan. Schr.
Darin u. a. über Herders »Auszug aus einem Briefwechsel über Ossian und die Lieder alter Völker«

Briefe, das Studium der Theologie betreffend

254
Luserke-Jaqui, Matthias: »Ein Nachtigall die waget« : Luther und die Literatur / Matthias Luserke-Jaqui. - Tübingen : Narr Francke Attempto, [2016]. - 239 S.
Darin: »Bruder Martin« - Das ›neue‹ Luther-Bild im 18. Jahrhundert [u. a. über Herders Gedicht »Mächtige Eiche« und seine »Briefe an Theophron«], S. 62–92

Briefe zur Beförderung der Humanität

255
Terakawa, Naoki: Eine Betrachtung über Herders Gedanken zur Humanität im Zusammenhang mit seiner Weltanschauung und seinem Menschenbild / Naoki Terakawa. - In: Herder-Studien. - Tokyo : Herder-Ges. Japan. - Bd. 21 (2015), S. 37–67. - In japan. Schr. mit dt. Zusammenfassung S. 68–69
Darin u. a. über Herders »Ideen zur Philosophie der Geschichte der Menschheit« sowie »Briefe zur Beförderung der Humanität«

Der Cid

256
Bohlman, Philip Vilas: The epic as nation : essay on Herder's »Der Cid« / Philip V. Bohlman. - In: Herder, Johann Gottfried: Song loves the masses : Herder on music and nationalism. - Oakland, California : Univ. of California Press. - (2017), S. 221–227 : Ill.

Denkmal Johann Winckelmanns

257
Müller, Adelheid: Reliquienkult : Herder auf der ›Spur‹ Winckelmanns / Adelheid Müller. - In: Die Erfindung des Klassischen : Winckelmann-Lektüren in Weimar. - Göttingen : Wallstein. - (2017), S. 117–140 : Ill.

Fragmente über die neuere deutsche Literatur

258
Kobayashi, Kunio: Herders Sprachtheorie in seinen »Fragmenten über die neuere deutsche Literatur« / Kunio Kobayashi. - In: Hiyoshi Bulltin of Technology. - Keio Univ. - 19 (1977), S. 52–67. - In japan. Schr.

Gott. Einige Gespräche

259
Kudo, Kisaku: Supinoza to shizen [Spinoza und Natur] : Heruda to kanren shite [im Zusammenhang mit Herder] / Kisaku Kudo. - In: Shiso. - Tokyo: Iwanami shoten. - 637 (1977), S. 974–988. - In japan. Schr.
Darin u. a. über »Gott. Einige Gespräche«

260
Leventhal, Robert Scott: ›Eins und Alles‹ : Herders Spinoza-Aneignung in »Gott, einige Gespräche« / Robert S. Leventhal. - In: Publications of the English Goethe Society 86 (2017), 2, S. 67–89

261
Nakai, Sanayuki: Supinoza no »kami« wo megutte [Über Spinozas Gott] : Heruda no »kami«, yakobi, gete [Herders »Gott« sowie Jacobi, Goethe] / Misazuki Nakai. - In: Shiso. - Tokyo : Iwanami shoten. - 1105 (2016), S. 114–135. - In japan. Schr.
Darin überwiegend zu Herders »Gott. Einige Gespräche«

262
Popejoy, Michae: Herder's Revision of Spinoza's metaphysics in »Gott. Einige Gespräche« / Michael Popejoy. - In: Herder and religion : contributions from the 2010 Conference of the International Herder Society at the University of Notre Dame, South Bend, Indiana. - Heidelberg : Synchron. - 2016, S. 167–184

Ideen zur Philosophie der Geschichte der Menschheit

263
Aisawa, Nobuyuki: Die Natur des Menschen in J.G. v. Herders Denken : Gemeinschaft, Gesellschaft, Regierung, Schadloshaltung und Erziehung / Nobuyuki Aisawa. - In: Herder-Studien. - Tokyo : Herder-Ges. Japan. - Bd. 21 (2015), S. 1- 33. - In japan. Schr. mit dt. Zusammenfassung S. 34–36.
Darin u. a. über Herders »Ideen zur Philosophie der Geschichte der Menschheit«

264
Carter, William H.: »Die Ketten […] mit der Zeit lieben lernen« : Herder's reflections on individual freedom and political liberty in the »Ideen zur Philosophie der Geschichte der Menschheit« / William H. Carter (Ames, IA). - In: Herder Jahrbuch 13 (2016), S. 63–83

265
Kasahara, Kensuke: Watsuji Tetsuro »Fudo« to heruda [Watsuji Tetsuros »Klima« und Herder] / Kensuke Kasahara. - In: Shiso. - Tokyo : Iwanami shoten. - 1105 (2016), S. 136–157. - In japan. Schr.
Darin u. a. über Herders »Ideen zur Philosophie der Geschichte der Menschheit«

266
Pang, Wenwei: Das Sprachdenken in »Ideen zur Philosophie der Geschichte der Menschheit« von Johann Gottfried Herder/Wenwei Pang. - In: Literaturstraße : chinesisch-deutsche Zeitschrift für Sprach- und Literaturwissenschaft. - Würzburg : Königshausen & Neumann. - Bd. 17.2016, S. 419–429

267
Sakamoto, Takashi: Fuhenteki shizenshi no kochiku [Die Konstruktion der universalen Naturgeschichte] : kirucha to heruda no »kodaishingaku« [»die antike Theologie« bei Kircher und Herder] / Takashi Sakamoto. - In: Shiso. - Tokyo : Iwanami shoten. - 1105 (2016), S. 94–113. - In japan. Schr.
Darin u. a. über Herders »Älteste Urkunde des Menschengeschlechts« sowie seinen »Ideen zur Philosophie der Geschichte der Menschheit«

268
Sattar, Alexander: Schopenhauers »Systemchen« und Herders »Ideen zur Philosophie der Geschichte der Menschheit« / Alexander Sattar. - In: Schopenhauer-Jahrbuch 97 (2016), S. 71–79

269
Terakawa, Naoki: Eine Betrachtung über Herders Gedanken zur Humanität im Zusammenhang mit seiner Weltanschauung und seinem Menschenbild / Naoki Terakawa. - In: Herder-Studien. - Tokyo : Herder-Ges. Japan. - Bd. 21 (2015), S. 37–67. - In japan. Schr. mit dt. Zusammenfassung S. 68–69
Darin u. a. über Herders »Ideen zur Philosophie der Geschichte der Menschheit« sowie »Briefe zur Beförderung der Humanität«

Journal meiner Reise im Jahre 1769

270
Emura, Hiroshi: Der Philosoph auf dem Schiffe : das Weltgefühl des jungen Herder in seinem Reisetagebuch / Hiroshi Emura. - In: Etudes de Littératures Comparées, Société de Littératures Comparées, Université de Tokyo. - 31 (1977), S. 1–32. - In japan. Schr. mit dt. Zusammenfassung S. 1–3
Darin über das »Journal meiner Reise im Jahr 1769«

271
Hermes, Stefan: »[W]as gibt ein Schiff, das zwischen Himmel und Meer schwebt, nicht für weite Sphäre zu denken!« : Seefahrt und (Nicht-)Wissen in Herders »Journal meiner Reise im Jahr 1769« / Stefan Hermes. - In: Versteckt - verirrt - verschollen : Reisen und Nicht-Wissen. - Wiesbaden : Reichert. - 2016, S. 329–345

272
Kemper, Dirk: Reisen als Diskussionsform : Herders »Journal meiner Reise im Jahr 1769« / Dirk Kemper. - In: Phänomenologie, Geschichte und Anthropologie des Reisens : Internationales Interdisziplinäres Alexander-von-Humboldt-Kolleg in St. Petersburg, 16.-19. April 2013. - Kiel : Solivagus. - 2015, S. 25–32

273
Nell, Werner: »Ich verstand weder Pilot, noch Wirthin …« : Bericht von der Produktivität und den Ambivalenzen eines Kulturschocks : Herders »Journal meiner Reise im Jahr 1769« / Werner Nell. - In: Brücken bauen - Kulturwissenschaft aus interkultureller und multidisziplinärer Perspektive : Festschrift für Dorothee Röseberg zum 65. Geburtstag. - Bielefeld : transcript. - 2016, S. 81–95

274
Perkins, Anita: Travel texts and moving cultures : German literature and the mobilities turn / Anita Perkins. - Oxford ; New York : Lang. - 2016. - vi, 236 S.
Darin: Johann Gottfried Herders »Journal meiner Reise im Jahre 1769« (1846), S. 41–47

275
Sugita, Tatsuo: Heruda no »Tabi no nikki« ni tsuite (jyo) [Über Herders »Reisejournal« (1 / 2)] / Tatsuo Sugita. - In: Sekai bungaku / The World Literature. - The Association of The World Literatur [heute: Society of World Literature Japan] 44 (1973), S. 71–79. - In japan. Schr.

276
Sugita, Tatsuo: Heruda no »Tabi no nikki« ni tsuite (ge) [Über Herders »»Reisejournal« (2 / 2)] / Tatsuo Sugita. - In: Sekai bungaku / The World Literatur. - The Association of The World Literature [heute: Society of World Literature Japan.] 45 (1973), S. 35–44. - In japan. Schr.

Kalligone

277
Chapman, Stephanie F.: Herder's »Kalligone« and beyond : sound, silence, cognition and the meaningfully ephemeral / Stephanie F. Chapman. - In: J.G. Herder: From cognition to cultural science : contributions based on the 2014 Conference of the International Herder Society at Purdue University, West Lafayette, Indiana. - Heidelberg : Synchron. - 2016, S. 209–219

278
Nachtsheim, Stephan: Der Ton : Notizen zu Herders »Kalligone« und zu Kant / Stephan Nachtsheim. - In: Herder und die klassische deutsche Philosophie : Festschrift für Marion Heinz. - Stuttgart-Bad Cannstatt : Frommann-Holzboog. - 2016, S. 329–347

279
Otabe, Tanehisa: »Sei no geijyutsu« to shite no geijyutsu [Kunstwissenschaft als »Kunst des Lebens«] : bannen no beruda no bigakuteki shiko no kisuu [die Tendenz des ästhetischen Denkens beim späten Herder] / Tanehisa Otabe. - In: Shiso. - Tokyo : Iwanami shoten - 1105 (2016), S. 36–54. - In japan. Schr.
Darin u. a. über Herders »Kalligone«

Kritische Wälder

280
Couturier-Heinrich, Clémence: »Der Innigste, der Tiefste der Sinne« : das Gehör in Herders Viertem Kritischen Wäldchen / Clémence Couturier-Heinrich. - In: J.G. Herder: From cognition to cultural science : contributions based on the 2014 Conference of the International Herder Society at Purdue University, West Lafayette, Indiana. - Heidelberg : Synchron. - 2016, S. 79–94

Lieder der Liebe

281
Bohlman, Philip Vilas: Singing the sacred body : essay on »Lieder der Liebe« (1778) / Philip V. Bohlman. - In: Herder, Johann Gottfried: Song loves the masses : Herder on music and nationalism. - Oakland, California : Univ. of California Press. - 2017, S. 105–110

Plastik

282
Bengtsson, Staffan: Cultural science and the repertoire of works : Herder's »Plastik« as a hands-on experience / Staffan Bengtsson. - In: J.G. Herder: From cognition to cultural science : contributions based on the 2014 Conference of the International Herder Society at Purdue University, West Lafayette, Indiana. - Heidelberg : Synchron. - 2016, S. 397–446 : Ill.

283
Kroppenberg, Inge: Blind bodies of justice : aesthetics and law in Johann Gottfried Herder's »Sculpture« / Inge Kroppenberg. - In: Law and the arts : elective affinities and relationships of tension. - Frankfurt am Main : Klostermann. - 2017, S. 251–269

284
Pirholt, Mattias: A truth tried and tested : the phenomenology of truth in Herder's »Plastik« / Mattias Pirholt. - In: J.G. Herder: From cognition to cultural science : contributions based on the 2014 Conference of the International Herder Society at Purdue University, West Lafayette, Indiana. - Heidelberg : Synchron. - 2016, S. 63–77

285
Slaney, Helen: Perceiving (in)depth : landscape, sculpture, ruin / Helen Slaney. - In: Deep classics : rethinking classical reception. - London : Bloomsbury Academic. - 2016, S. 87–105
Darin wiederholt über Herders »Plastik«

Shakespear(e)

286
Miyashita, Keizo: Herder und sein Blankvers / Keizo Miyashita. - In: Reports of the Keio Institute of Cultural and Linguistic Studies. - Keio Univ. - 9 (1977), S.19–37. - In japan. Schr. mit dt. Zusammenfassung S. 37
Darin u. a. über Herders »Shakespear(e)« sowie seine Shakespeare-Übersetzungen

Stimmen der Völker in Liedern

287
Bohlman, Philip Vilas: The folk song project at the confluence of music and Nationalism : essay on »Volkslieder« (1778 / 79) and »Stimmen der Völker in Liedern« (1807) / Philip V. Bohlman. - In: Herder, Johann Gottfried: Song loves the masses : Herder on music and nationalism. - Oakland, California : Univ. of California Press. - 2017, S. 44–49

Volkslieder

288
Bohlman, Philip Vilas: Folk song at the beginnings of National History : essay on »Alte Volkslieder« (1774) / Philip V. Bohlman. - In: Herder, Johann Gottfried: Song loves the masses : Herder on music and nationalism. - Oakland, California : Univ. of California Press. - 2017, S. 21–25

289
Bohlman, Philip Vilas: The folk song project at the confluence of music and Nationalism : essay on »Volkslieder« (1778 / 79) and »Stimmen der Völker in Liedern« (1807) / Philip V. Bohlman. - In: Herder, Johann Gottfried: Song loves the masses : Herder on music and nationalism. - Oakland, California : Univ. of California Press. - 2017, S. 44–49

290
Dembeck, Till: Lyrik kanonisieren : Herders Volksliedersammlung als Versuch einer Gattungskonstitution / Till Dembeck. - In: Rahmungen : Präsentationsformen und Kanoneffekte. - Berlin : Erich Schmidt. - 2017, S. 123–146

291
Kaneda, Tamio: Herders aesthetical thought : on Volkslied / Tamio Kaneda. - In: Bigaku Aesthetics. - The Japanese Society for Aesthetics. - 11,3 (1960), S. 11–13. - In japan. Schr. mit engl. Abstract

292
Kim, Yeon-Soo: Herders Uebersetzungslehre im Zeitalter der Globalisierung / Yeon-Soo Kim (Übers. v. Takata, Azusa). - In: Herder-Studien. - Tokyo : Herder-Ges. Japan. - Bd. 22 (2016), S. 1–29. - In japan. Schr.
Darin u. a. über Herders »Volkslieder«

293
Shimada, Yoichiro: Heruda ni okeru honyaku no riron to jissen [Die Übersetzungstheorie und -praxis bei Herder] / Yoichiro Shimada. - In: Shiso. - Tokyo : Iwanami shoten. - 1105 (2016), S. 55–71. - In japan. Schr.
Darin u. a. über Herders »Volkslieder«

294
Sugita, Tatsuo: Herders Anschauungen über das Volkslied / Tatsuo Sugita. - In: Bulletin of department of liberal arts. - Numazu, Tokai Univ. - 2 (1975), S. 1–20. - In japan. Schr.

Vom Erkennen und Empfinden der menschlichen Seele

295
Bonchino, Alberto: Materie als geronnener Geist : Studien zu Franz von Baader in den philosophischen Konstellationen seiner Zeit / Alberto Bonchino. - Paderborn : Ferdinand Schöningh, [2014]. - 169 S. - (Baaderiana ; Band 1 [2014]).
Darin u. a.: Herder, S. 34–36. - Über die Ausarbeitung einiger Themen Hemsterhuis' in Herders Schrift »Vom Erkennen und Empfinden der menschlichen Seele«, S. 36–41

Vom Geist der ebräischen Poesie

296
Kita-Huber, Jadwiga: Den »Begriff der Schönheit« vermitteln : zu den Psalmen-Übertragungen in Johann Gottfried Herders »Vom Geist der Ebräischen Poesie« / Jadwiga Kita-Huber. - In: Odysseen des Humanen : Antike, Judentum und Christentum in der deutschsprachigen Literatur : Festschrift für Prof. Dr. Maria Kłańska zum 65. Geburtstag. - Frankfurt am Main : Lang. - 2016, S. 345–355

297
Steinby, Liisa: Mythopoiesis, Offenbarung, Aufklärung : die alttestamentarische Gottesvorstellung Herders in »Vom Geist der Ebräischen Poesie« / Liisa Steinby. - In: Herder and religion : contributions from the 2010 Conference of the International Herder

Society at the University of Notre Dame, South Bend, Indiana. - Heidelberg : Synchron. - 2016, S. 117–142

298
Wagner, Ulrike: Origin as fiction and contest: Herder's reinvention of religious experience in »Vom Geist der Ebräischen Poesie« / Ulrike Wagner. - In: Herder and religion : contributions from the 2010 Conference of the International Herder Society at the University of Notre Dame, South Bend, Indiana. - Heidelberg : Synchron. - 2016, S. 57–71

Von Musik

299
Bohlman, Philip Vilas: Music transcendent and sublime : Herder's »Von Musik« (1800) / Philip V. Bohlman. - In: Herder, Johann Gottfried: Song loves the masses : Herder on music and nationalism. - Oakland, California : Univ. of California Press. - 2017, S. 246–248

II.1.5 Edition, Druckgeschichte und Verlagsgeschichte

300
Hallstein, Christian W.: Johann Gottfried Herder's publishing and preaching / Christian W. Hallstein. - In: Herder and religion : contributions from the 2010 Conference of the International Herder Society at the University of Notre Dame, South Bend, Indiana. - Heidelberg : Synchron. - 2016, S. 143–150

II.2 Wirkungsgeschichte und Forschungsgeschichte, Rezeption

Wirkungsgeschichte und Forschungsgeschichte allgemein, Vergleiche

301
Arens, Katherine: Rereading Herder as heritor of idealism : Robert von Zimmermann's »Aesthetics« / Katherine Arens (Austin, TX). - In: Herder Jahrbuch 13 (2016), S. 129–146

302
Baldelli, Giulia: Picchi e lucertole : Nietzsche e la tradizione dell'epigramma in »Vocazione di poeta« / Giulia Baldelli. - In: Poetica in permanenza : studi su Nietzsche. - Pisa : Edizioni ETS. - 2017, S. 119–142
Darin über Nietzsches Gedicht »Fröhliche Wissenschaft« sowie seiner Rezeption der »Volkslieder« Herders

303
Barnette, Sarah: Friedrich Max Müller and George Eliot : affinities, »Einfühlung«, and the science of religion / Sarah Barnette. - In: Publications of the English Goethe Society : PEGS. - [Oxford] : Routledge, Taylor & Francis Group. - Bd. 85.2016, 2 / 3, S. 191–203

304
Bens, Jürgen: Herderplatz und Stadtkirche St. Peter und Paul : Cranach, Herder, der Hanfried und viele Skelette / Jürgen Bens. - In: Bens, Jürgen: Der Stadtverführer : mit Anekdoten und Geschichten durch Weimar : ein Stadtrundgang der besonderen Art. - Weimar : Tourist. - (2017), S. 183–192 : Ill

305
Bičevskis, Raivis: Heidegger in Riga : biographische Skizze und Anmerkungen zu Heideggers Herder-Rezeption. - In: Triangulum : germanistisches Jahrbuch für Estland, Lettland und Litauen 22 (2016 (2017)), S. 29–44

306
Bullock, Marcus ; **Gross,** Sabine: Historiography, theology, and »Erkenntnis« : empathy in Herder and Benjamin / Marcus Bullock, Sabine Gross. - In: J.G. Herder: From cognition to cultural science : contributions based on the 2014 Conference of the International Herder Society at Purdue University, West Lafayette, Indiana. - Heidelberg : Synchron. - 2016, S. 159–181

307
Gabrielov, Amina: The notion of »conceptosphere« and possibilities of a cognitive approach to cultural studies from Herder to Likhachev / Amina Gabrielov. - In: J.G. Herder: From cognition to cultural science : contributions based on the 2014 Conference of the International Herder Society at Purdue University, West Lafayette, Indiana. - Heidelberg : Synchron. - 2016, S. 259–273

308
Das **Herderfest** in Weimar am 25. August 1850 : Programm, Chorgesang, Festreden auf dem Gymnasium am 26. August. - [Weimar] : [Klassik Stiftung Weimar, Herzogin Anna Amalia Bibliothek], 2018. - 1 Online-Ressource (39 S.). - (Varia der HAAB Weimar) - In Fraktur. - [Volltext, Image:] http://haab-digital.klassik-stiftung.de/viewer/epnresolver?id=1742770770 - http://nbn-resolving.de/urn:nbn:de:gbv:32–1-10026716782

309
Heyer, Andreas: Harichs Dissertation über Herder / Andreas Heyer. - In: Harich, Wolfgang: Schriften aus dem Nachlass Wolfgang Harichs ; Band 1,2: Von der »Täglichen Rundschau« zu Herder. - Marburg : Tectum. - 2016, S. 643–655

310
Heyer, Andreas: Harichs Notizen zur Geschichte der Philosophie / Andreas Heyer. - In: Harich, Wolfgang: Schriften aus dem Nachlass Wolfgang Harichs ; Band 1,2: Von der »Täglichen Rundschau« zu Herder. - Marburg : Tectum. - 2016, S. 923–926
Darin u. a. über Harichs Texte »Herder und die Philosophie der Aufklärung« und »Herder und die Geschichtsphilosophie«

311
Heyer, Andreas: Das Herderbild Wolfgang Harichs / Andreas Heyer. - In: Harich, Wolfgang: Schriften aus dem Nachlass Wolfgang Harichs ; Band 4: Herder und das Ende der Aufklärung. - Marburg : Tectum. - 2014, S. 615–625

312
Hien, Markus: Mascovisch richtig oder voltairisch schön? : Herders ›idiotische Geschichtsschreibung‹ im Wettkampf der Nationen / Markus Hien. - In: Sattelzeit : Historiographiegeschichtliche Revisionen. - Berlin : De Gruyter. - 2016, S. 83–101

313
Kasahara, Kensuke: Watsuji Tetsuro »Fudo« to heruda [Watsuji Tetsuros »Klima« und Herder] / Kensuke Kasahara. - In: Shiso. - Tokyo : Iwanami shoten. - 1105 (2016), S. 136–157. - In japan. Schr.
Darin u. a. über Herders »Ideen zur Philosophie der Geschichte der Menschheit«

314
Krijnen, Christian: Der Begriff als das Eine aus dem alles andere ist : Gedanken zu Herder, Kant und Hegel im Ausgang von Marion Heinz / Christian Krijnen. - In: Herder und die klassische deutsche Philosophie : Festschrift für Marion Heinz. - Stuttgart-Bad Cannstatt : Frommann-Holzboog. - 2016, S. 139–166

315
Lüdde, Marie-Elisabeth: Mehr als ein Prediger und Liedersammler : Gespräch mit Marie-Elisabeth Lüdde über ihre Herder-Biografie. - In: Palmbaum : literarisches Journal aus Thüringen. - Bucha b. Jena : Quartus. - Bd. 24.2016, 1=62, S. 187–191

316
Lyanda-Geller, Olga: Herder's philosophy of language and its influence on the concept of »Inner Form« in German and Russian thought / Olga Lyanda-Geller. - In: J.G. Herder: From cognition to cultural science : contributions based on the 2014 Conference of the International Herder Society at Purdue University, West Lafayette, Indiana. - Heidelberg : Synchron. - 2016, S. 275–289

317
Menzel, Eberhard: Zur vielseitigen Historie der Erfurter Herderschule (1923–2014) / Eberhard Menzel. - In: Stadt und Geschichte : Zeitschrift für Erfurt. - Erfurt : Stadt und Geschichte. - 2016, 63, S. 10–12

318
Miyajima, Ayako: Franz Joseph Stalders Schweizerisches Idiotikon (1806/1812) vor dem Hintergrund von Herders Aufwertung des Dialekts/Ayako Miyajima. - In: Beiträge zur Dialektologie : Akten des 43. Linguisten-Seminars, Kyoto 2015. - München : iudicium. - 2016, S. 43–57

319
Nowakowska, Dagmara: Indie romantyków : przypadek Adama Mieckiewicza / Dagmara Nowakowska. - In: Fiećko, Jerzy: Studia o Mickiewiczu : w 160. rocznicę śmierci Poety. - 2015, S. 341–366
Darin v. a. zu Mickiewicz' Rezeption des romantischen Indienbildes bei Herder, Hegel, F. Schlegel und Görres

320
Otto, Sebastian: Hans Henny Jahnns musikalisches Erzählen in »Fluss ohne Ufer« : Polyphonie und Kontrapunkt als Elemente einer dissonanten Utopie / Sebastian Otto. - Frankfurt am Main : Lang, 2016. - 307 S. - (Historisch-kritische Arbeiten zur deutschen Literatur ; Band 57)
Darin: Herders »Ideen« und Jahnns »unklassischer Humanismus«, S. 289–299

321
Oyama, Satoshi: Ein Versuch zum Herder-Bild / Satoshi Oyama. - In: The Journal of Social Sciences and Humanity. - The Institute for Social Sciences and Humanity. - Tokyo : Metropolitan Univ. - 38 (1964), S. 13–23. - In japan. Schr.

322
Paulsen, Adam: Monadischer Holismus : zur Genese und Rezeption von Herders Kulturtheorie / Adam Paulsen. - In: J.G. Herder: From cognition to cultural science : contributions based on the 2014 Conference of the International Herder Society at Purdue University, West Lafayette, Indiana. - Heidelberg : Synchron. - 2016, S. 317–332

323
Pizer, John David: Herder and Gervinus / John Pizer (Baton Rouge, LA). - In: Herder Jahrbuch 13 (2016), S. 147–166

324
Renner, Kaspar: »Des Vaters Wille« : Nachlassbewusstsein und Werkpolitik in der Familie Herder / Kaspar Renner. - In: Nachlassbewusstsein : Literatur, Archiv, Philologie 1750–2000. - Göttingen : Wallstein. - 2017, S. 179–216

325
Ross, Charles Stanley: Herder, »Sakuntalā«, »Butterfly«, and Gollum / Charles S. Ross. - In: J.G. Herder: From cognition to cultural science : contributions based on the 2014 Conference of the International Herder Society at Purdue University, West Lafayette, Indiana. - Heidelberg : Synchron. - 2016, S. 221–235

326
Sattar, Alexander: Schopenhauers »Systemchen« und Herders »Ideen zur Philosophie der Geschichte der Menschheit« / Alexander Sattar. - In: Schopenhauer-Jahrbuch. - Würzburg : Königshausen & Neumann. - Bd. 97.2016, S. 71–79

327
Savietto, Valentina: Auf der Suche nach der melodischen »Urpflanze« : Paul Heyses »Italienisches Liederbuch« / Valentina Savietto. - In: Kulturelle Mittlerschaft : Paul Heyse und Italien. - Würzburg : Königshausen & Neumann. - 2016, S. 111–127
Darin: Heyse in der Nachfolge Herders und der Romantiker, S. 115–117

328
Shizu, Ichiro: Gengo to chiiki [Sprache und Region] : Heruda »Gengo kigenron« nihyakunen kinen ni yosete [zum zweihundertsten Jubiläum von Herders »Abhandlung über den Ursprung der Sprache«] / Ichiro Shizu. - In: The Historical Geographic Review. - The Association of historical Geographers in Japan. - 15 (1973), S. 5–24. - In japan. Schr.

329
Takahashi, Teruaki: Shiso no kotoba [Das Vorwort der Zeitschrift des Denkens] : 18 seiki no shisouka heruda wo 21 seiki ni yomu [der Versuch, Herder im 21. Jahrhundert zu lesen] / Teruaki Takahashi. - In: Shiso. - Tokyo : Iwanami shoten. - 1105 (2016), S. 2–6. - In japan. Schr.

330
Tokiwa, Kenji: Hamanns Herderschriften / Kenji Tokiwa. - In: Journal of Law and Letters. - The Law and Letters Society of Kumamoto University. - 30 (1972), S. 1–23. - In japan. Schr.

331
Trabant, Jürgen: Quand l'Europe oublie Herder, Humboldt et les langues / Jürgen Trabant. - In: Revue germanique internationale : RGI. - Paris : CNRS Éd. - Bd. 20.2003, S. 153–165

332
Träger der Herder-Medaille : in chronologischer Reihenfolge der Verleihung. - In: Schaumburg-Lippische Heimatblätter. - Lindhorst : Schaumburg-Lippischer Heimatverein. - Bd. 66.2015, 4, S. 21

333
Vivian, John: On the reception of Herder and German higher criticism in Anglo-American unitarianism in the first half of the nineteenth century / John Vivian. - In: Herder and religion : contributions from the 2010 Conference of the International Herder Society at the University of Notre Dame, South Bend, Indiana. - Heidelberg : Synchron. - 2016, S. 185–230

334
Volgsten, Ulrik: Peterson-Berger och Nietzsche, eller Peterson-Berger och Herder? Bidrag till svenska upphovsrättens estetiska förhistoria / av Ulrik Volgsten. - In: Svensk tidskrift för musikforskning : STM. - Göteborg : Samfundet. - Bd. 91.2009, S. 33–48

335
Wallrup, Erik: Die dunkle Gegend der Stimmungen : Heidegger und Herder, Aufklärung und Politik / Erik Wallrup. - In: Stimmungen und Vielstimmigkeit der Aufklärung. - Göttingen : Wallstein. - 2017, S. 336–353

336
Zammito, John H.: Herder and naturalism : the view of Wolfgang Pross examined / John H. Zammito. - In: Herder and religion : contributions from the 2010 Conference of the International Herder Society at the University of Notre Dame, South Bend, Indiana. - Heidelberg : Synchron. - 2016, S. 13–24

Künstlerische und literarische Bearbeitungen von Autor und Werk

337
Rößner, Alf: Weimar monumental : die Historiengemälde aus der Weimarhalle von Hans W. Schmidt : Sonderausstellung des Stadtmuseums in der Kunsthalle »Harry Graf Kessler« Weimar anlässlich des »Kirchtages auf dem Weg« zum 500jährigen Reformationsjubiläum 2017, 28. April - 23. Juli 2017, Begleitheft / Alf Rößner. - Weimar : Stadtmuseum Weimar, 2017. - 100 Seiten. - (Weimarer Schriften ; Heft 71)
Darin: Teestunde bei Herzogin Anna Amalia von Sachsen-Weimar im Wittumspalais zu Weimar 1783 [u. a. zur Darstellung Herders], S. 54–61

338
Wolf, Ernst Wilhelm: Osterkantate / v. Ernst Wilhelm Wolf ; Bach Festival Singers, Rollins College Singers ; Bach Festival Orchestra ; John V. Sinclair, conductor. - [Erscheinungsort nicht ermittelbar] : Moravian Music Foundation, [2015]. - 1 CD (46:87 min). : digital audio. + 1 Begleitbroschüre (6 Bl.) - Aufnahme 17.-19. Mai, 2015. - Textdichter: Johann Gottfried Herder

339
Wolf, Ernst Wilhelm: Ostercantate / des Lebens Fürsten haben sie getötet / Ernst Wilhelm Wolf ; Edited by Nola Knouse and David Blum. - Ann Arbor : Steglein Publishing, Inc., February 2017. - Partitur. - xxvii, 201 S. : Ill. - (Musical treasures from Moravian Archives ; Volume 2)
Mit Faksimile des Titelblatts der »Ostercantate« von 1782. Text von Johann Gottfried Herder. Text des Librettos in deutscher und englischer Sprache

Ausstellungen, Gedenkstätten, Museen, Sammlungen

340
»groß, und verschnitzelt, unbewohnbar« : Herder in Weimar. - In: Plachta, Bodo: Dichterhäuser. - Darmstadt : Theiss. - (2017), S. 66–69 : Ill.
Darin über das Weimarer Herderhaus am Herderplatz

341
Hecht, Christian: Weimarer Museums- und Gedächtnispolitik nach 1832 / Christian Hecht. - In: Die Musealisierung der Nation : ein kulturpolitisches Gestaltungsmodell des 19. Jahrhunderts. - Berlin [u. a.] : De Gruyter Oldenbourg. - (2015), S. 159–174 : Ill.
Darin u. a. über die »Dichterzimmer« im Weimarer Stadtschloß

342
Rauch, Elena: Das Welterbe in Thüringen : 16 Stätten, die man gesehen haben muss / Elena Rauch ; Hanno Müller. - 1. Aufl. - Essen, Ruhr : Klartext, 2015. - 109 S. : Ill. - (Thüringen-Bibliothek ; Bd. 22)
Darin: Kein Talent zum Glück. Weimar: Die Stadtkirche, das Alte Gymnasium und das Wohnhaus sind die Herderstätten, S. 66–71

343
Schneider, Angelika: »... in einem lieblichen Thal an der Ilm« : der Schlosspark Tiefurt / Angelika Schneider. - In: Auf den Spuren der Herzogin Anna Amalia in Weimar. - Weimar : Schöpfel. - 2014, S. 57–71 : Ill.
Darin u. a.: Denkmal für Johann Gottfried Herder, S. 63

344
Seemann, Annette: Weimar: Herdergarten : historischer Garten am historischen Herder-Wohnhaus / Annette Seemann. - In: Seemann, Annette: Der Garten am Haus ; Bd. 1: Historische Gärten. - Kromsdorf : VDG Weimar. - (2015), S. 49–59 : Ill.

II.3 Sekundärliteratur. Rezensionen

345
Arnold, Günter: [Rezension von: Fitzek, Herbert: Kulturlandschaften, auf Herders Spuren zwischen Mohrungen und Königsberg] / Günter Arnold. - In: Das achtzehnte Jahrhundert : Zeitschrift der Deutschen Gesellschaft für die Erforschung des Achtzehnten Jahrhunderts. - Wolfenbüttel : Wallstein. - Bd. 40.2016, 1, S. 141–143. - Rezensiertes Werk: Kulturlandschaften : auf Herders Spuren zwischen Mohrungen und Königsberg / Fitzek, Herbert. - Olsztyn : Centrum Badań Europy Wschodniej Uniwersytetu Warmińsko-Mazurskiego, 2012. - 234 S.

346
Berghahn, Cord-Friedrich: [Rezension von: Herder Handbuch] / Cord-Friedrich Berghahn. - In: Lessing yearbook 44 (2017), S. 197–201. - Rezensiertes Werk: Herder Handbuch / Stefan Greif, Marion Heinz, Heinrich Clairmont (Hg.). - Paderborn : Fink, 2016. - 858 S.

347
Bertram, Georg W.: [Rezension von: Forster, Michael N.: After Herder] / Georg W. Bertram. - In: Hegel-Studien. - Hamburg : Meiner. - Bd. 50.2017, S. 193–197. - Rezensiertes Werk: After Herder / Michael N. Forster. - Oxford: Oxford Univ. Press, 2010. - viii, 482 S.

348
Bräsel, Sylvia: Ein bekannter Unbekannter: Herder / Sylvia Bräsel. - In: Palmbaum : literarisches Journal aus Thüringen. - Bucha b. Jena : Quartus - Bd. 25.2017, 1, S. 191–192. - Rezensiertes Werk: Johann Gottfried Herder : Licht - Liebe - Leben / Lüdde, Marie-Elisabeth. - [Wiesbaden]: Weimarer Verlagsgesellschaft, [2016]. - 176 S.

349
Fine, Jonathan Blake: [Rezension von: Kohler, Daniela: Eschatologie und Soteriologie in der Dichtung] / Jonathan Blake Fine. - In: Lessing yearbook 44 (2017), S. 201–203. - Rezensiertes Werk: Eschatologie und Soteriologie in der Dichtung. Johann Caspar Lavater im Wettstreit mit Klopstock und Herder / Daniela Kohler. - Berlin [u. a.]: De Gruyter, 2015. - vi, 383 S.

350
Godel, Rainer: [Rezension von: Herders »Metakritik«] / Rainer Godel. - In: Herder Jahrbuch 13 (2016), S. 254–260. - Rezensiertes Werk: Herders »Metakritik« / Marion Heinz (Hg.). - Stuttgart- Bad Cannstatt: Frommann-Holzboog, 2013. - 276 S.

351
Greeves, David R.: [Rezension von: Noyes, John Kenneth: Herder] / David R. Greeves. - In: Arcadia : international journal of literary culture. - Berlin [u. a.] : De Gruyter. - Bd. 52.2017, 2, S. 425–430. - Rezensiertes Werk: Herder : aesthetics against imperialism / John Kenneth Noyes. - Toronto ; Buffalo ; London : Univ. of Toronto Press, 2015. - 402 S.

352
Groß, Sabine: [Rezension von: Herder Handbuch] / Sabine Groß. - In: Das achtzehnte Jahrhundert : Zeitschrift der Deutschen Gesellschaft für die Erforschung des Achtzehnten Jahrhunderts. - Wolfenbüttel : Wallstein. - Bd. 41.2017, 1, S. 118–123. - Rezensiertes Werk: Herder Handbuch / Stefan Greif, Marion Heinz, Heinrich Clairmont (Hg.). - Paderborn : Fink, 2016. - 858 S.

353
Hallstein, Christian W.: [Rezension von: Maurer, Michael: Johann Gottfried Herder] / Christian W. Hallstein. - In: Monatshefte für deutschsprachige Literatur und Kultur. - 108 (2016), 2, S. 284–286. - Rezensiertes Werk: Johann Gottfried Herder : Leben und Werk / Michael Maurer. - Köln [u. a.] : Böhlau, 2014. - 195 S.

354
Hentschel, Uwe: [Rezension von: Schulz, Sieglinde: Die Magie in der Literatur des Sturm und Drang, Hamann, Herder und Goethe] / Uwe Hentschel. - In: Monatshefte für deutschsprachige Literatur und Kultur 108 (2016), 2, S. 286–287 - Rezensiertes Werk: Die Magie in der Literatur des Sturm und Drang : Hamann, Herder und Goethe / Sieglinde Schulz. - Marburg : Tectum, 2014. - 422 S. - Zugl.: Göttingen, Univ., Diss., 2013

355
Laudin, Gérard: [Rezension von: Schulz, Sieglinde: Performative Geschichtsschreibung] / Gérard Laudin. - In: IASL online. - Tübingen : Niemeyer. - Publikationsdatum: 22.04.2016. - Rezensiertes Werk: Performative Geschichtsschreibung : Forster, Herder, Schiller, Archenholz und die Brüder Schlegel / Jaeger, Stephan. - Berlin [u. a.] : De Gruyter, 2011. - xi, 384 S. - [Volltext:] http://www.iaslonline.de/index.php?vorgang_id=3588

356
Meid, Christopher: [Rezension von: Schulz, Sieglinde: Die Magie in der Literatur des Sturm und Drang] / Christopher Meid. - In: Goethe-Jahrbuch 132 (2015 (2016)), S. 215–216. - Rezensiertes Werk: Die Magie in der Literatur des Sturm und Drang : Hamann, Herder und Goethe / Sieglinde Schulz. - Marburg : Tectum, 2014. - 422 S.

357
Nisbet, Hugh Barr: [Rezension von: Herder und die klassische deutsche Philosophie] / Hugh Barr Nisbet. - In: International journal of the classical tradition : IJCT. - Dordrecht : Springer. - Bd. 24.2017, 2, S. 239–241. - Rezensiertes Werk: Herder und die klassische deutsche Philosophie : Festschrift für Marion Heinz / Dieter Hüning ; Gideon Stiening ; Violetta Stolz (Hg.). - Stuttgart-Bad Cannstatt: Frommann-Holzboog, 2016. - 377 S.

358
Renner, Kaspar: [Rezension von: Herder Handbuch] / Kaspar Renner. - In: Zeitschrift für Germanistik. - Bern : Lang. - Bd. 26.2016, 3, S. 670–675. - Rezensiertes Werk: Herder Handbuch / Stefan Greif, Marion Heinz, Heinrich Clairmont (Hg.). - Paderborn : Fink, 2016. - 858 S.

359
Schmitt-Maaß, Christoph: [Rezension von: Herder Handbuch] / Christoph Schmitt-Maaß. - In: Arbitrium : Zeitschrift für Rezensionen zur germanistischen Literaturwissenschaft. - Berlin [u. a.] : De Gruyter. - Bd. 35.2017, 3, S. 344–350. - Rezensiertes Werk: Herder Handbuch / Stefan Greif, Marion Heinz, Heinrich Clairmont (Hg.). - Paderborn : Fink, 2016. - 858 S.

360
Spoerhase, Carlos: [Rezension von: Herder Handbuch] / Carlos Spoerhase. - In: Germanistik <Tübingen> 57 (2016), 1/2, S. 176–177. - Rezensiertes Werk: Herder Handbuch / Stefan Greif, Marion Heinz, Heinrich Clairmont (Hg.). - Paderborn : Fink, 2016. - 858 S.

361
Tausch, Harald: [Rezension von: Herder und die Künste] / Harald Tausch. - In: Herder Jahrbuch 13 (2016), S. 260–266. - Rezensiertes Werk: Herder und die Künste : Ästhetik, Kunsttheorie, Kunstgeschichte / Elisabeth Décultot, Gerhard Lauer (Hg.). - Heidelberg : Universitätsverlag Winter, 2013. - 325 S.

362
Zastoupil, Lynn: [Rezension von: Maurer, Michael: Johann Gottfried Herder] / Lynn Zastoupil. - In: Lessing yearbook 44 (2017), S. 205–207. - Rezensiertes Werk: Johann Gottfried Herder : Leben und Werk / Michael Maurer. - Köln [u. a.] : Böhlau, 2014. - 195 S.

363
Zastoupil, Lynn: [Rezension von: Noyes, John Kenneth: Herder] / Lynn Zastoupil. - In: Monatshefte für deutschsprachige Literatur und Kultur 109 (2017), 1, S. 142–145. - Rezensiertes Werk: Herder : aesthetics against imperialism / John Kenneth Noyes. - Toronto ; Buffalo ; London : Univ. of Toronto Press, 2015. - 402 S.

364
Zammito, John H.: [Rezension von: Herder Handbuch] / John H. Zammito. - In: Monatshefte für deutschsprachige Literatur und Kultur. - Bd. 109.2017, 2, S. 305–307. Rezensiertes Werk: Herder Handbuch / Stefan Greif, Marion Heinz, Heinrich Clairmont (Hg.). - Paderborn : Fink, 2016. - 858 S.

365
Zhang, Chunjie: [Rezension von: Sikka, Sonia: Herder on humanity and cultural difference, enlightened relativism] / Chunjie Zhang. - In: German studies review. - Baltimore, Md : Johns Hopkins Univ. Press. - Bd. 39.2016, 2, S. 376–378. - Rezensiertes Werk: Herder on humanity and cultural difference : enlightened relativism / Sonia Sikka. - Cambridge [u. a.] : Cambridge Univ. Press, 2011. - xi, 280 S.

Register zur Herder-Bibliographie 2016/2017
(erstellt von Laura Dolezich, Herzogin Anna Amalia Bibliothek Weimar)

Besprechungen

John K. Noyes: *Herder: Aesthetics Against Imperialism* (Toronto: University of Toronto Press, 2015), 416 p.

Vicki A. Spencer (Otago)

John K. Noyes's *Herder: Aesthetics Against Imperialism* is an interesting and challenging book. Noyes's knowledge of Herder's works and the secondary literature is impressive. His central interest lies in showing the relevance of Herder's thought to postcolonial debates; he contends that a focus on Herder's epistemology means his work continues to contain important insights for current debates over imperialism. Nevertheless, he pays most attention to situating the development of Herder's ideas within their contemporary context and in doing so he displays an exceptional breath of scholarship concerning eighteenth-century philosophical debates on a wide range of topics.

Noyes's main thesis is that Herder's anti-imperialism is not merely ethically based, but is grounded in his epistemology that he develops in his early 1764 *Essay on Being* (*Versuch über das Sein*). Due to the embodied and sensual nature of thought, Herder's epistemology, in turn, invariably leads us to aesthetics. Noyes's understanding of aesthetics is far broader than its usual sense when it is used to refer to art and artistic criticism. For Herder, Noyes maintains, aesthetics denotes the "[. . .] dialectical relationship between universal principles of thought and their specific expressions" (8). In other words, the term refers to the way Herder understands the cultural boundedness of human activity while he equally recognizes its universal dimension. Noyes seriously examines the implications of Herder's dual commitment to unity and diversity throughout this work.

Chapter 1 maps the progression of Herder's early thought from his *Essay on Being* toward his interest in aesthetics during his time as a student in Königsberg. Noyes explores the influence of Herder's teacher, the pre-critical Kant and, in particular, his lectures on Alexander Gottlieb Baumgarten, on the development of Herder's thought. Herder's destabilization of the certainty of God and absolute truth in his *Essay*, with his recognition that Being is irreducible, reorientates philosophy toward the senses and "[…] the relationship humans establish with things" (28). Following Ulrich Gaier, Noyes maintains that this reorientation constitutes a shift toward aesthetics, anthropology and cultural history. In this chapter, Noyes also outlines the idea of *Kraft* (force) in Herder's thought and its links to Leibniz's concept, reads his *Über den Fleiss in mehreren gelehrten Sprachen* (*On Diligence in the Study of Several Learned Languages,* 1764) in conjunction with Herder's epistemological framework, touches on his *Kritischen Wäldern* (*Critical Groves,* 1769), and discusses Hamann's focus on poetry as humanity's mother tongue and his views on sensory experience in his *Aesthetica in Nuce*.

In Chapter 2, Noyes turns to Herder's time in Riga which he begins with a focus on Herder's *Fragmente über die neuere deutsche Literatur* (*Fragments on the New German*

Literature, 1766–1767) and his address on the occasion of Catherine II's visit to Riga, *Haben wir noch jetzt das Publikum und Vaterland der Alten?* (*Do We Still Have the Public and Fatherland of Yore?* 1764). A number of themes that Noyes examines throughout the book come to the fore here, including Herder's theory of linguistic and cultural stages of development and his critical stance on slavery that Noyes contends was not based on a priori moral principles "[. . .] but because the science of human development demonstrates that slavery is unnatural, perverse" (76). How Herder's science leads to this conclusion is not, however, explained or, at least, not in a way that I ever fully grasped the connection. But it is clear that central to Herder's anti-imperialist project is his call to "[. . .] abandon metaphysical speculations" (89) along with his rejection of the grand narratives typical of the Enlightenment. Noyes shows both link Herder's historicization of embodied thought to Jacques Derrida's critique of logocentrism.

Chapter 3 is a welcome relief following the wide scope of ideas Noyes grapples with in chapter 2 as he also addresses Herder's views on monogenesis, his vitalism and his politics of interpretation in a heady and fast-paced flirting with one idea after another. Here Noyes slows down considerably by focusing extensively on Herder's *Journal Meiner Reise im Jahr 1769* (*Journal of my Journey in the Year 1769*), which Herder wrote as he set sail from Riga. Noyes provides very informative discussions of Herder's links with Montesquieu's views on commerce and his critique of the idealized representations of Tahitians by William Hodges, Captain James Cook's artist. Tensions in Herder's thought are also raised due to his enthusiastic endorsement of Greek mythology compared to the stories of many Indigenous peoples, while Noyes provides a sympathetic reading of Herder's comments on the physicality of Africans in his *Ist die Schönheit des Körpers ein Bote von der Schönheit der Seele?* (*Is the Beauty of the Body a Herald of the Beauty of the Mind?* 1766) by indicating his use of irony in the essay. A subtle reading of Herder's cosmopolitanism also emerges in this chapter as Noyes shows that Herder encourages cultural exchange while condemning imperialist exploitation in his desire to promote unity-in-diversity.

Chapter 4 begins with Herder's departure from France and documents his original encounter with Goethe whom he encouraged to collect folk songs in the Alsace region. The chapter then examines Herder's award-winning essay, *Abhandlung über den Ursprung der Sprache* (*Treatise On the Origin of Language*, 1772), as well as his *Auch Eine Philosophie der Geschichte zur Bildung der Menschheit* (*This Too a Philosophy of History of Humanity*, 1774) in which the link between Herder's historiography and anti-imperialism is on clear display. Again Noyes presents a sympathetic treatment of Herder's work with a nuanced understanding of the role prejudice plays in historical analysis and the way Herder avoids the trap of relativism due to his recognition of the shared structure of human language. He goes on to explore Herder's indebtedness to Spinoza and briefly his 2 volume *Vom Geist der Ebräischen Poesie* (*The Spirit of Hebrew Poetry*, 1782 and 1783), and ends by beginning to examine the *Ideen zur Philosophie der Geschichte der Menschheit* (*Ideas for a Philosophy of the History of Humanity*, 1784–1791) with an illuminating discussion of Herder's intellectual affinity with Georg Forster, who had accompanied Captain Cook on his second voyage.

The discussion of the *Ideen* and Spinoza continues into chapter 5 which addresses Herder's geographical materialism, issues of race and the politics of the environment that shows how interlinked his understanding of culture and nature are. In a fascinating analysis, Noyes presents Herder as an early environmentalist who understood the destructive portent of settler cultures not only on Indigenous peoples but also on environments that they little understood or respected thus resulting in problems of deforestation and land denigration even in the late eighteenth century. Herder, Noyes tell us, was not against immigration for he also provides examples of positive exchanges whereby "Europeans learned to grow squash from the native Americans, while the latter obtained peas from the Europeans" (223). However, Herder was a steadfast critic of European greed and exploitation, and he favored instead a slower and gentler model of development based on mutual aid and respect. Implicitly challenging the crude concept of culture as a coherent, closed whole that political theorists often impute to Herder, Noyes presents a number of instances when Herder recognizes that "[c]ultural progress always happens through cultural transfers" (226). The chapter ends with a discussion of Kant's critique of the *Ideen* and Herder's rejection of Kant's Hobbesian conception of human nature that justifies the state as essential for peaceful coexistence.

The final chapter begins with Herder's responses to Kant's critique and a discussion of the differences between their understandings of natural laws, examines his *Idee zum ersten patriotischen Institut für den Allgemeingeist Deutschlands* (*Idea for the First Patriotic Institute for the Common Spirit of Germany*, 1787), and shows his initial answer to Kant as largely residing in his view that not only our language, but also our minds and psyches constantly allegorize (251). As Noyes says, this is a vital point in understanding how aesthetics is central to both Herder's epistemology and his political theory. Noyes then addresses Herder's return to Spinoza in his *Gott. Einge Gespräche* (*God: A Conversation*, 1787), his distrust of government and, finally, his views in his *Briefe zu Beförderung der Humanität (Letters for the Advancement of Humanity*, 1793–1797) on the French revolution, imperialism and his peace plan that was inspired by George Henry Loskiel's account of the peace treaty between the Delaware and Iroquois in North America.

In concluding, Noyes raises four main contradictions he pinpoints in Herder's work and states that "[t]he scholarship has long known that in Herder's aesthetics and his politics, all paths lead to contradiction" (297). It is a claim I would dispute unless Herder's fundamental anti-dualism is ignored and it is pertinent that despite Noyes's serious treatment of Herder's unity-in-diversity there is no explicit discussion of his anti-dualistic ontology. Admittedly, Noyes also claims that we should not conclude Herder is hopelessly contradictory (300). Yet he does not fully explain why that should be the case. Instead of providing reasons for this proposition that could have constituted an exceptionally helpful conclusion to the book, Noyes launches into a discussion of Herder's connections with a number of postcolonial theorists that unfortunately assumes a considerable degree of knowledge on behalf of his readers given they have not formed any significant part of the discussion previously. Nevertheless, I would also challenge Noyes's characterization of Herder's so-called contradictions that include the factual reality that humanity is both singular and diverse and that humans possess free will but they still have to work with what they are born with; Herder's ability to see the complexity of the human condition does not amount to contradiction.

I am reluctant to note any other areas that Noyes neglects largely because the main issue I have with the book is that I consider it is overly ambitious, as it simply covers too much material and far too quickly. Particularly in the first two chapters, it is exceptionally difficult for the reader to keep up and it is possible that many readers will not venture further. The book would have benefitted significantly from the publisher undertaking a far more extensive edit of the manuscript. Nonetheless, given the central theme of unity-in-diversity, it seems amiss that Noyes never discusses in any depth Herder's concept of *Humanität*. Indeed, he denies it is a concept in Herder's work and claims it is "[. . .] more like an aesthetic process, a code of interpreting and representing cultural specificity. [. . .] it is a heuristic notion that enables processes for representing diverse cultures collectively" (221). What this retreat to aesthetics in this instance means precisely was, however, unclear to this reader.

Despite the difficulties I had at times with the book, I would nonetheless advise readers to stay with it, as Noyes makes a number of informative and important contributions. It certainly enriched my understanding of Herder at various points and Herder scholars with expertise in the diverse areas he addresses should certainly engage with him. The book also opens up exciting new avenues for graduate research. I am unsure if postcolonial theorists will ultimately agree with the connections Noyes is drawing given Herder does not have a theory of power anything like Michel Foucault's that is central in many postcolonial studies, but I do agree that there are various threads worth exploring in far more depth than has hitherto been done and that it is a conversation very much worth having. In particular, Noyes has convinced me that there is a very deep connection between aesthetics and politics in Herder's thought that in the past I have insufficiently appreciated and for that insight I am very grateful.

Kristin Gjesdal: *Herder's Hermeneutics: History, Poetry, Enlightenment.* Cambridge: Cambridge Univ. Press, 2017, 244 p.

KATHERINA KINZEL (Vienna) and NIELS WILDSCHUT (Vienna)

Kristin Gjesdal's *Herder's Hermeneutics* positions itself against readings of Herder as part of the "Counter-Enlightenment" (cf. Berlin 1976), and highlights the proximity of some of Herder's main aims to those of his more celebrated (later) contemporaries like Kant and Hegel. Gjesdal distinguishes between *Enlightenment* with a capital E—the historical period—and *enlightenment* with a lower case e—a project of education and emancipation that is still relevant today. She reads Herder as an enlightenment thinker in the latter sense, who, different from many of his contemporaries, spelled out an enlightenment vision in non-formal, non-abstract, and non-aprioristic terms. Gjesdal's core thesis is that "with Herder [...] a historically sensitive, *Bildung*-oriented program of enlightenment gets its full philosophical articulation" (6).

The study adds to the recent reappraisal of Herder's anthropology as an internal critique of Enlightenment philosophy (Beiser 1992, 204; Zammito 2002). But Gjesdal brings a novel interpretative perspective to this task. She argues that Herder's contribution to enlightenment philosophy can only be properly appreciated if his reflections on taste, history, and literature are understood as a hermeneutic project. Gjesdal distills from Herder's interpretive practice his methodological guidelines, and works out the hermeneutic structure of his thinking. In seven chapters, each focusing on a specific aspect of Herder's early works—from his normative account of philosophy to his reading of Shakespeare—she finds a large repertoire of original and timely hermeneutic maxims. In this way, she reveals that the early Herder's diverse and multifaceted oeuvre was united by a consistent hermeneutic position.

But Herder's hermeneutics must not be understood in the narrow sense of textual interpretation. Rather, it amounts to a general philosophy of understanding that, at the same time, spells out a radical program of *Bildung*. Gjesdal brings to light how Herder's reflections on historicity and historical diversity targeted the period's blind spots and unacknowledged prejudices—prejudices which stemmed from the failure to properly reflect on one's own historical situatedness. In this context, it becomes evident that Herder regards the understanding of historical and cultural "others" as a means for fostering self-reflection and the gradual dismantling of prejudices. Historical hermeneutics emerges as Herder's chief vehicle for "enlightening the Enlightenment" (169–171).

Gjesdal builds a convincing case for her interpretation, covering the full spectrum of Herder's concerns in the 1760s. The book sets off with an account of Herder's normative approach (chapter one). For Herder, philosophy should contribute to *Bildung*—to the formation of autonomous citizens with the capacity for independent, critical thinking. To achieve this task, philosophy must not fortify itself in abstract and supposedly ahistorical systems. Quite to the contrary: it needs to acknowledge the historicity of human life, and by consequence, its own historical standpoint.

Gjesdal develops this point in more detail in the context of Herder's reflections on aesthetics and taste (chapters two and three, respectively). Rather than founding aesthetic judgment on predetermined standards, Herder takes the problem of taste as the starting-point for "an investigation into human nature as it realizes itself across cultures". As a consequence, "diversity is no longer a threat to be countered (by reference to a standard), but a most fundamental condition of human existence" (89). Diversity should hence be treated as the prime resource for self-understanding, as well as for the understanding of others.

In the next step, Gjesdal centers on Herder's hermeneutic methodology and analyzes the interplay of sympathy and critique that is at its core (chapter four). On the one hand, this interplay is founded on "an organic relationship between the individual and humanity", on the other hand, it also involves a relation "between an individual and his or her concrete historical context" (103). While the former relationship provides the commonalities which link human beings through sympathy, the latter allows for the recognition of difference and historical otherness. Furthermore, while sympathy prevents the interpreter from dismissing foreign viewpoints out of hand, the recognition of difference should prevent "overextending sympathy to those who are similar to him or her" (119).

Gjesdal then returns to the question as to how Herder's hermeneutics can improve aesthetics and philosophy. She reads Herder's *Shakespeare* and *This Too A Philosophy of History for the Formation of Humanity* as different efforts to uncover the prejudices that have kept philosophers from truly understanding past epochs and works of art (chapters five and six). In both cases, the underlying problem is a philosophy that is not in contact with its own time; either because it appeals to an idealized past, or to abstract and supposedly timeless standards. As a result, philosophy bars itself from what should be its key quality, namely, self-reflection. Gjesdal decidedly agrees with Herder that "the most dangerous of all prejudices is the idea that one's own point of view is untainted by the historical and cultural context in which it originated" (147). By failing to understand its own historicity, philosophy fails to understand itself. And by failing to understand itself, it becomes incapable of accomplishing a reflective role in the service of *Bildung*.

Herder emerges as an advocate of immanent, yet ongoing critique: only by reflectively understanding its own historical nature can human reason take responsibility of itself. But the realization of reason consists neither in the application of predetermined rules, nor does it teleologically proceed towards a fixed goal. Gjesdal's Herder thinks of reason as a method and a means for fostering education and self-emancipation in an open-ended process. To satisfy this demand, reason needs to respond to ever changing historical contexts.

Although Gjesdal's study focuses on Herder's early works, it also highlights the continuities in his oeuvre as a whole (chapter seven). Gjesdal acknowledges that in his later works, Herder's conception of reason becomes more static. She also discusses the un-reflected prejudices that Herder now voices more frequently. And yet, Gjesdal insists that even Herder's later writings are shaped by a "basic interpretive mode [...] to recognize humanity as realized through an infinite number of cultures, each of which is subject to change and development" (204).

Herder's Hermeneutics stands out for many reasons. Gjesdal manages to carve out the common themes that run through the early works of Herder with verve and precision. She builds a convincing case for reading Herder as a champion of a historicist and hermeneutic enlightenment project. Her historiography is informed by a rich philosophical background—Gjesdal writes as an expert on Gadamer and on the legacy of German Idealism, but also as an interpreter of Shakespeare and a historian of the concept of *Bildung*—yet her theoretical approach never seems forced or artificially imposed on the works that she analyzes.

With her emphasis on Herder's strategies for dismantling prejudices, Gjesdal also brings to light the continuing relevance of Herder's work—not just for technical debates within philosophical hermeneutics, but also for our modern self-understanding. While questions concerning the origins of language, or the issue of aesthetic taste seem remote from present-day political and philosophical concerns, Gjesdal finds in Herder's engagement with these issues a broader project that is still relevant today. In particular, she sheds light on the hermeneutic *challenge* of balancing sympathy with an acknowledgement of genuine otherness and distance. She highlights that here Herder already exemplified the nuance and complexity that would be the hallmark of later hermeneutic approaches, such as Dilthey's and Gadamer's. She thus presents an attractive alternative to common readings of Herder as an advocate of a naïve and psychologistic doctrine of *Einfühlung*.

On the other hand, Gjesdal also seeks to liberate Herder from his appropriation by Gadamer, and by doing so introduces Herder as a critical voice against Gadamer's all too favorable assessment of tradition and prejudice. She acknowledges that Gadamer might have taken up some of Herder's insights regarding the inseparability of understanding and judgment and the perspectival character of historical knowledge. Nonetheless, Gjesdal insists that *critique* remained a key notion for Herder: while he recognized the enabling character of tradition, Herder was *also* acutely aware of how bias and prejudice hamper interpretation and cloud judgment. Against the Gadamerian understanding of tradition, Gjesdal posits the need for "an inquiry into individual and cultural diversity, the possibility of inter-personal and inter-cultural understanding, and the effort to understand traditions as evolving through interaction with other cultures" (211). In this context, Herder's political pluralism and his *modesty* about the human capacity for understanding receive a convincing defense by Gjesdal.

Methodologically, Gjesdal's interpretations fulfill some of the hermeneutic principles that she identifies in Herder's philosophy. Although she does not compare Herder to other eighteenth-century academic forerunners of hermeneutics (such as Chladenius, Meier, Semler, and Michaelis), she places Herder in the context of a broader philosophical movement (including Hume, Abbt, and Lessing) that explored the relevance of history for human understanding. Her assessments of the authors that Herder employed and whom he criticized are always charitable and well balanced. For example, when discussing Herder's relation to Winckelmann and Lessing on the topic of Greek art (124–126), she uncovers the real strengths of their works, as well as the ways in which Herder went beyond them. Herder's relation to his own historical context—in particular his relation to other enlightenment philosophies—is displayed as complex, yet organic.

Overall, *Herder's Hermeneutics* achieves a difficult task: it manages to construct a convincing general narrative about an author whose writings often seem unsystematic, intricate and tension-ridden. On Gjesdal's reading, the various treatises, prize essays and fragments that Herder had written in his early years—including texts that remain philosophically under-appreciated—indeed form a whole: a consistent, and compelling philosophical project. By highlighting this project, the book provides a valuable contribution to recent Herder scholarship and adds to current debates on Herder's pluralism and relativism (Sikka 2011; Spencer 2012), his aesthetics (Noyes 2015; Zuckert 2015), his anthropology, and his relation to the Enlightenment (Beiser 1992; Zammito 2002).

And yet, the consistency of Gjesdal's interpretation is not only a strength of her study. It is also its central, though perhaps only, weakness. Reading through *Herder's Hermeneutics*, one sometimes gets the impression that those elements in Herder's thinking that do not sit well with Gjesdal's overall interpretation are skimmed over, or that they are relegated to the footnotes. As a result, some of the contrasts and tensions that make Herder's early writings not just promising, but also difficult and challenging, become invisible. In particular, we want to highlight three tensions in Herder's early work that could receive a more thorough discussion: the tension between historicist and metaphysical elements in Herder's philosophy of history, that between understanding and critique in his hermeneutics, and that between his general humanist commitments and his own prejudices.

First, Gjesdal plays down the theological dimension of Herder's philosophy of history, as well as his sometimes critical, sometimes affirmative appeal to metahistorical narratives and historical laws. Gjesdal reads *This Too a Philosophy of History* not as a metaphysically grounded philosophy of history, but as "a propaedeutic to historical scholarship", a proto-Kantian critique of all previous philosophy of history (176). This reading has some advantages: it illuminates Herder's criticisms of his contemporaries, and highlights the continuities between Herder's early works and those from the Bückeburg period. And Gjesdal is certainly right to caution against a premature judgment of the 1774 treatise as "a metaphysical contribution and, by implication, therefore also a failed historical—and historicist treatise" (152). And yet, in deeming the "religious undertones" (ibid.) of this text devoid of systematic significance, Gjesdal goes to the other extreme. She reads Herder's awareness of human finitude as strictly referring to epistemic limitations, and disregards his faith in a divine perspective on the totality of world history and, correspondingly, in a God who is present in all nature and history (cf. Schmidt 2017, 187). However, what Gjesdal refers to as Herder's account of "constitutive historical finitude" (157) was not developed independently of his conception of the infinite. Hence a persisting challenge for Herder scholarship—his puzzling combination of empiricism and metaphysics, of historicism and theology—remains unaddressed (Zammito 2016).

Second, Gjesdal mutes the relativist overtones in Herder's philosophy of understanding. Her reading of Herder's concept of understanding is decidedly non-relativist, and carefully delimits the role of tolerance in the enquiry of cultural and moral diversity. On Gjesdal's interpretation, the process of understanding enables critique and the assessment of both past and present cultures. As Gjesdal puts it, "the solution to the problem of relativism cannot be found by transcending the diversity of cultures, but must be disclosed within the sphere of culture itself" (89–90). And yet, it remains unclear what this solution looks like in detail. Recent debates on incommensurability, pluralism, and relativism in Herder's political thought explore the substantive philosophical implications of Herder's idea that each culture is valuable in and for itself, and that different cultures cannot be ranked hierarchically (cf. Sikka 2011; Spencer 2012). Because Gjesdal does not engage with these issues in detail, she fails to explicate how exactly the critical functions of historical understanding can be sustained in the face of, or even built from, relativizing dimensions of the very same concept.

Thirdly, a crucial tension in Herder's thought concerns *prejudices*. Gjesdal discusses Herder's remarks about the positive function of prejudices in helping to center a people around itself, thus strengthening its identity. On her reading, these remarks are factual observations that do not express a normative endorsement of prejudices (83). But Gjesdal also provides a more detailed treatment of Herder's sometimes shocking comments about Jews and non-European peoples. As she explains, Herder's hermeneutic philosophy is processual rather than static, and hence leaves room for the coexistence of enlightened and reactionary attitudes. Crucially, Gjesdal applies Herder's hermeneutic principles to himself, diagnosing in Herder's prejudices an "internal failure to live up to his own standards of interpretation and historical and intercultural understanding" (200). Gjesdal subjects Herder to internal criticism, moving beyond the dichotomy between "historical" and "systematic" interests in the study of the history of philosophy.

Nevertheless, Gjesdal's interpretative strategy is too charitable. While it does not absolve Herder from having held prejudiced beliefs, it ends up isolating the problematic aspects of Herder's thinking from his hermeneutic philosophy. According to Gjesdal, Herder's prejudices were "unreflected" and "pre-methodological" (197): they did no philosophical work. This interpretative position not only purifies Herder's philosophical thought, it also leaves unexplained why Herder even held such problematic beliefs.

Perhaps Herder's hermeneutic program offers promising strategies for resolving the tensions that we have just discussed. But for this to become plausible, the tensions need to be highlighted, rather than minimized. It would have been interesting—and perhaps more within the spirit of hermeneutic reflection—to learn not just of Herder's successes, but also of his failures when striving to overcome these tensions. This would also have aided a systematic assessment of Herder's philosophy from the standpoint of contemporary philosophical hermeneutics.

Despite our critical remarks we do not wish to diminish the profound insights of Gjesdal's study. With its succinct style, its clear argumentation, and the broad material that it draws upon, *Herder's Hermeneutics* offers a rich source for future Herder readers. The book puts the focus on a range of texts and issues which previously have not received sufficiently detailed philosophical attention and provides new impulses for Herder scholarship under the banner of hermeneutics. Most importantly, Gjesdal's Herder is able to stand his ground with respect to more famous nineteenth- and twentieth-century hermeneuticists like Dilthey and Gadamer, as well as their successors.

References

Beiser, Frederick C.: *Enlightenment, Revolution, and Romanticism: The Genesis of Modern German Political Thought, 1790–1800.* Cambridge (MA): Harvard Univ. Press, 1992.

Berlin, Isaiah: *Vico and Herder. Two Studies in the History of Ideas.* London: Hogarth, 1976.

Noyes, John K.: *Herder: Aesthetics against Imperialism.* Toronto: Univ. of Toronto Press, 2015.

Schmidt, Johannes: Herder's Religious Anthropology in His Later Writings, in: Anik Waldow, Nigel DeSouza (eds.): *Herder: Philosophy and Anthropology.* Oxford: Oxford Univ. Press, 2017: 185–202.

Sikka, Sonia: *Herder on Humanity and Cultural Difference: Enlightened Relativism.* Cambridge: Cambridge Univ. Press, 2011.

Spencer, Vicki A.: *Herder's Political Thought: A Study on Language, Culture and Community.* Toronto: Univ. of Toronto Press, 2012.

Zammito, John H.: Herder and Naturalism: The View of Wolfgang Pross Examined, in: Staffan Bengtsson et al. (eds.): *Herder and Religion. Contributions from the 2010 Conference of the International Herder Society at the University of Notre Dame, South Bend, Indiana.* Heidelberg: Synchron, 2016: 13–24.

Zammito, John H.: *Kant, Herder, and the Birth of Anthropology.* Chicago: Univ. of Chicago Press, 2002.

Zuckert, Rachel: Adaptive Naturalism in Herder's Aesthetics: An Interpretation of Shakespeare, in: *Graduate Faculty Philosophy Journal* 36,2 (2015): 269–293.

This work was supported by the European Research Council (Project: The Emergence of Relativism, Grant No: 339382).

Adressen der Autoren und Herausgeber

Christoph Bultmann (Erfurt)
christoph.bultmann@uni-erfurt.de

Linda Dietrick (Winnipeg)
l.dietrick@uwinnipeg.ca

Laura Follesa (Jena)
la.follesa@gmail.com

Catherine Girardin
(Paris und Frankfurt a. M.)
catherinelaura.girardin@gmail.com

Rainer Godel (Halle / S.)
rainer.godel@leopoldina.org

Imanishi Kenji (Gera)
kenjiimanishi@gmail.com

Katherina Kinzel (Wien)
katherina.kinzel@univie.ac.at

Arne Klawitter (Tokio)
arne.klawitter@web.de

Sandra Kluwe (Heidelberg)
sandra.kluwe@t-online.de

Kaspar Renner (Potsdam)
kaspar.renner@uni-potsdam.de

Johannes Schmidt (Clemson)
schmidj@clemson.edu

Vicki A. Spencer (Otago)
vicki.spencer@otago.ac.nz

Claudia Taszus (Jena)
claudia.taszus@uni-jena.de

Julius Thelen (Freiburg i. Br.)
julius.thelen@gmx.net

Niels Wildschut (Wien)
niels.wildschut@univie.ac.at

Wolfram Wojtecki (Weimar)
Wolfram.Wojtecki@klassik-stiftung.de

Herder Jahrbuch und Internationale Herder-Gesellschaft

Das *Herder Jahrbuch / Herder Yearbook* erscheint als Organ der Internationalen Herder-Gesellschaft / International Herder Society (IHS) im Zwei-Jahres-Rhythmus. Im Zentrum des Jahrbuchs stehen Forschungsbeiträge zu Werk und Wirken Johann Gottfried Herders (1744-1803). Daneben bietet das Jahrbuch auch Artikel, die Texte und Kontexte von Herders Zeitgenossen zu erhellen vermögen. Schließlich werden auch Aufsätze zur Rezeption und Wirkung Herders, vom späten 18. bis in das 21. Jahrhundert, berücksichtigt. Jeder Band bietet auch eine periodische Bibliographie der Primär- und Sekundärliteratur zu Herder, neuerdings ergänzt durch japanische Beiträge. Rezensionen neuer Forschungsliteratur zu den genannten und verwandten Themengebieten bilden jeweils den Abschluss des Bandes. Beitrags- oder Rezensionsvorschläge können jederzeit in englischer, deutscher oder französischer Sprache eingereicht werden. Das *Herder Jahrbuch* versteht sich als begutachtete Publikation. Alle eingehenden Beitragsvorschläge werden durch mindestens zwei Gutachter (im »double-blind peer review«-Verfahren) gründlich geprüft und nur nach positiver Evaluierung gedruckt.

Die IHS wurde 1985 in Monterey (Kalifornien) gegründet und ist als gemeinnütziger Verein in den USA eingetragen. Sie versteht sich dezidiert als Gesellschaft mit einer internationalen Mitgliedschaft und mit internationalen Aktivitäten. Sie veranstaltet in der Regel in jedem zweiten Jahr interdisziplinäre Tagungen. Bisher fanden siebzehn dieser Symposien statt: in Monterey (1985), Stanford (1987), Charlottesville, VA (1990), Bochum (1992), Weimar (1994), wiederum in Monterey (1996), Madison (1998), nochmals in Weimar (2000), Houston (2002), Saarbrücken (2004), erneut in Madison (2006), in Jena (2008), South Bend, IN (2010), Basel / Rheinfelden (2012), in West Lafayette, IN (2014), Kassel (2016) sowie zuletzt in Turku / Parainen, Finnland (2018). Die Ergebnisse der meisten Tagungen liegen gedruckt vor und bilden somit, gemeinsam mit dem *Herder Jahrbuch*, den je aktuellen Stand der Herder-Forschung ab.

Die IHS ist eine »Mitgliedsgesellschaft« der *American Society of Eighteenth-Century Studies* (ASECS) und organisiert auf den jährlichen Tagungen der ASECS regelmäßig eine eigene Sektion. Außerdem ist die Gesellschaft mit der *Modern Language Association* (MLA), der *German Studies Association* (GSA) und der *Deutschen Gesellschaft für die Erforschung des 18. Jahrhunderts* (DGEJ) verbunden und ist auf Konferenzen, Tagungen und Workshops dieser und anderer wissenschaftlicher Gesellschaften regelmäßig vertreten.

http://www.johann-gottfried-herder.net/

Herder Yearbook and International Herder Society

The *Herder Jahrbuch / Herder Yearbook* is published every other year as the academic journal of the International Herder Society / Internationalen Herder-Gesellschaft (IHS). Central to the yearbook are scholarly contributions on Johann Gottfried Herder (1744-1803), his writings, and intellectual endeavors. Alongside, the yearbook offers articles that shed light on texts and contexts by Herder's contemporaries. The editors also welcome essays on the reception of Herder and his influence from the eighteenth to the twenty-first century. Moreover, each volume offers a periodic bibliography of primary and secondary literature on Herder. Reviews of recent scholarship on the aforementioned and realted topics conclude the respective volumes. Proposals for contributions may be submitted at any time in English, German, or French. The *Herder Yearbook* perceives itself to be a double-blind peer-reviewed publication. Any proposal will be evaluated thoroughly by at least two scholars and published only following positive assessment.

The IHS was founded in 1985 in Monterey, CA and is registered as a nonprofit association in the USA. Generally, the Society holds interdisciplinary meetings in alternate years. Until now, seventeen of such symposia took place: in Monterey (1985), Stanford (1987), Charlottesville, VA (1990), Bochum (1992), Weimar (1994), again in Monterey (1996), Madison (1998), once more in Weimar (2000), Houston (2002), Saarbrücken (2004), again in Madison (2006), Jena (2008), South Bend, IN (2010), Basel / Rheinfelden (2012), West Lafayette, IN (2014), Kassel (2016) and lastly in Turku / Parainen, Finnland (2018). Revised presentations from most of the meetings are available in print, and, together with the *Herder Yearbook*, represent the current state of Herder research.

The IHS is affiliated with the *American Society of Eighteenth-Century Studies* (ASECS) and organizes regularly its own section at the annual meeting of ASECS. In addition, the Society is associated with the *Modern Language Association* (MLA), the *German Studies Association* (GSA), and the *Deutsche Gesellschaft für die Erforschung des 18. Jahrhunderts* (DGEJ). The IHS is also represented at panels and workshops at meetings of these and other professional organizations.

http://www.johann-gottfried-herder.net